文字起源圖典

下

吉佐棠 著

齊魯書社

刑罰

文字起源圖典

十三

法 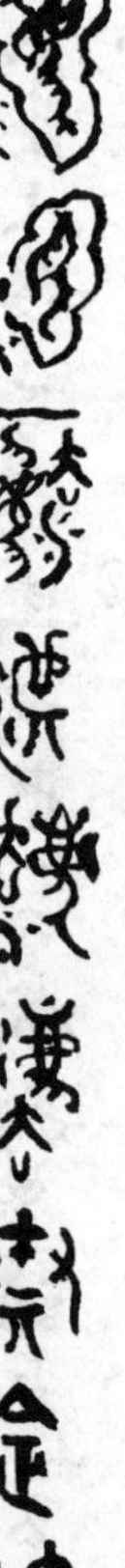《爾雅·釋詁》：「法，常也。」《釋名》：「法，偪也，偪而使有所限也。」《說文》：「灋，刑也。平之如水，廌所以觸不平者去之，从去。」

筆者案：法訓平如水，其義極確。唯謂「廌所以觸不平者去之」，則此獸吾未嘗見。然考金文法字皆从廌，故知此物必有悠久歷史紀聞，絕非許氏所杜撰。考《晉書·輿服志》：「獬廌神羊，能觸邪佞。」《漢楊孚·異物志》：「北荒之中有獸名獬豸，一角，能別曲直，見人鬬，觸不直者；聞人爭，咋不正者。楚王嘗獲此獸，因象其形，以制衣冠。」《北周庾信·庾子山集》：「蒼鷹下獄吏，獬豸飾刑官。」清代御史及按察使黼黻前後，皆繡獬豸圖案。復考《文選·張景陽·七命》：「拉甝虪，挫獬豸。」註：「獬豸似鹿而一角。」《後漢書·輿服制》：「法冠，一曰柱後，或謂之獬豸冠。獬豸神羊，能別曲直，楚王嘗獲之，故以為冠。」

《明義》：人類自階級與政權後，即有法制，建法立制之目的在於維持社會秩序之穩定。然而「天命無常」，自然界一切

(獬豸)

一

事物總是在不停的運動、發展、變化，一旦舊的法制不能適應新的形勢需要，就必須改弦更張，考慮變法，革新棄舊。故金文灋字又以為「廢」字，據其棄除之義，舊法不廢，則新法不行，故灋字含「效法」「廢除」二義。嗚呼，漢字之哲學價值，於此可見。

國家制訂法律，所以懲惡勸善，除暴安良，以保証社會之平衡穩定。故《說文》取「平之如水」以為喻，此法字从水之義也。愚謂法之為物，無時無地不存在於事物之中，其形不可見，其效不可量。所謂「天網恢恢，疏而不漏」。《易》云：「天道虧盈而益謙，地變盈而流謙，鬼神害盈而福謙，人道惡盈而好謙」。這些語言，無一個字不在有力地說明法在宇宙間的普遍威力。假使沒有這樣一個「平衡力」存在於每一事物之中，則「乾坤息矣」。由於「法」字本身屬於抽象名詞，造字者無法摹擬，只好塑造一個幻想的「神獸」作為「法」的偶像。也就不免帶有「宗教」性的藝術色彩了！

典

典〈甲文〉典典典〈金文〉典典〈籀〉典〈篆〉

《說文》：「典①，五帝之書也。从冊在丌上，尊之也。」

《爾雅·釋言》：「典，經也」。《廣韻》：「法也」。《周禮·天官·大宰》：「大宰掌邦之六典②」《秋官·大司寇》：「掌建邦之三典」。疏：「常經即是法式」。

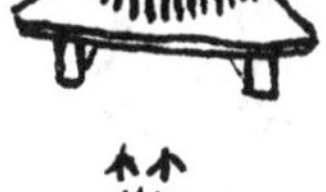

（典）

箋有案：典是一个象形字，象一大串竹簡被放在几案之上。古代竹簡即今天的書籍。書籍是人類進步的階梯。尤其是歷史，是一部人類文明進化的紀錄檔案。其中包含着無窮的生產、戰鬥經驗，為後人提供了一些寶貴參考資料。所以古人把歷史事績，叫作「典故」。典、點同音而義通。有清點、查考意。「故」从古从文。含古代文化遺產意。我們遇到了不好處理的難題：要依靠前人的良好經驗與參考依據來尋求解決方案。這就是「典故」一辭的含義。《卜辭》的典字与典形。字从丌，几案之形也。从廾，雙手捧持之象也。从冊，簡冊之形也。神權社會國家頒布新法，君主發號施令，史官制冊，太廟告神，雙手捧冊宣讀。然後生效。這是當時的「立法」程序。於此可見「法典」的政治尊嚴。可以字形知之。

注：①《說文》所云的「五帝之書」，包括唐堯、虞舜、夏禹、商湯、周武五个不同時代的憲法檔案資料。用現代的話說，等於《五朝法制參考資料叢書》。古名《五典》。与《三墳》、《八索》、《九丘》是配套的上古《百科全書》。而今名存實亡矣。

② 《周禮天官》掌握的「六典」，即：天官冢宰、地官司徒、春官宗伯、夏官司馬、秋官司寇、冬官司空，即全部的《周禮》。等於周王朝的一部「憲法」。

幸 〈卜辭〉 《說文》云：「所以驚人也，大聲也」。皆不能令人滿意。此字有𡘲、執、籥三音。實刑具也。今人曰手銬。左右兩合，中間一橫，示意為束縛繩索。古為木製，與上梏下桎其稱「三木」。𡘲者獲也。執者取也。籥者箝也。古獲字是𡘲。取是𡘲。籥之為物其形如故獲、執、籥三字皆是捕捉之義。𡘲之為物乃施於戰俘及罪徒之刑具。古文字采用同音示義，有本於語源也。

執 《篆》 《篆》《說文》云：「握持也」不夠明確。考《禮檀弓》云：「肆諸市朝而妻妾執」。古代之人判當死刑，家屬也要連累受到逮捕。故知說文訓「執」為「握持」即逮捕義。於語法中應屬動義辭。於文書為象形字。

拘 此古拘字。拘執同義。實執之反文。《易隨卦》：「拘繫之」。《書酒誥》：「盡執拘以逮於周」。今司法術語有「拘留」、「拘捕」之辭彙，皆係上即戴上手銬限制行動自由的處分。此或較逮捕之罪情為輕，故文字造形稍異，與反正為對。反正為〈𠬝〉亦同例。

拲 《說文》云：「兩手同械也」。《周禮秋官掌囚》：「上罪梏拲而桎」注：「兩手一木也」。

筆者案，此字亦執字之正面式。

叼叼向《篇海》：「音冓。叼本上叼」。

討論叼傳之「叼」、會比之「叼」，本是一字。其初意為樵夫繫紮使用之曲木。古籍越王叼幾字皆是「叼幾」，可為例證。圖示如下以見幾：

叼之為文，从勹从乚。勹者古包摘之勹（包字）。乚者回曲之象。

今山村樵夫登山伐林，樵采斷枝，將繩繫束。其繩端皆有曲木，以利束縛。其製作也技巧簡精。或用枯枝，或以木材。樑上使用甚為方便。其設計原理蓋來自左右雙手和繩形態之摹擬創造而來。是故其明顯的。此物古鄉俗名「枸繩」。

『枸束』一辭，原源於斯。隨後叼字一分為二，成為「向」、「冏」、「枸」……等字，而「祖義」未改。

枸者雙手握繩圍繞之象。[illegible]者枝條繫縛之形。此形義字也。

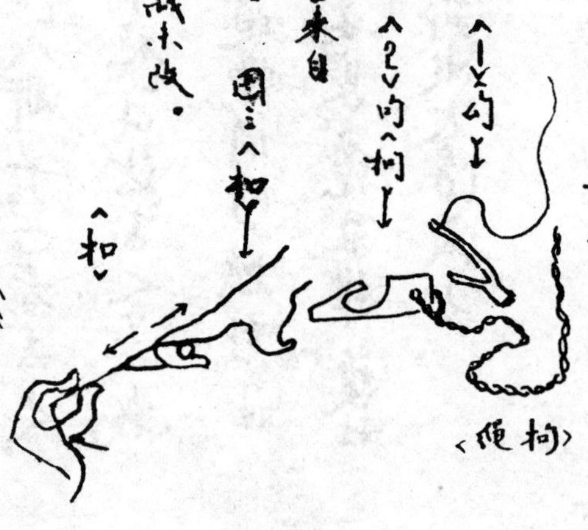
圖〈一〉叼

圖〈二〉叼〈枸〉

〈繩枸〉

圖三〈杻〉

〈杻〉

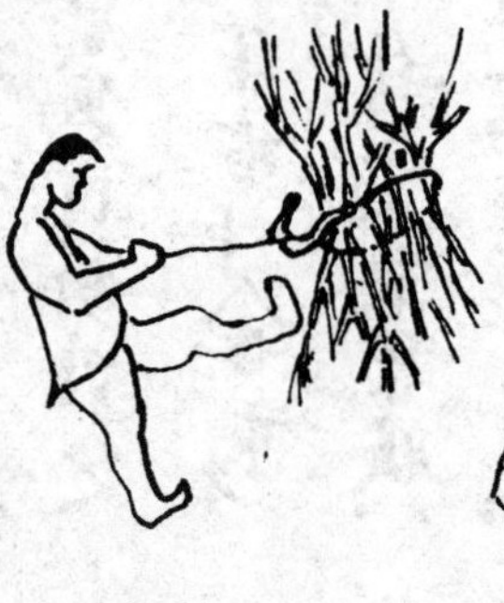

《執、枸同源考證示意一覽》

執—執〈逮捕〉

向—冏〈叼傳〉

向—枸〈枸束〉

向—叼〈請責傳來〉

〈秉執〉

〈執〉〈圖六〉

〈留枸〉

〈圖五〉

〈枸〉

〈四〉圖

〈枸束〉

三

漫谭中文法字造型命音立義

古文法字造型非一。變化多端。如灋灋灋灋灋……雖千姿百態，型像各異，然而異中有同，要皆不離乎廌之與氵及去。何也？分別議之如下：廌字被古人定為「獨角神羊」，獨角者「獬豸」也。特異思辨功能之靈物。智慧之結晶也。何以名之「神羊」？而不名曰「神狼」？「神虎」？羊者草食動物也，無爪牙之利，不為人害，人亦愛之。虎狼者，肉食動物也。非殺人不能果腹。故人皆畏之。水者至平之物也。故建築工程師必賴「水準儀」以測平。凸者去之。凹者補之。《易·謙卦》曰：「地中有山，君子以裒多益寡，稱物平施」此法字之義歟？

古造字者，把人生的經歷，看成是一條坎坷不平的道路，同時感到社會貧富懸殊的危害性。必須用法來抑富濟困，除戲安良，纔能維護社會健康。如果認為灋字屬于宗教色彩的東西，那就太淺了！

訊

[glyph]（卜辭）[glyph]（金文）[glyph]（篆）《爾雅·釋言》："訊，言也。"邢疏："訊問以言也。"《詩·小雅》："執訊獲醜。"此象形兼指事字，象戰俘受審之狀。應古代對（[glyph]）

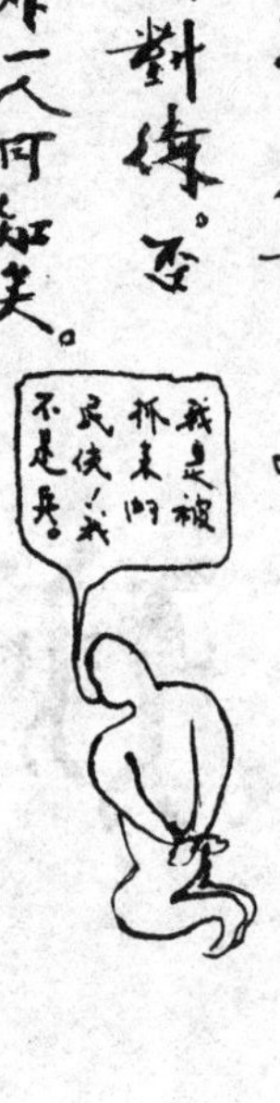

戰俘之審理也要查明身份弄清罪情以便具體分析區別對待。否則莫須有審訊了！所謂"執訊獲醜"，"醜者類也"，"言類"則非一人可知矣。"獲"從犭從蒦，犭即獵犬。古人把戰爭與畋獵活動等量齊觀，將戰俘與獵獲之動物一律看待。所以要進行審查工作之原因乃是為了體現政策的需要。

字形析義：[glyph]反手背縛人形，口是聲符，象徵在招供。8象繩索。今日法機構仍有"開庭審訊"之術語，當源於此。

字音析義：訊者刺服之意。又有教訓義。古代以戰俘投降為大禁，亦縮小敵對面，分化敵人之策略。

報

[glyph]（金文）[glyph]（卜辭）[glyph]（篆）《說文》："當罪人也。"

筆者案：古者論罪曰"報"。

（[glyph]）

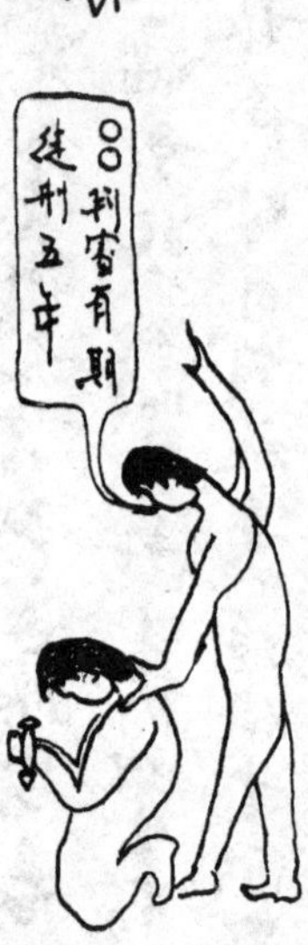

四

《前漢張湯傳》："訊鞫論報"。《蘇建傳》："報，論也。斷獄為報"。

字形所義者，報字从𠷎从𠬝。𠷎者刑具也。𠬝古執字。罪人被拘之形。𠬝古服字。象人被右手按伏在地之象。有降服義，亦有伏首認罪意。這是一幅罪犯人《公開宣判》場面的生動圖畫。 字義引伸：所謂"報"即"報應"之義。如"報酬"、"報答"，皆有報施意。治獄者斷罪量刑，務求其平，使罪當其罪，不寬不嚴，公允恰當，亦猶商品之等價交易、互為之授受付酬，其義一也。故曰"訊囚論報"，固其宜也。

縶 （甲文） （篆）《玉篇》："縶也，相縶也，連也"。《類篇》："縶也"。《左傳成九年》："南冠而縶者誰也？"注："縶，拘執"。《詩小雅》："縶之維之"。傳："縶，絆也"。

考縶字从執从糸，象罪人頸項縛索之狀，而訓為"連也"。

"縶也"，分明是一系列犯人"被牽而行"的直觀寫生。實即《毛詩》所云"執訊獲醜"、送戰場獻擒之情景。

囚 （卜） （金） （篆）《說文》："囚也，从人，在囗中"。

囹 （卜辭） （篆）《說文》："獄也"。徐鍇曰："囹者，櫺也，櫺檻之名"。

圉 《卜辭》《金文》《篆》《正韻》：「獄名」。《說文》：「守之也」。《禮月令》：「仲春之月，命有司省囹圄，去桎梏，毋肆掠，止獄訟」。

筆者考：《禮月令仲春之月注》：「夏曰鈞臺，殷曰羑里，周曰圜土，秦曰囹圄，漢曰獄」。皆拘留罪人之所，因時代不同而異名。

劅 《金》 剢《說文》：「去陰之刑也」。

剢 椓 《卜》 筆者案：去陰之刑，即「宮刑」。《詩大雅瞻卬》：「昏椓靡共」，注：「昏椓，閹人也」。

字形析義：考剢字形態多變，各有取意。自應以《卜辭》之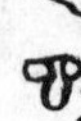為初文。而「剢」、「椓」諸文皆假借。《金文》之圖案有等圖形，古文常攬於將物比人。《臞仙肘後經》：「騸馬、宦牛、羯羊、閹豬、鐓雞、善狗、淨貓」可正《金文》圖案注腳。《尚書呂刑》：「劅刑、椓、黥」，《伏生傳》：「男女不以義交其刑宮」。此等犯人受刑之後，送入皇宮內苑服侍后妃貴人，故曰「宮刑」。其人名曰「閹寺、閹人、太監、宦官」，民間呼之為「老宮」。

劓（卜）劓（金）劓《說文》：「刖鼻也。」音易。《周禮·秋官·司刑》：「易君命（篡改聖意）革輿服（濫用車服）姦宄（襲擊敵國）盜攘傷人（行凶奪財）者，其刑劓」。

案：劓从刀从鼻，亦指事類，而臬音於「刈」，刈是割除意，亦形聲字。

（劓）

鞫（卜）鞫（金）鞫《說文》：「窮治罪人也」。《禮記·文王世子》：「注：讀書論法曰鞫」。《正義》曰：「讀囚人所犯罪狀之書」。（即今日之判決書）

字形析義：鞫，从林、从幸、从言。古無紙筆，以竹代紙。故知林是「罪狀」。幸是手戴刑具之人形。言是宣讀之意。今司法界仍謂審判犯人曰「鞫訊」，即此字。

盩（卜）盩（金）盩《說文》：「引擊也」。

筆者考：盩从幸，刑具之形也。攴，右手舉鞭之象也。小篆止盩，增血為形義符，而訓「引擊，从血，見血也」，甚確。《呂覽》：「涉血盩肝以求之」。注云「盩古抽字」。吾鄉民間語言，謂人遭鞭打流血曰「抽（盩）得皮開肉綻」。此歷史語言之遺迹，已無人能知其字。此字現代辭典皆誤入皿部。文字之遭遇，竟致於此一日矣。可勝言哉！

校

（卜辭字形）卜　校篆　《說文》：「木囚也」。徐曰：「連木也。」《易·噬嗑》：「屨校滅趾」。疏：「謂桎其足，即械也」。

考卜辭之（字形），即秦篆「校」字初文。从古趾字。（字形）是刑具之形。《易》所謂「屨校滅趾」，即木鞋束腳之意。《說文》：「屨，履也」。《釋名》：「屨，拘也，所以拘足也」。《儀禮·士冠禮》：「夏葛屨，冬皮屨」。《禮·曲禮》：「侍坐於長者，屨不上於堂」。今東鄰日本仍有入室脫鞋的生活習慣，乃承襲我上古文化之遺意。審此則可知「屨校」即木鞋意。校从交、从木，有二木交合之義。卜辭之（字形），乃直觀形義字。校字則指事而不見足形，此其異也。此古老刑具，於我國西南部落地區猶能見之。余嘗於銀幕中觀到，與下圖完全一致。

後考《周禮·夏官司馬》有「校人」之職。又「廄為校」。疏云：「交木為欄格以養馬曰校」。是交木束足之刑具曰「校」，栽木為圍以欄馬亦曰「校」，同有限制行動自由作用。又延為「學校」之名。《孟子》：「設為庠序學校以教之」。《前漢·平帝紀》：「郡國曰學，侯國曰校」皆其例。

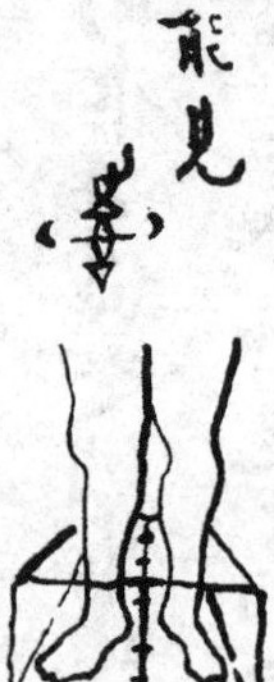

臧

[字形]（卜）[字形]（金）臧（篆）《說文》：「善也」。此臧字變義，應与「治亂」互化「瀸」「籤」同文例同。

[字形] [字形] [字形] [字形] [字形]

考：卜辭[字形]字从戈从目，与篆文臧字从𣀾从臣同意。臣目同文，皆古目字。𣀾字《說文》訓義為「槍也」。《傳宣十八年》：「邾人戕鄫子於鄫」，故知戕字有刑殺之義。杜注：「戕者卒暴之名」，其義甚洽。故知卜辭之[字形]字与金文臧字、小篆之臧字，皆以戈刺目之象形字。金文臧字从目不从臣，蓋所以示目已無存空餘骨孔之像。其示意与「眇」（瞽）字同。

引證：《荀子·霸王篇注》：「臧獲，奴婢也。」《揚子方言》：「荊淮海岱之間，罵奴曰『臧』，罵婢曰『獲』。燕齊亡奴曰『臧』，亡婢曰『獲』。」此義妙確。所謂「亡奴」，即逃亡的男性奴隸。所謂「亡婢」，即逃亡的女性奴隸。其動機無非是出于爭取自由，然而「逃」一行為在當時社會背景下都是冒天下之大不韙的犯罪行為。[字形]字之形正寫照出「臧獲」的非人慘遭遇。舉例說明如次：

《左傳昭七年》：楚之中無宇曰：「人有十等，王臣公，公臣大夫，大夫臣士，士臣皂，皂臣輿，輿臣隸，隸臣僚，僚臣僕，僕臣臺。」自皂以下都是奴隸。皂是身着黑衣的小吏，於奴隸中最高。「輿」是牽馬的服役徒衆，即左傳所云之「輿人」。「隸」是服刑的改造份子。《周禮》所謂「入於罪隸」者。「僚」即勞的音假字，即勞改犯。今民間稱男性生殖器官曰

「僕」乃歷史文化疑義擬語。「僕」是打掃垃圾者。卜辭上象雙手奉箕之形。「僮」為最下。謂之僮者，是逃亡以後又被追索捕獲的奴隸。也就是「嚴管份子」。又名「臧獲」。也稱「倍僮」，《正韻》、《韻會》均云「倍僮」倍背古通，有背叛義。《揚雄方言》云：「僮」為幽服《蜀》賛夫之「嚴補」，在農奴社會中，奴隸在統治者嚴厲監視下有的戴上枷梏，有的縛上繩索強迫勞動，牛馬不如。因而不斷發生逃亡事件。《尚書》所云：「臣妾逋逃，勿敢越逐，……乃越逐不復，汝則有常刑」《見《費誓》》，即其例。《卜辭》亦多見「喪人」、「喪衆」等辭。這反映商王派人追捕奴隸的紀載。周初，奴隸主也想盡措施來對付奴隸的逃亡。如周文王之法曰：「有亡，荒閱」《見傳昭七年》，就是對逃亡奴隸的大蒐閱（戶口大清查）。查獲之後，連同窩藏者也要受到「常刑」。窩藏「亡奴」和窩藏「贓賊」的罪名相等，故「臧」、「贓」二字皆从「臧」。於以見漢字之「轉注」、「尊亂」挽律。「僮」就是逃亡之後又被查獲而受到嚴管處分的奴隸名稱。何以見之？《方言》云：「㑥，失也。」「賠，逃也。」皆假借文。而驚應以「駱」為正。《說文》駱字訓：「馬脫銜也」。馬脫銜必須乘人不備，脫銜而去。《莊子》云：

「詭銜竊轡」即其事。《說文》：將脫韁逃跑時為已私開小差的奴隸名稱。也就是前子所說的「臧獲」。經過多次逃亡被捕仍舊不老實，遭剁劓

目的非刑，是有極大可能的。《卜辭》[glyph]字、《金文》[glyph]字、《說文》䁘字皆以木抉目之象，意皆剜眼之刑也。

黥

[glyph]黥《說文》：「墨刑在面」。

《周禮·秋官·司刑》：「墨，黥也，先刻其面，以墨窒之」。

這種古代野蠻拙劣的侮辱形式的刑事處分，使歷史上帶有污點的人，從思想上喪失了自尊心。自然也很難希望使人人良發動，改惡從善。而是只能增加老百姓怨恨，變為對抗行動。是可以肯定的。漢高帝手下的名將黥布本姓英，史籍書上黥布。故知布乃秦時刑餘之人，亡命奔逃，參加了高帝革命起義的人物。可見刑罰威效之不足恃也。難怪仲尼公有「道之以政，齊之以刑，民免而無恥；道之以德，齊之以禮，有恥且格」的體驗了！

字形析義：黥从黑从京。黑者墨之色。京者高也。《爾雅·釋丘》：「丘，絕高曰京」。《詩·公劉》：「迺陟南岡，迺覯於京」。傳：「絕高為之京」。京字卜辭上[glyph]或上[glyph][glyph][glyph][glyph]，皆象高於地表建立之建築物形，而訓為高，亦指事字也。而黥居人體週身之最高位置，故知

〔詭銜竊轡〕

黥字从京，在於位置示意。《易睽卦》："其人天且劓"，這裏的"天"字，也是一个高位觀念辭。當際上即爲額刺字之意。所謂"天且劓"，乃是一位遭遇兩次肉刑的人。不學額上刺有黑字而且鼻子也被割去。《周易睽卦》的"天"字和"黥"字从京的示義同是"高"的觀念產物。今民間諺語諷罵不害羞恥的人曰："不要鼻子"，亦歷史文化之遺存也。

跀　刖　刖　

刖《卜辭》 跀 跀 《說文》："斷足也"。此斷足之刑，諸字典皆音"月"，此大誤也。蓋"刖"字本从肉，而不从月，後世月、肉混淆不分。此誤肇基於"槷危"，非一日矣。唯《集韻》音"兀"，尚存始意。《莊子·德充符》："魯有兀者叔山無趾踵。見仲尼。仲尼曰：'無趾者也'"。

筆者考：《說文》兀字訓爲"上平"。高而上平曰兀。其初義爲人之"削長"。延伸爲山之直立高聳上大而底小之形容辭。曰"杌隉"。大凡物體形態之上大下小者，皆有易於傾倒之患，因其重心不易穩定，由於基部支持面過小之故。此物理力學之靜性規律現象。故《說文》訓"杌隉"爲"不安"。《書·秦誓》："邦之杌隉"。《易·困卦》："困於臲卼"。推証其義，人之無足者，必立不能安。故知中國文字之形意皆有科學觀念。

（杌隉）

（跀）

𢦏

《卜辭》 𢦏《金文》 𢦏《說文》："傷也"。《廣韻》："刑裁"。

此直觀象形字，與辟字示義同例。字从 、从 、从口。

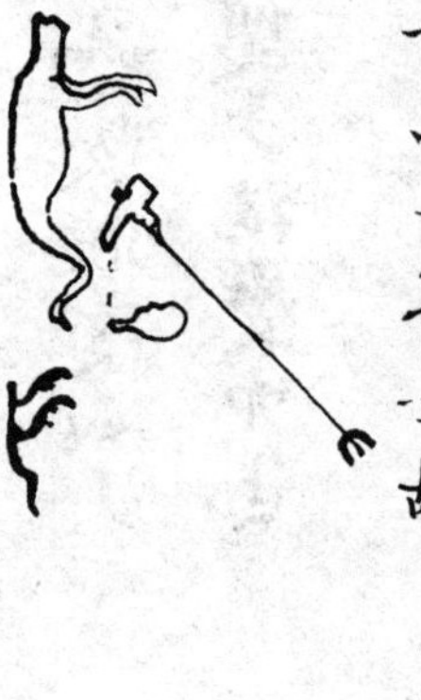

象無首之屍。口象人頭墜地之形。⺦象沾滿血迹的兵器。、、象血滴。後世譌戮上翏，已失原意。故探討文字之學，自應以先秦字形為據。附戮字譌變軌迹如次：

口形在小篆已刪去，而莫能窺其形義矣。戮之雙手，譌變而上羽（羽）。已無從窺察古文之初意矣。

犭戠（伺）

犭戠司伺《正韻》：「伺，偵候也。察也」。《說文》：「司空也」。此義極確，所謂「司空」即《周禮》之「冬官」。後世名「工部尚書」。乃國家設立之工業建設機構。《金文》「司空」二字正「司工」。可見司空之職是工業建設的負責者而無疑。《說文》之所以訓犭戠為「司空」的原因，正是由於他領導的工人當中，都是一些先勞動而不付報酬的刑事罪犯勞改份子。《周禮·地官·司救》：「凡民之有衺惡者，三讓而三罰，三罰而士加明刑，耻諸嘉石，役諸司空」。」就是說：經歷三次批評警告和三次罰款，仍然不改的違法亂紀份子，就要送交司法機構處理，把他坐在一塊有花紋的石頭上，供來往行人觀望（等於游街），最後由司法機構送交工業建設部門從事進行監督勞動改造。這種利用罪人為國家創造物質財富的政治措施，仍繼續被運用於現代，即所謂「勞改」是也。《說文》中所謂「犭戠，司空」也，就是「勞改隊」的負責人。他的唯一任務就是監督勞改人員。是可以肯定的。

〈⿲犭𦣞犬〉

字形析義：⿲犭𦣞犬字从犾从𦣞。犾者，獄之省文，𦣞古頤字，頤訓「養」。乃腦內含「餡」之象，有足腦足底之義。意謂上是一位肥胖的人物伴隨着兩頭警犬的「指事」字。這兩頭警犬是輔助監督罪人的得力助手。為司法機構必不可少的偵察工具。也能够凭牠特有的優異嗅覺功能跟蹤追捕犯人。故⿲犭𦣞犬訓義晛察。此造字之意也。

獄 [seal] 獄《說文》：「獄，确也。从言从犾。二犬所以守也。」段注引《韓詩》：「宜犴宜獄。」此韓詩即

獄 獄「韓盧之詩也。《博物志》：「韓國有黑犬名盧。」《戰國策》云：「韓子盧者，天下之疾犬也。」

段注：「鄉亭曰犴（臨時看押拘留所），朝廷曰獄（模範監獄）。」由此可見用警犬看守犯人的歷史已經很久了。《幼學瓊林》：「狴犴猶犬而能守，故獄門畫狴犴之形。」注：「狴犴，胡地野犬也，善守。故今獄門畫其形。」案：獄上狴犴，即畜族之「牧羊犬」也。古人已經把它由畜用領域上升到宗教性的「看守監獄之神」的文藝領域了。獄字从言之意，說文未詳而只云：「确也」。可知「言」字有審訊、判決定刑義。而「圄」字造型尤為明顯而醒目。

復考：嶽字从山从獄。讀《尚書》紀載帝堯時代有「四嶽（岳）」之官，分管華

九

夏東西南北。昔、崇上即四大行政區的中點。當人類已進入了階級專政的社會，自必然會有限制反對勢力的寄留環境。如果我未想錯，那麼所謂「四嶽」也未必不是寄押政治犯的監獄所在。從「嶽」字造形察之，証之今日民間「押到陰山背後」的諺語，思之，令人不禁連想到傳統京劇《穆蓮僧劈山救母》這一故事。文藝節目是具有考古知識合理內核的。當時的監獄有極大可能是利用山洞，以猛犬守衛洞口，以限制犯人的逃逸。此「嶽」字从犾，从山，从言之義乎？竊思囹圄之名，歷代不同。漢曰「獄」，秦曰「囹圄」，周曰「圜土」，商曰「羑里」，夏曰「鈞臺」。鈞臺為獄之名，其義難明，經籍訓詁從無訓釋。茲舉例以明之：

考《輿地志》：「石臺山在鴈門郡」《山海經》：「廣臺山（今名林慮臺山）」。《淮南子地形訓》：「濟出王屋時，時、泗、沂出臺、台、術。」注：「時、泗、沂皆水名，臺、台、術皆山名。」《抱朴子登涉卷》：「昔張蓋蹹及偶高成二人並精思於雲臺山石室中。」

據上多例，可証古代以「臺」為名者大有山在。也就是說山名之帶有「臺」字者是很多的。準此而推，則「夏」之「鈞臺」乃特定地區之山名，是有充分地理名稱憑例的。其地望吾人可考之於《左傳昭四年》：「夏啟有鈞臺之享」《水經注》：「潁水，時人謂之崵水。……東南歷大陵西連山，亦曰「啟筮亭」。啟享神於大陵之上，即「鈞臺」也。」《參閱太平寰宇記》「許州」此古代以山陵為監獄之証。「鈞臺」是夏朝監獄之名。《禮記月令》：「仲春之月，命有司省囹圄」正義云：「獄，周曰「圜土」」

殷曰「羑里」，夏曰「鈞臺」。鈞臺之地有大陵，西連山，應即是夏王朝囚禁罪徒之地，非僅是享諸之地也。此情非匯集群書，不能悉其事，蓋古籍斷簡殘篇，往往詳於此而略於彼，不能一一備載而俱到。如本文所討論之「鈞臺」，專憑《左傳》記述，僅能知其爲帝啓享諸侯於此。非讀《禮記·月令》之注，則不能知鈞臺是囚獄之地，更非讀《水經注》，則莫能見其地有山也。只有群書薈萃，方能知道「鈞臺」之爲山，既是諸侯會集朝覲之所，又是寄押罪徒的「集中營」。夏代去禹未遠，其集罪人於政治核心地區時，精確地承襲「唐虞」二代之故事而來。因而吾人可知「囚獄」之地明晰，除上爲天子直派的專人管理的四个行政地區中心和四大諸侯所職掌以外，還存在着四个大型集中營的事實。此義既完全可根據出土文字遺形，復符遠說。証之以上述參考資料，益覺信而有據。

褚　赭

褚《說文》：「卒也。」段注引鄭玄言：衣赤。《集韻》：「褚音止野切，《赭》，衣赤也。」

《揚子方言》：「卒謂之褚。」

考證：褚字从者从衣，衣是覆體之物，「者」是赭之省文。《說文》赭字訓「赤土也」。所謂

十

「赤土」即含有氧化鐵成份的顆粒礦石，俗名「紅土」。學名「代赭石」。以代州（山西省）多有此物，故冠以代字。《管子·地數》：「上有赭者下有鐵」，此物中醫用為藥材。國畫家用為顏料。故知「赭」字從赤從者，即「紅色衣服」義。《荀子·正論篇》：「殺，赭衣而不純」。注：「赭衣，赤土染衣」。當然這種用赤土染成的衣服不是基於美觀的需求，而是專為罪犯的形象識別標志。《尚書大傳》曰：「唐虞之象刑，上刑赭衣而不純」，純是衣服邊緣。「赭衣不純」就是不鑲邊的紅衣。所謂「象刑」，就是刑罰等級的外在標志。又如《禮記·檀弓上》：「子張之喪，明儀為志焉。褚（赭）幕丹質」，傳：「以丹布幕為褚。爽寶帷」可見「赭衣」、「赭幕」都是用於刑人（或死人）的被服裝飾色。這也許是上古社會的文化藝術色彩應用規律吧。這一文藝色彩的歷史上限，恐怕是肇自「虙羲」、「女媧」時代了。虙羲時代我們的前人就開始使用「赤鐵粉」作為塗染品。已為現代考古學界所共知。至軒轅黃帝的后妃嫘祖創造繅繭染絲，纔有可能把赭石（赤鐵粉）用為衣物染劑。雖此觀之，所謂「赭衣」、「丹質」等物，其淵源久矣。現代京劇「玉堂春」的蘇三，身穿紅衣，肩戴木枷，的扮演方式，仍保留着古代罪犯形象，為我們提供研究古文化的參考資料。「赭」字之另一義即「棉衣」。《漢南粵王趙佗上文帝書》敢獻「上褚五十衣」、「中褚」卅衣、「下褚」廿衣。又如金元好問《中州集十·宋朱弁送春詩》：「風煙節物眼中稠，三月猶戀褚衣」此應讀去聲，儲者貯也。貯藏棉絮於兩層布中，此漢字義從音變之例。

黴纆 黴纆《說文》：「黴字訓三糾繩也。」同書纆字訓：「三股曰黴，兩股曰纆。」

按纆訓黑色，說文略而不言。《易坎卦上六》：「繫用黴纆，置於叢棘，三歲不得。」分明是一根黑色繩子。此繩專門用於綁縛罪犯。《周易》用坎卦上六比喻官途追求上進不知止境的人物。因為第六爻在全卦中處于至最高無上的位置。不宜再圖攀登，否則物極必反，一降到底。大槩這種黑色繩子其中也含有「五行方位」概念。所謂「天一生水於北，十干曰『壬癸』，在色為黑……。」這一五行公式是古老文化貫串於每一文字中的普遍義例。《史記賈誼傳》：「夫禍之與福，何異糾纆。」有人妄談漢字與《八卦》無關，顯非事實。

刵 刵《說文》：「斷耳也。」從刀耳。《書康誥》：「非汝封劓刵人，無或劓刵人。」此割耳之古刑也。

熯 熯《說文》：「乾貌。」《玉篇》：「火盛貌。」《管子霸行篇》：「楚之人攻宋鄭，燒焫熯焚鄭地。」此皆非熯字初義。考《周禮秋官司戮》：「司戮掌斬，殺其親者焚之」。後考《易離卦九四》：「突如其來，焚如，死如，棄如。」注：「五刑之罪，莫大於不孝，焚如，殺其親

之刑」。足證□字當於先秦時代的一種嚴刑無疑。□就是以火焚身的象形字。後世此刑已廢，僅用為乾旱、燃燒等辭。而初義遂晦。

處

□□〈卜辭〉□〈金文〉□□〈石鼓文〉処〈篆〉《說文》：「止也，夂得几而止也」

処

筆者考，此字有「居處」、「處決」二義。而形亦分岐，故分述之：

愚以為「□」之與「処」、本當絕不相涉之兩個獨立文字，各有含義，風馬牛不相及也。後世槩以「處」字包括之，遂使近義混淆莫辨，蓋已不悉亂於何年何人之手，而難於追尋矣。然愚以為居處之義，應以□□二文為近情。緣□乃□之反文，以方向推之。□〈出〉為當是外出之形，而□為足趾內向之之象。□从宀，从処。宀者居室之形。処可與說文「夂得几而止」之說相比，而形有小異。蓋說文之処从夂从几，而□則从人，从夂。愚以為夂者久也，息也。从人者，人息於室之意也。非居處之義而何？若是為刑裁審決之義，則似以「□」字為近情。蓋処字有从斷足之人形。然古代刑罰種類甚繁，不一而足。又豈止斷足而已哉？聽處字者舉斷足以槩其餘。此例固亦有之。如□〈歲〉从戉从止止，而《說文》訓「利傷」，今《廣韻》訓「割」。其例可推者也。至後世增以虎，蓋所以示王法如虎之可畏意，此亦理有可通者也。

幪　黥　黥幪（金）此《賸述》字。有黥、黥、黵三文。其釋文云：「黥从𢦏即首之省，亦首，夢字之所從。與幪為聲轉而義通。《說文》見於巾部，訓曰：『蓋衣也』，因此「黥」應即《尚書大傳》「下刑墨幪」之「幪」字。蓋即黑巾蒙面遊行示眾。

黥　黥　古　此字上部所从之聲符「𡈼」，與《說文》「厓」字古文「𡈼」上部相同。其右側之

黵　黥　𠬝〈𠬝〉，與「剠」之从刀，例義同。故應釋為「黥」字。〈剠、黥同字〉《玉篇·黑部》：「乙京切，刑也，或作劓」。《晁說易話·訓傳》引京房云：「刑在頄〈求〉為剠」。頄是顴骨。剠刑在面，也就是墨刑。《周禮·秋官·司刑》：「墨刑五百」。鄭玄注：「墨，黥也。先刻其面，以墨窒之」。字或作剠。而「黵」字當亦是墨刑字。

夫幪之與墨，固有輕重之殊。幪是輕罪，以黑巾蒙頭示眾，所以羞辱之也。

黥〈黥〉則以刀刻面塗之以墨，永久不滅其迹矣。故《說文》訓幪曰「蓋衣也」。準此而求，則可知《金文》之「黥」之與「黥黥」固有輕重之分，未容混淆也。幪者等於今日

之術，亦眾設。《大戴禮》訓為「下刑墨幪」。後者則為殘酷刑，而且沿襲永遠不滅。

此其區別也。

陵 夌 陵 書「陵遲」之刑，時紀載見於《五代史》：「於刑法外設立『陵遲』一條。」

遲 遟 宋代大辟凡死「口語狂悖」者多用「陵遲」處死。至元代正式列入刑法條文之中。《遼史·耶律牒蠟傳》：「牒蠟不降，陵遲而死。」其實這殘酷刑，絕非始於五代宋元，而是淵源已久。《周禮·秋官·司戮》：「殺王之親者辜之。」辜即「辜磔」之刑。與「陵遲」同是肢解（分割）之刑，不過周時異名而已。《傳僖十九年》：「邾人執鄫子用之。」但這紀述也不能代表「陵遲」的歷史上限。從甲骨文字的追相聯想，古人可以肯定這個野蠻殘酷的來龍去脈，始不知幾萬年矣。陵字卜辭中是 象獨足人形。斷股之旁有乍，乃古「戕」字。《卜辭》之「戕」字有 …… 等形。《說文》戕字訓「 」：從戈從爿，爿古文壯，一曰殺字」。後者「遲」從彳從辛，辛是雙重義字，一曰《金屬刀器》，一曰罪愆之義。《見釋辛》。「遟」字異於「遲」者，遲從犀從辵，亦犀行動遲緩。遟從辛從彳，有罪人受殺之象。而陵字之文應從阜，從夌，有人登高阜之象。與《卜辭》之從大從戕亦異，當須辨之。與今殊也。

県 [illegible]〈小篆〉 [illegible]〈金文〉 《說文》県字訓：「繫也。」後人加心為懸，於義無取，今借為州

懸 [illegible]〈金文〉 縣字」。 筆者考：県、縣、懸、橋諸文，貫同中有異、異中有同。其錯

橋 [illegible]〈甲文〉 綜複雜之關系，是具有鮮明遞嬗衍化軌迹可尋的。謹考証如次

縣 [illegible]〈小篆〉 考《周礼秋官小司寇、縣士》：「縣士各掌其縣之民數，糾其戒令，而聽其獄訟。察其辭，辨其獄訟，議其死刑之罪而要之。三旬而職聽於朝，司寇聽之，斷其獄，弊其訟於朝，群士司刑皆在，各麗其法以議獄訟。獄訟成，士師受中，協日刑殺，各就其「縣」肆之三日。」值得注意的，即「肆之」二字。

考「肆」之為字，《說文》訓為「極陳」，所謂「極陳」即公開陳曉於眾之義。俗所云「暴尸市曹」是也。蓋此種死刑屍體必身首異處，屍體纏卧塵埃，其首必倒懸樹木之上。此情雖經文未載，然從古篆「[illegible]」字造型何獲得透曉底光。何則？

考《說文》県字訓：「倒首也。」圖示如下：

（[illegible]）

回憶筆者幼時，常於公路兩側樹上發現死刑首級，麻繩穿耳，繫諸樹間。此即

十三

縣字之所繇住也。《漢刑法志》已上「梟」。梟鳥生食其母，殘骨於樹間，故其梟二字可通。古人惡其性凶，故《周礼·哲蔟氏》掌覆其巢，此物為人仇之縛註例。

縣懸二字內在連系之探索：

縣是西周王朝王城（距）四百里以外的外圍行政地區，其地之行政首長名曰「縣士」。犯刑罪犯的執刑地點必在縣境住置。而犯尸的首級懸掛工作，也必然要「縣士」負責其事。古籍「縣士」、「懸首」，統以縣字出現於經典，正是說明當時的歷史具特徵，同時也使我們找查到了縣懸二字同源的真相。懸字的初義是人類從原始生活產生的心肌緊張的性理現象。縣字像是表示人頭懸樹。可从縣字造形从「木、系、首」知之。木是樹，系象繩。首是人頭。

構

甲骨文字从木、幺、角。木，樹也。幺，繩也。角，獸角也。古人屠割牲畜之方法，今農村仍延用之。《見圖》

吾常見鄉人殺羊。既殺之後，為了便于剖割，往往把羊角掛于樹上，從事解割，此古法也。至西周時則有樘柱，其形制功用等于今世屠户之「肉架子」。《周礼·地官

牛人》云：「凡祭祀，供其牛牲之枑」。「梐枑」、「髆辜」音近而意同。故有「縣首」之義（見前）故知「髆辜之刑」與屠宰牲畜，初無二致。

胥𦙍《說文》：「蟹醢也」。

筆者案許氏訓胥為蟹醢，自亦有故。然余擬字形揣之，當另有取義背景。考胥字從疋，从月，疋古足字。甲文足作。徐鍇謂疋象腿脛之形，其說堪與卜辭足字之形相輝映。余謂「胥」字初義即現代生理解剖學中之人體下肢「腓腸肌」也。俗名「小腿肚子」，為人體周身最健循之運動肌。人之東奔西走，南跑北顛，皆唯雙足是賴。《周禮·地官》有「胥靡」廿四人。注：「肆長，市中給徭役者」。可見這些人物的政治身份，都是靠兩條腿吃飯的。腿肚上的瘦肉最適合於烹飪項目中的「請氽丸子」的需要。故炊事技師皆選禽類、獸類之腿、脛肌肉來打肉醬。古名為「醢」。《韻會》胥字訓：「言其肉胥、胥、辭也」。所謂「胥、辭也」即剁包子餡子。俗說「一个肉丸兒的餃子」。古人就把這个「肉丸子」的觀念辭昇華為勞改那刑份子的懲裁頭銜。《莊子·庚桑楚》云：「胥靡登高而不懼」。靡字从麻，从非，非音腓之省，麻从𣏟而訓義為纖微。可知「胥靡」即用碎肉製成的丸子。古人把它用乍罪人的稱號。亦即「肉球」之意。而西周王朝所用的一些「胥」，事實上也都是刑事罪犯。

奚：[卜辭字形]〈卜辭〉[金文字形]〈金文〉[篆文字形]〈篆〉《集韻》、《韻會》、《正韻》皆訓「僕隸也」。

考㜎字从女从奚。奚者，雞的縮寫式（以繩繫爪形）

筆者案：雞之為物，於自然界中本屬野生動物，其後遭人類俘獲長期馴服飼養而化為家禽。方其被俘初期，人類為防止其逃逸，必繫之以繩索，而控制其自由。今人購得生雞仍用此法。

古代奴隸主以戰場為獵地，視俘擄為獵獲品，將男性俘虜名之曰「奚」，女性俘虜名之曰「㜎」，而分別置於服務部門執行勞役。《周禮》之一个部門中就有「㜎」達三百人之多，此見於典籍記載者也。卜辭、金文中各个㜎字，皆象俘虜之形，可以證。唐詩人李賀常騎驢出，從小奚奴，背古錦囊……知奚字已為奴婢之名，至唐代仍在繼續延用。今則只用為文言中「疑問辭」。或見於姓氏。

183

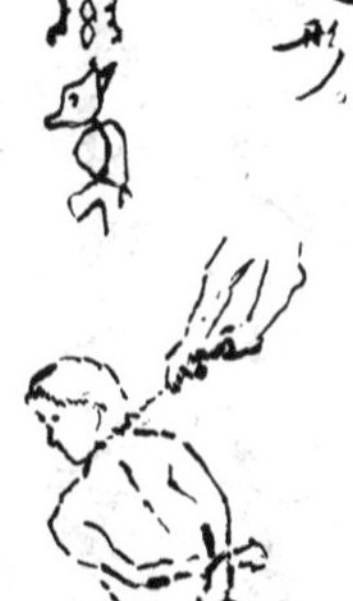

及：[字形]《說文》：「逮也。从又从人。」徐曰：「及，捕人也。會意。」此逮捕犯人之象形字。說文與隶字互訓。可為義例。然則隶者罪徒也，又者執法者也。

急：[字形]《釋名》：「急，及也。」很對。《增韻》：「迫也」，尤為近當。《說文》：「褊也」。殆未察造字之情。夫走投無路之罪犯，後有司法追捕，其心臟跳動之急乃生理之必然現象。造字者以及心為急，可謂深得事物真相。

隶 𣥂《金文》隶《說文》：「及也。从又，从尾，又、尾之省。从後及之也。」（隶）

《玉篇》：「亦已逮，或已隸。」隶字造型本取象於追獸，後以為逮捕罪人之字。可从下列隸字之情得之。

隸 隸 隸《說文》：「附著也」。所謂「附著」之義，即說無人身獨立自主之權，又無私有財產，只能依附主人，聽命遵旨，供人驅使，馬牛其力，俯求其食之動物而已。

字形所義，從士，「士」是司法工作者，或从米，米是刑具，隶是逮捕之意。罪犯被逮捕、送獄審訊，亦有宣示罪狀之義。罪名已定，則入於奴隸。奴隸是受剝奪政治處分者，等于後世的褫奪公民權利。古代名之為「不齒」，齒者年齡也。古「鄉射禮」皆按年序位，「不齒」份子，沒有資格列席。這是奴隸應得的政治待遇。

怒 𢘁《說文》：「恚也」。《增韻》：「憤也」。案怒字訓恚、訓憤，誠确。古人造文數術而諄言，皆級層遞進。造字者意不見人間命運悲慘痛苦難忍之情，不得已而以奴心為怒，以伸明者視于無形之旨。可見信任武力之不足恃。所謂「以力服人」，故曰「千軍可奪帥，匹夫不可奪志也」，唯有儒者能夠澈底認識此點。

十五

奴 奴 𡚸 《說文》云：「奴婢，古之罪人。」《周礼·秋官·司厲》云：「男子入於罪隸，女子入于舂藁。」

考奴字從女从又，亦意專主女性之勞役者。然男性罪犯亦稱「奴」。然亦有義考焉。蓋文字之取義，有重於政治屬性，而不唯斤斤於自然屬性是求。正如《易·坤卦》云：「坤之為義，地道也，妻道也，臣道也。」故知奴之从女、从手，与帑之从子、从巾，绝非取義於生理之性別，而是取義於雄性雌化的馴服歡合也。就是要使剛烈的男性化為柔和的女人性格。〈當然不是婦氏摶佛、木蘭从軍那類女性，以資崢上依光有〉真正喪失鬥志的奴隸，怒字其正也。

疊 [illegible] 《說文》云：「揚雄說，以為古理官決罪三日，得其宜乃行之。从晶从宜。亡新以為从三日太盛，改為三田。」案疊字今俗从𤇾从宜，以為重疊字，而古義已不復存。獨揚氏之說為能符銅器銘文字形。信乎許氏之學實能得古義。

谿 溪 谿 𧮫 《說文》云：「山瀆無所通者。」

謑 𧮫 《說文》云：「謑詬，恥也。」

以上谿 𧮫 𧮫 𧮫諸文

奚 → 雞

谿—溪 人从澗小水清淺，系形如雞爪繩索

人 野禽遺俘 爨人女性俘虜

謑 人女奴遭到凌辱詬罵。

㜎 人女性奴隶服賤役者

事實上，皆是奚的孳乳字。現代漢語還存在着「謑落〈奚落〉」一辭，當是來源于奴隸遭到貴族凌辱語聲。亦歷史文化語言之遺存歟？！

〈釋辛辛〉

〈甲文〉〈金文〉〈秦篆〉

〈緒說〉先秦之《卜辭》與《金文》中，能見到「十干」之辛字。上為訓義為「愆」之「辛」，雖於若干有關罪徒之名字中，經常浮現於卑字中，但事實上此二字形，與從「辵」分。考古音：「辛音，侵、先、成參」文字儕同一聲紐，〈見段注古音第七部〉。知辛、辛二文，本為一字。後裔分為二實，覺常疑。歷代學者對此字之探索，聚訟紛紜，莫衷一是。筆者擬與諸資料，參以己意，略述如次：

考《說文》辛字訓：「秋時萬物成而孰；《金剛》味辛，辛痛即泣出。」徐曰：「言萬物初見斷制，辛痛也。」《爾雅·釋天》：「太歲在辛曰重光，月在辛曰塞。」《白虎通》：「《金》味所以辛者，西方殺傷成物，所以殺傷之也。」

筆者案：五行學說，內容博大淵深，非本文所能備述。故欲求「辛」字之義，莫過於《尚書·洪範》。洪範文：「從革作辛。」傳引《正義》曰：「《金》之在火，別有辛气，非苦非酸，其味近「辛」。故辛为金之气味。」笔者按：《正义》之解，极有科学价值。先秦古籍中所云之「金」，即今日之铜也。此适余于昔年参观冶铜工业中曾有亲身体会。当时目睹冶铜坩埚，烈火熊熊，发出浓烈刺鼻气息，令人闻之涕泪交流。此殆即《说文》所谓「辛，痛，泣出」之义。此种「氧化铜」对人鼻道产生之催泪作用，与因感情悲伤引起之泪腺分泌生理反应，如出一辙。实与《说文》「痛即泣出」之生理现象质，因异而果同。惟「内因」「外因」之殊耳！」辛、辣二字皆从辛，其义可通。

字形简述：《说文》辛字训「愆。古文愆，从二，二古文上字。读若愆。」《广韵》：「愆，古文辛。籀文作諐，俗作𠍿。」魏校曰：「从丫，从二，有犯于上，未丽于法。」辛、愆同音，义小异。「愆，逾礼也；辛，犯法也。」出礼则入刑，其适一也。然经传今皆用「愆」。凡童、妾、言皆从此。（见《字汇·立部》）又于辛部复出「辛」。音义同。立部「辛」，又引许书文：「童、妾从此。字与『辛』相似，但以画之长短辨耳！」《正字通》因之，而于「辛」下注曰：「按《说文》训辠未详。据篆形推之，『辛』七画，篆上画，与『辛』八画，多寡不同。非以上下画短长分也。旧注误。」今按此说亦未尽当。考《说文》「丫，从反人，从二」。又「羊」下云：「丫一爲「羊」，丫二爲「羊」。」《通訓定聲》曰：「干上爲辛，大辠也」。「辛」从丫二。則當占「辛」，不當占「辛」。《字彙》辛占辛，以上下畫之長短别「辛」「辛」因誤，乃以「辛」爲「辛」，与「辛」爲畫多寡之分，亦非是。此《類篇》占「辛」。《六書故》占「辛」。《正字通》遂論「辛」爲七畫占「辛」。「辛」爲八畫占「辛」。《康熙字典》承其論，更增「辛」字，注曰：「說文辛本字」。尤謬。「辛」當作小篆从一干。大篆从辛，應爲筆誤。證以丫部、辛部之說而知之。《玉篇》、《廣韻》、《集韻》、《類篇》皆無别「辛」之「辛」及「辛」。今據證於此……」。

筆者案：「辛」、「辛」二字千古聚訟之原因，蓋由未得「辛」字取象之真詮。因而分庭抗禮，各逞臆說。遂使「辛」字成爲千古之謎。愚對此字之困惑蓋有年矣。後於庚酉之秋，偶讀《周禮·冬官·考工記》云：「築氏爲削，長尺博十（應爲寸之誤）合六而成規。欲新而無窮，敝盡而無惡。」削，今之書刀。疏引鄭云：秦蒙恬造筆，漢蔡倫造紙。古無紙墨，則以削刻字。至漢雖有紙業們有書刃。是古之遺法也。又傳云：斲，斫也。鄭司農云：「常如斲而無窮」。
這裏提出的「斲，斫也」已暗示出辛、斲二字的同源關係。特別是「合六而成規」
一語，對音韋之啟發至深且鉅。問題在於它已經給我們清楚地提示
出了一个「解析幾何」圖案。方曰矩，圓曰規。此人所共知。所謂「合六而成
規」就是下列的圖形。

這个圖面積，是由六个等面積三角形
合成的。所以經文說「合六而成規」。規者圓也。若將此六枚三角形金
屬片分開，即儼然為六个斲」〈刀片〉也。就是今甲骨文中之丫「字。若將此
丫形斲器之根部，裝設木柄，則成了丅字之形，而于便這个斲器便於
握持推動操作運用，就必須再於斲器根部與木柄相連處施以橫穿之
銅軸。這樣一来，就成了今甲骨文中的𢆉字形態。假若再於𢆉字形的
斲器刃端之上附加以破切斲雕體的物體投影，便成了今《金文》中的
字形。此字的原始讀音應該讀「斲」。有「鋭利常斲而不敝」義。今農村釘
馬掌者所用之斲刀，仍保留着辛字原始形態。

辛是一柄金屬製造的切割器。吾人還可以從古文金字造型獲得証明。古金字是。上象箭鏃，下象倒安劍刃，傍側二、象未經鍛鍊之銅塊。「西方庚、辛金」，這是古老的五行術語。所謂「庚、辛」即「更新」之意。《書洪範五行》說：「金曰從革」，註：「金可以改更。」《正義》疏曰：「可改更者，可銷鑄以為器也」。由此可見「辛」字之造形乃取象於劍刃的無疑。遺憾的是鄭君在《周禮註》中對此種劍器的使用範疇，未能作出全面交代。蓋此物不僅可用於「竹簡」、「木札」之切割，亦能施之於薙剃毛髮之用。自不待言。

古代人民無分男女皆有蓄長髮習慣，一旦觸犯刑律，必先薙髮而後執刑。其名曰「髡」。《說文》訓：「髡，鬀髮也」。《周禮．秋官司戮》說：「王之同族，不宮者，髡頭而已」。《前漢刑法志》說：「當黥者，髡鉗，為城旦舂」。《司馬遷傳》說：「鬄毛髮，嬰金鐵受辱」。故知「辛」之為字乃剃髮之刀也。髡從髟從兀。髟是髮形。兀者上平之象。故為「剃髮」。

十八

此即辛字訓義為愆之所繇起，其迹全明。故知辛字乃由象形而轉為會義，實所謂建類一首，同義相授是也。

夫辛、䇂二文，原為一字。其在《卜辭》，或作□，或作□；其在《金文》，或作辛，或作䇂，形態多變，固乏定型。後世學者，闇於漢字之變化規律，而陷於刻舟求劍，唯斤斤於筆畫之長短、多寡是求，不亦迂乎？

然愚臆辛之聲變為愆，必有切削、切割之意寓乎其中。茲試言之：

愚以為辛之聲變為愆，其源於「劇」乎？考《集韻》有劇字，注：「渠焉切，讀若千。削也。」按劇从虔，从刀。刀者切削之義，虔从虍之省，从文，說文訓：「虎行貌」，古籍用為殺伐之辭。《左傳成十三年》云：「虔劉我邊陲」。如劇即虔之今文，虔即劇之古文。而訓義為殺，殺切同義。我國魯南地區蒼郯民間語言中仍有劇音辭彙。每值農業歉收，青黃不接，舊穀已盡，新穀未熟，饑迫之下，往往手握鐮刀，提前至田間覓取早熟之新穗以充饑，名曰「劇穀穗子」、「劇高粱穗」。此類潛存於民間之歷史文化遺存，實應目為考古之「活化石」。而受到世界學術界之珍視。蓋禾之有穗，猶人之有首，禾之劇穗，猶人之剃髮也，故知辛之首刺，實寓「髡髮」之義。謹舉古文字例以求證：

童 □〈甲〉□□〈金〉□〈篆〉《說文》：「男有罪曰奴，奴曰童。」

□〈金〉 筆者案：《卜辭》之□字与《金文》之□字皆應視為「童」字。二字之顛上皆从辛，蓋所以示薙髮受刑之相。古音「童」「禿」二字同聲。故《釋名》曰「童子」（古男子廿而冠，童子無冠）；牛之無角者曰「犝牛」；山之無草木者曰「童山」。後世從牛上「犝」，以別於無罪之童。以上諸字皆从辛，具禿頭之義。

僕 □□□〈甲〉

〈□〉

〈□〉

〈□〉

□□〈金〉 《說文》：「僕，給事者。」《周禮·春官》：「車僕，掌戎路、廣車、闕車、革車、輕車之萃。」□象傾倒垃圾之奴隸形。

□□〈篆〉

《周禮·夏官·隸僕之職》：「掌五寢之掃除糞洒之事。」与殷墟□字造型酷肖。

筆者案：《甲文》、《金文》諸僕字造型，皆頭戴辛字，小篆已無。僕亦服事之人，身執賤役，立功贖罪者。《左傳昭七年》云：「楚申無宇曰：人有十等，王臣公，公臣大夫，大夫臣士，士臣皂，皂臣輿，輿臣隸，隸臣僚，僚臣僕，僕臣臺。」僕時社會身份，位於九等。其為罪人可想而知。值得吾人深思者，即僕字之尾形結構。今考《說文》尾字訓：「尾，微也。从倒毛，在尸後。古人或繫飾尾。」註引《漢書西南夷列傳》云：「槃瓠氏之後，好五色衣服，製裁皆有尾形。」段注又按：「尾為禽獸之尾，此甚易解耳！而許必以尾繫之人者，有以其字从尸。人可言尸，禽獸不得言尸也。凡全書之內，嚴人物之辨，每如此。而禽獸似之。許意如是。」

（僕）

筆者案：據《說文》引《漢書》之紀載觀之，可知古代服裝確有尾形裝飾無疑。證以甲骨文字之形，益覺信而有據。今東瀛天皇仍着雁尾服，即其例也。竊臆殷商時代之奴隸所着之服裝，或有尾飾，甲文其證也。今民間相互戲謔，仍習慣於以帕褙布縷潛繫於人之後衣襟下，此等生活趣味項目，仍潛伏着上古文化藝術之遺存。《司馬遷自傳·報任安書》云：「今已虧形，為掃除之類在開首之中……」大概卑也，屬奄寺之流吧！〈儀禮既夕禮〉云：「隸人涅廁。」〈周禮夏官〉云：「隸僕掌五寢之掃除糞洒之事」皆与卜辞僕字者合符契。

卑
婢
俾

卑〈說文〉云：「卑，賤也，執事者」〈案此解未能闡出卑字形義真相。〉訓詁云：「古者尊右而卑左，在甲下象人頭」此解尤為不經。

革者案：卑字訓賤，甚確。然尊右卑左之觀念，施之於「金榜題名」則宜。而以為「十干」之首的甲想像為人頭，而將卑字為反映下賤之義，殊尤覺勉強。

〈字形析義〉：革者考：甲者，古戰防矢之盾牌也。甲文作田，故卑字造形，有左手執盾，右手執扇之象。此戰鬥之指事字也。古「戰」字从单，从戈，即戰鬥姿態指事字。〈左傳桓五年〉云：「高渠彌以中軍奉公為魚麗之陣，先偏後伍，伍承彌縫，戰於繻葛」。這種在戰場上負責填補戰車橫隊空隙的執盾持弓的步卒，在部隊組織中，屬於最低下的身份，俗名「小卒」。卒者末也。其與戰車中負責鳴金擊鼓的「軍帥」（指戰將）自有尊卑之分，是不言而喻的。此說「卑」字之形義所屬乎？！點象形兼會意字也。

婢𡠦（卜）嫚（篆）《說文》：「婢，女之卑者也。」甲骨文𡠦，从𢀩。示其為髡髮之女性也。

筆者考：婢字《卜辭》文𡠦，从女从卑，示女性罪人執甲之形，彼有考證價值。說文失了而存其已失文字的意。考《漢書刑法志》：「東海太倉令淳于公罪當刑，其小女緹縈上書武帝云：「願沒入官婢，以贖父罪。」由此可知說文之訓甚確。惜未盡造字之情耳，蓋「官婢」之勞役服務範疇極廣，宮中侍御之事乃其末也，執盾持弓以衛城乃其服事之最大者也。婢、陴二字，表裏互證，可為考證之說明。

陴𩫖 此甲文陴字，从𩫏，从𡠦。《說文》訓：「城上女墻，睥睨也」。睥睨，居高臨下之態也。

陴

筆者案：𩫏，古墉字，象城樓之形。《禮王制》注：「小城曰墉」。《易同人》：「乘其墉」。《易解卦》：「公用射隼於高墉之上」。疏：墉，墻也。𡠦是以手執盾之形。

甲字《卜辭》作四，《金文》作十，小篆作甲。故知𩫖字是女兵登城執甲守衛之義。《左傳宣十二年》：「守陴」。《僖成十五年》：「閉門登陴」。皆其例證。後世人咸以從戎入伍，為男子份內事，而罕有知女子有執甲衛城之功。

𨸏从𠂤，望樓（堞）之象。[illegible]者，右手舉楯（墻簫牌）之態，亦陴之省文，所以示執楯於城上者，即女兵也。

唐高祖第三女平陽公主，嫁柴紹，高祖舉事，公主起兵相應，號「娘子軍」。（《五代史》）

「朱序守襄陽，苻堅遣將圍之。序母韓氏謂西北角當先破，遂領百餘婢於其城角築城廿餘丈，賊果攻西北角，潰。因退保。時人號曰「夫人城」。此類古史紀述，不賴文字考古足證，其孰信之？本文之中心課題，在於求證「𨸏」字之義，不憚繁瑣連類而及，讀者諒之。

辭

辭（甲）、辭、辭、辭、辭（《說文》）：「訟也。猶理辜也。」此字从𤔔从辛。𤔔，古治字。從來人言言殊，莫能盡其情。試申述之：

考《說文》訓「𤔔，治也。幺子相亂，𠬪治之也。」徐灝曰：「幺子相亂，其義難通。戴侗謂「𤔔與𤔔通」。是也。𤔔象治亂絲，古文作𤔔，其兩旁88省為二幺，則成「𤔔」。中加橫畫者，系聯之也。復加乙為「亂」。絲亂而以手治之，有亂義，亦有治義。就其體言之則亂也；就用言之則治也。」

謝彥華曰：「辛部辭，籀文左旁作「𤔔」，鼎彝文从𤔔之字皆作「𤔔」或作「𤔔」。

可証字形非从8、从又、从冂。言8為絲之古文。冂為治絲之器，《𤔔》象架形，象兩手治絲之形。然則治絲為「𤔔」之本義，延伸為一切治理之義。

〈冂〉

筆者案以上諸家之說，自應推謝氏為優。考其是治絲器之——冂，值得予以介紹。蓋此種工具，實際上並非冂形，蓋連附於中柱兩端之垂直橫桿，並非平行方向，而是呈九十度之十字形。幼時恆見家慈使用此物，鄉人名之曰「線枷子」。古名「絡絲柎」，即其物也。

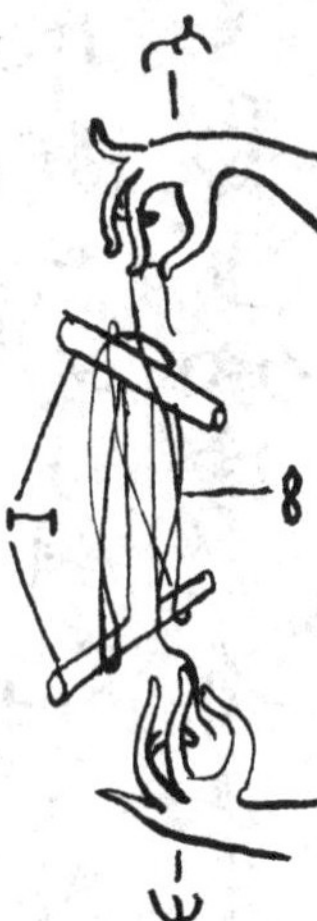

〈𤔔〉

考《說文》辭字訓云：「訟辭也。从𤔔，猶理辜也。」錢注云：「《繫傳》止从𤔔辛。治猶理辜也」此理字唐人所改。辭之言治。應是治。此即治獄字。故云訟。按段本依《廣韻》訂作「說也」。从𤔔辛，猶理罪也。二徐本無此文。本書云：「𤔔，治也。」「辭」本爭訟理獄之辭也」。《大學》云：「無情者不得盡其辭」。朱駿聲曰：「辭，猶今之口供也」。

筆者案「口供」二字，很實際。既然是口供，那就必定要說話。要有聲音。甲文之「𤔲」、小篆之「辭」，均無由看到聲符的標志。唯《金文之滕匜》

銘文中「䛐」、「辭」二字。其一从言，其一从口。堪稱極合造字標義之能事。此銘文述紀當時有關爭訟之文章，富有研究價值。復考《周禮·秋官·小司寇》云：「以五聲聽其訟辭。」看來古代法學家提出的主張，不僅是要聽取犯人的語言辭彙，更重要的是還必須注意犯人的語音情調，來審查供辭的虛實。古代學者視音律為心態的反映，是非常明顯的。又《書·呂刑》曰：「明清於單辭，罔不中。聽於獄之兩辭。」然則單辭謂一人獨言也；兩辭謂兩人競埋也。

愚案：治獄必是非原被兩造互證，猶治絲必用左右兩手也。古人造字之會義可以想見。夫訟獄之情，極析複雜，萬緒千端。非心細如髮無以得其情，非氣平意靜莫能尋其緒。造字者以「治亂絲」喻之，良有以也。

辡

辡　說文云：「罪人相訟也」。與「誩」訓義「競言」之形意同。

筆者考：辡从二辛。象二罪犯對質之情。辛者辠之省。有互相辯爭义。此指事兼會義字。辡音辯也。「辨」从二辛从刀。辡象兩罪犯對質。中間之刀，示意為聽訟者的判斷力。要一分為二的看問題，不可盡信一面之辭。辨取音於古文釆字。釆取形於獸蹄之足跡  上古

漁獵為生。人類跟踪追捕野獸，全憑觀察獸蹤、鳥迹，以決定追捕路綫。故知辛乃首義字。此辛字之孳乳演進如次：

辡
瓣、辨 —— 分剖義
辯 —— 分爭義
辮 —— 分編義

（瓣）

（辮）

（辯）

妾 （甲）（篆）《說文》：「女子有辠，給事之得接於君者。」案此字造形示義與童字同，唯有男女性別之異。

接 《說文》：「交也，合也。」案此解難免低下之嫌，却充分透視出人屈辱之情。

辟 （甲文）（金）（篆）《說文》：「法也。」未能盡造字之情。

筆者案：辟从尸、从○、从辛。尸者，亡人之軀，辛是刑戮之器。口是

離體之頭顱。此皋因被殺之直觀象形字，古名「大辟」。《尚書》

三「帝曰：皋陶，蠻夷猾夏，寇賊姦宄，汝作士，五刑有服。」

註三 五刑：墨、劓、剕、宮、大辟。「辟」即辟字初文也。

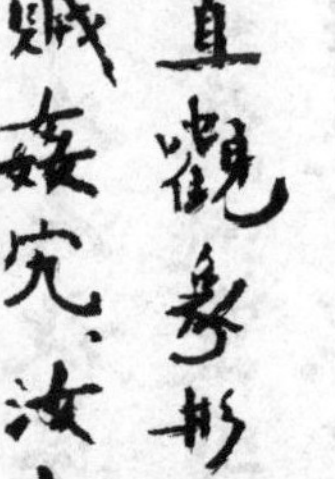

筆者考：辟即今之劈字，劈即古之辟字。所謂「大辟」，即一分為二，身首異處之意。大，古之大，乃一个正面直立的完整人形。當此，即知「大辟」之刑是人體分離之意，古人文語隱晦，以「法也」二字代之。

今亦是釋詞也：「辟，皇、王、后、君也」。古代社會君權高于一切，建法立制操生殺之柄，捨君莫屬。故知許君訓辟為「法」，固得其要；然對「辟」之殺人之象形字則從無所言其意者，愚表而出之。要亦「辟」之孳乳字也。其義為君者何也？人類自有史以來，總是跳不出「成者為王，敗者伏法」的規律。然則訓義為君者，執法者也；訓義為死刑者，伏誅之人也。此辟字兼二義出於同一文字，亦猶治、亂同文，灋、廢互用，祥兼吉凶，睽兼離、聚之例相同。所謂「勝者為王，敗者為寇」，堪從「辟」字到「死」與「君」的雙重含意領悟之。

故天子稱「辟」，上帝亦稱「辟」，天子建立之法制亦曰「辟」，天子祭天帝之玉亦从玉从辟（《璧》）。此又「辟」字之旁注建構義也。

避

避辟：《玉篇》：「迴避也」。避从辟从辵，辟是身犯罪之人，「辵」是「循道疾行」之義（見《文書故》）。故知「避」字之義為亡命之徒循迹遠颺之意。此指事字也。

僻

僻辟：《說文》：「避也」。筆者考：《增韻》：「避字注：『僻也』」。《呂覽·慎行》：「晉之霸也，近諸夏，而荊僻也」。如僻有偏僻、遙遠義。《漢書·蕭何傳》：「何買田宅，必窮僻處」，是僻字又有幽隱義。案僻字从人从辟，辟者避之省。又為犯刑之義。觸犯死刑、罪在不赦、亡命遠荒幽隱之地，天涯海角之境，故曰「偏僻」。《周易·同人》：「伏戎於莽，升其高陵，三歲不興」，置於叢棘」。《尚書·舜典》：「五宅三居」。注：謂周之夷服、鎮服、蕃服也」。又如《舜典》：「流共工於幽州，放驩兜於崇山，竄三苗于三危」，諸如此例，皆指罪徒流放邊境，投諸四裔之事。而與僻字形義吻合。然則避字乃「亡命之徒」流竄避荒之「動意辭」，而僻之為字，乃「亡命份子」潛伏之地。其處必在邊陲遙遠之區。此特定地理疆境之「方位辭」矣。

劈 説文曰「破也」。玉篇曰「裂破也」。廣韻曰「剖也」。

筆者考へ，劈即辟之後起字。辛字本有割切之義，後世增刀而成劈，亦猶益之增氵而溢，然之增火而燃也。

（劈）

⿱辟井 辟井 説文曰「法也。从辟、井」。

筆者案，⿱辟井从辟，从井。辟者辠人也，有辠行者，必繩之以法。井古型字，施刀爲刑。故義与刑通。説文曰「刑，字訓「罰辠也」」。此辭刑網。又云从刀井，並引易曰「井者法也」，並引春秋元命苞曰「刑，刀守井也。飲水之人入井爭水，陷於泉，刀守之，割其情也」。此說充覺不經，徐鍇繫傳已發之備矣。然未能指出井字究爲何物，余表而出之如次：

愚以爲井之爲字，陶人製塼之木型也。

井者木質，模型也。中間之「、」泥塊也。説文曰「型，字訓「模也」。又云凡鑄式，以土曰型，以木曰模。

（意示圖繪字形）

（型）

考《說文》鎔字所訓義曰「法」。故知冶金之翻砂模型，斯是陶人製埴之模型。其皆訓義爲「法」者，良以模型有制造之功，成材之用。猶玉之雕琢，人之受教，其理相同。人受教則聖，木受繩則直，金土就型則成材，此上等人物也。至於下愚不移之人，頑固不化，非施之以法，導之以政，齊之以刑，則不能向善。生鐵堅銅非銷之以爐火，鑄之以鎔，則不能成器。既猶黏土非舂之以臼，溶之以水，齊之以型，則不能成材。故辟字爲義有「删刑制教」之義，導民改惡從善之情。故辟之爲字具有自然科學與人文哲學之雙重觀念。所謂「比類合宜，以見指撝」，是爲會義者是也。現代語言名之「改造」、「刻翔土」。

辟乂

辟乂《說文》云：「治也」。《[illegible]韻》云「安也」。《廣韻》云「理也」。

筆者案，辟乂从辟从乂。辟，刑之最重者。說文不能一一舉列，惟舉重以駭輕。乂者刈也。除草之義也。以求治國之急務，在於除莠而安良。《左傳隱六年》云：「五又引周任之言曰：「爲國家者見惡，如農夫之務去草焉，芟夷蘊崇之，絕其本根，勿使能殖，則善者信矣」。此殆辟乂字之形義主旨。古人把良民視爲五穀，將非法門社會敗類與雜草等量齊觀。《論語》云：「惡莠恐其亂苗也」。是「治」之義也。

辥 辥（篆） [篆形]（金） [篆形]（甲）

考辥字从辛从𠂤。辛是刑罚工具，𠂤象绝巘、巍嵳之状。

《说文》训辥为「高危」。嶭、岜、巀二字音同而义通。

《张衡南都赋注》曰：「岜巀嶭断貌。」嶭巀

是用齿切断食物的动义作辥。古文从「岜」象 <ꂤ>

物化的手法，以形容高山之绝岩断根，似欲吞人之险恶恐怖姿态。

未说明「国法」之可怕。故知辥训为辠，亦与刑之「会义」字。

《周礼天官太宰》之「正月初吉，乃悬治象于「象魏」，挟日而除之」。

「象魏」等于现代司法机构张贴的「法制教育漫画宣传栏」。

「治象」就是打击犯罪行为的漫画。「象魏」与嶭危同型而义通。

宪（[篆形]）

复考《唐韵》「宪」字注曰：「悬法示人曰宪。」从害省，从心，从目。观于「治象」，

使人晓然知不善之害，接于目，怵于心，凛乎其不可犯也。然则[篆形]乃「会义」字也。

所谓「比类合宜，以见指㧑」是矣。

結論：「皆」、「辭」、「憲」三字昭示於吾人之意識形態特徵，是一脈貫通的。其唯一屬性是「畏法心理」。看來，以刑罰保衛社會秩序的政治綱領是千古不可移易的治國方針。可從文字中獲得剖視。

孽

孽《說文》：「庶子也。」《通論》：「妾孽之子曰孽。孽之言，蘖也。有皋之女，没入於公，得幸有所生，若木既伐而生枿。故於文从子，从屮，从𡴘。𡴘，皋也。」

筆者考：貴族生子，嫡庶尊卑分明。貴賤懸殊。貴者寵榮而禄，庶賤者卑孱而禄薄。《魯論》云：「獨孤臣孽子，其操心也危，其慮患也深。」不僅揭示了孽子的內心世界景象，同時反映了階級社會背景特徵。造字者以科學的眼光觀察社會人際關係與自然生物結構位序的共性來說明問題，是富有趣味的。

蘖

蘖 𣎴 枿 梓 櫱《說文》：「伐木餘也。」

《書·盤庚》：「若顛木之有由枿。」《詩·周南》：「遵彼汝墳，伐其條肄。」《經文說肄曰蘖》注：斬而復生曰肄，《蘖》。此字形態變化多端，各有形義。如𣎴、樹木

斬頭之象也。其餘根橫、伸延生之幼苗曰櫱；𣎵字乃已伐之木、橫、倒卧地。其母株之上、萌出幼芽之象也。櫱是剪出之幼株，以比統治者衆妾所生之子，故知櫱是孼字的以木易子的置換式。

辥 ＜ 孼—子—動 ／ 櫱—木—植 ＞ 物 ＜ 庶出 ／ 旁生

結語：《說文》訓孼為「庶子」。庶是衆多之意。與嫡子為對待。枿是衆多幼芽，與母幹為對待。反映出一个生物蕃殖生態體系主系與支系的數字比例觀念。

言 《說文》：「直言曰言」。从辛从口。辛是辣味。口能發音。意思是辛辣諷刺的語言，是會得辠人的。特別是對待上憲。這就是「丫二〈上〉為愆」字義之緣來。許君的「直言」二字的訓義極有哲學價值。夫直言者，開辠之端也。諂諛者求榮之道也。千古以來，從無例外。仲尼云：「不有祝鮀

之佞而有宋朝之美，難乎免於今之世矣。」《說文》之訓尤可揭露乃「病從口入，禍從口出」的因果關係。信夫古人造字之旨，「秉心塞淵」，堪稱要言不繁者矣！

宰（甲文）（金文）（篆）《說文》訓：「宰，官稱」。《玉篇》：「治也」。此解固確，然愚竊以為尤有未盡者，聊為同好言之。

考宰字之形，从宀，从辛。辛者，切割之器也。宀是庖廚屋宇之形。據諸形義，當應有「庖人」之義。《周禮．天官》：「庖人掌六畜、六獸、六禽，辨其名物。凡其死生鱻薨之物，以供王之膳，與其薦羞之物，及后、世子之膳羞……」《史記．晉世家》：「宰夫胹熊蹯不熟，靈公怒殺宰夫」。所謂「宰夫」，即統治者的御用炊士。宰割生物是其本職，故曰「宰夫」。現代之殺豬工廠仍名「屠宰廠」，農村呼殺豬工人曰「宰戶子」。皆歷史語言之遺存也。竊臆「宰夫」之職亦卑徒奴隸之流也。證以……等字皆有辛文特定標志，其義可知。然《周禮》中「冢宰」一職，乃一人之下，萬民之上的人物。其政治身份頗然與「宰夫」有霄壤之別。

此同一文字之雙項含義，自必有其久遠之歷史根源在，姑妄求之：

愚以為甲骨文字中既然備有奴隸階層之特定標志，則「膳宰」一職可能為皋夔之服務於貴族從事戰皐立功的人物，未必不是事實。在《周禮·天官》中的各个行政機構當中都有適當比例的「胥」、「奚」之類的成員配備於組織之內。胥是男性奴隸，奚是女性奴隸。胥，胥靡也。（閔丸子，敗義辭、古文上胥，奚古上作□）是女性奴隸。《周禮注》：「奚，猶今官婢。」字又作「𡚸」。實際上胥、𡚸都是戰爭俘虜。從這些古籍紀載中可知宮廷之內確有大量奴隸充當勞役者的事實存在。僅「甸師」門下就有胥卅人，而「酒人」門下就有𡚸三百人之多。於此堪為說明例証。商代伊尹負鼎俎以割烹之術自薦於成湯的紀載見於《孟子》。考《呂覽注》：伊尹名摯。」摯《卜辭》上作□，字象雙手戴銬，頸縛繩索之人形，儼然一囚徒也。《傳成九年》：「南冠而縶者誰也？」有司對曰：「鄭人所獻楚囚也。」注：「縶，拘執。」以顧名思義，據字敷情，證之經籍史書之紀述，則身居冢宰之職的伊尹其出身經歷，未始非蘇奴隸，雖而為「豹變」之政治巨人也。管仲既囚車而相桓公，傳說舉於版築而相高宗，百里奚以牧羊奴而登秦廷，此歷史家之所共見，又何有疑於伊尹乎？故知「宰」之為字，兼「尊」「卑」之人物職稱之由來，其源於伊尹其人乎？以古文字之形義之具有標志人物身世意義及人物形象特徵者，頗不乏例。如周之始祖名「棄」，其字於甲文已作「[illegible]」，金文已作「[illegible]」，皆雙手捧箕盛兒之象。記諸毛詩大雅生民迺寘棄而不棄。此可見文字之學堪正補闕經史之遺，不可不知者焉！

・[illegible]之「宰」字之本為切割工具，延為宰徒之標幟，終於尊榮之象。此漢字義相變化之軌跡，如神龍騰霧，夭矯行空，不賴文字之學，無以明之。

辜

說文云：「罪也。古聲」此解甚嫌籠統。考周禮春官云：「以疈辜祭四方。」注：「疈，疈牲胸也。」又周礼掌戮：「殺王之親者辜之」，鄭注：「辜之言枯也，謂磔之。」由此可見辜之為字，乃殺誅殘酷之刑罰。古代社會常把這種分解肢割的暴刑，施之於戰犯，以祭祀勝利者之先靈。公傳僖十九年云：「宋襄公使邾文公用鄫子于次睢之社，司馬子魚曰：古者六畜不相為用，小事不用大牲，而況敢用人乎？」此經籍紀述古代殺人為祭之著例。

筆者案：辜，从辛，从古。古非音符，乃義符也。所以示受刑者死後棄尸荒野，任狸食其肉，蠅蚋吮其血，枯骨現天，積時已久之意。故字从古。古者故也。故者舊也，久也。鄭注云：「枯也」。信不誣矣。考《禮記·月令》：「孟春之月，掩骼埋胔」，是其情也。此實非有愛於枯骨，蓋亦緣環境衛生之需要使然。復考《爾雅·釋天》：「十一月為辜月」。求諸封建社會傳統，司法制度，例於每歲「冬至」將臨前夕，為清除監獄，處決死刑囚徒之期。「冬至」居夏曆十一月，故十一月之名「辜月」，實源於斯。「辜」、「枯」、「骨」音同而義通，此音中之意也。辜字之另一寫法是𣦸，从歺，从古。歺，古死字。古者，往昔之義，所以示死骨暴露之久也。二文形異而義同，其致一也。

（𣦸）

競

𥪰𥪰（甲文）竸竸竸（金文）誩誩誩《說文》誩字訓：「競言也」。《廣韻》云：「爭言也」。筆者案：誩，从二言、二口。分明是兩名罪犯當庭對質，爭訟之象。其意相應與韓字同，而與競稍異。

漢書《衍文釋詁也》競字訓「逐也」。

「緊極」之為訓，有「角力」之意。考㸚字乃二人並立之形，「誩」字造形，是二人一前一後競馳而奔之形。大凡漢字之同文並立者，皆有對抗之情。如雔、林、鬥、吅、皆其例。競、誩、㸚三文，皆从㸚者，兩名卑徒並肩而立，或前後相从，爭先之狀。夫卑徒之帳勞役，隸於司空監伺之下，心懷恐懼，勤奮相尚，惟日不足。故古有「戰戰競競」之語，非偶然也。

竟 竟（甲文）竟（《廣韻》、《正韻》、《韻會》）並訓：「窮也，終也」。

筆者案：竟从𢆉从兄，自卑人之形也。與競字不同者，唯音、偶之異。蓋競是二人並立，有勤奮相尚之義，竟是一人獨立，有一人「色乾」之意。竟、磬同音，有自勉自勵之意。蓋一人色乾，則責無旁貸，無依無賴，命運之悲，無與呼應者，故訓義為「窮也，終也」，不亦宜乎？

商 商《廣韻》：「度也」。《易兌卦》：「九四，商兌，未寧」。注：「商量裁制之謂也」。

《曲禮》：「槀魚曰商祭」。注：「商猶量也」。疏：祭用乾魚，度量燥濕而用之也。

發明。經籍訓「商」為「度量」，為「裁製」，固其宜也，皆未涉及造字之情。然愚謂商之為文，厥意顯而隱，明而晦。造商字者，其有憂乎？何其悲也？

考商之為文，从䇂从㕯。䇂，古愆字也。㕯者，諾也。䇂者，罪也，辠人也。古坐法為賤役者，在男曰奴，在女曰婢，曰妾。故古文童、妾、[illegible]、僕等字皆从䇂，堪為例證。

㕯者何？考《集韻》：「㕯与吶通。」《正韻》：「吶与訥通。」《說文》：「㕯，言之訥也。」《玉篇》：「㕯，遲鈍也。」愚案以上諸解，揆與商字之情，殊有未合。吾人治文字之學，不應刻舟求劍，據拾前人舊說，貴能洞察幽冥，見之文理之蹟。否則未有不為段務所惑者也。然則㕯之為字究為何義？愚曰：應於音義中求之。

夫㕯者，諾之段也，公諾之意也。《說文》諾字訓：「譍也。」《玉篇》：「荅也。」《正韻》：「應聲。」《詩·魯頌》：「莫敢不諾。」箋：「應辭也。」《荀子·霸王篇》：「刑賞已諾，信乎天下矣。」注：「諾，許也。」《韻會》：「以言許人曰諾。」考諾字之形，从言从若，象女子鬈髮之形，有順理通達之意。考《易·兌卦九四》：「商兌未寧」。有「經過商討，未能達成協議」之意。其註云：「商，商量也，制衣裁之謂也。」「制裁」二字含「判決」之義。顯然與「量刑定罪」有關。蓋一切問題之處理，非通過商量不能各抒己見，非能得公允，不能合情合理，此必然之勢也。故知商字从冏，確當「諸」之通段而毋庸置疑。然則，吾人應以何種態度認識商字造字之旨？此爲本篇所欲闡明之課題。試申述之：

考辠字之形，辠徒之象也。罰法者，應遭罰，乃理之必然。要知刑罰之目的不在於殺戮，而在於懲惡以勸善。故曰「明刑所以弼教，有刑期於無刑。」然則刑罰之得失，量刑之輕重，執法者能否罰當其罪，罪當其情？此則關繫世態之安危，人心之嚮背，當國者不可不慎，此聖人之政也。故良吏之治獄，必審情而察事，不厭其詳，務求允當其分，使辠人心悅誠服而無憾；斯爲信讞。《說文》讞字訓：「議辠也」。讞字从言从獻，有「獻言」之意。可見判刑定辠是件大事，不可率爾操觚，粗心大意。必須廣泛徵求多方意見，這就是「讞」字的含義，也是商字之所以从冏的旨意。讀《周禮》司寇有「鄉士」、「遂士」、「縣士」三級司法機構的「司法守則」。云：「司寇聽之，斷其獄，弊其訟於朝。群士司刑皆在。各麗其灋，以議獄訟。獄訟成，士師受中，協日刑殺。各就其(鄉、遂、縣)，肆之三日。

今譯文：「審判員負責聽取供辭。審查案情。再把口供紀錄連同犯人解送最高法院，由最高法院負責召集兩級法院(人員)開集體審議。出會人員每人各據法理各抒己見。最後由最高法院官綜合歸納，當場表決，即行定案。正式宣判，還要把卷宗檔案送交專業律師，審定無誤之後，於是判決書就開始生效。再經過協商，選定行刑日期，將人犯解回，初審原地，按期執行，暴尸市曹三天，示眾以昭炯戒而儆效尤。」

注釋：鄉：靠近王城百里之內的郊區。　遂：距王城百里以外至三百里的中間地帶。縣：距王城三百里至五百里的外圍地區。

「鄉士」「遂士」「縣士」即三級地區的法院院長。　士：司法人員的通稱。必須經過兩級會審纔能宣判。儘管如此公開無私的場面上做的判決，仍然不能成為合法的信讞。還必須經歷一次專業律師的復覈簽字方能生效。

當時尚沒有「人權」這一名辭，僅僅是依靠非「仁政」觀念占出這樣的立法。這就是罪字的形義內涵。商者殤也，悲天憫人之義也，商量之義也。其民法制之萌芽乎？注

辠自辛，今說文云：「辠，犯法也。自，古自鼻字。言辠人蹙鼻苦辛之憂。秦以辠似皇字，改為罪」。 按，辠字从自从辛，辛者削器也，如辠字有劓辠之意，而字与劓同義。其所以化為一切犯辠之名者，始亦有故。考《周禮·秋官·司刑》注：「觸易君命，革輿服制度，姦宄盜攘傷人者劓」。愚以為劓居五刑之中，劓鼻之刑所以示辱也。今民間語言以「不要臉子」一辭表示「不要臉」之意。此乃歷史文化之遺存。蓋聖賢建法立制之目的，以「教倡勵行」為主旨，刑罰制裁非以殺戮為快事，而是要人民自尊自貴，提高羞恥觀念，所謂有刑期於無刑。此辠字从辛从自之義也。

說明：以上從从辛之文，皆辛的派生字，故其義亦皆延伸義，非辛字初義也。辛之初義，應為「金」。特舉例以明之：

一、辛字的物質義：作為「金屬」普通名稱，辛是「五行」觀念的法定代號。

乃為特定金屬名稱的「鋅」，乃後起之字。从金辛，示義為辛辣之气味之金屬。鋅字見於《集韻》，訓「鋅，鋌也」，音子。鋅从金辛，與梓从木辛同例。古籍裡，梓桐並稱（拱把之桐梓，見《孟子》），以桐梓二木皆能發響亮之金屬音，而適合此琴瑟的原材物料。故造字者將銅以木易金而成桐，將鋅以木易金而成梓。所以說銅、鋅與桐梓皆能發音之義。此亦《六書》「轉注」之例。

鋅

鋅字的物理、化學屬性的多面觀：

鋅之為物，是一種極不穩定的化學金屬元素，常與其它元素為伍，而不能單獨存在。其个性與鉀、鈉、銅有類似之點。其色近白而具有輕微吸水性，又與鈣鎂相似。古人對這一輕金屬元素羣的多面屬性，早有徹底了解。《內經·五運行大論》：「西方生金，金生辛，在天為燥，在地為金。其性為涼，其德為清，其用為固，其色白，其蟲介。」注：「介，甲也。外被金堅之象也。」這些寓有吸水性的金屬元素的物質，大量分佈於水族甲殼昆蟲生理組織中，被古人用止蚘燥劑，可於《周禮》見之。《周禮‧地官‧掌蜃》：「掌蜃供互物、蜃物，以供闉壙之蜃。」注：「互物，蚌蛤之屬。」「闉猶塞也。將井椁，先塞下，以蜃御濕也。」亦說椁前先放蜃炭於椁下……」。由此可見東方古代「五行」學說的科學性。不過「五行」中的「辛金」還有更龐大的豐富內容，鋅不過是體現「辛金」屬性的微小例證而已。現代外科治療仍以氧化鋅膏止滲劑。

（互物）

梓梓

梓《說文》：「楸也」。楸是今名，梓是古名，同時而異名。案梓於植物學中為高齡喬木，木質輕而細密，對衝擊反應敏感，遇觸動則發出和鳴之金屬音，其物質性能與桐木頗似。故古籍中往往「桐梓」並稱。《孟子》：「拱把之桐梓，」《詩‧鄘風‧定之方中》：「樹之榛栗，椅桐梓漆，爰伐琴瑟。」桐與梓同是製作琴瑟的原料。古籍中將「梓桐」二字相提並論，合為一辭，不是偶然的。由此可見，桐與梓對人類生活需要中佔有重要地位。考先秦林業制度的「井田」之法的規定：「五畝之宅，樹之以桑，」言桑而梓亦在其中矣。桑葉是養蠶飼料，蠶能吐絲，供人衣料；梓能造琴、製棺、建築居室，故古人視為生養死葬之所必需，而作為住宅周匝必植之物，故「故鄉」又名「桑梓」。《詩‧小雅‧小弁》：「維桑與梓，必恭敬之」。此詩除了說明鄉黨、鄰里的人際關係團結合占的重要性之外，還遠視出桑与梓為古代農耕住宅周圍遍植桑梓的一个還面寫景。古典漢語每字都有歷史社會背景，乃考古之化石。古代帝王之棺木名曰「梓宮」。《墨子·節葬下》：「禹葬會稽之山，衣衾三領，桐棺三寸。」《後漢書·周磐傳》：「若命終之日，桐棺足以周身。」可知「桐梓」之所以並稱，皆緣於用途相同之故。《文選·謝朓·齊敬皇后哀策文》：「敬皇后梓宮啓自先塋」可占梓木製棺之佐證。

梓的字形析義說明：梓，从木，从辛。辛於「五行」方位為「西陲」，古天文「參宿」、白虎七宿之領空。西方天文謂之「獵戶」星座。求諸《五行經緯》學說，主殺，主戰鬭，主死亡、喪葬。其義為「金」。梓木有金屬音效。故古人以為琴瑟原料。「琴瑟」是「夫婦」的哲學象徵。古帝王稱皇后曰「梓童」。《詩·關雎》：「窈窕女，琴瑟友之」。古漢語謂夫妻相愛曰「琴瑟和諧」，謂夫妻矛盾曰「琴瑟不調」。是其義例。故知「琴瑟」有配偶之義，其意導源於梓木之金屬音效。而「梓宮」為棺木之別名乃導源於西方庚辛金之「五行」觀念。故知「辛」為「鋒、

「梓」之音。此辛、鋅、梓之遞嬗迹象也。辛、鋅、梓古音讀爲「子」，讀新者今音也。

附辛字由緣分佈示意

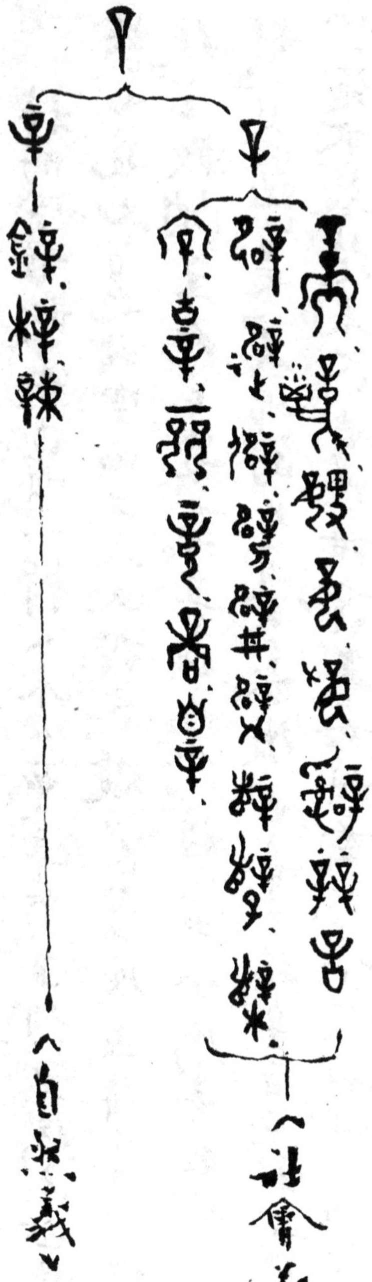

吾呵 𠮞（甲文）𠮞（金文）呵（篆）《說文》：「責也」。《廣韻》：「怒也」。

呼

呼 考証：《周禮·地官·比長》：「各掌其比之治。相和親。有辠奇衺則相及。徙于國中及郊，則從而授之。若徙于他，則為之旌節而行之。若無授無節，則唯「圜土」內（納）之。」《傳》：「鄉中無授，出鄉無節，過則「呵問」，繫之「圜土」。圜土者，獄城也。」

經文說明：比長是居民區的基層組織領導人。對所轄的五戶居民執行連保連坐政策（奇衺則相及）。居民遷居、落戶必須到比長處領取證明信（授）及出境證（旌節）。無信無證者，經過檢查崗哨時，就要受到呵斥責問。送交「圜土」（法院）扣留。

文字析義：呵，从口从号。口者，詞問之意也。号是犯鼻份子的象徵，而訓義為責、怒。十足的暴出盤哨的聲調与面部表情的再現。此指事類也。

（号）

誩 䛩《說文》：「競言也」。《廣韻》：「爭言也」此字經文無詳解，以辯字形例，應為舉犯之間互相對質之象徵。亦指事字。

髡 䯪《周禮秋官掌戮》：「髡者使守積」注：王之同族，不宮之者，髡頭而已。《說文》：「鬄髮也」。《前漢刑法志》：「當黥者，髡鉗為城旦舂」。案：髡从髟从兀。髟者髮之省，兀者上平之意。有髮去頭禿之義。

耏 耏《說文》訓：「罪不至髡也」徐鍇曰：但鬄其頰毛而已。《前漢功臣侯表》：「耏為鬼薪」。案：耏从而从彡。而者五體鬚髭之形，彡者鬚削之義。此輕罪處分。所謂「鬼薪」，即為宗廟采供柴薪三年之刑。案：據上述種處分的受刑者都是一些尊貴人物。有一定政治地位者。今民間婦女對老年之諷詈語「以婞你的鬍子」，乃歷史文化之遺存。

鉗 鉗《說文》：「以鐵有所劫束也」。案：鉗即拑之變文，从拑从手从竹从甘，乃挾取食物之具。後人仿製其形而易之以金旁，成上鉗束罪人頸部之刑具，或用為製造工具。

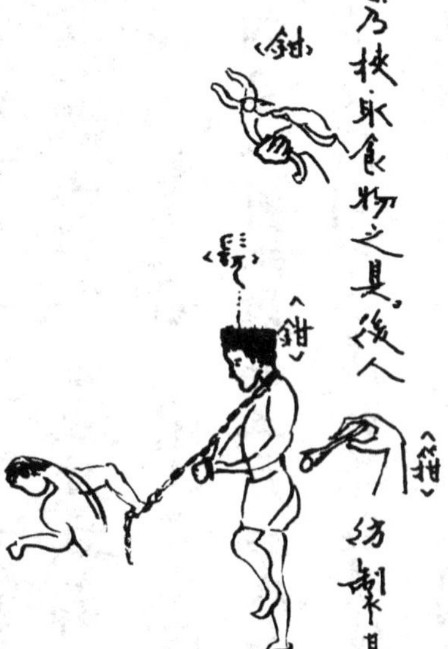

𤡔

哭（𡄡）《說文》：「哀聲也。从吅，獄省聲。」蓋古音獄、哭同韻。許氏設獄為哭字聲符，固無非誤。

小徐以「哭聲繁亂」釋哭从二口之義，獨不言哭字从犬之情。余表而出之：

竊以為哭者，悲也，殘酷之義也。吅从二口，哀音衆多也。从犬，獄之省也。許已言之矣，而語焉未詳。嘗讀《毛詩·小宛》：「哀我填寡，宜犴宜獄。」《釋文》：「鄉亭之繫曰犴，朝廷曰獄。」繫之與獄皆竊居他人之所。其所以字皆从犬者，良以犬之為物，在歷史上从來被司法行業視為監守罪徒之得力助手。故《廣韻》云：「犴者，北地野狗。似狐而小。」《正字通》：「陸佃曰：犴，黑喙，善守。故犴字从干。干者扞也。」《後漢·崔駰傳》：「獄犴填滿。」《集韻》：「犴，野犬也。犬所以守，故謂獄為犴。」

復考《說文》𤡔字訓：「司空也。」《玉篇》：「辯獄官也。」古「司空」之職等於後世的「工部尚書」。所謂「辯獄官」即監督勞改犯的官吏。《廣韻》訓𤡔為「辯獄相察」。《玉篇》謂「𤡔」今之「司」。古「司空」之官在國家司法體系中和「司寇」之官，存在着橫向聯繫。亦猶現代司法機構與工業管理體系之業務連屬，其事相同。大凡罪犯判刑之後，必交勞改部門使用。古所謂五刑大辟、臏、宮、劓、墨、髡鉗……既刑之後，刑男者入為童僕隸胥，女者為奚為妾為婢，為劓為城旦為舂為鬼薪……千古以來，統治者皆習慣於以囚徒之筋力為寡頭暴君創造幸福。𤡔字其象徵說明也。𤡔从臣，象腮焰含飴之形，从㹜，所以示專業養飼之人身邊左右携牽野狗監伺囚徒之象也。《幼學瓊林》：「犴猶犬而能守，故獄門畫犴之形。」證之以現代司法機構無不畜養警犬之事實，可知古籍紀載信非虛誕矣！

（𤡔）

夫監獄之設無代不有。唐虞之「五教」，夏之「鈞臺」，殷之「羑里」，秦之「囹圄」乃一物而多名。上世暴君叢出不窮，赭衣載道。《周易》所稱「寘於叢棘」，《左傳》所稱「囚於轅」、「囚於深室」、「囚於樓臺」，禮所載「圜土」、「嘉石」，何莫而非監獄乎？皆所以殘虐人民者也。至於法網酷密，刑制奇特，秦有「連坐」之法，漢武創腹誹之罪，「車裂」之刑，陵虐之殘，賢愚不分，良莠莫辨。《易》有「徽纆」之語，《魯論》「縲絏非罪」之歎。小民何辜，遭此苦痛？棰楚之下，必有哀聲。此「哭」字實已含有無限血淚之情。難言之慘。許君以「从吅，獄省聲」釋「哭」字之義，其情「微而顯，切而遠」矣！小徐以「哭聲煩亂」解所以从二口之故。何謂其眼獨到，卓識非凡。數千年虐民之迹，尚可於文字中，窺見一二，孰謂文字非考古之「活化石」乎？至若商君論囚而渭水盡赤，其株連所繫，必殺一人而二家哭，殺百人而百家哭，殺千萬人而千萬家哭。父哭其子者有之，子哭其父者有之，兄哭其弟者有之，弟哭其兄者有之，叔哭其侄者有之，侄哭其叔者有之，哀音震地，響徹雲霄，怨聲播於四海，然則此情此景，何莫而非「哭」之「繫獄生」之全義乎？

繹

繹，《說文》：「抽絲也。」《揚子·方言》：「繹，理也。絲曰繹之。」注：「言解繹也。」所謂「解繹」即解解開「線疙瘩」。此與「𤔔」字之訓為「理亂絲」同義。處理一團亂絲不是一件簡單輕易的工作，首先要看清絲路結節的構式。因此對綜紋的仔細觀察是非常重要的。所以「繹」字从糸、从睪。但這種解釋法是非常不全面的。因此我們為了加深對「繹」字的了解，就不能不走進一步的推敲。

考《爾雅·釋言》：「繹，陳也。」案：陳者，陳列展現之義也。陳，古陣字也。何以訓義為「陣列」？古行軍之戰，行陣佈伍，必求隊形整齊嚴肅，排列成句，故後世變陣為陳，而訓義為「陳列」。商品陳列展覽之目的，在於提供貨物樣品供消費者之為選擇目標。因而繹字就含有「選擇」義。

字形析義：繹从糸从睪。而許氏訓為「抽絲」。絲是至微極細之物。亂絲一團，又纖一處。非眼明手巧而心細之人不克勝其任。故字从糸从睪。但嘗、譯上「罒」的含義遠不止此。考之說文睪字訓「伺目捕人者也」。嘗豫上即同法「偵緝局」。現代公安局之便衣，俗名「眼線」。他們唯一特長即能於廣大人羣中識別犯罪份子。而當場予以逮捕。睪字从目从幸。目者視覺器官也。幸者刑具也。卜辭之幸〈手銬〉。偵緝工作不是單靠眼睛辨事而是要運用大腦思維邏輯的，因為犯罪者也會化裝。

繹的昇華，譬如說：我們从紡織棉布上抽出一根線，究竟是蠶絲呢？或人造棉呢？或呢絨混紡呢？我們應該怎樣从事鑒別？這就要調動一切科學技術。不僅要用眼而且要用手摸甚至用耳聽音。……然而「繹」字却不从耳手而从目，何也？這道理在古希臘派哲學家亞里士多德氏曾說：「能使我們認識事物並顯明事物的許多差別，此於五官中得力於視覺者為多」。蘇此譬之東西文化辯證法則，確有不謀而合之處，是非常明顯的。

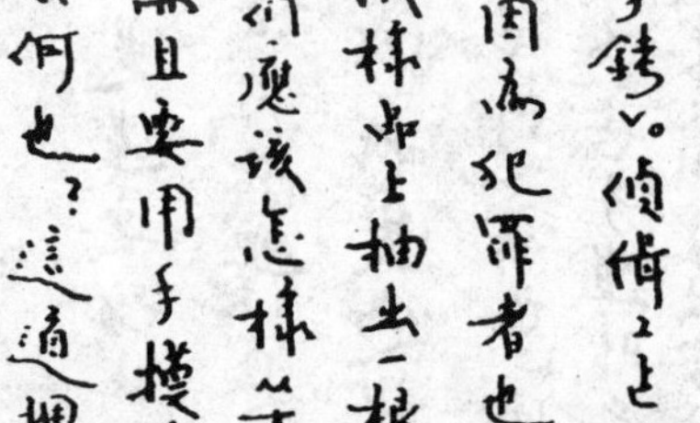

古代兩軍對敵戰場俘虜名曰「執訊獲醜」。「訊獲」二字是大有含義的。「獲」者俘虜之義也。「訊」者審判也。訊字古作[glyph]。乃戰俘跪地候審之形。這個審查權操于「司敗」之手。經過「司敗」審查之後，便之出其「具體分析，區別對待」的處理措施。這就需要「司敗」之職的「繹」思辨証的決策。來體現「軍法政策」。亦列舉有關「繹」字的同源字，以供參考：

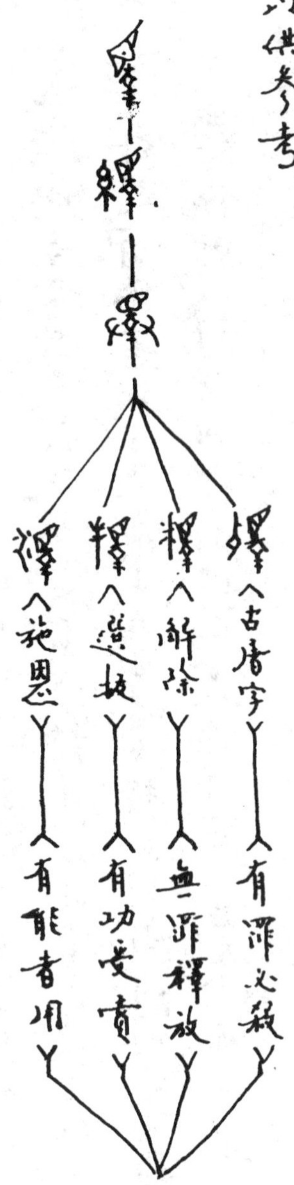

受到這四類不同處理的，都是罪人。因為這些字都帶有𡘋字標簽。他們所以得到不同的待遇，是由於止為「軍法機構」的審查決定的。事實上這個決定也就是「繹」的產物。讓我們再舉往籍的例子來對證「繹」字的含義：《鲁論》云：「遜語之言，能無悅乎？繹之為貴。」意思是：「好聽的話，誰不愛聽呢？但是還要防止別人有意阿諛奉承，所以貴能一分為二辨證的看問題。」看來，哲學術語之「演繹、歸納」，二辭亦即「分析」與「綜合」。也即「繹」字解「抽絲」而昇華為「思辨」之義的變遷過程。

誅

粎卜 粎 粎金 𪏾 誅篆 書《說文》誅字訓：「討也」。同書歺部殊字訓：「死也」。《莊子庚桑楚》：「為不善乎顯明之中者，人得而誅之；為不善乎幽暗之中者，鬼得而誅之」。《釋名》：「罪及餘曰誅。誅，株也。如株木根，枝葉盡落也」。復考《周禮秋官司烜氏》：「……君邦之屋誅，則為明竁焉。」疏：鄭謂：「罪人亦有明刑書于木者。引《左傳昭二年》：「鄭公孫黑作亂，子產數其罪，云不速死，大刑將至。七月壬寅，縊。尸周氏之衢，加木焉。」注云：「書其罪于木，以加尸上而暴之。」

筆者案：誅、殺、𣫞、𣫞、𣫞諸字，皆从朱。朱之爲物，赤心木也。（詳《說文》）後人遂以赤色爲朱。

《毋》所謂「明其罪于木加尸上」者，竊意其如昔等于今世死刑罪犯之「亡命旗」。大凡死刑犯人判罪既畢，身赴刑場，其所負之「亡命旗」，必有其人姓名與罪狀。法官必用朱筆勾銷其名字，並張貼佈告，人人知之。此制至今未改。故知誅、殺、𣫞、殺諸字从朱之義，皆所以示朱筆標名以彰其惡之義。其字或从言者，聲討之意也；或从肯者，殘肯之象也；或从去者，殺戮之意也；或从支者，鞭笞之意也。諸字初義本各有不同，以其同有懲罰之義，遂成訓爲殺。

處　𡕒　𡕒　𡕒　𡕒

案：處之爲文，書無明訓，實「虔」之孳乳字也。

案：處之爲文，从安，从𠘧。安者虎之省文，虎者猛獸也；从𠘧者，人遭虎噬，身足冒處之象也。《說文》訓「虔，虎行貌」，殊未盡其義。《爾雅·釋詁》云：「虔，固也。」《書·呂刑》云：「奪攘矯虔。」疏云：「若固有之，言取得人物者己自有也。」竊以爲虔字訓爲攘奪，乃延伸義，非初義也。愚以爲虔字初義應訓爲「殺害」，此其本義。何以知之？考《左傳·成十三年》云：「虔劉我邊陲。」疏云：「虔、劉，皆殺也。」筆者曰：虔字从安、从文，文者𡕒字失足，人亡其足之象也。劉，从刀，从金，从𣏟；金刀者殺伐兵器也。𣏟者𣏟之省，𣏟者木也。故知劉字造形，所以示「金克木」之五行觀念也。故知𡕒字，取象于猛虎噬食人足，而劉字取形金刀斬木，皆殺傷之義也。後世延爲攘奪義。夫使掠攘奪，未有不持殺人爲手段者也。

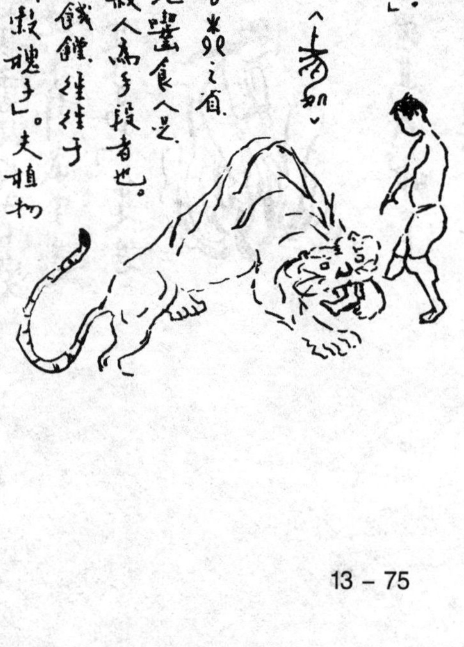

虔　𡕒

劉　𠟭

劇　𠠐

考𡕒之爲文，𡕒之省也。《集韻》：劇字訓「削也」。案此訓極確。吾鄉農民每逢災荒饑饉，往往于新穀未熟之際，手持鐮刀，削取提前成熟之禾穗，以濟饑厄。名曰「劇鳥粮穗子」，或「劇穀穗子」。夫植物之劇穗，猶人之斬首也。審此，則「𡕒」字之初義，應爲「殺傷」，彰彰明矣！昔代人有周處者，橫行鄉里，惡少年也。其取名寓深得𡕒字真義。吾鄉民間語言，謂死刑犯人赴刑場就刑曰「處決」。此古代歷史文化語言也。故知𡕒字本義應爲「殺傷」而無疑矣！後世段爲「居処」字。則昏庸亥豕，不知始自何年矣！

三六

𢦏人處吃人
𢦏人刀削物
𢦏人武器鉞斧見書顧命
殺傷義

威 □卜 □卜 威 《說文》：「威，姑也」。案威之為字，《說文》編入女部，後世字書從之而不變。此其中未必無歷史意義存焉。殷商文字多有上古遺迹。卜辭威字造形，象婦女頭頂遭斧斫，下有火焚之態。《漢律》曰：「婦告威姑」。《惠氏定字》曰：「尔之君姑即「威姑」也。殷墟文字造型，令人意識着上古母系社會女性專政時留影，是值得有待論爭的。今世用為「權威」字，這種「權威」是靠殘殺而來的。

婼 □ □ 《說文》：「不順也」。案「不順」即「不遜」。故知「婼」之為文，是一名態度桀傲越禮犯份的女性罪犯。但小篆字形止□。殊不能證其義。唯《卜辭》□字為[illegible]窺其迹。按《甲骨文》「婼」止□。字从□，从□。□古「從」字，□者舉也。□若□上，是[illegible]之象也。故知□字从□，与□□造型同例。

婞 □卜 □卜 □卜 □ 婞篆 《說文》：「婞，很也。不聽從也。一曰齤也」。案古齤、戾異文而同字。犬部「戾」字訓「曲也」。段注：从犬出戶下，身曲戾也。「了戾」、「很戾」皆其義也。引伸之義為罪。□者刑具也。从□，婦人之象。故知「婞」字造形，亦觸刑之女性矣。

嬯 𡡝

《說文》：「遲鈍也。从女，臺聲。闒嬯亦如此。」段注：「闒嬯未聞。」案段氏未明「闒嬯」之義，許君亦無詳釋。遂致「闒嬯」之義成為千古之謎。謹據史料以求證之。

《引言》：按許氏訓「嬯，遲鈍也」，遲之為義，緩也。鈍之為義，不利也。遲，从犀，从辵。犀牛行走之象也。犀之為獸，體大而重，其行必緩。鈍字从金从屯。屯，物之始生柔屈難伸之象也（見易䷂卦）。从金者，所以示「嬯」婢之末不能穿雲傷」，示其力之微弱之狀也。古漢語用「遲鈍」一辭，正是愚笨人物之「法號」。自有其藝術想像。遺憾的是許君對「嬯」字並無片言隻字，愚補而出之。謹先言闒字之義：

闒 𨶍

考「闒茸」二字見於《楚辭》：「雜班駁於闒茸（九歎）。」王注：「闒茸，駑頓也。」《玉篇》云：「駑頓者最下為也。」案王逸以劣為釋「闒茸」，是引申義也。非初義也。謹予別辨述，以闡其真相：

考闒之為文，从門，从𦐇。門者室之戶，𦐇者蹋之省。《說文·足部》：「蹋，踐也。」故知闒字有當戶之象。具蹋踏之義。

茸 𦯓

怎樣理解茸字？這也是相當重要的。茸之為文，从艸，从耳。艸者菁莪之象也。耳，亓

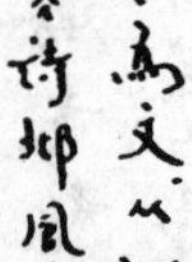

亓

古通頭，天也。冥字所从出。所以明艸之柔細也。《詩·邶風·旄丘》：「狐裘蒙戎（茸）。」《左傳·僖公五年》：「狐裘蒙茸，一國三公。」古詩人習慣于「蒙茸」以誇耀狐毛之柔細，故知「闒茸」之為物，即古代貴族之家，使室門前敷陳當戶供人踐踏的「艸墊」。古名「闒茸」，其物矣。所以備陰雨客從外至蹭足除泥而防室內地毯之污染也。（此物現代豪華廳堂仍然習見，可是文字考古依據。）古漢語析此供人踐踏之物，比為奴僕賤役人輩之代號，顯然有其政治貶義觀念，自不待言。《史記·司馬遷》在《報任安書》中，就使用了「在闒茸之間」這一詞語，以哭訴其個人身遭宮刑的悲慘際遇。看，即文藝中「興物比人」的應用例。

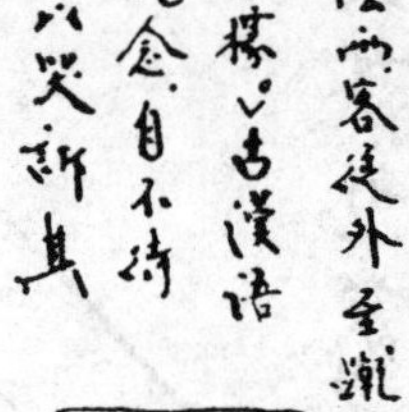

茸　闒

然則「嬯」字之義為何？這是本文所欲討論之中心課題。

嬯 𡡝

考《左傳·昭公七年》文：「楚國大夫申無宇曾說：『人有十等，王臣公，公臣大夫，大夫臣士，士臣皂，皂臣輿，輿臣隸，隸臣僚，僚臣僕，僕臣臺。』」申無宇在這裏清楚的交代了西周王朝社會階級結構。

（說明）按照下圖指示，自「皁」以下，都是奴隸階層的範疇。自「士」以上，都是貴族範圍。因本文討論的內容屬于奴隸問題，故對於貴族輿略而不言，而只言奴隸。分述如左：

皁：「皁」是黑的古字，皁隸之職皆是黥面鎖形。這是奴隸中身份最高者。

輿：衆也。他們占奴隸階層最多數。即《左傳·僖公廿八年》「聽輿人之誦」的「輿人」。他們常被用來組建軍賦役。

隸：隸之古文是「隸」。从隶从士从示。隶，从又从木。象徵犯被執之形。以喻罪犯遇捕之態。士是法官古名。从士从示。所以示審判之罪。官府處分之後，交給「大司空」（工業部長）勞動改造之義。

僚：僚之為言勞也。即專體力勞動者。都是一些五大三粗的魁梧大漢。

僕：象徵後着尾手捧箕箒的清潔洒掃的勞役者。

臺：居最下。謂之「僮」者是逃亡之後又被追索捕獲的奴隸。又名「陪臺」。《左傳·昭公七年》的一段經文，紀述了一名逃亡之後又被蒐查捕獲的奴隸。申無宇向對窩藏奴隸的領主，提出抗議的「語錄」。其辭云：「周文王之法曰：『有亡荒閱』。吾先君文王作《僕區之法》曰：『盜所隱器，與盜同罪』」。「荒閱」，就是在全國舉行大蒐查。《尚書·費誓篇》也有「臣妾逋逃」的記載。殷墟甲骨《卜辭》中，也多見「喪人」、「喪衆」字樣，皆奴隸逃亡之例。又如《左傳·昭公六年》：「楚棄疾云：『有犯命者，君子廢，小人降』。意思是：「不服从國王命令者，如果屬於在職官員，就撤職；如屬於庶民的，就降為奴隸。不要一提「奴隸」，就看成是「清一色」。他們當中，也有區別層次。

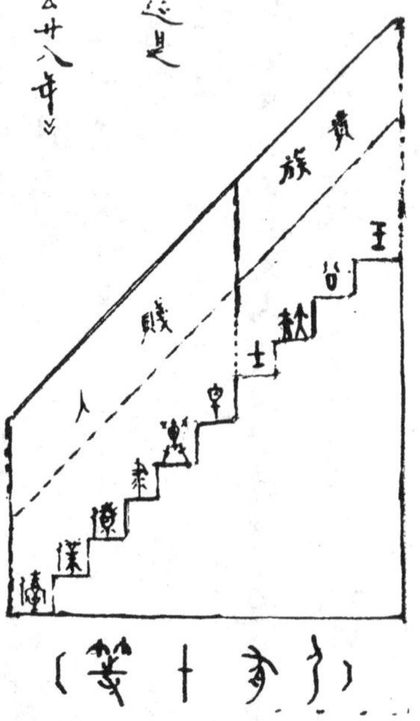

也要看質量，他們當中也有層次。

儓 嬯 何以稱逃亡之後又被捕獲的奴隸為「儓」呢？這要到牲畜類中找答案。《說文·馬部》「駘」字訓「馬脫銜也」。《方言》：「台，失也。」駘，逃也。台、胎、駘義通，而語源同。馬欲逃，必須乘人不備，脫銜而走。銜者含也。俗名「馬嚼環」，又曰「馬口鐵」。《金文》名為「𨰽勒」，即其物。《莊子》所說的「脫銜竊轡」，正是描寫馬的逃脫控制的生動景象。造字者把奴隸的逃亡同馬的逃脫控制等量齊觀，於是創造了从「人」从「臺」的「儓」字，以示人之與馬、畜類同心之旨。這一示義藝巧，是很有諧趣味的。因此，吾人不妨將「儓」視為「駘」的同聲共義的轉注字。

「嬯」、「儓」、「駘」之考證：案「儓」之為字見於《廣韻》、《廣文》。《說文》有「嬯」而無「儓」。《今本左傳》有「臺」通，假字也。《廣雅》云：「儓，醜也。」《廣韻》云：「儓，癡也。」《說文》云：「嬯，遲鈍也。」以字義之共性推之，可知「儓」「嬯」二字本無義理之區分，僅是人物「性別」之不同而已。奴隸社會對儓與嬯的管制是相當嚴酷的。他們除了「髡」「鉗」之外，目的為了便於識別，還要項戴鎖鏈，從事粗笨的體力勞動。但在諸字書內並不直接斥言其為奴隸，而僅言其為「醜、癡、遲鈍」。於以見古文字之「真意識層次」性。

- 本義
  - 馬之低級者曰駘
  - 奴隸之低級者
    - 男曰儓
    - 女曰嬯
- 醜、癡、遲鈍 —— 延伸義

「臣妾逋逃」的「[illegible]」字造形，从又从人从辵，从止从目，从包从女。文字形義已忠實地反映出在逃亡之奴隸中是有男也有女的。他們被捉回，就變成儓和嬯。

（駘）

（嬯儓）

鞭字释 僾鞭

《说文》云：「驱也。」《周礼·条狼氏》云：「掌执鞭以趋辟。凡誓，执鞭以趋于前，且命之。」又《地官·司市》云：「凡市入，则胥执鞭守门。」《史记·齐世家》云：「襄公诛屦于徒人费，弗得，鞭之见血。」《书·舜典》云：「鞭作官刑。」传云：「以鞭为治官之刑。」

按：鞭之为物，古代之刑具也。字从革，从亻，从㪅。革者兽皮也，古为制鞭之材。⺕象右手举鞭之态，亻象受刑者。故知鞭之为刑，与執同义。

刑 形

《说文》云：「刑，刭也。」《玉篇·刭字》训：「以刀割颈也。」

笔者按：《尚书·舜典注》云：「五刑：墨、劓、剕、宫、大辟。」则是刑为惩治罪人而设。故罪有不同，刑亦各异。训诂者不能罗列备述，故许君训刑为刭，举重以赅轻也。窃以为训诂之学，在于语言之翻译；文字之学，在于探索文字之剖析。故训诂语言，不必能见造字者之心。请试言形字之义。

《金文》

考形之为文，从井，从彡。井之为字，古型字也。《说文·土部》云：「型，铸器之法也。」《正韵》云：「型，模也。凡铸式，以土曰型，以木曰模，以金曰范。」愚以为型之为物，铸人脱坯之工具也。〈俗名坯模子〉井字其象形也。中心之「·」土也。埏埴之工，以水和土，成泥，置诸型内，量其多寡，適其所宜，益其不足，損其太過。察之以目，識之於心，切之以刃，務使方正合格，可供器材之用。此陶人之職務也。這字者，書，以象人，畫井以象溶範，旁刀以象司題之官執刀殺人之態。《魯論》云：「導之以政，齊之以刑」。所謂「明刑弼教」，意識上說是以法律輔助教育之不足。故知刑之為字有雕塑義，亦有工具義，有教育義，亦有殺戮義。乃會意字歟?? 古者所謂「有辟期於無辟，有刑期於無刑」。但是如今往往忽視了「法令滋章，盜賊多有」的另一面。

井
— 型 — 人（陶冶工具）
— 刑 — 人（懲治罪人）

罰 [古文字形]《金》[古文字形]《篆》《說文》：「罪之小者。从刀，从詈。未以刀有所賊，但持刀罵詈，則應罰。」考罰之為辭，見於《周禮》。《地官司救之職》云：「凡民之有衺惡者，三讓而罰，三罰而士加明刑。」《傳》：「罰，謂撻擊之也。」可知「罰」的處分，還不是刑事處分，而是帶有禮罰性的教育方式。「罰」與「刑」的根本區別，在於仍然未喪失公民權，若刑事處分則「髡」為奴矣。

（井 刑 型）

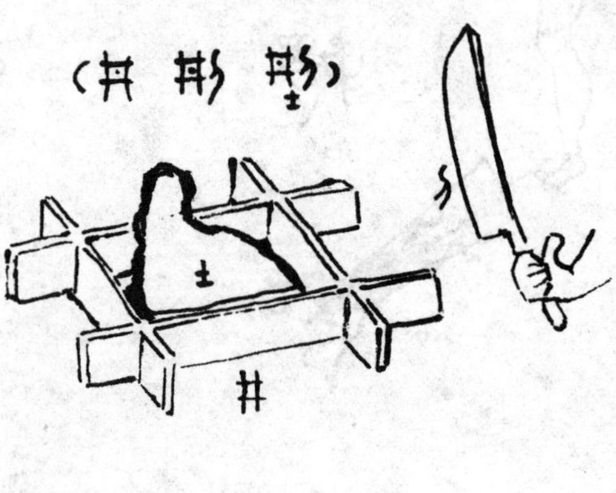

井

𩠐𩠐剸《說文》：「截首也。或從刀專聲。」《玉篇》：「剸音團，截也。」

斬斬《說文》：「截也。從車斤。斬灋車裂也。」段注：此說從車之意。蓋古用車裂，後人乃灋車裂之意而用鈇鉞。故字亦從車。斤者，鈇鉞之類也。所謂「車裂」，即「轘刑」。（俗名五牛分屍）。後世代之以斤（斧）。故斬字從車，以存初意。

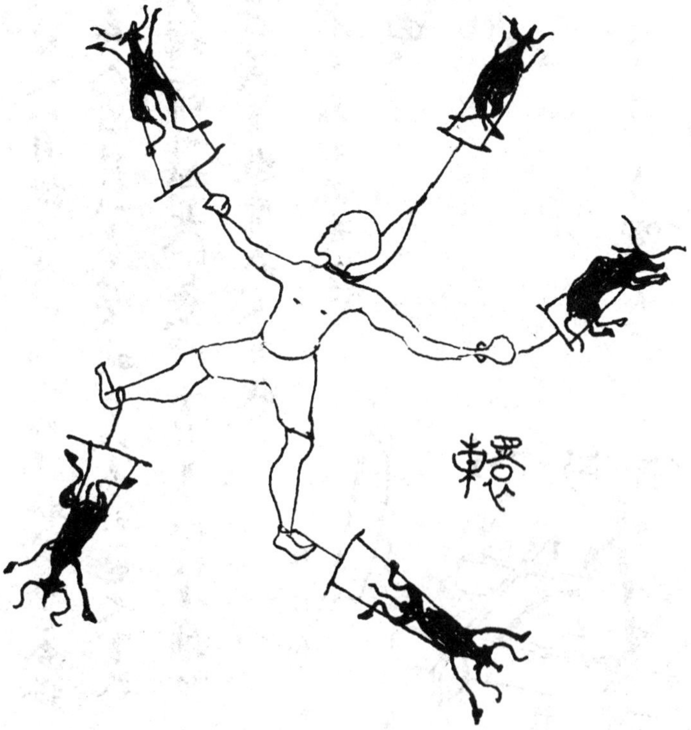

殺 [甲骨文字形] 卜 [古文字形] 石經 [字形] [字形] [字形] 籀 [字形] 篆〈說文〉：「戮也」。〈周禮·春官·內史〉：「

掌殺戮誅而耕之」，注文：「斬以鈇鉞，殺以刀刃」，在這裏明確了斬與殺的定義區別。

我們發現，殺之為字，形義變化複雜多端，非片言可以析微。筆者於他篇

闡未足與言深奧，謹就一知半解略貢芻蕘，就教于海內方家之前，尚祈有以正之。

考殺字同位成份辭，文史所見，不知凡幾。〈一日戕〉

戕 [字形] 卜 [字形] [字形] 金 [字形] 籀 [字形] 篆〈說文〉：「殺也」。按以上二、三、四、五達型皆從習

變型兼，與當于義。自宜定 [字形] 字為初文。此字兼與 [字形] 字造型示意同例。[字形]

者兩手伸張，躍臥死屍也。[字形]者刑人與刃也。口者人頭落地，身首異處之象也。[字形]者血

迹淋漓之態。此象形字也。〈二日祭〉

〈[字形]〉

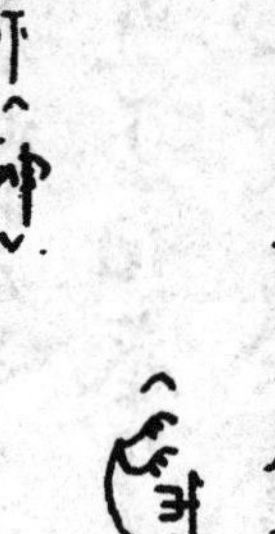

祭 [字形] [字形] 卜 [字形] [字形] [字形] [字形] 金 [字形] 篆〈說文〉：「祭，祀也。從示以

手持肉」。按祭字初義，應訓為殘殺。何以知之？考〈禮記·月令〉：「孟春之月，魚上冰，

獺祭魚。豺乃祭獸。戮禽。〈處決戰俘〉孟秋之月，鷹乃祭鳥，用始行戮。仲秋之月，

豺乃祭獸」。〈大戴禮·夏小正〉亦有豺乃祭獸之文，所謂「獺祭魚，鷹祭鳥，豺

四〇

乃祭數」三個「祭」字均應訓為「殺戮」。殷墟文字祭上[illegible]、[illegible]、生動而逼真地寫照出一幅殘殺俘虜手執鮮血淋漓的肉塊來祭神的

畫面。實，在令人驚心動魄。《春秋僖十九年》：「宋襄公使邾文公用鄫子于次睢之社」。堪為文獻所見殺人為祭的紀實資料。《說文》也說「祭」字是「以手持肉」。因而「祭」字在古籍中已成了「殺」的同義詞。《春秋昭元年》：「周公殺管叔而蔡蔡叔」。此句中，上一个「蔡」字應讀「𢿱」。乃動義詞。下一個蔡字是名詞，這是語法中的「動賓結構」。《魏三體石經》上「𣏂」與《甲骨文》殺字造型同。蔡即「祭」字之通段。祭與殺同義。此古文通例也。《桉石經之𣏂字數型字也。說見後肆字下》足證古文祭、蔡、殺三字同義。《尚書禹貢》：「二百里蔡」馬融注：「蔡，法也。受王者刑法而已」。古代殺戮戰俘以貢神，給「祭」字蒙上了宗教色彩。故古人又稱祭神之禮曰「血食」。如《左傳莊六年》：「若不從三臣，抑社稷實不血食。」古人用「血食」二字來概括祭祀社神的典禮儀式，則殺戮的內容已暴露無遺了！《三血賦》：

賊

古漢語「祭」與「殘」乃同義詞。《說文歺部》云：「殘，賊也。」古語謂持兵刃殺人為賊。甲骨文賊字作[glyph]，从兵刃戕害嬰兒之形，其義諧也。《四日鈉》：

𣧑

古「殘」「𣧑」二字義通，殘从歺从戔。歺者，斷骨之形，戔从二戈，有賊傷之象。《見廣韻》𣧑从歺从月。《說文歺部》云：「𣧑，禽獸所食餘也。」人類互相殺害曰殘，禽獸互相殘害曰𣧑，其義為殺則一也。總之祭義源于殘殺。上古殺人為祭，厥後代之以牲。所以杜預說：「殺牲而祭曰薦（甲骨文作[glyph]，金文作[glyph]，皆象薦牲于器之形），薦而加牲曰祭」（見左傳桓六年）。《五日肆》：

肆

卜辭

古文「肆」字與「祭」同義。《大戴禮夏小正》：「七月，貍子肇肆。」傳曰：「其或曰肆，殺也。」此「肆」訓為「殺」之例。《論語憲問》：「吾力猶能肆諸市朝」，即殺之于市朝。《尚書牧誓》：「昏棄其肆祀弗答」。此以肆為祭之義例。《史記集解》引鄭注云：「肆，祭名」。其實「肆」即「祭」的代用字。《周禮春官典瑞》：「以肆先王」，也以肆為祭。但《爾雅》文以「肆」為祭名。字變作肆。《釋獸》云：「貍子隸」，本或作肆。依《說文》則為𨽿。《說文·㣇部》：「𨽿，音四，從二㣇。𨽿，古文𨽿。《虞書》：『𨽿類于上帝。』」今《堯典》作「肆」。許慎據古文尚書是以𨽿為古文肆字。訓「㣇」當者，𨽿皆古代巫術之獸，專飼食動物。因而用㣇表示殘殺。此又肆訓為殺之考證。《說文·㣇部》：「㣇，脩豪獸。一曰河內名豕」。但說文又以「㣇」為古文豕。《栔卜辭作㣇》。又豸部云：「獸長脊，行豸豸然，欲有所司殺形。」《栔卜辭》豸作豸》。章炳麟氏云：「㣇蓋與豸同物，通長脊言為豸，通脩豪言為㣇。豸、貄、貙、貍皆兼二事。豸、㣇古音并如第。」（《見文始》）。在這裏章氏顯然已經把貓科動物、犬科動物、豕科動物……一切長脊肉食類都編入了「肆」的範圍而賦予了「殘殺」的屬性。這就使「肆」字所包括的成員得到了擴大。這同「錄」、經典皆作「肆」字可以成為包括十二編鐘或十二編磬的「量詞」，在邏輯概念原則上是，仍無二致的。錄肆形似聲同而義通。這是「肆」字同「戮、祭、殉、賊」這一字羣具有「殘殺」的共義之外的又一共義的層面。信乎古文遠非聖命音、主義之縱橫捭闔，頭頭是道焉！這種神龍見首不見尾的變化規律，遠非西方文字之所能望塵者焉！

案古代死刑罪犯，例應「暴尸市曹」，以示炯誡。實際上就是把罪犯屍體置于市場陳列展覽。故《說文》訓「肆」為「極陳」。此與《論語》：「吾力猶能肆諸市朝」之義極合。所謂「肆諸市朝」，即把你殺死，陳列在市場，以示懲戒之意。本書《人文》十頁「肆」字，專言肆字造型。此則廣論「肆」字之義。可以參考互詳。

《尾語》最後我們還要論個原題。略譚殺字：

考殺字造型，從殳《古匕戈》，從杀，從乂。殳者杖也，《手擊狼頭棓之象。杀古術字《高粱》。乂者芟艾也。此右手擊枝樓擊禾墓脫粒之象。《說文》云：「[illegible]𥻦，散之也。」𥻦字初義本為打擊脫粒。延伸為「放逐」義。字本上殺，後增米而上𥻦。亦猶益字增水而上溢，然字增火而上燃，文字繁變之例也。《傳昭元年》云：

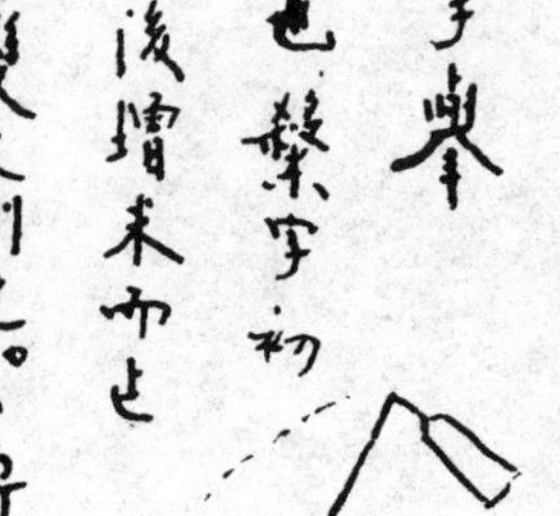

𥻦

𥻦「周公殺管叔而蔡蔡叔」注：「上蔡字素葛反」疏引正義曰：「說文云：散之也。」據從經文注釋蔡之，可知「殺」、「𥻦」二字含義判然有別。蓋武庚復辟叛周之罪，管叔之罪大，蔡叔之罪輕，所謂首惡必懲，協從赦免，含義自有區分不可不知。然則經文改蔡為𥻦可知矣。故「殺」「𥻦」二字亦同中有異矣。然則「𥻦」之為文亦即注字也。所謂「𥻦蔡叔」，時經文語義費解，用通俗話來說，即：解散其武裝，罷免他的一切職稱、任務、和政治權利，使之降為「庶民」《同到群眾中去》。實際上乃是一種行政處分。而非刑事處分。因為蔡叔本人是周室貴族的叛徒。仍然屬於「內部矛盾」。

四二

殺　大卜亦猶殺《說文》：「戮也。」《周禮·春官》：「內史掌王之八柄之灋，五曰殺。」又《秋官》：「掌戮：掌斬殺賊諜而搏《戰》之。」注：「斬以鈇鉞，殺以刀刃。」又《爾雅·釋詁》：「殺，克也。」《公羊傳·隱元年》：「克之者何？殺之也。」

案：漢字之訓義為「殺」者相當可觀：曰戮、曰戕、曰伐、曰肆、曰克、曰殺、曰祭……各有造形、命音。雖形、聲多變，而所以示致人于死亡之義則殊途而同歸。此東方文化多字一義之特點，與西方文字未可相提並論也。

喪葬

十四

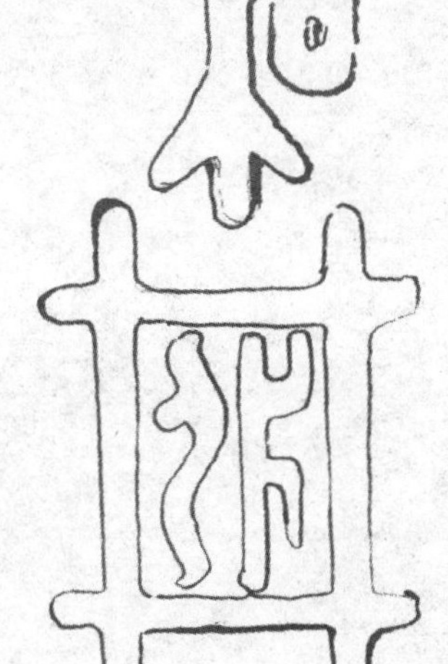

丧 [古文字] [古文字] [古文字] [古文字] [古文字](卜) [古文字] [古文字] [古文字](金) [古文字] [古文字] [古文字] [古文字](籀) [古文字] 《玉篇》：「亡也。」

《说文》同。《仪礼·士丧礼》：「鬠(摇)笄用桑，长四寸，缦中。」注：「桑之为言丧也。用为笄，取其名也。长四寸，不冠故也。」

《礼·杂记》：「笄用桑。」注：「丧祭用桑笄，吉祭用栎笄。」然则古文以物为声，以声示义，彰彰明矣。《卜辞》丧字从桑从㗊。桑(桑)者声也。㗊者器之省，所以示丧之悲，哭之者众也。形声兼会意字矣。故「鬠笄用桑」之礼，于殷商时代已有其制矣。

葬 [古文字] [古文字](卜) [古文字](籀) [古文字](篆) 《说文》：「[古文字]，从死在茻中。一，其中所以荐之。」周子高曰：「葬者藏也。」《集韵》：「义与藏同。」知葬之为字，亦形声兼会义字。上古无棺椁，人死则覆之以草。至殷商而有棺椁(卜辞)，[古文字]字从尸卧床上，处于椁内，其形论矣。然则[古文字]字形意，上古之遗也。[古文字]字示义，三代之迹也。

藏 [古文字] [古文字] [古文字](籀) [古文字] [古文字](金) [古文字] [古文字](篆) 《说文》：「匿也。」按古文字所以训「藏」为匿者，匿之为文，古文之[古文字]，似女子隐藏之而后转而训藏之象。但此类隐藏方式，高明绝密，故设藏者必掘坎而埋之。此「葬」「藏」意之通之义所由来也。

[古文字](卜) — [古文字](棺椁葬埋之人) — [古文字](窖藏酒) — [古文字](用草埋藏之人)

[古文字](衣服可以藏形) — [古文字](作业匣) — [古文字](掘土埋物) — [古文字](库藏酒) — [古文字](五脏藏于腹内)

(共义)隐、藏。

窆 《說文》云：「葬下棺也。」窆字从穴从乏。穴者凵之象也，乏者覆蓋之態也。棺下入凵（坎），以覆之以土，此窆之字義矣。

弔 弔 弔 弔 《急就篇》云：「喪弔悲哀面目腫。」案此乃言弔者之心情，非造字示義之情也。故其注曰：「古人持弓為弔。上古喪者，衣之以薪，無有棺槨，常苦禽獸為害，故弔問持弓會之，助彈射也。」

冢 冢 冢 冢（籀）冢 《說文》云：「高墳也。」注曰：「地起若有所包。」《釋名》云：「冢，腫也，象山頂之高腫也。」《玉篇》云：「鬼舍也。高墳也。」《研究》云：案商人咸知以冢為高墳，終不知冢之所以致高之情。從徐氏之言，雖已逼近真相，終莫能道出究竟。余述之如次：

筆者竊以為冢之為言衆也。冢之為文，从冖从豕。冖者覆冪之象，豕者豕字之訛變也。豕居冖下，固知冢內埋葬者非一人矣。蓋奴隸社會「王者」駕崩，必有奴隸多人殉葬。此見於史冊紀述，質諸文字形義而不謬者焉。近年陝西發掘秦始皇「兵馬俑」，容積之深廣，物積之衆多，乃舉世所共知。以甲骨文

字从亼从馬。亼者冢之象也。馬者馬也。甚稱鮮明對照，適為逼真。信乎文字資料，卽考「古比石」焉！

碑 碑 《說文》云：「豎石也。」案碑之為文，从石从卑。卑，石低下之象。豎字从臤从豆从又。小篆从豆之象。豆之為物，短而直立之態也。故知碑之初形，乃直立而短小之石無疑矣。《事記》云：「碑之淵源，其來已久。用途非一。初不限于歌功頌德紀事也。

一、古羈繫牲之石樁。《禮祭義》云：「君牽牲，既入廟門，麗于碑。」

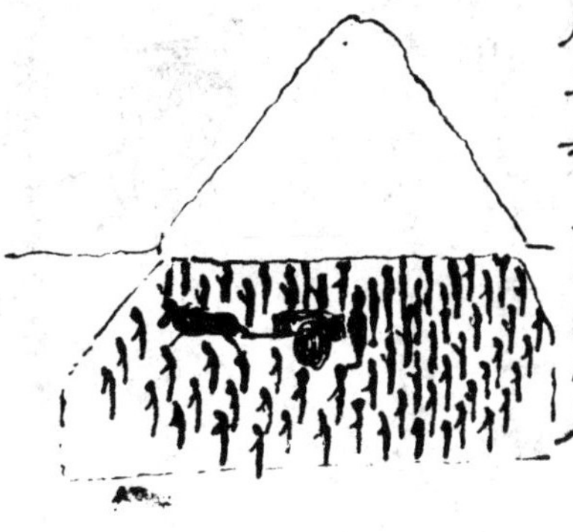

這個石碑，是立在「太廟」門內，祭祀時太牢尚未宰殺之前，臨時拴在這裏。

二、是為貴族人物，賓、主相見揖讓的界碑。（燕禮）（聘禮）云：「賓自碑內聽命」。（士昏禮）：「賓入廟門」，（鄉飲酒禮）：「賓入庠門……」（鄉射禮）「賓入序門」皆有「當碑揖」的規定。則諸侯、大夫之宮皆有「碑」可知矣。

三、是圭表觀察日影以定時。鄭玄云：「宮必有碑，可以觀日影。」

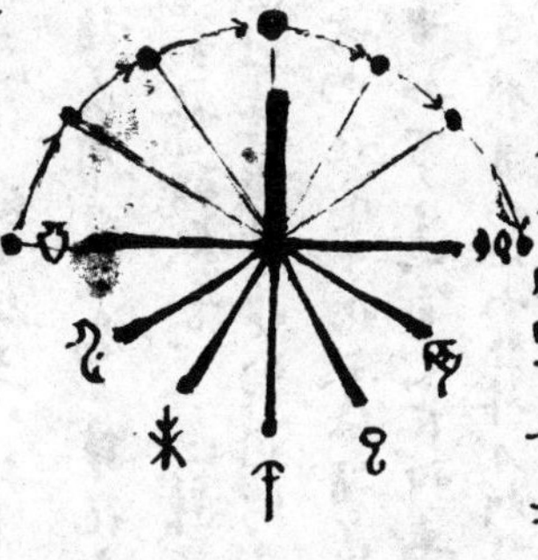

四、是殯葬工具。（禮·檀弓）：「公室視豐碑。」注：「豐碑，大木為之，形如石碑。於槨前後四角樹之，穿中於間，下棺以綍繞。」

五、（釋名）：「碑，被也。本王莽時所設也。施其轆轤，以繩被其上，以引棺也。臣子追述君父之功美，以書其上。後人因焉。物故，建於道陌之頭，顯見之處，名其文，就謂之碑也。」

襚：（說文）：「衣死人也。」（禮·少儀）：「致者曰襚。」疏：「以衣送死人之稱。」（周禮·天官）：「大喪，受其含襚幣玉之事。」

筆者按：今朋友喪亡贈送吊幛，即古代贈襚之遺義。

賻：（說文）：「助也。」（玉篇）：「以財助喪也。」（儀禮·既夕）：「知死者贈，知生者賻。」按：賻之為文，从貝，財也。从甫，輔之借，从寸，手也。故有施財助人之義。指事會意字矣。

〈紀念碑〉

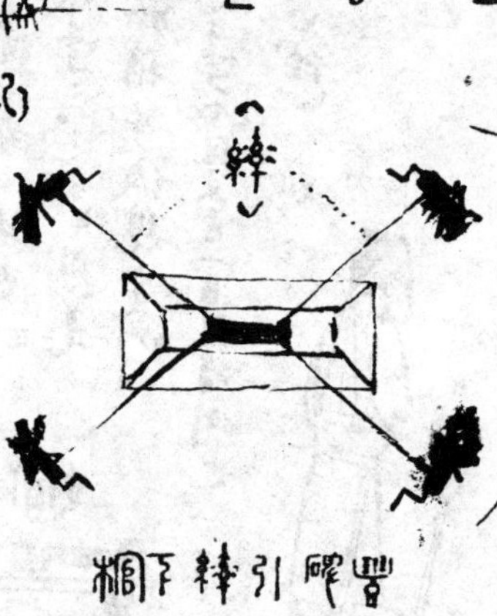

豐碑引繂下棺

賵 《說文新附》：「賵，从貝从冒。冒者衣衾覆冒之義。」《公羊傳》：「車馬曰賵，財貨曰賻。」《穀梁傳》：「歸死者曰賵，歸生者曰賻。」《儀禮·既夕禮》：「賵，所以助主人送葬也。」《說文新附》：「賵，从貝从冒。冒者，衣衾覆冒之意。」筆者按：賵之為言奉也。奉獻之意也。今人名之「帛儀」或曰「助喪」。其字从冒。大槩古義亦包括「壽衣」在賵字之內矣。

冒 《說文》：「家而前也。从冃，目。以物自蔽而前也。」筆者按：許君之訓「冒」為以物自蔽而前，無稽。文字造形而立說。指生人而言也。考《儀禮·士喪禮》：「冒緇質長與手齊，䞓殺掩足。」注：「冒，韜尸者。制如直囊，上曰『質』，下曰『殺』。質，正也。其用之，先以殺韜足而上，後以質韜首而下。齊手上。上玄下纁，象天地也。」

《喪大記》：「君錦冒黼殺，綴旁七。大夫玄冒黼殺，綴旁五。士緇冒赬殺，綴旁三。……」「綴」是釘在「冒」與「殺」相交之縫制的紐帶。紐帶的數目和冒、殺都是有職稱等級規定的。雖此可知冒字的本義，屬於亡人使用的送葬之品矣。自應以冒字為本字。今經文上「冒」段借例也

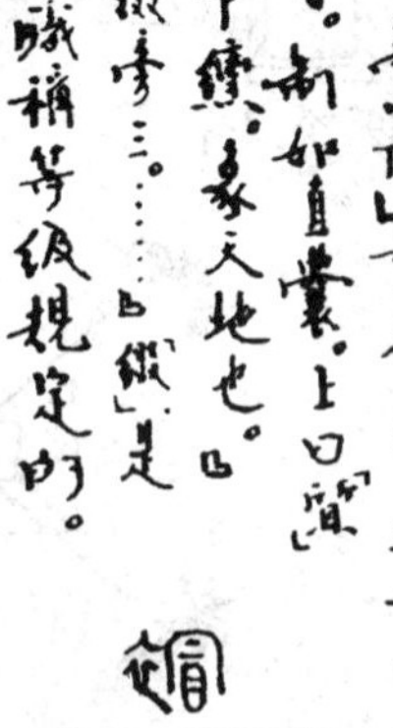

絰 《說文》：「喪首戴也。」《儀禮·喪服》：「首絰」，注：「麻在首、在要，皆曰絰。」「首絰」象「緇布冠之缺項」，「要絰」象大帶。

琀 《說文》：「送死口中玉也。」《周禮·春官·典瑞》：「大喪共飯玉。」注：「飯玉，碎玉以雜米也。……」《穀梁傳》：「貝玉曰含。」按琀士用貝（見《士喪禮》），諸侯用璧（見《雜記》），天子用玉。

考《禮運篇》開宗明義的章叫便說：「夫禮之初，始諸飲食。……」雖此可見古代葬禮形式特徵總是離不開「民以食為天」這一天真、感性意識基礎的。同時這一意識也不排除對亡人適用。這是什麼緣故呢？這是由於後死者的記憶中，仍然保留着對亡人生前所給與後死者的恩賜所形成的愛。正如儒者所云「事死者如事生」。主是指科學觀點當然不免把這一痴戲未現付之一哂。然而這一意識反應確是發自內心而非外力所能禁制的人「情之常」。儒者把這一現象提到科學的高度來認識，名之曰「良知、良能」。（本能）當然，「琀玉」的古老葬禮，也正然是此「良知」的產物。是分儒諱言的。琀，从含从玉。含者含口之義，玉者食物之擬態。此指事字也。

璬 《說文》：「遺亡鎚玉也。」段注：「謂贈遺之玉也。第主送死言之。」《太平御覽》皆言「大喪贈玉」，注云：「蓋璧也。」筆者案：所謂「蓋」，即死者之「帶面布」。故知「蓋璧」之為物，當即死者帶面布上鑲飾

之玉可知矣。按繫字經籍未見，而見於《說文》，許氏乃一代文宗，生當漢代，去古未遠，其字必有考證。惜吾人所知甚少，已無法溯源矣。〈音韻〉

〈瓦棺〉

〈木棺〉

棺 棺 《說文》：「棺，關也，所以掩尸」。

櫬 櫬 《說文》：「棺也」。《玉篇》：「親身棺也」。按天子之棺四重，諸公三重，諸侯再重，大夫一重，士不重。天子水兕革棺最內，諸侯杝棺在最內。《檀弓》：「君即位而為椑」。椑謂杝棺，親尸者。

椁 槨 《廣雅》：「椁，廓也」。《說文》：「葬有木享也」。唐賈公彥云：「棺周于衣，椁周于棺」。《孝經》注：「周尸為棺，周棺為椁」。後漢趙岐曰：「棺椁之造自黃帝始」。有虞氏瓦棺，夏后氏「堲周」，殷人「棺椁」。長楙按：椁之為言郭也。內曰城，外曰郭。郭以石土，椁以木，皆有外圍之義。所謂「堲周」，即塼坯之椁，亦郭之一種也。

〈堲周〉

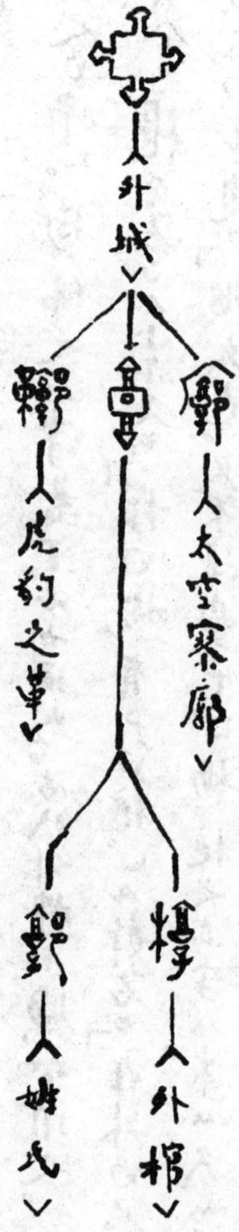

說明：从𩫏之字皆有外圍組織之象，可以上表窺之。

紼 縴 紼 《尔雅·释水》：「紼，繂也。」《礼·曲礼》：「助葬必執紼。」注：「引棺索也。」《释名》：「從前引之曰紼。」按：紼之与繂，異名而同物。古代引柩下墉，皆用之。

柩 [金] 《金》柩《篆》《小尔雅》：「棺曰櫬，有尸曰柩。」《释名》：「在牀曰尸，在棺曰柩。」《白虎通》：「柩，久也。久不復變也。」按：柩之為字，从木从久从匚。木者，質也。匚，其形也。受物之器，讀若方。今民間呼棺木為「方子」，即匚其字矣。造字易其口於側面形之變也。漢字形變往往如此。如匡、匣、匱、匠、

區……皆形變之例。

櫝 櫝 桺 者《周礼·天官·縫人》：「衣翣柳之材。」疏曰：「柳即《丧大記》之帷荒。」此解無未能參其義。後者《史記·季布列傳》云：「乃髡鉗季布，置廣柳車中。」鄧展注：「柳車為喪車。」所見極是。

丣 鄭、賈語焉而不詳。愚竊而出之曰：桺之為文，从木从丣。《酉》丣為秋門。萬物已入，一者閉門之象也。古天文斗柄建酉於時為秋，五行為金，白虎當令，肅殺之氣也。大梁昴宿，白虎中星。古音讀留。其字从丣，「虔劉」，殺伐之義所由生也。字亦从丣从金从刀。昴宿之上「大陵」「積尸」在焉。死喪之象也。然則「桺」字訓為「喪車」，有由來矣。《書·顧命》注：「劉，戉屬。」是其義矣。

劉

輴 輴 音春。《廣韻》：「載柩車也。」《檀弓》：「菆塗龍輴。」注：「輴車載柩而畫龍，故曰龍輴」。《尚書·益稷》

「予乘四載」注：「……泥行乘輴，以板為之，其狀如箕，擿行泥上。」《史記·河渠書》作「橇」。《喪大記》：「大夫葬用輴。」注：「輴當為輇車之輇。」《說文·車部》云：「輇，蕃車下庳輪也。一曰無輻車。」所直木為之，如椎輪。」筆者竊以為所謂「椎輪」，即「輇木」，以代車輪。嵌入車輿伏兔之下。此種「椎輪」乃原始載重運輸工具，既無輞轂，亦無轂轄，更無軸承旋轉機構，全憑牽曳之力而前進。現在物理力學術語名之曰「平面摩擦」，與滑輪之「滾動摩擦」運動形式有本質上的不同。當遇泥路面墜避，難行，遂要采取措施。《禮·檀弓下》云：「諸侯為「榆沈」，設撥。」注：「以水澆榆白皮之汁，有急播地，引輴車使滑」。可為有力說明佐證。

⿱齊衣〈衣〉《玉篇》：「衣下緝也。」《說文》：「練也。」按⿱齊衣衰，期年之服也。斬衰，三年之喪，（子對雙親之服也。所謂「斬衰」（縗）即散邊之服，「⿱齊衣衰」即邊緣整齊的衣服，故⿱齊衣字从〈衣〉从齊。

衰〈⿱亼林〉〈⿱亼林〉《玉篇》：「等衰也。」《國語》：「相地而衰徵」（按照土地質量規定繳稅等級）。《集韻》：「衰，音榱。小也。減也。殺也。」（按照等差級數計算）《辭會》：「損也，耗也。」（依照一定規律，逐步削減）。⿱亼林之為文，取象於漁翁被蓑戴笠之形。以其為莎草編織而成，故後世施艸於〈⿱亼林〉上而作〈蓑〉。蓋形聲字也。去艸而上〈⿱亼林〉以象毛羽下垂。而訓衰老。蓋衰衣底襟散亂無章，故古變為「推而訓為參差不齊」。此「斬衰」之義所繇生也。古代房屋修建，自簷及甍，約分四級，曰楣，曰椵，曰榱，曰棟。宛似梯階。名曰等榱。後世延伸為社會等級義。《爾雅·釋宮》：「桷，屋榱也。一名榱桷」。此榱字初義也。《春秋·桓二年》：「故天子建國，諸侯立家，卿置側室，大夫有貳宗，士有隸子弟，庶人工商各有分親，皆有等衰。」此衰字延伸義也。

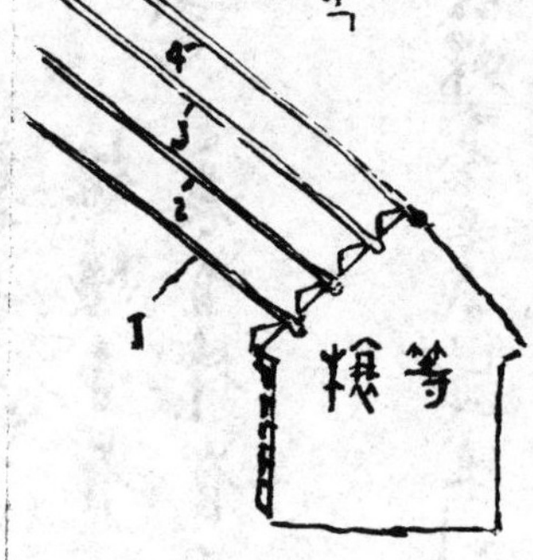

1. 楣 2. 椵 3. 榱 4. 棟

（斬衰）（⿱齊衣衰）

〈⿱亼林〉

蓑音莎
榱、縗音崔
衰有摔、崔二音

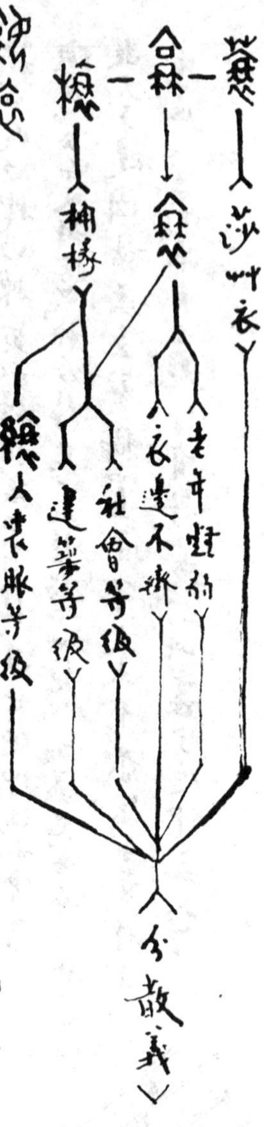

娘 衰 [illegible] 念

《說文》：「哀，閔也。」《玉篇》：「哀，傷也。」《尚書大誥》：「允蠢鰥寡哀哉」，此哀訓「同情憐愍」之義例。《呂氏春秋》：「人主胡可以不務哀士？」此哀訓「愛護」之義例。《莊子德充符》：「衛有哀駘它」，注：「哀駘，醜貌，它其名。」此哀訓「醜惡」之義例。筆者以為念之為字，衰之變文也。衰、哀疊韻，故知人之衰者必有遭人厭惡義，亦有使人憐憫義。此在人之觀點而異，立足於經濟效益而言，則衰老之物皆可棄；立足於仁道而言，則衰老之物皆可悲。此漢字義變之緣來也。《說文》有念而無娘，唯《卜辭》有之。念字从衰从女，女者婦人之義。古者老而無夫之女稱曰「娘家」，幼而無母之兒曰「娘子」。其應以念為正字，後世娘行而念廢矣。

訃 郶 赴

《廣韻》《集韻》《韻會》：「訃，赴，告喪也。」《左傳隱七年》：「凡諸侯同盟，薨，則赴以名。」《禮記檀弓》：「伯高死于衛，赴于孔子。」注：「赴同訃。」《正字通》：訃之「報」。《禮記喪服小記》：「報葬者報虞」，注：「報讀為赴，急疾之意。赴、報、訃三字，名並通。」（今民俗時之曰《報喪箋》）。筆者案：古者喪葬之禮必卜時日，故郶字、赴字皆从卜。从言者，報喪之詞也。从走者，所以示報告之急也。謹舉其式如下，以見義：

不孝男○○罪孽深重，不自殞滅，禍延
家嚴○○痛於○月○日壽終正寢於○○寓所，當即親視含斂，遵禮成服，擇於○月○日之式家
慈○○
奠。○日啟門受弔。卜于○月○日發引，葬于○○鄉○山祖墓之次。情瀾

親誼　謹以訃聞

孤哀子○○○　泣血稽顙

俑

《說文》：「痛也。」按許君之訓，蓋據孝子之心而主義，未容厚非。復考《集韻》《韻會》《正韻》，同訓：「從葬木偶人。」《禮·檀弓》：「孔子謂為芻靈者善，為俑者不仁。」注：「芻靈，束茅為人形，以為死者之從。」男似人形。俑則設機發動，全似人，能踴躍也。」今俗稱不善之出謀主義曰「始作俑」。筆者按「俑」的種類甚多，或以草紮，或以泥塑，或以木雕，或以幣帛縫製填以綿絮，也成眉目口鼻。以代活人殉葬。大槩此物之出現年代，也許是奴隸社會的後期，人權思想初步萌芽時的代用品，不過筆者一己臆識，有無理論依據，尚待研究。許氏訓「俑」為「痛」，乃假俑為踊之俑，非本字也。

「俑」

謚

《說文》：「行之迹也。」按：上古有號而無謚。周，初始制《謚法》。秦始皇為了逃避社會輿論制裁，廢除謚法而不用。至漢，初而恢復。以後謚號由「禮官」議上。貴族大臣死後定謚。唐宋由考功上行狀，太常博士上謚議，評定審核，凡其有名實不符者，「給事中」得駁奏，再議。明清定謚之責，屬「禮部」。士大夫死後，由親族門生，故吏為立謚者，稱「私謚」。實質上《謚法》乃是後死者對前人的民主政治評定。《謚議》的威力，表現為社會對統治者的民主監督。可以促使那種愛惜個人身後令名的人物，少做壞事，多辦好事。這對人民來講，是有益無害的。因此，謚之為字，从言从益。是有意義的。

誄

《說文》：「謚也。」許氏以「謚」「誄」二字互訓，殊嫌籠統，未能盡誄字之義。考《釋名》云：「誄者，累也，列其事而稱之也。」《廣韻》：「誄者，壘也。壘述前人之功德也。」人事實上也不能不包括罪惡在內。《周禮·春官·大祝》：「作六辭以通上下親疏遠近。……六曰誄。」注：「謂積累生時德行以錫之命，主為其辭也。」人實際上是一個人的畢生業績總結和鑒定。《春秋·哀十六年》：「孔丘卒，公誄之。」子贛曰：「生不能用，死而誄之，非禮也。」這是何等冷酷無情的抨擊呀？也就是說：人民所渴望的，是賢良的重用，而不是人死之後的那種虛偽的做作形式。

⿱艹𠬝　⿱艹𠬝《說文》：「覆也。從艸，𠬝聲。」按衣部「衾」字云：「大被也。」上古簡樸，人類冬夜則覆艸而保溫防寒，故寒字作𡫳。从宀，屋字之象也；从𠂊人，人臥地而寢之態也；从二古冰字，所以示氣象之冷也。从茻者，所以示艸叢覆體而保溫也。及其亡也，則葬之以凵，覆之以艸，故茻部「葬」字云：「藏也。从死在茻中，一其中，所以薦之。」人部「弔」字云：「古之葬者，厚衣之以薪。故人持弓會驅禽也。」故知𡫳、葬、弔諸字形例，皆具以艸覆身之意。而與⿱艹𠬝同義。凡人之臥地就寢之前，必先以𠬝掃地，即臥之後必覆艸於身以禦寒。此⿱艹𠬝字从艸从𠬝之意，亦象形兼指事字也。

葠　⿱艹侵《說文》：「𦵔藉也。从艸侵聲。」按《艸部》「藉」字訓：「祭藉也。」「猎」字下云：「禾稾去其皮，祭天以為藉。」《艸部》「𦸗」字訓：「薦席也。」《易·大過》：「藉用白茅。」《通目集覽》：「身之所依曰藉」，此為「藉」字正義。故知「藉」字即承薦人體臥地之艸席而無疑。徐鍇音「葠」失廉切，則與「苫」音義同。苫固亦服覆席也。」按徐氏之音訓為苫者，聲義變之例也。錄此可證「葠」字从人从𠬝从艸，即「寢苫枕凷」之葠字，乃專用字也。象形兼指事字。

（葠）

旛：⿸㫃𠬞 → 旛

《說文》：「旛胡也。謂旗幅之下垂者。」段注：「凡旗正幅謂之「縿」，亦謂之「旛胡」。《廣韻》云：「旛者旗旐之總名。古通謂凡旗正幅曰「旐」。是則凡旗幅皆曰「旛胡」也。《吳語》「建肥胡」韋注：「肥胡，幡也。」幡即旛也。」

筆者按：甲骨文⿸㫃𠬞字从㫃从𠬞。㫃古㫃字，音偃。旌旗下垂之象也。𠬞者對向形也。𠬞即左右兩手反背之態。乃攀援升高之攀字初文也。故有下墜義。古文作𠬞，似攀援雙杠之態。後世繁變作𣏟。（見西从𣏟从𠬞，仍有初意。秋後形變為「扳」。反手為扳。已由「象形」而化為「會意」字矣。謹稽其演變軌迹如次：

⿸㫃𠬞 → 旛 → 幡

「肥」

按：旛、幡二字皆从「番」。番从田从釆。獸蹠野行，田間遺留之掌跡也。熊掌古名熊蹯。掌居手之底面。

〈攀〉

故「番」有「奄覆」之意。俗話所謂「番覆」「番手為雲，覆手為雨」皆有手掌對地，手背朝天之態。故知𠬞字乃聲符，亦義符也。

《論述》：筆者童年時代，常見我鄉民間喪葬禮儀，多於門前樹立高杆兩株。杆頂尖端各有紙俑童子騎天鵝一具。高杆自上而下，懸繫着層層環狀流蘇，名曰「仙幡」。比及發引封窆之日，列於出棺，孝子一手扶桑枝，一手高擧「引魂幡」，行於棺前。此即《說文》所謂「旗幅下垂之幡」也。

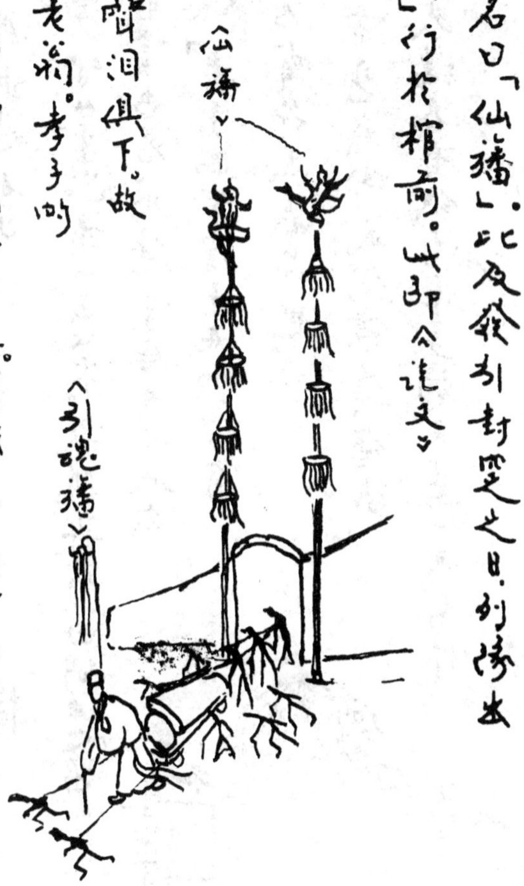

《漫話筆記》

艸木將枯，必先枯葉下垂。

故古文垂字作[illegible]。人之將亡，必聲泪俱下，故古文哀字作[illegible]身披撒邊破衣的老翁。孝子的喪服古文作[illegible]。与[illegible]同文而聲變為摧。摧殘之象也。殯儀哀樂之音，皆半音降冪音曲，似哭聲也。推而言之，世界各民族共用的為國家志哀的降半旗儀式……凡此種種，無一不從物理人情而來。

中華民族的古老文化，究竟屬于「唯物」呢？還是「唯心」呢？我沒有資格討論。請賢明的讀者仲裁吧！

死

死《说文》："澌也。"水部曰："澌，索也。尽也。"案：许氏训澌为水尽，确有真理。惜语焉而不详，未能尽"澌"字造形命音示意之旨。愚补而出之：

考，澌之为文从水从斯。水者物质细胞液也。斯者分裂之态也。造字者深刻了解一切物体之分裂基因，皆发于物体内部自然化合水的脱失。故古文斯字上[古文]。字从[古文]从丌从斤。[古文]古丝字。丌，声符。斤者斧也。现代动物学谓："一切兽类肉食维生之猛兽，其犬齿皆长大而尖锐，所以成撕裂生肉之功能也。甲骨卜辞斯上[古文]，似斧斤伐棘之态。"皆所以昭示分裂之意也。《诗·陈风》："墓门有棘，斧以斯之。"注云："斯，析也。"堪为义例。可知古文"斯"字实现代"撕"之初文，确然无疑。其训义曰"水索"，曰"尽"，曰"死亡"。正生动地说明了"生物细胞自然化合水脱尽之日，即生物寿命告终之时。"这一真相，《庄子》谓之曰："气聚则生，气散则亡。"在东方古老哲典《洛书》中的《五行》学说中有"天一生水，天三生木"的理论。此时可从"千年朽木无火自焚"的自然道象中求证之。《殷墟》死字上[古文]，象人匕

伏有路地，目覩枯骨。然則死讀古為澌，以形聲兼會意字矣。

重《禮·檀弓下》云：「重」，主∧應上宔。即神主樓子。下仿此∨道也。始死，未上主。以「重」主其神也。』案所謂「主其神」，實質上，即代表死者靈魂的物質偶像。

考《晉書·禮志中》云：『成帝咸康七年皇后杜氏崩。詔外官五日一入，內官旦一入而已。過葬，虞禮畢止。有司奏大行皇后陵所，上「凶門」、「柏歷門」，號「咸陽諸門」。詔曰：「門如所處。『凶門』、『柏歷門』大為煩費。停之。」案蔡謨說：「以二瓦器盛始死之祭。繫于木，裹以葦席。置于庭中，近南，名為『重』。今之凶門是其象也。《禮》既虞而作主。今未葬，未有主。故以『重』當之。《禮》稱為『主道』，此其義也。」

范堅又曰：「凶門非禮。《禮》有懸『重』，形似凶門。後人出之門外，以表喪俗。遂行之薄帳。即古弔幕類。』筆者考：《辭源》柏字下「柏歷」條云：「古人始死立木于庭中，上橫一木，如門，叫作『重』。橫木下懸『鬲』∧即歷∨。中盛粥。謂為死者神所憑依。……」證之以蔡謨「以二瓦器盛死者之祭」之義，二瓦器即二鬲也。。古三足空心之飯具，乃陶器也。鬲中盛粥，即蔡謨所云「盛始死之祭」也。今民間名之曰「倒頭飯」是矣。此內盛米飯之二鬲，懸于橫木之兩端。其形似門，即「柏歷門」也。歷即鬲的音假字也。據字義推斷之，此橫木必柏木而無疑矣。

筆者竊以為此上古「柏而门」，蕭即後世柏葉牌枋之前身，現代之柏葉牌樓，蕭即上古「柏歷门」之化身也。今俗名曰「松门」，此大謬特謬也。《六書精蘊》云：「柏，陰木也，諸木皆嚮陽，而柏向陰指西，蓋木之有貞德者也，故字從白」。白，西方正色也。《春秋緯》云：「諸侯墓樹柏」。《前漢東方朔傳》：「柏者，鬼之廷也。」

器裳案：柏字從木、從白。白者西方金也，白虎參宿之位，于時為秋，萬物肅殺之氣，兵凶戰危之象也，死亡之機也。喪禮于五禮為凶禮。古代將軍出征，鑿凶北之門而出行，以示必死之決心，名曰凶門。《淮南子兵略訓》云：「將已受斧鉞，辭而行，乃剪指爪，設明衣《喪衣》，鑿凶门而出。」凶门向北，北者柏而之门也。柏者北也。大社之位也，死亡之地也。孔林、孟林，皆植柏而不植松。故知俗云「松门」之說為大謬。「重」的詳細文代見于《儀禮·士喪礼》

窀穸［篆］［篆］《說文》：「窀穸，葬之厚夕也。」案《春秋·襄十三年》：「唯是春秋窀穸之事，所以從先君于禰廟者」。杜云：「窀，厚也。穸，夜也。厚夜猶長夜。春秋謂祭祀，長夜謂葬埋」。

《文字分析》器裳考：［篆］之為文，從穴、從屯。《易》䷂屯卦云：「剛柔始交而難生」。這一卦名所取義，有力的反映出植物種籽埋藏在深厚、堅固而陰暗寒冷時地層之下得不到陽光和水份，不能萌芽的困境象徵。故屯字訓義為「土厚」。

《甲骨文》屯字作屯。象一顆單子葉植物種籽藴藏在地層之下。

《金文》屯字象一顆雙子葉植物種籽被封閉深層土壤之下的狀態。造字者取植物被困的意式，以揭示土層之堅厚。此「象形」「指事」兼「會意」字也。故屯字有「土厚」意。

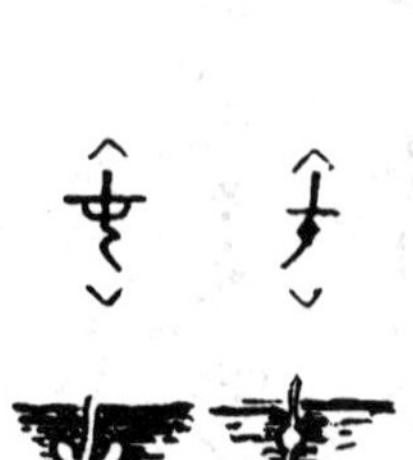

穴 穴：《說文》：「土室也」。今我國西北黃土高邊仍居土穴為室。此許氏之所據。但造字者，設土室門戶為凵《土坑》，故知窀字從穴，所以示上古土葬之法掘坎如穽，旁開橫室，

窞 其名曰窞。為安葬亡人之所。《易》☵坎卦，《象辭》云：「入于坎窞《音譚》。」虞翻曰：「坎中小穴曰窞。」此窞字訓義為「深入」之義歟!? 此法今農民儲藏地窖仍用之，鄉人名曰「窨窖子」。

穸 穸 穸字從穴，從夕。古文作◠。以半月之形。此「形聲字」。夕之為言西也。夕陽西下，日落月升，大地黑暗之意也。夕者息也。「日出而作，日入而息」，休息之意。此聯義字也。故知穸字造型，命音，立義，所以示亡人身卧地下，永夜長眠之意也。故知「窀穸」即埋葬之代辭。佛教悲學

梵語謂人死亡曰「安息」。實與東土古代文字、語言之含義不謀而合。

宗教

文字起源圖典

十五

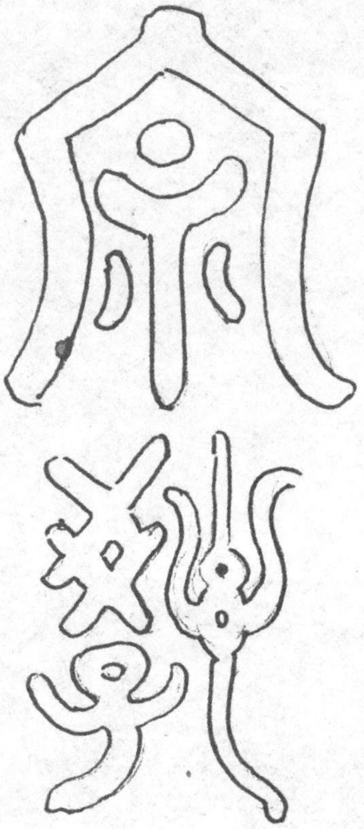

文字形聲圖說

宗族

二十五

示 一
祭 三
禮 三
祀 三
學教 四
斆效 四
覺爻 四
算 四
巫濼 七
[illegible]舞 七
雩 七
著筮 九
秩 九

[illegible] 九
柴奈燎 十
獠[illegible] 十
寮膫遼 十
撩瞭 十一
潦璙 十一
薶沈 十一
壇坎 十二
竈鼂 十二
爨 十二
[illegible]炊 十三
豚 十三
[illegible]陞升 十四

昇階[illegible] 十四
燈甑登 十四
[illegible]禪墠蟬 十五
嬗蟺嬋 十六
祈[illegible]旂 十六
甶鬼 十八
魁儺魌冀 十八
畏神電 十九
申伸坤 二〇
[illegible][illegible] 二一
社 二二
封 二四
冊誥畀異 二五

邦 二六
廟朝 二七
祧祏 二八
礿禴[illegible] 二九
祠嘗 二九
[illegible]裸灌 三〇
瓚 三〇
祏厘 三一
蜡[illegible] 三二
蠟臘蝎 三二
蔡采 三二
菜菌 三二
希槃 三三

舋鬻 三三
祳脤義羲 三四
特牲 三五
騂祝咒 三五
茾誥 三五
犅俎 三六
垔煙 三六
禋湮陻 三六
禷禡 三六
蕞蕝 三七
莤酵自朿 三七
湑醑 三七
咎疚 三八

瘩卣 三八
龜稽疑 三九
卜貞 四〇
兆彭 四一
軷獻 四一
禝泰 四二
粢齋禐禝 四二
鐏尊 四三
遵莤 四三
奠酎 四三
豐醴 四四
盟誓券 四四
帝 四五

袖 四六
賽敹 四六
穀祟 四七
福祿 四八
慶醴 四八
祺 四九
禫禍 四九
過事禊 五〇
龔史 五〇
吉凶兇占 五一
禳儺祊祲 五二
熚祓盥 五二
禨詛禬 五三

𦯬沃 五三
盥盤 五四
嫪婪譣 五四
卨偰 五五
隰巂 五五
匰祏宔 五六
狒稷 五六
禝蔿 五六
蕭督殺 五七
枝禦 五九
𨔵宗室 六〇
肜翌 六一

示

示（甲文）丅（金文）示（篆）《說文》：「天垂象，見吉凶，所以示人也。从二，古文上字。三垂，日月星也。觀乎天文，以察時變。示神事也。」段注：「言天懸象著明以示人。」

（音義引伸）筆者案：「示」字讀音與「識」、「視」同。這是一個很有研究價值的課題。示字於現代語中已被用為人的「表示態度」的動義辭，設如將許氏的訓義中的「天」看成是具有意識的東西，那是不科學的。那麼，我們後學應如何理解「示」字的真諦呢？

筆者認為示是形聲字。它除外利用三條直線代表日、月、星的光線，還有它「寓義於音」的一個重要側面。因為「示、識、視」三字音同而意通。求諸經籍，是有例可據的。茲求證如次：

《說文》識字訓：「常也，一曰知也」。《長箋》謂：「訓常無意義」。《玉篇》：「識，認也」。《增韻》：「能別識也」。復考《說文》視字訓：「瞻也」。《博雅》：「視，明也」。—

《詩·小雅·鹿鳴》："我有嘉賓，德音孔昭。視（示）民不恌，君子是則是傚。"傳："'視'古示字。"此堪上"示、識、視"三字音同而義通之佐證。古希臘哲學家亞里士多德說："能使我們認識事物並顯明事物之間的許多差別，此在五官中，以得力於視覺為多。"段氏、許氏二人，生人時代相去若干載，生人環境相距八萬里，他們對識與視的闡述不約而同。看來，《說文》對"示"字的訓義是有其最高科學基石的。因此，我們對《說文》提出的"天垂象……所以示人也"一語應該理解為"人類看到太空顯示出來的各種不同的現象因而產生了認識"。這本來是一個主客雙關的。話在天的角度說就是顯示過程，話在人類角度說就是認識過程。示即視察過程。故示字有顯示義也有認識義也有視察義。這是用不着辯駁的。疑問的是：漢字中二百多個有關宗教的文字構形，都有"示"的符號。這就令人覺察到"示"和宗教的千絲萬縷結難解的關系。這就無怪許氏說："示，神事也"了！這裏"神"字，當指上節"自然現象"。這裏的"事"字，即"動態趨勢"。因此"示神事"一語，應該理解為"人類視察自然現象的動態趨勢"。問題就簡單。因為那時人類知識簡陋，對風、雷、雲、雨、虹、電感到驚奇。在無法理解的情況下，宗教意識的產生也勢之所必然。

人類進入農業時代之後，鑒於長期生活經驗的積累，掌握了自然氣象變化的時、空、形、色規律，創建了天文曆法，具備了氣象發展的「預見」力。正如《春秋緯》云：「月離於畢而滂沱，月離於箕風揚沙」。這就難怪《說文》有「天垂象，見吉凶」的說法了！

略談「示」字的學術爭論

今人〇〇將示字據《卜辭》祭祀的器字之形，為證與西方考古學中之所謂Dolmen相結合，肯定示字即「靈石」的象形。此說一行，影響很大，隨聲附和者頗不乏人。這一標新立異的論點特徵是：

一、割斷了人類歷史的主要環節； 二、背離了東方傳統文化體系。

三、蔑視古典文獻紀載； 四、不請漢字音義原則。分述如下：

甲、〇〇氏在肯定了示字是「靈石」的象形的基礎上，也就等於《說文》的合理內核的全部否定。而《說文》的訓解則本乎《周易》，周易本身，就是黃夷文化的始基。這就不難看出○○氏的論點，已經否定了中華民族文化始基的存在，此其一。乙，無原則的脫離祖國文化體系，用歐洲的洋文物觀點，強加于中國文字，此其二。丙，所謂「靈石」是屬偶像來崇拜，不僅古代有，後世也有，不僅外國有，中國亦有，我國廣大山林邊楚墳墓之前，幾乎隨處可見，如「石婆婆」，民間建築之「泰山石」，義郊野冢，皆有此形石案，以供祭饗食，又豈止○○氏所舉之遼北、四川迴滇之邊方有其物矣。此物斷不能是為什麼新發現，更不能說為「新發明」。考《金文》中「禮」字是「示」。這是一個跪在祭桌之前的人形。這就是示字的合文字。《禮‧禮運》：「夫禮之初，始諸飲食，其燔黍捭豚，汙樽而抔飲，蕢桴而土鼓，猶若可以致其敬於鬼神」。然而這裡上古人類追念先人的樸案祭饗形式雖然也能與示字形象吻合，但是這個示字的示，絕不是什麼「靈石」不過是表現為承載祭品的小石案而已。它更沒有反映人類宗教意識起源的作用。真正能夠說明人類進化軌迹者，只有《周易》一書。《說文》與《周易》相表裏，許氏對示字的訓解，即人類宗教意識萌芽迹象根據。「靈石」之說，吾不信也。

祭　祭（卜辭）祭（金文）祭（說文）《說文》：「祭，祀也，从右手持肉」。

案：右手持肉之解，深得造字之義。惜於讀音未有發明。愚曰：祭者紀念先人之意也。父母死亡之日曰「忌日」，忌日之際，禁樂罷酒。《記·祭義》：「君子有終身之喪，忌日是也。」《後漢書·申屠蟠傳》：「蟠九歲喪父，每遇忌日，輒三日不食。」蓋父母之於子女，鞠毓成長，愛恤出自天成。比及死後，引為終身難忘，此古今中外之所同。《孝經》云：「春秋祭祀，以時思之。」援諸紀、忌、祭三字同聲，其義可見矣。（說詳拙上《釋祭》論文中）

但聯繫上祭字時含義絕不如此天真。試讀《周禮·大宗伯》：「以血祭祭五岳，以貍沈祭山林川澤，以疈辜祭四方百物」，凡此種種祭祀形式無一不體現着宰殺活動。《月令》：「孟春之月，獺祭魚；孟秋之月，鷹乃祭鳥，始用刑戮；仲秋之月，豺乃祭獸戮禽」。以上諸祭字所訓義為「殺」。所謂「殺檣」即指殺俘虜。《爾雅·釋天》：「十月為辜月」說明了在冬至日前，必須从事清除監獄，這些處死的「辜疈」都是祭品。由此觀之，祭字的暴露真相，絕非赤子之心所能想象者矣！

禮　礼　禮《說文》：「履也，所以事神致福也。」徐曰：五禮莫重於祭，故从示；豊，其器也。

說明：礼，指事字也。象人跪於神案之前。《記·禮運》：「夫禮之初，始于飲食。」

三　礼

其燔黍捭豚，汙樽而抔飲，蕢桴而土鼓，猶若可致於鬼神。」此原始人為了追念死去的親人，土鼓為樂發出的天真感情之音，是值得推崇的。家天下王朝建立之後，禮的本質隨社會而改變。統治者把人間一切活動都納入了禮的範疇，大而集體活動，小而私人生活，都必須「依禮行事」。實際上這種「禮」已經進化為法律性質的行為規範，而再也不是感情的產物了。經過夏、商、周三代不斷補充完備，終於出現了「吉凶軍賓嘉」具有體系的「五禮」。全西周王朝體系大備。所謂《周禮·天官》已經是典型的「憲法大綱」。這個「禮」是以「神道設教」形式而獲得體現的。實際上是一種「政教合一」的文化組織體系。在必要時還要武力鎮服以濟其窮。所謂「國之大事在祀與戎」，正說明了「政治必依靠軍事而後行」。

祀

祀祀（卜）祀祀（金）祀（篆）　考《說文》訓祀為「無已也」。此解與字形實覺未符。蓋巳之與已，自有幽分，而「無已」之義尤當堪疑。《宋趙鼎宴食書事詩》云：「讀寢唐陵無參飲……」又安見其能無已乎？愚曰：祀从巳从示，非从已也。《卜辭》文字「巳」、「子」也互通。子為出生之兒，巳為懷孕之兒，手足未備之形。古曆法用為歲首之月名。取始兒為一生之始，子月為一歲之始之義。《月令》：「仲春之月天子命有司祈祀四海……」案月令記述乃據夏曆坐標。夏曆斗綱建寅。若據周曆坐標，則歲首斗綱建子。若據商曆坐標，則歲首斗綱建丑。故知商之子，夏之戌，商之亥也。夏之子，周之寅，商之丑也。商之子，夏之亥，周之丑也。故知祀字是殷商曆法歲首大祭之名。因此用為商代紀年辭字。青銅《邲其卣》《宰椃角》銘文皆以祀為紀年字。與《尔 天》：「夏曰歲，商曰祀，周曰年」之紀載亦合。商代天文曆以「心宿」（辰星）為歲首，其齊斗建牛女，「析木」之北，「玄枵」之南。更說明了這一具有一歲週期時意義的祀神形式是規定在陰曆某月舉行的。商代出土青銅器《小臣俞尊》、《宰椃角》、《邲其卣》等銘文皆以「祀」為紀年字。《卜辭》巳、子二字不分。其作祀也。然而卜辭文義有時亦假巳為「已」。則許君之訓為「無已」，似亦有未容厚非者在焉！嗚呼，文字之學固有其多元性之客觀規範，未可持絕對之論也。

學　爻　爻　𦥯《卜辭》　斅《金文》　學《篆》《說文》：「覺悟也」《增韻》：「受教傳業曰學」

　　朱子曰：「學之為言效也」。

教　𢼊　𡥈《卜辭》　𢼂　斅《金文》　教《篆》《說文》：「上所施下所效也」《釋名》：「教，效也，下所法效也」。《廣韻》：「教訓也」。《玉篇》：「教令也」。《易觀卦》：「聖人以神道設教」。

斆　斆《說文》：「覺悟也」《玉篇》：「教也」。

效　效《卜辭》　效《金文》　效《篆》《說文》：「象也」。《玉篇》：「法效也」。《廣韻》：「學也」。《增韻》：「傚也」。

四

覺

（金文）（古文）（篆）《說文》：「寤也」。《廣韻》：「曉也」。《白虎通》：「學之為言覺也。寤所不知也」。

綜合論述：以上學、斅、教、效、覺諸字形皆从爻，而訓義為傚效，為覺悟。此等為探討以上各字之金鑰。「覺悟」者，認識過程也。「傚效」者，實踐過程也。認識是知識的獲取，傚效乃知識的運用。亦即知識的「反饋」。此「辯證法」从實踐到認識，从認識到實踐的循環規律，可从以上各字得到體會。然則諸字之造型皆从爻，何也。試引述之如下：

爻

《說文》：「交也」《易繫辭》：「爻者，言乎變者也。爻也者，效此者也，效天下之動者也」。照此意見邏輯說明，則古人把「爻」作為摹倣宇宙一切事物變化動態的象徵圖志，是可以肯定的。

爻字形義搞曉，筆者認為爻是縱橫交叉的小竹棒。古人用以占卦的工具。此義堪从古文「算」字觀見之。

算

祘《說文》：「算，長六寸，計歷數者，从竹从弄，言常弄乃不誤也」。可謂一語道破真相。但許君只說明了古代以竹棒為計算工具，而未觸及「𤦡」「祘」二文之意。愚補而出之：余以為𤦡从玉从𤦡，玉古玉字，是玉丸。𤦡是雙手弄丸之象，原始人運用不同顏色之陶丸以上加減乘除中之和、差、積、商的識別標志。後世以玉代之（現代出土文物中已有發現記物）。而「祘」字之从二示，在示字所以示初步計數之結果，「示」字所以示最後原驗算之統一。此算字之多項義。

以竹棒上運算工具，應為算字的初義，是符合傳統文化來龍去脈的。卜筮之術的本身就是以計數方式完成的。故俗名曰「算卦」。古人遇到疑難問題，在無計可施時，只能求助於卜筮，以預測未來禍福。因而上至天象預測，下及山川險阻，中及人類疾病生死，莫不以「卜筮」為最高參謀顧問。卜筮之術是《易經》的產物。《易經》的成書時代上限，導源於石器時代，當時尚無文字，只能以數字觀念之「奇」（單數）、「偶」（雙數），表達意識的符號，亦即一（陽爻）二（陰爻）。這就是漢學古文字的始基。但是只憑「一」、「二」不能滿足文明發展之需要。於是從一、二為基礎組成的八卦，以適合的手段演化為六十四卦，誠如《尚書序》所說：「庖犧氏之王天下也，以本德從天而王，天應以鳥獸文章，地應以「河圖」、「洛書」，於是仰觀法於天，俯察法於地，中觀萬物於人，乃作「八卦」以通神明之德，以類萬物之情，造書契以代結繩之政……」由此可見，所謂「人經三聖（伏羲、大禹、文王）世歷三古（上古、中古、下古）」的這樣一部哲學巨著的本身，就是人類對大自然、精心探討而獲致的「精神財富」。它的內涵知識儲量的宏大，是可以同宇宙等量齊觀的。這就難怪古人把它奉為決疑破惑、指導行動方向的法寶，來使用了！

五

衆所周知，《周易》是東方世界封建社會政治哲學理論的最大基礎。也是一部「問難之經」。什麼稱做「疑問」則為古來追求真理的有效措施。問的目的在於「求教」。求教的結果可以提高智慧，故曰「好問則裕」。我國民間語言謂知識份子曰「有學問」。並說明「問」在求知中的重要性。因為問的本身就是學，學必以問為前提。不過這類求知的手段因時代而有所不同。當神權時代是依靠占卦問卜；到了封建時代則依靠投師訪友而求教于人；到今天科學昌明的時代則依靠「問物」。如測量儀器物理化驗，社會調查，研究工作……皆謂之「學問」也。雖問的形式不同，然其為「問」則一也。《卜辭》之筮占小篆的數字與學字皆从爻从竹。爻，竹筴之形，乃古構字。正是一幀占卦問卜的生動投影。尤其是《卜辭》「[illegible]」字从介（六）爻从竹，更鮮明地反映出「六爻成卦」的形態。其引義為「覺悟、仿效」，都在說明古人求教於卜筮的信賴。（以爻象左右兩手。爻象竹筴交叉。上爻代表外卦，下爻代表內卦，介是六爻）。

考《儀禮·士冠禮注》：「筴，竹籤，為筮。《易筮法》：「筴用四十九蓍。（蓍是一種草，艸，上古用為占具，後世以筴代之，故蓍筮義通）。分之為二以象兩，掛一以象三，揲之以象四時，歸奇於扐（餘法餘數），以象閏。十有八變而成卦。古卦者，所以畫地記文書。筮法以七、八、九、六而記之。但古用木畫地，今則用錢以三少為「重」則九也；三「多」為「交」，則六也。兩多為「單」則七也，兩少一多為「折」，則八也。

十 筮

（占卦）

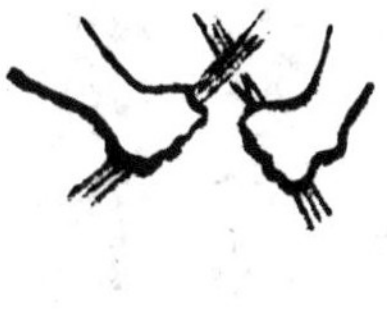

關于《儀禮》的註釋，很不適于時代青年理解，為了通俗易懂，將介紹高亨先生論文，則於次：

「保存全今的我國最早的一部筮書——《周易》，其中的繫辭上講到了怎樣儀能演算出一卦的成卦法。其文為："大衍之數五十，其用四十有九，……"。高氏在其所著《周易古經通說》中總結了前人對揲蓍法的研究，通俗講解如下：

占筮者撮好了五十根蓍草或小竹根（筴），揲占方法：實際應用竹根四十九根，從這四十九根中抽出一根另放。然後把其餘的四十八根任意分成兩份。每一份分別為四根為一個，逐次扣除。最後把這兩份中剩下的餘數（扐）與從四十九根中抽出另放的一根放置在一起，其和數我們假設它為A。這是第一次演算的結果。

這四十九根去掉A後，肯定會出現兩種情況：一是餘四十四根，一是餘四十根。然後再用這餘下的四十四或四十根根，再按上邊的辦法演算一遍，得出第二次演算的結果。假設它為B。則四十四或四十根減去B，必然剩餘四十或三十六或三十二根。再依上法演算第

六

三次演算的結果，就定為C。

四十九根總數減去A、B、C以後，必然會出現下列四種情况：剩三十六、三十二、二十八或者二十四。這四个數被四除，得出九、八、七、六。這四數就叫「四營」。它們分別為：「老陽」（九）、「少陽」（七）、「老陰」（八）、「少陰」（六）。

通過上面演算，才得出一爻。爻是八卦的基本符號，分陰、陽兩種。以奇數九、七為陽，以偶數六、八為陰。陽爻用長劃「一」來表示，陰爻用短劃「--」來表示。照此手續，欲完成一卦，勢必要費三×六＝十八次的演算。所以《繫辭》說「十有八變而成卦」。

附《周原甲骨》數字卦為證

蒙卦、䷃　七 介 介 介 | 介　　蠱卦 十 ∧ 人 | 一 八 ䷑

艮卦 ䷳　十 人 人 十 人 人　　既濟 八 十 八 十 八 ⋈ ䷾

觀此，可證爻、𦥯、學、斆諸字之形義所自出。而現代所謂「新的文字學者」，武斷漢字與《易》學無關的論點，可不攻自明矣！

附註：關于文字的形意，不僅單純地拘於古人為物所限的所識形象，還有《易》理中的自然變化交叉相感的更高的科學意境。非本文所能備述。《禮·士冠禮·疏》云：「筮法、

用四十九蓍分之為二，以象兩卦。一以象三，揲之以四，以象四時。歸奇于扐以象閏。十有八變而成卦是也」（今則用錢。三少為重，則九也。◎◎◎（☰）三多為交，則六也。◎◎◎（☷）兩多一少為單，則七也。◎◎◎（☳）兩少一多為拆，則八也。◎◎◎（☶）九，老陽。七，少陽。六，老陰。八，少陰。）

巫

巫（卜辭）巫《說文》：「女能事無形，以舞降神者。象兩褎舞形。」

《尚書·伊訓》：「敢有恆舞於宮，酣歌於室，時謂巫風。」疏：「巫以歌舞事神，故歌舞為巫覡之風。」

《周禮·春官·司巫》：「掌群巫之政令，若國大旱，則率巫而舞雩。」《周禮·春官·司馬》：「掌養疾馬而乘治之，相醫而藥攻馬疾。疾則以藥治之，祟則攘而祈之，二者相須，故巫助醫也。」

《藝文類聚》引郭注《釋咸山》：「蓋巫咸者，實以鴻術為帝堯醫。」

《楚辭·離騷》注：「巫咸，古神巫也。當殷中宗世者。」

《山海經》：「開明東有巫彭、巫抵、巫陽、巫履、巫凡、巫相。」注：「皆神醫也。」

《孟子》：「人而無恆，不可以作巫醫。」

討論：筆者案「巫」取「舞」為音。可見他是以長于歌舞技藝為能事，以降神為專業而兼有醫學知識的人物。古代醫學是和宗教具有密切關係的。如《說文》「醫」

七

樂—𤻲　療—療

字下就引用了《內經素問》的語言云：「黃帝曰：古之治病，可祝由而已。」骨，除上這種以祝禱形式的精神療法之外，可以表現在「療」字的形義中。《說文》「療」字訓：「治也」。並引《詩陳風》云：「泌之洋洋，可以樂饑」為考證。漢考：《博疋》療字訓：「病也，病有曰療」。《類篇》云：療古療字。由此可證古代人民利用音樂、歌舞以代替藥物療法的事實。《集韻》：「療，音樂」。可為佐證。筆者童年時代尚有專業巫覡以降神歌舞，離以盃水之訣、神符等幻術，為婦孺治病者。即上古巫術之遺存也。卜辭之「□」字即利用舞術醫療馬疾的寫影。

舞　□□□□〈卜辭〉　□〈卜辭〉　□〈金文〉　□〈篆〉　□〈籀〉　□〈卜〉

《說文》云：「舞，樂也」。《玉篇》云：「之相背也」。

《周禮春官樂師》云：「凡舞有帗舞，有羽舞，有皇舞，有旄舞，有干舞，有人舞」。

《左傳隱五年》云：「夫舞所以節八音而行八風」。《前漢高帝紀》云：「軍中無以為樂，請以劍舞」。

筆者考舞的種類雖多，大體不外兩類，一是文藝性舞，一是戰鬥舞。所謂「文用羽籥，武用干戚」。值得一提的就是音樂與舞蹈的多面性用途。它除了是為敬神、饗客、

〈□〉

⿱雨舞　□

祀治療疾病以外，還被古人作為改善自然之氣候的工具。這一情況可從「⿱雨舞」、「雩」二字說明之：《玉篇》雩字訓：「祈雨祭也」。《說文》云：「夏祭樂於赤帝，以祈甘雨也」。《爾雅釋訓》：「舞號雩也」。注：「雩之祭，舞者吁嗟而求雨」。以上諸字，各有獨立之形義，茲分別述之於後：

雩　雩　□

考雩字從雨，大旱禱神祈雨之意也。從亐，吁之省文也。吁從口從亐。亐者食管底折，氣聲難伸之象，是聲隨氣出之意。人在思想苦悶時往往打飽嗝，長出氣，亦名「吁嗟」，故造字者用以表現人類苦旱思雨之情。此「雩」字之形義也。甲骨文之「𩂣」字，象人舞蹈祈雨之形，故知應為「舞雩」之舞字。此字無人能識。蓋古文湮沒已久，經文皆以「舞」代之，而不知「𩂣」便是真正的「舞雩」的初文也久矣！《周禮·春官司巫》：「若國大旱，則帥巫而「舞雩」。」據此，應以「𩂣」為正字。《魯論·先進篇》：「點，爾何如？」曰：「暮春，春服既成，冠者五六人，童子六七人，浴乎沂，風乎舞雩，詠而歸。」註引《水經注》：「沂水北對稷門，亦曰「雩門」。門南隔水有「雩壇」。」顧氏棟高《春秋大事表》曰：「雩壇者雩時為壇，設祭於此，有樂舞，故曰「舞雩」。其壇三丈，曾點所欲風舞處也。」故知「舞雩」之舞，應以「𩂣」為正字。「𩂣」是動義辭，「雩」是祭名。依古漢語語法乃「動賓結構」辭也。

《穀梁桓五年》：「龍見而雩」，謂立夏「蒼龍」昏見東方，以是月祀五方上帝，謂之「常雩」。《公羊桓五年》：「大雩者何？旱祭也。使童男女各八人，舞而呼雩。」可知祈雨之祭不僅有隆盛的音樂聲而且逐漸配合着兒童的呼聲。《禮記·月令》：「仲夏之月，命有司為民祈祀山川百源，大雩帝，用盛樂」。《東坡文集·雩泉記》：「泉在諸城西南常山上，宋熙寧八年蘇軾守密州，禱雨於此，故名『雩泉』」。《清嘉慶一統志》：「雩山在江西于都縣北，雩水出其下，為昔祈雨之地」。此皆以雩壇而得名，也是「舞雩」的說明例證。舞、⿱雨舞、雩、午、五、巫、雨諧聲相同而意通。仲夏斗柄指午，時當五月，赤日當空，旱苗思雨，舞雩呼人，雩祭之禮之有巫者參加。《周禮·春官·司巫》：「司巫掌群巫之政令。若國大旱，則帥巫而舞雩」。《月令》：「大雩帝，習盛樂雩五帝」。此以見漢字語音相承，與研究文化之間存在「聯繫」。

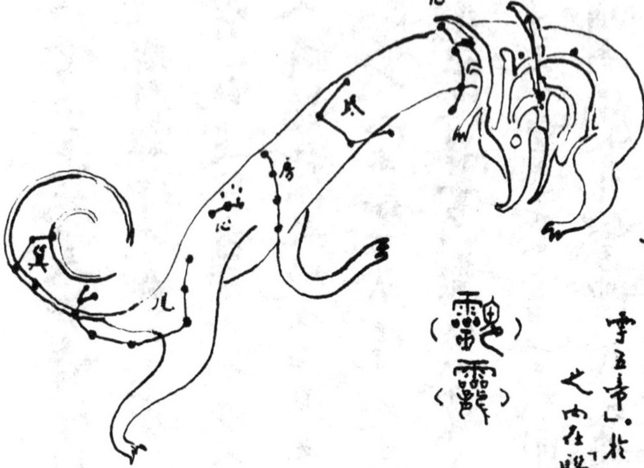

（龍星而雲）

《周禮·春官·舞師》：「掌皇舞，而舞旱暵之事」。《周禮·樂師注》：「皇舞者以羽覆冒頭上」。《說文》[illegible]字

（古代雕[illegible]之星舞之象）

蓍 蓍《說文》：「蓍，蒿屬，生千年，三百莖。」《尚書大傳》：「蓍之為言耆也。百年一本，生百莖。」《易》以為數，天子（蓍）九尺，諸侯七尺，大夫五尺，士三尺。」

筮 巫 䇭 筮 繇此可見，原始階段以蓍艸之莖作占卦工具，至西周時代則代之以竹，而字變為筮，蓋文隨物變而音仍其舊。猶繼承原始之遺意。《說文》：「易卦用蓍也。从竹，从𢍰。𢍰，古文巫字。」

𥫽《甲文》筮字作「巫」。其字形與許君之說極合。復考《廣韻》筮字訓：「龜曰卜，蓍曰筮。又曰古巫咸作筮。」《廣韻》不僅說明了占卦工具的進化演變過程，而且揭示出巫、筮二字所以互通之故，是非常明顯的。《書·洪範》：「擇建立卜筮人，乃命卜筮。」於以見筮人在古代政權機構中的重要地位。嘗見《左傳》許多故事記載中，每有筮卜，必附之以「繇辭」。往往同一卦文而見仁見智不同。令人感到驚奇者則所占繇辭，皆能預後如期應驗。其故何也？愚嘗思之，而未能知其故。豈如亞聖所云：「盡信書則不如無書」耶？又何以千篇一律不約

而問?又怎能以「偶合」現象目之乎?此其中必有玄奧存焉!姑妄述管窺,唯請讀者諒之:

竊以為《易》之為物,其道屢遷,故「神無體而《易》無方」,所謂「神而明之,存乎其人」,實際上乃是一部「萬能辯證法」。絕不能以「刻舟求劍」之方法推敲之。上古時筮人之所以能吟出言必應者,良以此等人物,皆學有淵源,養之有素。甚至皆明經達義,洞時知務之人。其繇辭之立,必先針對社會客觀現實,詳審事態,發展趨勢,然後施之以推理,計之以時日,故能不言則已,言則必中,非《易》能占事,貴筮者明智有以成之。伯樂相馬,其子按圖索驥,趙括徒讀父書,故知書在人讀,書又何能知吉凶乎?

豑 秩

豑 《廣韻》:「次也,常也,序也」。《韻會》:「毛氏曰:从禾,形也;从失,聲也。本兩併,列而重出,

秩 《莊子》後先相繼,故借為「秩序」字。 按:以秩為「秩序」字非本義也,應以豑為正字。从豊,古文禮字。古宗廟朝廷之會,尊卑長幼,皆有上下、先後,載在「三禮」(《周禮》、《儀禮》、《禮記·曲禮》)字从弟,有次第之義。

(弟)弟是韋束繞柄之象形,其排比形態次

序分明。這字有段為先弟字，後又施竹於字上而為「等第」字。故「𨚗」从弟从豊，所以示宗廟朝堂集會，出入有先後，位置有高下，必須尊守禮法規定之意，是曰「𨚗序」。豊，即政治身份等級差別附屬物。故知「𨚗」字，社會次序字也。秩字，自然次序字也。今秩行而𨚗廢矣！

柴 [glyph]（金）[glyph]（籀）[glyph]（篆）。《禮·祭法》云：「燔柴於泰壇，祭天也。」疏：「燔柴於泰壇者，積薪於壇上而取玉及牲置柴上燔之，使氣達於天也。」用薪積。

柴，所謂「泰壇」，即用土築起的高臺。是禮最高祭祀形式。《書·舜典》云：「至於岱宗，柴。」可知此種祭禮由來極久，絕非始自西周。

柴从此，柴之省，从示，敬神也。

尞 [glyph]、[glyph]（甲）[glyph]（金）[glyph]（篆）。《玉篇》云：「柴尞，祭天也。」

從卜辭[glyph]字可知周代燔尞報天是沿襲殷商（王）制而來的說明。難怪《論語》之說：「周監於二代」了。[glyph]也是以木燃火之象。後人施火於尞左，亦猶[glyph]之增火而上燃，然之增火而上燃也。[glyph]的本義字或為光明義，或為達遠廣潤義，或為熾燒義，僅舉數例，以見漢字之系統性。

（甲·[glyph]）

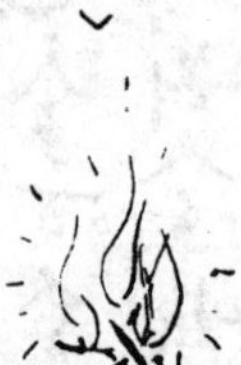

燎 燎

《周礼·天官·阍人》云：「大祭祀、丧纪之事，设门燎。」释曰：「燎，地烛也。天子百，公五十，侯伯子男皆卅。所占之状，盖百根苇，皆以布缠之，以蜜涂其上，若今蜡烛。对人手执者为手烛。」《玉篇》云：「庭燎，国之大事树以照众也。」《诗·小雅》：「燎之方扬。」故火田亦曰燎。《诗·大雅》：「瑟彼柞棫，民所燎矣。」《书·盘庚》云：「若火之燎于邍」皆训燃烧之例。

獠 獠 獠 獠

《廣韻》獠字下云：「夜獵也。」《爾雅·釋天》云：「宵田為獠。」注：「今江東呼獵為獠，即今夜獵載鑪照也。」《管子·四稱篇》云：「獠獵畢弋。」案：獠从犬、从尞，犬是畋獵活動之得力工具，尞有放火与照明二義。故曰「宵田」。宵者夜也。其義可知矣！

膫 膫 膫 膫

《廣韻》：「炙也」。案：此字从尞，从肉，或从炙，有燔肉義。亦尞的同源字。

（膫）

寮 寮（金） 寮（卜） 寮（篆） 寮

《爾雅·釋言》：「同官曰寮」。考上古朝廷議政，雞鳴而興，五更待漏，東方未明，唯賴地燭照明。此于《周礼》「庭燎」辞可以证之。後世稱同朝居官者曰「同僚」，實由同室共燭之意而來。「宀」者，屋宇也，尞者照明之物。故同室共明之官曰「官僚」、「同僚」。

遼 遼 遼

《說文》：「遼，遠也」。案：遼从辵，从尞。尞有光照義，辵是行走意。夫足之所不能至、目之所不能聞之地，唯有光照功能可以及之。太陽与北極星對吾人之間距離，在百光年以上此非人力所能全也。然而僅凭視覺可以遥見其物。此遼字从尞从辵而訓義為遠之形意也。蓋考諸物理致能聲音、气味、熱力之擴散射程均比不上光的輻射距離之大。則遼之从尞从辵而訓義為「遠」可知矣！

撩 撩 上下辭之撩字与下小篆之撩字皆从尞从手。其造字亦意技巧相同。乃指事兼會義字也。尞是燃燒意，火的力向燎性上行。《宏範五行》云：「火曰炎上」。造字者把火的物理慣性，移植於人身四肢運動。故知撩亦尞的同根字兼動字。辭云：「撩起裙帶上金鈒」。此上升動態辭也。

瞭 瞭 《集韻》云：「明也」。案：能使人兩眼產生視覺者唯有光。光之最強者莫如日。而眼視物，白晝則依靠太陽，深夜則依靠火光。尞者火也，日者太陽也。故瞭字从日从尞而訓義為「明」。又延伸為意識明瞭義。

潦 潦《篆》 潦《甲文》《說文》云：「雨水大貌」。《礼》云：「水潦降」。《集韻》云：「積水也」。《正韻》云：「与澇同。一曰淹也」。案：霖雨連綿積水為患曰澇，澇潦同義。故水之面積廣闊者曰潦。与光之遠照曰遼同意。故知潦亦尞之孳乳字。

璙 璙《說文》云：「玉也」。案：璙之為文，从玉从尞。尞者光之象也，取光為義，故知璙是光澤鮮明之玉。

十一

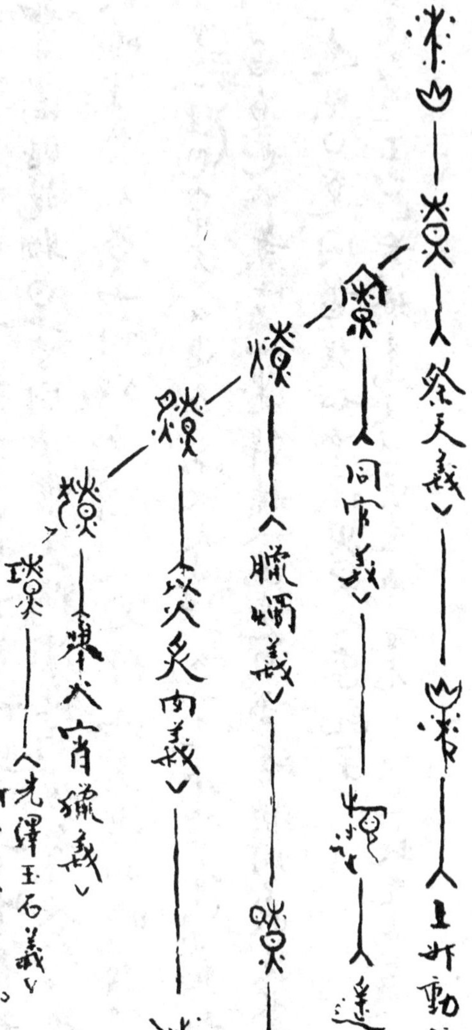

薶 （甲文）。薶《爾雅·釋天》：「祭地曰薶。」注：「既祭埋藏之。」意：古代祭祀規定，祭饗地神完成儀式之後，必將所用祭餘物滌、掘坎而埋入地中。《禮·祭法》：「瘞埋於泰折，祭地也，用騂犢。」《周禮·地官·牧人》：「陰祀用黝牲毛之。」鄭康成注：「陰祀，祭地北郊及社稷也。」可為作證。凵古坎字。 亦瘞也。 皆與薶相也。凵為土坑之形，後世延伸為一切埋沒之義。義存、音存而形變矣。

沈 （甲文）。《周禮·大宗伯》：「以沈薶祭山林川澤。」

筆者考：柴、薶、沈是三類不同的祭祀形式，以所祭對象不同而異。祭的本身即含有飲食之義（見說字注）。今江南民間仍謂改善生活曰「打牙祭」，即給牙齒上供之意。北方民間在吃飯時偶爾獲佳肴齒鼓了腮頰，往往會說「牙想吃肉啦」！此語與江南之民間語言「打牙祭」之命意，皆富有上古文化遺意。因為他們是把牙當上神靈來

的民间语言「打牙祭」之命意，皆富有上古文化遗意。因为他们是把牙齿与神灵来看待的。为了不使牙齿闹事，就必须给牙「打牙祭」，由此也就可以联想到古人的意识也为了不让「地震」保证丰收，就要请「地神」吃饭（瘗牲），为了使水源不竭，就请川泽之神吃饭（沈牲于水），为了不让天旱，就备牲祷天。用的柴祭于「坛」，瘗埋于地，沈牲于川，都是具有意识想象的。「坛」是土筑的高台，「坎」是土坑，「川」是河流，「泽」是湖泊。

坛

坛（古字）《说文》：「坛，祭场也。封土为坛」。《礼·祭法》：「燔柴于泰坛，祭天也」。

今少数民族部落仍有焚柴烧山以祷雨的风俗。即古老文化残存也。

先秦时代的天坛，仅只是三级形式的「圜丘」。不似后世的「天坛」那样豪华而且有盖有室。

（坛）

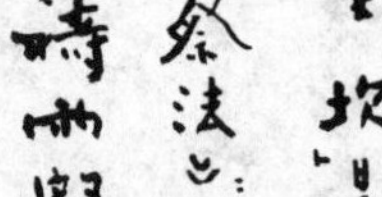

坎

凵《礼记·祭义》：「祭月于坎」。《月令》：「天子乃祈来年于天宗，祭日于坛，祭月于坎」。「坛」则实柴，「坎」则埋瘗也」。《祭法》：「相近于坎坛，祭月也」。「天宗」是日月星的综合名称。《周礼·大司乐》：「凡冬日至，则乐于地上之圜丘奏之，夏日至，则于泽中之方丘奏之」。凵是低洼之地的形象，亦即《大司乐》中所说的「泽」中。古代把祭月、祭地的方丘（坎坛）设立在湖泊地区，并且把神坛采取了方形建筑形式。这一特定自然环境的选定与天坛的相对而处于北郊，所谓「瘗埋于太折，祭地也」，即其处也。此种位置的分布与

（太折）

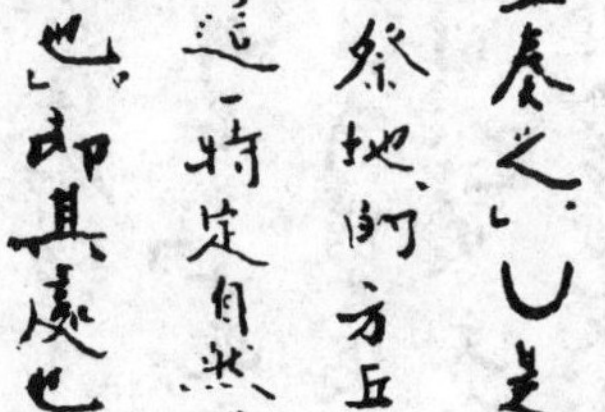

方形建築佈構，顯然是和《周易》中「天圓地方」意識結構分不開的。因而那些漢學者否定《周易》是漢學之源，則若說也是站不住腳的。

竈 〈金文〉 〈篆〉

《說文》：「炊竈也」。《釋名》：「竈，造也。造創食物也」。

暗

《廣雅》：「竈，謂之竈。其唐謂之「陘」，其窗謂之「突」。

筆者素知有「釜底生蛙」之名句，以形容文人生涯之潦倒。

堪以此「竈」字作「寫真」說明。此物今農村仍多見之，吾鄉名之為「鍋柜子」。古文黑暗之暗字，上「竈」也堪為「竈」字之輔助說明。〈釜底生蛙，上不見日，故曰暗。竈無火，釜無米，飢困可知〉

竈之宗教義：《淮南氾論訓》：「炎帝作火官〈八閩騰氏注〉，死而為竈神」。《月令》：「孟夏祀竈」。《蔡邕獨斷》：「夏為太陽，其氣長養，祀之於竈。在廟門外之東，先席於門奧，西東，設主於竈陘」。《莊子達生篇》：「竈有髻。竈神著赤衣，狀如美女」。按今民間廚房春節張貼之「竈君」，即據此化述而繪出。《禮·禮器》：「奧」者，老婦之祭也。〈注〉：「奧當作爨。祭至尸食竟而祭爨神。其神則先炊也，故謂之「老婦」。筆者考「爨」亦象形字，似以手捧柴生火加熱於鍋底之形。〈本書另有敘述〉。其，竈鍋烹煮之指事字也。《史記封禪書》：「先炊之廟」。《正義》曰：「先炊古炊母之神也」。由此可說，所謂「竈神」，其原上就是上古最早發明創造烹飪技術的女性。後世把她塑造成神的偶像來祭拜的目的是來監督家庭主婦，以加強家庭之飲食清潔

爨

注意感。雖然穿着神祇外衣，骨子裏亦有其合理的成分。《後漢書·陰興傳》：「陰子方臘日晨炊而竈神形見，因以黃羊祀之」。《雜五行書》：「竈神名禪，字子郭」。案：此即民間傳奇之「郭丁香」之歷史依據。

⿰礻比

⿰礻比《說文》：「以豚祀司命也」。 筆者案：⿰礻比字从「示」，神之義也；从「比」，妣之省文也。《說文》妣字訓：「殁母也」。按亡母曰妣，祖母曰「祖妣」，曾祖母曰「曾祖妣」，高祖母曰「高祖妣」，故知女性長者死後在人之靈位皆稱「妣」。可从民間墓碑見之。由此可知「⿰礻比」字，即祀竈所云「奧者老婦之祭也」。《說文》炊字訓：「爨也」。《揚子方言》：「爨，齊謂之炊」。今南方仍謂水壺曰「炊子」。亦古漢語也。《史記·封禪書》：「……先炊之屬」。注：「正義曰：『先炊，古炊母之神也』」。

[illegible]

炊字从欠、从火。象人張口吹火之形。吹火之目的，在於供氧助燃，當即「老婦」之象形，故知「⿰礻比」是竈神的稱號而無疑。

豚

什麼是「豚祀司命」？豚者小猪也。甲文之  金文之彖，篆之豚，或㹠。《說文》訓：「小豕也」。

筆者案：此俗行於民間久矣。憶愚幼時，每值歲臘，常見市場有沿街衛賣紙緒紙半者，以供民間祭「灶」。其大如蘿蔔，蓋以其價微易得，所以為代真也。此即說文「脉祀司命」之意。《禮記·祭法》：「王為群姓立七祀：曰司命，曰中霤，曰國門，曰國行，曰泰厲，曰戶，曰灶。士庶立一祀，或立戶，或立灶。」《月令》：「孟夏之月，其神「祝融」，其帝炎帝，其祀灶。」

經文把「灶」、「火」和「炎帝」、「祝融」多項屬性集合在一起，定為群神崇拜，而把它們值班時間同時規定在「孟夏」。這一時、空、人、物的屬性統一，顯然是「五行」觀念的產物。不僅把「火」賦予了靈魂，而且把上古高辛氏的火官及「大圍牆」的氏族首長炎帝也列在一起，並且給「光炊」穿上了紅色服裝。這同我國傳統的灶君稱號「東廚司命主南方火帝君」的意識內涵，是不謀而同的。

什麼是「司命」？《禮記·祭法》：「司命小神，居人之間，司察小過，作譴告者，主督察三命。」《風俗通義》謂「司命為文昌第四星（大熊 θ）」筆者考古天文廿八宿「北方玄武」中有「司命」二星（寶瓶 24、26）位置居「危」、「虛」之間，其左有「墳墓」四星（寶瓶 ς、γ、η、60）。求諸顧名思義，有「死亡之神」意。此與「文昌第四星」之說相較，孰為較契合，留待學者參悟。在我國民間風俗，例於古曆臘月廿三，送灶君上天，必須祭之以「飴餳」、「糍糖」，意思是把灶君的嘴封閉起來，不讓他上天宮回報不良的情況，所以送灶君的稱號「上天言好事，下界保平安」。這也是東方宗教史上的一頁吧！

𢍏 案此字見於甲文，从升从𠬞。應即升舉之升的初文，而《說文》不見。

升 《甲》 《篆》 《說文》：「龠也，十合為升」。此量器之名，非動義辭。象形字也。

𥛚 于省吾云：「升本為量器，𥛚為上舉之升，从示，為祭時進物之升，今升行而𥛚廢」。

阩昇 《正字通》：「日上也」。《類篇》：上「阩」。此早晨紅日高升之義，故字从日。

陞 《玉篇》：「上也，進也」。《廣韻》：「登也，躋也」。《宋史·禮文》：「陞龍于修」，注：「畫白龍於修，令上向也」。案陞从阜，从土，从升。阜者階之省，土者地之象，升者上行之義。此「陞階納陛」字也。

𩰪 《金文》此字从亯，古亯《享饗》即字也，从𠬞，其手奉祭器登升於神案之義也。

字義與卜辭之𥛚同。與𢍏字造形示義亦同。

筆者考，升本為量器之名。《前漢律曆志》：「升者，登合之量也。古升，上徑一寸，下徑六分，其深八分。龠十為合，合十為升」。看來升斗之器，由來久矣，絕非始于漢代可知，嗣後施示於升左，施於示下而成𥛚，用為登升祭品之動義辭。《金文·𪔅鐘》之「𩰪」，乃後起之「𥛚」字的別體，考其形義而可知者焉。後世「陞階納陛」之「陞」字，指日高昇之「昇」、「阩」皆上行動義辭，而與𥛚、𩰪同源，可見而知者也。

登 豋〈篆〉 𤼷 𤼷〈甲〉 𤼷〈金〉《爾雅釋器》：「瓦豆謂之登」，注：「散則皆名豆。對文則木曰豆，瓦曰登」。《說文》：「豋，禮器也」。《詩大雅》：「于豆于登」，注：「木豆薦俎醢，瓦登薦太羹，祀天用瓦豆，陶器質也」。《宋史禮志》：「宗廟之祭用太牢而三鉶，鉶既設三，則登亦如其數。請設三登，實牛羊之湆，以為太羹」。又《元史祭祀志》：「太羹每室三登，和羹每室三鉶」。

鐙 鐙 鐙

《儀禮公食大夫禮》：「大羹湆不和，實于鐙」。《集韻》上「鐙」。固知登之為物，初為瓦器，歷後亦有金質者矣。《說文》本作「𢍜」，持肉在豆上，會義，隸作登。毛氏曰：登降之登上从癶，𢍜豆之𢍜上从𠬞。月即肉字，又即手字，持祭肉于豆之義。二字取義不同。

羊者者，甲文、金文之𢍜字皆無从癶，以別于登降之登。以此為鑒別金鐵，甚亦如此……

豋〈甲〉 豋〈篆〉 豋〈甲〉 豋〈金文〉 —— 祭器之〈名辭〉

登〈甲〉 登〈甲〉 登〈金〉 登〈篆〉 —— 登降之〈動辭〉

登 登〈甲〉 登〈金〉 登〈篆〉《說文》：「登，上車也」。《爾雅釋詁》：「陞也」。《玉篇》：「上也，進也」。《易明夷》：「初登于天」。《書堯典》：「疇咨若時登庸」。

以上諸登字皆从癶，象兩足開張之形，《說文》訓為「足剌癶」。凡登高者必兩腿一在前，一在後，不進。字者用為升高之義，升、亦「陞」之同韻共義字。

燈 燈 燈 燈 燈 燈《玉篇》：「燈，火也」。上辭 燈 从日从𣥂，說明之象也，从火，缺上升之意也。

（燈）

蒸〈上〉〈金〉《爾雅釋天》：「冬祭曰蒸。」注：「進品物也。」《奉代音辨》：「蒸，經典蒸，祭之蒸。……」。

筆者詳考今世經籍，皆以「蒸」「烝」為「冬祭」之字。此大謬也。蓋前世古人未能先秦文字之形，其謬誤殆始於漢代「隸定」之年。遂致歷代沿襲，錯謬相承。可慨也夫！

查《卜辭》⿱艹尊字从豆，祭器也。从米或米者，黍稷粢盛之象也。从𠬞，雙手奉豆祇進于神之形也。此實「秋嘗冬烝」之初文也。故知蒸、烝、⿱艹尊三字各有定義，未容混淆也。

夫「烝《蒸》」者，火氣上行之意也（見《說文》）。《詩大雅》：「烝之浮浮」，疏：「炊之于甑，爨而烝之」此其義也。又「蒸、⿱艹尊」字之義，乃折麻中榦也（見《說文》）。《詩小雅》：「以薪以蒸」。箋：「麤曰薪，細曰蒸」，此其義也。故知文字之學乃有條而不紊，應知同中之異，異中之同，庶不致誤于萬一也。以上諸字皆與升同韻而以上行為義。其音源來自生（㞢）長之意。於以見音韻學之重要性。

禪《說文》：「祭天也」。

墠《說文》：「野土也」。注：「築曰封，除地曰墠。」凡言封禪亦是壇、墠而已。

壇

筆者案：「禪」者，封禪祭典活動之名。「墠」是封禪活動之地。二字形義密切相涉。故合併論之。

古禪字从示从單。示是神之省，單者古蟬字也。《書·堯典》孔穎達注：者也禪讓聖賢。《孟子》：「唐虞禪」。知禪之為字有天子揖讓傳賢之義。「祭天」乃禪位之儀式也。夫天下之大，億兆之民繫于一人，苟非其人，豈可輕以予人？雖選得其賢，非經萬衆家喻户晓，自難受到四海之愛戴。故隆之以「祭天」之禮，所以重其事也。質言之，上述不過是一个由向群衆的政權提出的公開交代形式而已。壇是為了敬神而建造的建築物，故禪字又从壇。禪字形義，初探之：禪从示从單。示者，神權象徵也。單，古蟬字。此字大有必要予以專題介紹。

蟬 蟬〈篆〉〈卜〉〈周〉〈籀〉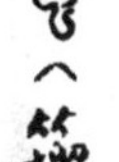〈金〉。

筆者考：蟬是自然界的變態昆蟲。於生物學為六足綱。亦名「知了」，或「蜘蟟」，住于夏秋之間。雌性有發音器。幼虫居土中，自化蛹至成虫，為期約二年。既成虫，交尾後，即死。雌者產卵後亦死。口具管狀針，吻吸植物汁液而生。壽命約兩三週。古人看到牠們生於泥淖長于樹間，終于脫殼飛舞，遨遊太空的這一清高自得能鳴善飛的生理特點，于是造出禪：象形字，如：《崔豹古今注》：「齊王后忿死，尸變為蟬。登庭樹嘒唳而鳴。王悔恨，故蟬名「齊女」。」《唐孟郊在野集》嬋娟篇也有：「花嬋娟，竹嬋娟，妓嬋娟，月嬋娟」稱之。美麗女郎形象。《史記·屈原傳》：「濯淖汙泥之中，蟬蛻於濁穢，以浮游塵埃之外。」尤其是古神話中「后羿之妻嫦娥竊不死之藥以奔月，名曰蟬蜍。」《淮南精神訓》：「蛇蛻蟬解，遊於太清。」《唐撫州麻姑僊壇記》：「王方平降，教其尸解如蛇蟬也。」古宗教家稱有道之人死亡爲「尸解登仙」，如蟬之脫殼。故曰「禪宗」。然則「禪」字從單從示，正反映出造字者有意識地設「蟬」爲封禪典禮祈禱在天之神明「傳音天使」，是非常明顯的。因此吾人有足够理由肯定「禪」是「蟬」的「神化」字。而上爲封禪典禮之活動場地之「墠」，自然也是「地」的「神化」字也。此從單從土之「墠」亦帶有宗教色彩之文字也。定禪本身即意味着傳邦繼代，故曰「蟬連」，其義可知。

嬗 蟺

嬋 嬋

嬗 嬗

《前漢律曆志》：「究嬗以天下。」師古曰：「嬗，古禪讓字也。」此辭頗具研究價值。考《秦楚之際月表》：「五年之間，號令三嬗。」故知「嬗」字有「更代」義。《漢賈誼鵩鳥賦》：「萬物變化兮固無休息。斡流而遷兮，或推而還。形氣轉續兮，變化而嬗。」蘇林曰：「嬗，如蜩蟬之變化也。」或曰：蟺，相連也。《說文》：「嬗，緩也。一曰傳也。」《六書故》：「嬋與嬗通。」

筆者案：以上嬗、蟺、嬋三字交叉互訓，其總義不出二者：一曰「更代」，二曰「變化」。

十六

箴其字形較之，自應以嫱字表覺悔晦，始安之讀姑者，是號之可耳！

竊思嫱字从女，性別也。从□，嫱之省文也。此處「嫱」辭語，實具有生態嬗化新陳代謝意。依念上古人類知有母而不知有父，其時社會母系專政。或母妃女及或嫱亡嬗代。其傳位方式未必無祭天告神之活動。《卜辭》之「□」字訓義為「后」，金文之「始」訓義為母。此等文字（□字訓義為姑），皆母系社會之文化遺迹，而「□」位之嫱字實義猶互通，表裏相應可推此見意，殊係為迹可尋者也。聊供萬葉網友同好共勉之。知我罪我，唯海內大雅督之。

祈祈
蘄蘄

祈《篆》 □《篆》 □《金》

蘄 □ □ □ □《卜》 □ □ □ □ □《說文》：「求福也」。

《月令》：「孟春之月，天子乃以元日祈穀于上帝」。《尚書召誥》：「祈天永命」。《詩小雅》：「以祈甘雨」。《莊子齊物》：「予惡乎知死者不悔其始之蘄生乎？」注：蘄，求也。《史記秦本紀》：「蘄年宮」注：蘄，求也。此皆蘄（蘄）訓義為求見于古籍之語例義證。不過《史記》與《莊子》所用之「蘄」字乃假借字。「蘄」原是辛香植物名。其所以用假為「蘄」之原因，或以其有「蘄艾禮祀」之用，而延為求神祈福之義，亦未可知。自應以□為本字。

旜，此初文見于《卜辭》。上旂祀，則秦篆字形也。旜字經籍不見，蓋壁經之本，久無踪迹可尋。漢興，蕭訂文律，隸定新本，只能據李斯小篆為依據，故吾輩所識先秦文字，只好于《說文》義訓結合「經注」以推敲之。旜，从㫃，从單。

《爾雅·釋天》云：「有鈴曰旂」。注云：「懸鈴于竿頭，畫交龍于旒」。按：此義據《周禮·司常》《小爾雅》、《說文》云：「旗有眾鈴，以令眾也」。則可見「旂」之為物，乃指麾師旅行動之信號。鈴字从金，金能發音，从令者所以示「鈴」為命令之聲也。則此有鈴之旂，屬于「王者」發號施令統率三軍，指引師眾行動方向的觀瞻目標可以無疑。《卜辭》文字，旅上㫃，旗上㫃，旅和「旗」都是行軍組織單位，字皆从㫃。其義可見。

古代舉行祈禱大典，必建旂于壇上。統治者身任主祭，司禮唱之，祭眾應之。故《爾雅·釋言》曰：「祈，叫也」。《周禮·春官·太祝》：「掌六祝之辭，以事鬼神示（祇），祈福祥」。按「祈，嗥（號）也」，謂有災變，號呼告鬼神以求福也」。由此可見，「求

十七

神祈福活動中的呼聲音量是相當高的。而𣄒字之从𣃔从單，正標志着許多受災遭難的群眾在統治者的有秩序的領導之下，對上帝發出的哀鳴之音。造字者使用了「單」「嘽」的嘽鳴以形容災民的悲慘呼聲上沖九霄。是富有想像的。𣄒字的造型示意，突出地顯示了「神權時代」「帝王受命于天統率萬民」的政治意識形態。也是一塊歷史文化考古的活化石。

關于𣄒字讀音問題的探討：

《唐韻》云：「旂，古音芹。」《說文》旂从斤聲。徐鍇繫傳曰：斤、旂近似，聲韻家所以言音紐也。考《詩·魯頌》：「薄采其芹，言觀其旂」《小雅》：「夜鄉晨，庭燎有煇，言觀其旂」。以說文斤聲考之，則旂本有斤音，非音紐也。」

筆者案：《唐韻》據《魯頌》、《小雅》二篇詩歌叶韻規律，以論景「旂」應讀音爲芹。是有根據的。愚認爲此一音律原則同時亦應適用于𣄒字實同「旂」。「斳」、「祈」三字皆屬《古音十三部》。但《唐韻》未能對𣄒字之音義未深于以举上之揭露，愚补而出之。

愚以为鬱儡者许、齐，「来神」二字之合音也。於《大书》虑而象形会义兼谐声字也。现代世界语言学家对中国文字有时认为是单音象，有时否定此说，盖音之为物，分之则为二，合之则为一。诸国文字自有其真矣，而能只宜探讨，未容轻下结论也。

鬼

甶《卜》 鬼《金》 鬼《说文》：「人所归为鬼」从儿，甶象鬼头。鬼阴气贼害，故从厶《私》」

案《说文》之训局限于「鬼」的「宗教」领域含义，而未触及造字取象之源。

由

笔者案：此四眼大头人形，实即我国民间春节文娱节目中之「大头娃娃」，本来属于防疫卫生运动性质的表演艺术。其历史上很渊源已久。《周礼·夏官·方相氏》：「掌蒙熊皮，黄金四目，玄衣朱裳，帅百隶而时傩」，这种夹杂宗教色彩的「驱疫活动」，古名「乡人傩」。《月令》：「季春之月，命国傩，九门磔攘，以毕春气。……仲秋之月，天子乃傩，以达秋气。……季冬之月，命有司大傩，旁磔」。所谓「春气」「秋气」，以现代科学知识言之，即流行性感染

儺

过滤病毒也。「傩」字本属善舞能鸣之鸟，古人用为「驱傩」之名，故知其於演形式与今日之

十八

龍燈、高蹺、秧歌隊此為類似。古⊕字即「鄉人儺」所演之假面具也」。《說文》訓：「⊕，鬼頭也」。《荀子·非相篇》：「仲尼之狀，面如蒙倛」。韓侍郎注：「四目為方相，兩目為倛」。由此可見鬼字之初文，即「鄉人儺」之「方相」形象也。後人增厶而成⊕鬼，而《說文》訓為「人所歸」。遂使鬼賦予了死人靈魂的含義。然則鬼字讀音應如何尋求之？愚曰：鬼者宄也。宄賊、姦宄之意也。鬼者詭也，詭譎之義也。此鬼字兼聲形義也。

魁

魁、各字書皆為「魁帥」，不知乃「斗魁」之象義字也。⊕者「鬼頭」也。鬼之頭大，斗之頭亦大，造字者據此共性，以為「斗魁」之名，嗣後又延為天空斗星之名。故知魁亦鬼的同源字。

然則魁字之義，乃源于鬼頭，由鬼頭而轉為「杓頭」，更由「杓頭」而延為北斗之魁，其跡甚明。

䫏魌倛〈上〉

《說文》：「魌也。今逐鬼有魌頭」。《周禮·夏官·方相氏注》：以驚毆疫癘之鬼，如今魌頭。案《荀子·非相篇注》：「四目為方相，即前之⊕形，此所謂「兩目為倛」。

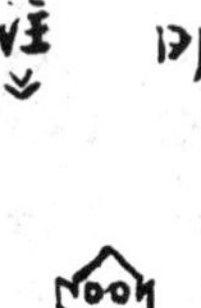

𩴾䫏倛目為倛。其魌以卜辭為初文。嗣後《金文》之諸形，不知何故後延為地名，尚有待于今後之努力。小篆則作為魌倛䫏等形矣。

畏 □□（甲）□□□□□《說文》：「鬼頭而虎爪，可畏也」。案鬼畏形似音近而幾通。

神 □〈甲文〉□□〈金文〉□小篆《說文》：「天神引出萬物也」。徐曰：「申，即引也。天主降气以感萬物」。謹案徐氏之解，似較許君先進了科學一步。茲其體說明如次，以見其義。

電

申

一、神字取象的來源：筆者考《甲骨文》中之□（電）字，當即「神」字初文也。《金文》之「□」（見克鼎），仍有初象。厥後增示而之「□」小篆之□而化為宗教之神。从字形遞嬗軌迹考之，可推知神字取象來源于「申」，而申字取象，當來源古文「電」字。表示如次：

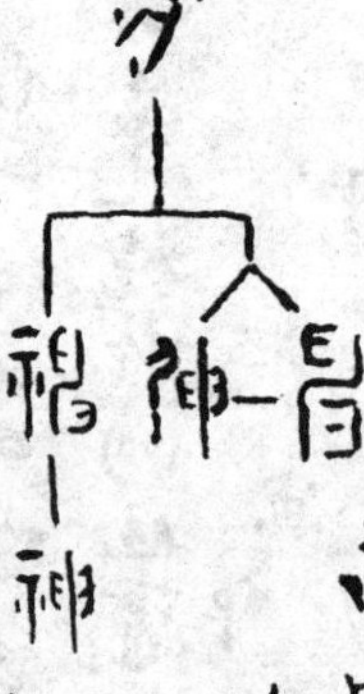

《甲骨文彙編》將□字混入□〈雷〉部，良錄未諳古文造字微旨。因而誤以為與魚目混珠。蓋ㄣ者電閃之形。吅，古喧字。所以示聲音強大也。而□字从ㄣ从⁝⁝。⁝⁝者雨之象也，□有⁝⁝而無吅，示意有光而無聲。揆諸形義音，應釋為「電」字無疑。且《卜辭》中無電字，尤堪為反证。

二、「電」字義變為「神」之探索：依物理知識而推，光的射程可達秒20万公里。而聲的

傳送為秒加公里。這就決定了閃電到達地面的時間總是先于雷聲。古人看到雷電交馳空雨、風向的變化、威力，于是目之為「神」，是完全可以理解的事。

從考古天文學「斗綱紀時」「十二支方向盤」中的〈申〉位，居于西南位置。而〈周易〉卦〉中「坤卦」的位置，也與「申」同位。以科學角度理解

〈說明〉雷雨頻仍于申，萬物中長于申，斗柄指向于申，體現出地中、坤神、的時空一致性

〔斗綱紀時示意〕

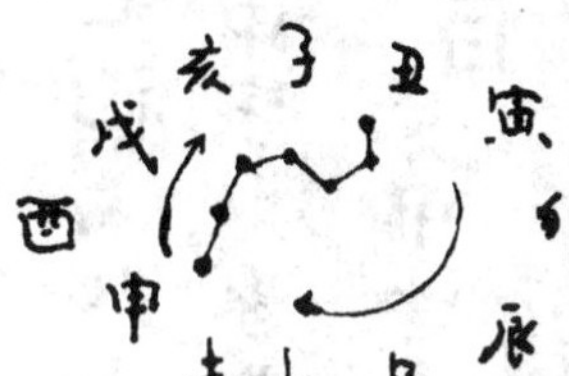

〔八卦定位示意〕

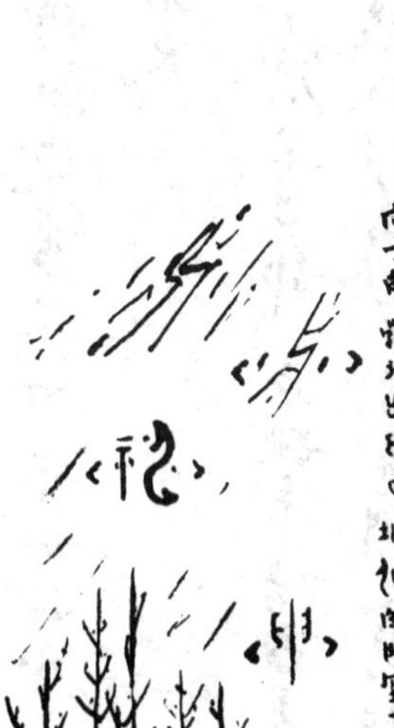

所謂「斗綱紀時」，事實上就是一幅以「太空為背景，以北斗柄為指針的定時錶盤」。它經常不斷地按照右手定律〈實際方式〉向左〈南北而言〉旋轉〈視運動〉。它以古曆每歲週期的起點「子」〈正北方〉開始按時針方向行走，至到達指向西南方「申」。此時正是地球北溫帶地區的「長夏」季節。也正是雷雨頻仍植物蕃生的旺季。故徐氏所云之「申即引也」一語，正反映出遞嬗軌迹及「神」和自然事物的表裏關係。同時滲透着「神」字宗教外衣之內在的科學實質。

有渊唯申、神、明讀音同趨之探索，考古音十二部，電、申、神隸屬同一韻紐。則可知此三字之血緣體系，与愚之所見者合符契。於以証古文字起源於《周易》學說之不謬。蓋《易經》乃宇宙之縮摹，劃本而漢字則《易》理的產物，此事極具有顛撲不破之基礎，非任何人所能動搖也。

申 ⺋ ⿰𦥔 《釋名》云："申，身也。物皆成其身體，各申束之。"《易繫辭》云："尺蠖之屈，以求伸也。"

伸 ⿰亻𦥔 據此堪知申伸二字，皆含身軀節展二義。伸字从人从申，即"欠伸"字（俗名"伸懶腰"）。其動態表現為四肢伸展、張口出气，盖由久坐靜止姿式，週身橫紋肌缺氧之生理反射運動。申伸之讀音來源于⺋，神之音源于電，已見前述。由申而"音乳"之字例，可以下舉之"坤"字例中尋之。

坤 ☷ 巛 ⿰巛介 ⿰土申 ⿱𠀆土 以上諸文，皆坤字，其造型各具匠心。☷者《易卦》爻象也，巛者，☷之變態也。⿰巛介从"𠀆"从"介"，"𠀆"剥字，"介"六字，蓋坤乎捧六，六者坤卦筮數也。坤者，天圓地方之意也。坤字之義，放之則彌六合，卷之則退藏於密，非吾輩所能備知。愚所敢明者，即"申"附幾乎同音字為化驗標本來求證漢字『寓義于音』的《潛形遺傳》遺傳規律。

考：坤字从申从土，申字之形祖于電。於時為夏秋之交（七月）；於位置為西南，於物質為「土」，《周易》用為大地之「法相」。此坤字之多面義也。今捨其「廣義」而不言，只論其「狹義」。愚曰：「坤」字从「土」，土者吐也，能吐萬物者也。（見說文。）申者，申展之義也，生長之義也。蕃殖之義也，擴展之義也，衆多之義也。故古文生上土，植物萌芽之形也。故衆生族立曰「甡」。馬之衆多曰「駪」，木之衆多曰「森」，言之衆多曰「詵」。於以見祖國文字之音義系統固客觀潛在於不同字形之中。愚名之曰「潛在遺傳」。其原因在於我國文字無固定之「音母」。對「寓義於音」之文字的考察，只能憑聽覺感受結合讀書經驗以理解之，非可以字形為依據。此現象愚名之曰「音義規律」。故但求字形而不論古音規律者，其不為「文字畫像師」者焉？《周易》術坤居西南者，基于斗綱指申之意。

神之為字，世人皆以為宗教之神。然天上之神人所未見，愚對文字之學的崇任相信其物質形義，而不顧占冥杳之幻想。有人說，神是意識領域的東西，我則駁之曰：「自然界以外無神」。如果說真有其神的話，那就只能是大腦的活動功能。

靈 □□□□（甲文）□□（金文）□□（金文）□□（金）□（金）□□

□□□□□（金）□（甲）□□□□□□□

靈字之形見諸古篆者不知凡幾。要知各具形義，非能一律視之也。遺憾的是筆者坐井觀天，未能一一備述。謹擇其顯而易見者列次：

一、「靈龜」：此古卜問龜字。愚以為「靈龜」之所以被用為卜雨之物，自有其科學背景。龜之為物，蓋有鈣、鈉、鉀、鎂多種礦鹽，對空氣中濕度變化非常敏感。古人掌握了龜背的物理反應規律，用之為「天氣預報」之儀器，是完全可以推知的。今民間戲謔語：「摸摸小王八背梁骨，有雨無雨」，蓋上古文化之遺存也。殷後發展為卜筮工具，而以「靈龜」呼之。《卜辭》常有「小雨」、「不雨」、「亡雨」、「茲雨」等辭，即其証。

二、「巫靈」：以「神巫」之名字。因巫能舞蹈降神，預言吉凶禍福，古人信仰其有言必應，故字从巫，从言，或口，可見其義。

三、《晉天文志》：「明堂西三星，曰靈臺也。主觀雲物，察符瑞，候災變也。」

□□

《五經異義公羊說》云：「天子有靈臺以觀天文」（見說文註）案《大雅·靈臺》靈臺、靈沼、

二一

靈囿、辟雝等謀見於同篇，「靈雝」即明堂也，其義與晉天文志相合，故知靈臺兼觀象臺也。

《三輔黃圖》云：「漢有靈臺，在長安西北，為觀測天象之所。」靈

筆者考：古西周文王時代已有「靈臺、靈沼」（見孟子）。靈

故知古文「靈」（卜辭）、「靈」等字形應為「靈臺」使用的觀測「降雨量」儀器。

四、𩃬：筆者案：此字从靈从冊。冊者竹簡之形。靈有宗教義，亦有科學內容。古書將術科學知識隱藏于神秘外衣之內，是不乏其例的。如：

《靈樞經》共十二卷，專言人身十二經絡，是保留到今天的一部中醫針灸學的最古老的文獻。道家亦以此學之《𩃬兆經》中有「天甲符」、「天甲錄」。此外，如：

《靈棋經》以十二棋子分為上、中、下三組，四擲而成卦。……」其數皆从十二。

故知諸經以「𩃬」字為名的書籍皆源於《周易》「干支」之五行學說產物。而應以「𩃬」為正字。

靇、䰢

五、龗：《詩．絲衣》：「絲衣，繹賓尸也。」高子曰：「靈星之尸也。」高子不知何人，趙岐以為齊人。謂龗星不知何星，鼓引《漢書．郊祀志》：「高祖詔御史令天下立『靈星祠』。」張晏曰：「龍星左角曰『天田』，（室女丫座）則農祥也。」

華胥桊《緣衣詩》中的「靈星之尸」即「旱魃」祈雨活動，在「大雩」祭典中充當求雨蒼龍七宿中「龍角」三星偶像的少女，也所謂「繹賓尸」，即祈雨典禮完成後的第二天設宴招待這位在昨天充當「龍神」的「模特兒」的酬勞謝禮。「繹賓尸」即明天請「模特兒」封場占客。「繹」是經文段借字，當應以「翌」為正字。殷商青銅銘文《即其壺》《即其卣》「翌」之用日，寫為〈卜辭〉「翌」字同形，可證。

《康熙字典》「龗」字列入龍部。
《玉篇》曰「龗」也謂為「雷龍」。
故知「龗星祠」，即「龍王廟也」。
我國內地，凡河流山川水源之地，皆有「龍王廟」。古人認為天上之龗星有支配河流、江漢、海洋水的威力，故視之為旱災之救星。《本文還與第七頁「雩舞」條合參，以便融會貫通其義》

社 𡊨、⿰示⿱⺍田、⿰示⿱米土、⿰示⿱⺍土、社《集韻》《唐韻》《韻會》：「土地神主也。」

《禮祭法》：「共工氏之霸九州也、其子曰后土、能平水土、故祀以為社……」

《詩小雅甫田》：「以我齊明、與我犧羊、以社以方」這裏所說的「社」和「方」雖然都是祭饗土地之神的建築設施、但是從歷史哲學和宗教意義上講、是有等差區分的。

一曰「大社」。是代表大地之神的「社」。其位置當北王都的北郊。又名「泰折」。即《禮祭法》所紀載的：「燔柴于泰壇、祭天也。瘞埋于「泰折」祭地也」。鄭康成注：「陰祀祭地、北郊。」《郊特牲》：「天子大社、必受霜露風雨」。案此即上云之「泰折」。又名「方丘」。《周禮春官大司樂》：「凡樂冬日至、于地上之圜丘而奏之。夏日至、于澤中之「方丘」而奏之」。疏：「土之高者曰丘、因高以事天、故于地上。因下以事地故于澤中」。此「方丘」即《小雅》之「以社以方」之方。

二曰「王社」。即天子裂土封國之「社」。位置在王宮之西。《周禮考工記匠人》：「匠人營國、方九里、旁三門、左祖右社、面朝、後市」。其建築形式見于《周禮地官封人》云：「掌詔王之社壝、為畿封而樹之。凡封國、設其社稷之壝、封其四疆」。疏引《尚書禹貢注》：「王者封五色土以為社……」《韓詩外傳》云：「天子社廣、五丈、東方青、南方赤、西方白、北方黑、上冒以黃土、將封諸侯、各取其方色土、苴以白茅、取其潔也……」顯而易見、這個「王社」已經是整個自然大地的政治意態投影、是毫無疑問的。

〈社之想像示圖〉

從這个「王社」的位置和方色土的分佈位序，都顯示了這是「五行」觀念的產物。現代學者認為「五行」學說起于孔子以後，蓋未讀《易經》起源於虞舜。

社的中心一棵樹，是土神的偶像，同時也是特定地區的土壤性能的鑒定標志。《說文》相字訓引古《易緯文》：「地可觀者莫可觀於木」。可知觀木之機要，在於考察土壤之性能。所謂「相土之宜」，正是需要通過某種植物的發育成長情況之優劣以判定某一地區土壤對某種植物的適應規律，而便于作物的選擇。

社

《周禮地官大司徒》：「……設其社稷之壝而樹之田主。各以其所宜木，遂以名其社與其野」。如《魯論》：「夏后氏以松，殷人以柏，周人以栗」。《莊周書》之「櫟社」，漢高祖所禱之「枌榆社」，皆以木名社之例。

後考《周禮地官艸人》：「掌土化之法，以物地相其宜而為之種」。由此觀之，則可知「社」之植木，絕非單純的神道設教的偶像，而是有其科學種田的目的。

吾人治古文字之學，貴乎能破除其神秘外衣，看到他的科學實質。

《白虎通》：「王者二社。為天下立社曰『大社』。自為立社曰『王社』。諸侯為百姓立社曰『國社』。自為立社曰『侯社』。大社為天下報功，王社為京師報功。」

復考：《周禮·肆師》：「凡師甸，用牲於社宗。」按《大司馬》：「誓戮於社。」注：「社，謂主在軍者也。」《小宗伯》：「若大師，則率有司而立軍社。」注：「社主曰軍社。」《左傳·定四年》：「祓社釁鼓。」注：「師出，先有事祓禱於社，謂之宜社。」《書·甘誓》：「用命賞於祖，不用命戮於社。」注：「天子親征，必載遷廟之祖主行，有功則賞祖主前，示不專。又載社主，謂之『社事』。不用命，奔北者則戮之於『社主』前。社主陰，陰主殺。」這裏的「社」已經是管理戰犯的刑殺之神，而不是前邊所講的那個共工之子句龍的恩賜之神了。（此「社」的位置應在王城北郊）

筆者案：「社」字的含義雖多，隨時代環境而變遷。如《傳·昭廿五年》：「自莒以西，請致千社。」注：「廿五家為社。」《管子》以大里為社，此時「社」皆行政區劃名稱。降及後世，則「詩社」、「書社」，「立春之後五戊日『春社』」，「立秋之後五戊日『秋社』」，此以「社」為特定季節之農民集會之名。而「社」字之義遂愈演愈遠矣！

在古籍中，往常把「社稷」二字作為「政權」的同義詞。是有歷史淵源的。本來她們是上古兩位曾經為萬民立過不朽功勳，死後受到人民懷念崇拜為「土神」與「穀神」的兩位偉人。可以《禮·祭法》記述中考證之。《祭法》云：「夫聖王之制祭祀也，法施於民則祀之，以死勤事則祀之，能禦大菑則祀之，能捍大患則祀之。是故厲（烈）山氏之有天下也，其子曰農，時殖百穀。夏之衰也，周棄繼之，故祀以為稷。共工氏之霸九州也，其子曰「后土」，能平九州，故祀以為「社」。……」示，古神字。

祭社之為文，从土，从示。稷《金文》之為文，从畟（稷之省文）从示。這兩個帶有宗教偶像色彩的象徵文字，正反映了人民對於能后稷的崇拜。因為她們能生產為人民治理洪水給群眾開闢了廣闊的生活環境，使人民獲得了安居之所，她棄教民稼穡，樹藝五穀，解決了百姓吃飯的問題，排除了饑餓之憂。她們受到崇拜，是必然的。後世王者，鑒於土地、糧食二者是建國的最大政治資本，因而就把「社稷」二字作了政權的「標志」。這一意義完全可從古代「封侯建國」儀式中體現之。舉例說明如下：

封 [古文字形]古 [籀文字形]籀 [篆文字形]篆 《說文》：「爵諸侯之土也。从之（之義同至）从土，从寸。」徐曰：「各之（至）其土也。寸者，守其法度也。」

〈引言〉辭于：歷史規律，每個王朝當政權定鼎之後，為了長期統治的需要，都必須采取大封功臣，把王者統轄的領域，來上一個分區割片。將親信人物，派往各地負責，「守土安民」。但是這個分工任務，是要通過一系列法定程序，來實現的。歷史學家將這個封侯建國的典禮儀式，簡稱曰「封建」。

何為封建？封侯建國，是一個隆重典禮儀式。是在王者監督命令下由專職官員——

「封人」負責完成的。《鐘鼎》封字上端的丰（古豐樹字）象一棵樹，底邊从廾（古拱字）象封人在封畺上植樹双手培苗之態。象形字也。

封建典禮，告訴什麼是為「宣教月牒」？案《周禮·封人之職》疏：「引《尚書·禹貢》云：「徐州貢五色土。」孔穎達云：「封五色土為社，建諸侯則割其方色土與之，藉以黃土，苴以白茅。茅取其潔，黃土取「王者」覆四方。是封于諸侯之社壇也」。應該首先指出這個社，既不是位于「王畿北北部的「泰折」，更不是諸侯的「國社」，而是位于王畿西部的「王社」。因為只有「王社」纔有資格以五色土為基。這顯然屬於「五行」觀念的產物。中央的樹，是社神的偶像。古文社字，其明證也。（从土，从米，从示）

什麼是「方色土」？這要从「王社」的建造形式特點講起。古人把大地的形象，采用了縮小作徽的技法設計了微觀的王社建築形式。對社基的土色分佈，依照「五行」方位占了東青，西白，南赤，北黑，中黃的規定安排的。這個建築藍圖，來源于《河圖》《洛書》，涉及到上古天文地輿學的知識範疇。非本書所能備述。

社《論語》：「夏后氏以松，殷人以柏，周人以栗。」可知社中植樹的制度，由來久矣！秦篆社字从土从示。示，古祇字。《正韻》：「祇，音岐。同示。」《說文》：「地祇，提出萬物者也。」故知社之為物，即大地之神的祭壇也。今郝那日本仍謂廟曰「神社」，仍有古義。關于社字从米，除了宗教色彩之外，還有標志土壤化學屬性以便相土之宜，選擇適應土質的作物的農業標本意義。在此从畧。

土神的歷史淵源考證：《詩·小雅·甫田》：「以社以方」。疏：「社，五土之神。能生萬物者。以古大有功者配之。共工氏有子句龍，為后土，能平九州。故祀以為社。后土，土官之名。」這裏提到的句龍，無疑上是一位夏王朝輔導大禹治洪水有功的水利專家。他為人民開闢了廣闊生活環境，受到群衆尊敬，把他尊拜為土神。這和西周王朝始祖后稷「樹藝五穀，教民稼穡」，解決了吃飯問題，被後人尊拜為穀神，其例相同。《禮

社

祭法曰：「夫聖王之制祭祀也，法施于民則祀之，以死勤事則祀之，以勞定國則祀之，能捍大患則祀之。……共工氏之霸九州也，其子曰后土。故祀以為社。」看來句龍對人民的貢獻，不僅是諸經典紀載中且表（示）在古文字造型示意中矣！古篆社字从水、从田、从示。生動地反映了治水、平土之功。所謂「土神」，正意味着人民對他的勞動功績的懷念。古文中的考證對研究歷史是不可缺少的。

「方色土」在封侯建國典禮中的宣教藝術功能：古人以思維推論的眼光，把「王社」神壇面積，視為「王者」統轄的廣闊自然領域的縮小底片。把王社中心的黃土，視為「萬方」的政治核心——「王畿」的投影。把黃土左右前後的青白赤黑四方色土，視為「岱、華、衡、恆」「四岳」的地望，方位示意周嚴。在這一意識籠罩下，使方色土，在封建典禮中產生了取樣之用。舉例說：假使受封者被王命指到「王畿」以西的邊境去建國的話，就派「封人」將「王社」中心黃土以西的白土挖掉一塊，外層還要裹以黃土。這表示受封者的國土仍然屬于「王者」領土之內的一個組成部份。餘皆仿此。封土取樣既畢，再以白茅包裹起來。由「封人」呈繳王者驗收，準備「卜吉頒賜」。此之謂「茅土之薦」。也就是裂土封侯。

封侯建國儀式是一件異常嚴肅的事。所謂「封人」雖然是主持封建儀式的負責人，然而真正的主權，卻還要操于「王者」之手。還要召喚受封者到「王者」祖廟中聽使史官宣讀冊命。「王者在祖先也靈的監視下，向受封者親賜茅土。以示不敢自專之誠。此「茅土之薦」的真相完全可从下列古文字來證之。

冊：《說文》：「符命也。諸侯進受于王者也。象其札，一長一短。中有二編之形。」

古無紙墨，以刀代筆，將竹片代紙，削竹為簡冊，以韋編。此物採于史官之手。名曰「簡書」。「王者」受命，史官宣而讀之。兼等于後世之「委任狀」。𠕁字从冊从口。《卜辭》冊𢦏字。

昭示了史官双手捧冊之象。古篆𠕁字从口，昭示了史官宣讀之聲。

誥：《說文》：「告也。」徐曰：「以文言告曉之也。」此解簡練籠統。蓋稽諸先秦社會皆是證之於古代文字形意，則語言聲音具有鮮明的政治性與宗教色彩，已鮮明地躍然紙上，固無疑焉。𢍏字从𠬞，乃双手捧言告神之義也。𢍏从𠬞，又手持肉祭之省文，犧牲玉帛祀神之象也。古謂受封曰「誥命」。誥命之禮勢不能脫離卵雛形式也必矣！「王者冊命封侯，必於宗廟者，于先王所以示天子之著，必有先也。宗廟致祭不忘親也。」（見李注）此乃冊字从冊、从言、从冊之義歟！誥命封侯，錫賜茅土之形態真相，堪从下列文字發現之。

畀 畁 上二字屢見于《卜辭》。《爾雅釋詁》云：「畀，賜也。」《左傳隱三年傳》云：「周人將畀虢公政」。《禮祭統》云：「畀之爲言與也」。《書洪範》云：「不畀洪範九疇」，傳云：「畀，與。」《康王之誥》云：「付畀四方」，傳云：「付與四方之國」。《說文》云：「相付與也」。

篆畀之爲字，《說文》納入丌部，此大誤也。自宜以从田、从廾（廾）爲确。夫與人以物，合手而莫能爲功，此事理之常也。故知說文从丌，形訛之誤。自應以《卜辭》畀字爲合義。古籍皆訓畀爲與，而不能道出畀字初義。良由未識畀字从田之義。（田者土也，地也。廾者承受之象也。廾者授与之象也。以上賜下之姿也。故知卜辭畀畀二文，「王者錫賜茅土之字」。从土与人之象。田者土也，故字从田，从廾。畀者大臣双手恭承茅土之象也。此則畀字之義已彰彰明甚，昭然若揭矣！田者，茅土也。廾者受土之象，廾者授土之象。此象形字也。小者茅土碎屑渦沖之象也。隱文字之亦誤，非一世矣。

《傳隱八年》云：「天子建德，因生以賜姓，胙之土而命之氏」。《正義》曰：「胙，報也。有德之人必有美報，報之以土，謂封之以國。」遠段經文，堪正畀字良好注腳。現在筆者再列舉古篆畀異二字正有力鑒證与畀字互證以見義。

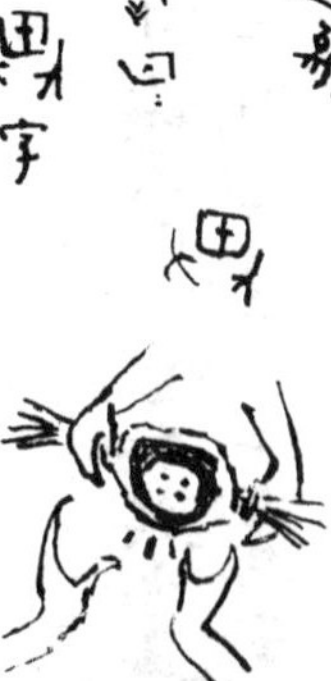

異 篆《金文》字从田、从廾、从大。大者人之連駢筆勢也。与廾同文而異體。上連田而成畀，「王者錫賜茅土之字也。」者从人雙手舒張之態。此漢字擬態示義之例，与小篆从畀从廾同例。《說文》共部異字訓「分也。从廾从畀（田）。畀，予也」。由此可見，異字本義，乃「王者分封諸侯，各之其國之意」而無疑矣。篆異訓爲分，與与界字从田从介同例。故《說文田部》界字訓「竟也」，境也。《謝會》訓「界，分也，畫也，限也」。封侯建國，各之其地，封畫分明，各有界限。故界字从田从介。《孟子公孫丑下》云：「域民不以封畫之界」。意思是不讓國界限制人民的行動自由。以皆異界二字同訓爲分之義例。可得而思者也。

依六書「建類一首，同意相授」之例推之。因《金文》作異字，當「翼」字初文也。何以知之？因人之有左右兩臂，猶禽鳥之有兩翼也。揆諸物理，證之字形，義理昭然可見。《說文．飛部》：翼字訓：「翄也。」堪足為翼、戴、異三字互通之參攷之資。

以上論證諸點，只限于異形文字本義範疇。所謂「狹義」解釋是也。然無以見其廣泛之用。試言其廣義：《書．皋陶謨》：「庶明勵翼」。注：「翼，戴上命」。言如鳥之翼，而戴之」。案「翼、戴」猶言「翼戴」。承戴之義也。經籍「戴」、「載」互通。《集韻》：「戴，載通」。《詩．周頌》：「載弁俅俅」。《禮．月令》：「載以弓韣」。皆載、戴互通之例。《說文．車部》載字訓：「乘也」。案承、乘、舉等字音同而義通。同有「負荷」、「載重」、「承擔」之義，明矣。鳥振翼而飛高，與人之乘車而前進，其義一也。故「戴載」、「乘承」聲相通，語源同也。《書．益稷》：「予欲左右有民，女（汝）翼」。傳：「汝當成我」。疏：「汝當翼贊我也」。蓋君雖有四海，日事萬幾，一人未能獨治，必賴萬方協和，共成翼戴之功。然異之為字也，有分散象，離心義。同時亦有集中象，向心義。《禮》不云乎？「時見曰會，作（殷）見曰同」。此集中向心之義也。名曰「翼戴」。諸侯「勤王」出師征討。王者「巡狩」分散之象，離心之義也。亦曰「翼戴」。然則異之為字，雙向義字歟？亦猶治亂同字，濬啟共文之例同也。

然則異、異、翼、戴皆从異而同宗，已昭然若揭矣！諸字之內在連鎖反應，不僅為我們提供了封侯建國的真貴資料，略示了封建政體組織結構的孕育過程；而且標誌出上為維護封建社會秩序的適應規範。信乎文字之學，乃歷史徵古化石、文明之府庫也。

邦 𡴀（卜） 𡴀（籀） 𨛜（金） 𨛜

《說文．邑部》邦字訓：「國也。从邑，丰聲。𡴀古文邦字。从之、田。之，適也。」所謂「往即乃封」。段注文：「古者城𩫖所在曰國，曰邑。邦之言封也。古邦封通用。《書序》云：邦康叔、邦諸侯。《論語》文：「在邦域之中，皆封字也」。時賢張舜徽氏云：『封字非經古籍歸部，則與邦雙聲。』「丰」、「邦」、「封」一字也。《周禮．地官．封人》：「掌設王之社壝，為畿封而樹之」。鄭注文：「畿上

二六

若今時界矣。」然則古之畿封上必有樹矣。今俗田地毗連者猶植樹為界，其遺意也。邦之古文乃𡴞，封之古文乃𡉚。皆象田有樹木之形。《卜辭》邦字乃𡴞，其形尤肖。余謂《金文》𤰈、𤰉，猶文𡴞，甲骨文𡴞字皆从屮。屮古豐林字也，猶乃丰。《卜辭》乃屮。《說文》生部丰字訓：「艸盛丰丰也。从生，上下達也。」徐曰：「艸之生，上盛者，其下必深根也。」毛氏曰：「凡邦、奉、𡴞、豐等字从此。」

筆者案：《金文》《散氏盤銘》封乃𡊠，似雙手植樹之形，《中山王譽鼎壺》乃「𡊠」，猶封乃𡉚。皆象田間有樹之形。復考《卜辭》邦字乃𡴞，猶乃𡴞，《金文》乃𤰈，秦篆乃𤰉。亦象田間有樹之形。故知邦、封二字同源，乃一母雙胎之孿生兄弟無疑也。則張氏「封疆植樹」之說，（詳見前𡊠字下）殊屬信而有徵。表示如次：

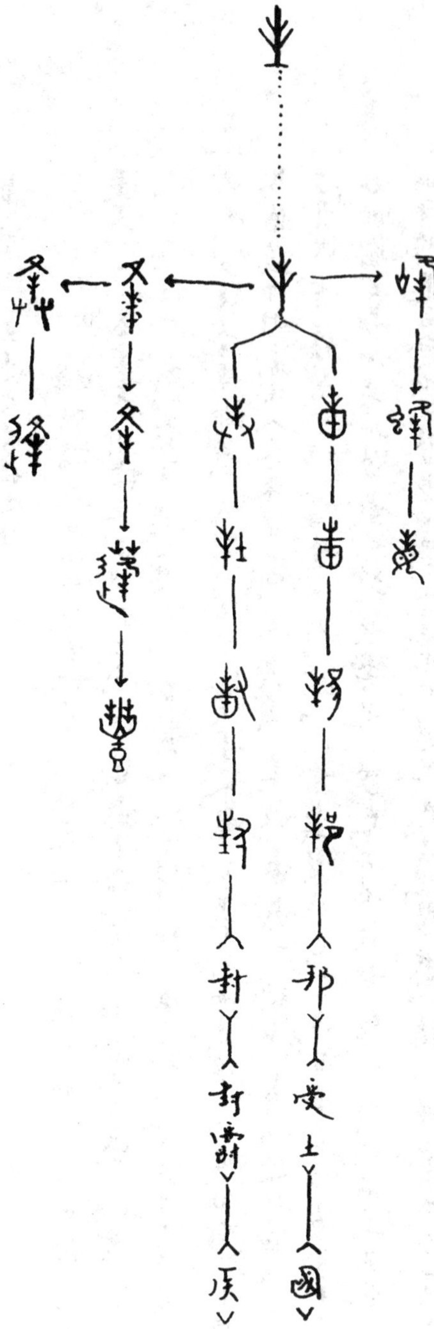

〈圖一 畢示字族表〉

建立《國界線》
《𡊠畺—封疆圖》

廟《說文》：「尊先祖貌也。」《古今注》：「廟者貌也，所以仿佛先人之形容也。」《釋名》：「先祖容貌所在也。」《禮王制》：「天子七廟，三昭三穆，與太祖之廟而七。諸侯五廟，二昭二穆，大夫三廟，士一廟。」

案所謂「昭」一、三、五居左。所謂穆，二、四、六居右，可見當時廟之多寡是和階級分不開的。然以上記述對「廟」之造字形義並無說明能力。余以為欲尋「廟」字之意，想必須先從「朝」字始。

朝案「朝」即古「潮」字。《說文》潮字訓：「水朝宗於海」《論衡》：「水者地之血脈，隨氣進退而為潮。」《初學記》：「水朝夕而至曰潮。」《皇極經世》：「海潮者地之喘息也。隨月消長。早曰潮，晚曰汐。」

筆者考：朝，古潮字也。象日月星辰之光。是水波之形。尤其是《外庵索隱》之字造形示意充分反映出海潮與日月引力之關系。而古文字更體現出由海潮而引起之海船顛簸起伏之象。遺憾的是當時人類尚無牛頓所為有引力的磁力

知識，不可能徹底了解海潮的科學適理，而只能把這一自然現象引伸到神話中去尋找答案。於是就認為海潮是大陸上的江、淮、河、漢中的水神共同集合去朝見東海龍王的活動現象。所謂「江漢朝宗」這一古典成語，便是這一意識象徵的說明。

最有興趣的是人們又把這一神話象徵移植到社會科學領域，而認為天子屬於「龍」的化身。進一步聯想到「四岳」諸侯朝見天子和江河淮漢朝見龍王相結合，在這一命意下，於是海潮的朝字就轉注為「朝廷」字。更由于朝廷屬於天子生前辦公集會之所，而「宗廟」是天子死後居住或棲息靈尸之所，

廟

因而造字者於朝上施宀而已廟。從諸古漢語「廟堂」、「廊廟」、「朝廷」、「朝堂」等辭互通之例，足證朝廟二字同源而無疑。

海潮——朝

朝廷——天子生前之所居

廟堂——天子死後之所居

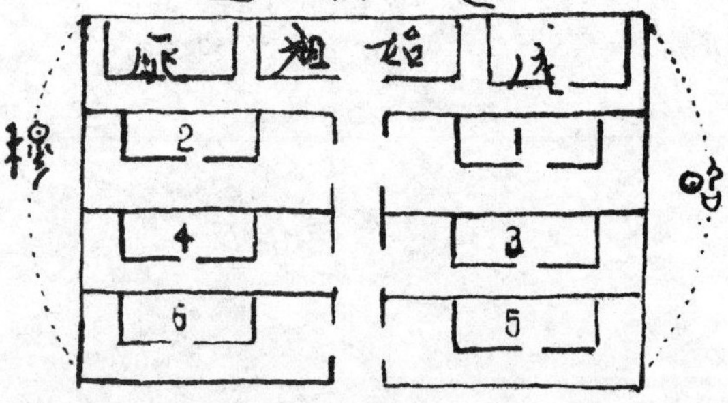

《禮·祭法》："天下有王，分地建國，置都立邑，設廟、祧、壇、墠而祭之。乃為親疏多少之數。是故王立七廟，一壇，一墠，曰考廟，曰王考廟，曰皇考廟，曰顯考廟，曰祖考廟，皆月祭之。遠廟為祧，有二祧，享嘗乃止。去祧為壇，去壇為墠。有禱焉，祭之，無禱乃止。去墠曰鬼。……」

《簡介》："「七廟」的建築格局，屬於先秦遺傳下來的國家最高統治者的家廟建造形式。不過按照先秦社會制度，「國家」二字的含義，屬於諸侯的封疆，諸侯只有五廟，為了保持《歷史》面貌，仍然選是說「天子」「七廟」為宜。

一、「七廟」的分佈位序，觀：居於七廟最後正中位置的曰「始祖廟」。廟前左右兩側，各有三廟，皆由南左右並列。左列的三廟一、三、五總名曰「昭」。右列的三廟二、四、六，總名曰「穆」。外有二「祧」，分列在「始祖廟左右兩側。不屬「六廟」範疇。實際上是九廟。依西周實況為例，始祖廟即后稷之廟。左右二「祧」，是西周王朝創建者文王、武王廟。為了紀念他們的功勳，予以特殊政治優待，被尊為兩祧的固定廟主。以配享始祖后稷。其餘六廟的神主，都是「流動戶口」，而具有可「遷徙性」。其遷徙規律，見於祧字說明下。

祧

[illegible] 《祭義》注云："祧之言超也。言其超然上去也。"《周禮·春官·守祧》「

守先王先公之廟祧。」注：「遷主所藏曰祧。」筆者以為禮之為言難也。古者根本交易，入曰難，出曰難。故知禮之為字有外出義。蓋新王死後，必入考廟之內，而考廟神主必升遷於王考廟。此在經籍名遷廟之主。這樣依次遞升之結果，最後決然會因廟室定額限制而出現無廟可遷的神主。也就只好去廟入祧了。至於遷祧的標準，則要看被遷徙的神主屬於左行或右行的範疇而決定。假如屬於「昭」行，就入左祧。如果屬於「穆」行，就入右祧。

祏「示石」〈卜〉 祏〈篆〉 怎樣安排去廟之主？去廟之主，亦稱毀廟之主。〈魯〉即無廟之主。〈說文〉示部祏字云：「祏，宗廟中藏主石室也。」《左傳》莊十四年：「命我先人典守宗祏」注：「慮有非常火災，於廟之北壁內為石室以藏木主。有事則出而祭之。既祭納於石室。祏从示，神之也。」

礿

礿礿禴《說文》：「夏祭也」周禮以禴夏享先王。《公羊傳》：「夏曰礿」注：始熟可汋。《詩·小雅·天保》注：孫炎曰：「礿之言食，汋新菜可汋嘗。」

筆者考：春礿、夏禘、秋嘗、冬烝，此夏商二代之通制也。見於《王制》。至西周而改為「春祠、夏礿、秋嘗、冬烝」。（見小雅天保注）。孫炎以「食汋新菜」釋「春祠」之義，其時間雖與周制未合，然於「礿」字之義則闡發得甚覺鮮明。何則？蓋礿之為字，於語法應是動詞。《爾雅·釋天》：「新菜可汋」。《說文》：「汋，𤆯菜也」。《漢書·郊祀志》：「不如西鄰之瀹祭」注：謂煮新菜以祭。

由此可見，所謂「瀹祭」，即水煮新菜以敬神，是毫無疑問的。汋之與瀹音同而義通。漢書已有例證，多處督述。然究以何者為正字？余以為自應以「瀹」為正義。然瀹字之造型示義，固自有科學物理之真相，非籠統烹煮之義也。試析言之：

考瀹字從氵從龠。氵是烹煮之傳熱介質。龠是排簫，為管樂器。於「瀹」字結構中乃音象符。大凡新菜之烹煮，不需到達攝氏百度之沸點，而是只需聽聲微微之響音（七八十度，俗名蟹眼），大響音，此時便可迅速將菜撈出，現代衛生學家燙淺菜為了保持葉綠素，維生命不遵破壞，仍採取此種無謂方法，令人皆認為是科學新發明，蓋未知此法古代已行之久矣。此即「禴」字之真意也。禴字將示易名而成祭名之辭，神化之意也。

禴、礿於殷商時代為「春祭」之名，於西周則用為「夏祭」之名。因時而易名也。

[illegible] [illegible] [illegible]《金文》[illegible]《古籀學叢書》《廣韻》《集韻》：「音藥」。《說文》：「內肉及菜湯中薄出之」。筆者考：以上三字皆从翟聲也，翟之省从東，植物之形。从鬲或皿，容器也。余臆皆禴之異體同源字。

祠

祠《說文》：「品物少多文辭也。从示，司聲。仲春之月，祠不用犧牲，用圭璧及皮幣。」《傳桓

[illegible]八年》：「春曰祠」，注：祠，猶食也，猶繼嗣也。春物始生，孝子思親，繼嗣而食之。故曰祠，因以別死生。」

案：春祭曰「祠」。《說文》祠云「品物少，文詞多」。揭示了春季由於農產「青黃不接」，祭神之禮，必須量力而行。故代之以圭幣。實際上即：「物資缺乏時代下的變相「精神文明」而已」。古祠字近「禩」，變易之義也。

嘗

[illegible] [illegible] [illegible]《爾雅釋天》：「秋祭曰嘗」。注：「嘗新穀」。嘗即「春祈秋報」時常規例祭。

考嘗字《說文》不見。經籍「烝嘗」一辭，皆以嘗字出現。唯《金文》[illegible] [illegible] [illegible]諸文，尚存古意。余謂堪當「烝嘗」之字，只有[illegible] [illegible]二文。若嘗嘗二文，則只能視為人類口嘗脂、酒之字。因其無示故也。

烝 □□□□□□ 《爾雅釋天》：「冬祭曰烝」。烝者衆也。年豐物多，三時不害之義也。

考烝當時的烝字，千百年來已不能見其初文矣。今只能於《卜辭》、《金文》中見之。亦是祭事。字从豆从米或禾，从廾。米是黍稷粱戚之象，豆者祭器也，廾是兩手捧舉之形。而取登升爲聲。此其形義也。

祼 □〈卜〉□□□□□〈金〉祼〈篆〉

灌 □

《唐韻》《集韻》《韻會》《正韻》：「古玩切，音貫。祭酌鬯以灌地。」

《周禮春官大宗伯》：「以肆獻祼享先王」註：「祼之言灌，以鬱鬯始獻尸，求神時也。」

《尚書洛誥》：「王入太室祼」疏：「以圭瓚酌鬱鬯之酒以獻尸，〈墨〉↓尸受祭而灌之于地。因奠不飲，謂之祼。謹以字形分析如次：〈□〉

一、卜辭「□」字从丁，神之省文，从豆从廾，象双手捧爵之形。今〈飲酒仍有酹酒之習，舊俗名澆奠」乃古祀也。

二、金文□字从□，从廾，从□，从而。□於楷書上「每」。《廣韻》《集韻》《韻會》《正韻》並訓「田美也」。筆者案每美音同而意通。此象形字，象頭戴贅飾之女性，貴，即「尸」的形象也。

三〇

《詩·召南·采蘋》："誰其尸之，有齊季女。"可佐說明例證。"[古文字形]"、"[古文字形]"，古"奠"字也。其形多變，或[古文字形]、[古文字形]。[古文字形]象雙手捧盛鬱鬯之器。"酉"《唐韻》《集韻》並音"亞"。《說文》酉字訓"覆也"。案酉亦象形兼指事字。象酒瓶倒傾之形。傾覆之"覆"从酉、从復。其義可知。今山東半島地區方言仍謂盆水傾覆曰"酉啦"！實古漢語之遺存也。

綜合以上分析而遞納之，可證[古文字形]字即一幅美麗少女雙手捧持酒爵倒傾灑地之直觀寫意畫像。亦取意於灌。灌者灌注也。《莊子·秋水篇》："百川灌河。"灌即水液下注之意。《禮·投壺》："奉觴曰賜灌。"故後世經籍皆作灌，灌行而[古文字形]廢矣。（今民間飲酒仍有洒奠之習，古遺風也）

瓚

瓚《說文》："三石二玉也。"天子用全，純玉也。上公用駹，四玉一石。諸侯用瓚，伯用埒，玉石半，相埒也。"徐曰："瓚亦圭也。圭狀剡上邪銳之。于其首為勺形。謂之"瓚"。於其柄為注水，所以灌。瓚之言贊，進也。以進於神也。《韻會》："宗廟祼器形如槃。"《詩·大雅》："瑟彼玉瓚。"傳："瓚，圭瓚也。"疏引《正義》曰："瓚者器名。以圭為柄，圭以玉為之。指其體謂之玉瓚。據成器謂之"圭瓚"。《漢制》：瓚槃大五升，口徑八寸，下有槃口，徑一尺。則瓚如勺，有槃以承之也。《前漢·揚雄傳》："玄瓚觩髎"

注：服虔曰：以玄玉飾之，故曰「玄瓚」。張晏曰：瓚受五升，口徑八寸，以圭為柄，用灌鬯。酥鬱其貌也。

筆者考：《詩·大雅·旱麓》：「瑟彼玉瓚，黃流在中。」注：「玉瓚，圭瓚也，黃金所以飾流鬯也。九命然後錫以秬鬯圭瓚。」箋云：瑟，絜鮮貌，（案應是文理貌）黃流，秬鬯也。圭瓚之狀，以圭為柄，黃金為勺，青金為外，朱中央矣。殷王帝乙之時，王季為西伯，以功德受此賜。

筆者案：瓚之為器，古籍載之極詳，然驗之於現代考古出土文物，迄未發現此物。卜辭中亦未發現此字。近來一般古文字學者一致認為金文中之「[illegible]」字即說文之「瓚」字。其形頗與「[illegible]」字相似。未能與經籍紀載今合，姑存之以待賢者。

祏 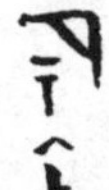（卜辭） 祏（篆）《說文》：「宗廟主也。周禮有太廟石室。一曰：大夫以石為主。」

匰 匰 《辭會》：「宗廟中藏主石室也。」《左傳·莊十四年》：「命我先人，典司宗祏，社稷有主。」疏：「宗祏」者，慮有非常火災，於廟之北壁內為石室，以藏木主，有事則出而祭之，既祭，納於石室。从示、神之也。《周禮·少宗伯職》注：「天子巡狩，以遷廟主行，載於齊車。」《書·甘誓》：「用命，賞於祖；不用命，戮於社。」注：社之主，以石為之。《周禮·春官·司巫》：「祭祀，則共匰主。」注：匰，器名；主，木主也。《玉篇》：「匰，宗廟盛主器也。」《禮·祭法》：「去祧為壇，去壇為墠，去墠為鬼。」注：更遠者遷入石函為鬼。

三一

筆者案：所謂「石室」也、「石函」也、「宗祏」也，名稱雖殊，其爲石質藏主之容器則一也。
尤其是《司巫》共匰主的匰字。更說明了「匰」與石函乃是一物，爲《祭法》所云之「去墠爲墠之「墠」，乃是收藏「匰主」之所無疑。依照《祭法》規定之遠廟規律順序：「遠廟爲祧，去祧爲壇，去壇爲墠」的紀載，則可知藏於墠所的「匰主」與宗廟之主的世代相去已遠。其致祭稱號應屬於「鬼」，而不屬於「神」的範疇，已不問可知矣！《金文》中《亞尊》四器之圖案文字形象是值得我們推敲的。舉列於次，以見其意：

上二圖皆書鬼字，下二圖皆書「尊」、「畀」字。覈與《祭法》所云「去墠爲鬼」之義，全都有符契之感。尤其各圖之外圍輪廓與《卜辭》文字之字同形。者，石函之形也。內鬼字，神主之形也。酉者酒器之形，凶者食器之形。含《祭饗》之意。此亦《祭法》所云「去壇爲墠，墠有禱焉則祭之，無禱乃止。去墠爲鬼」之義，依祭法之義推尋之，則上列圖形，吾人有理由認爲即「匰主」之形像，是不爲妄誕的。筆者存此不揣愚拙，大膽假設，尚希海內高明有以見教，以匡不逮。有厚望焉！
《金文編》中形圖案達五十餘个，內容雖奇，以義推之，應皆屬石匰之形。

䄍䄍

蜡蜡

腊腊

臘臘

蠟蠟

《禮郊特牲》："八蜡以祭四方，年不順成，八蜡不通，以謹民財也。"注："蜡有八：一曰先穡（神農），二曰司嗇（后稷），三曰農（田畯），四曰郵表畷（田畯辨公處），五貓虎（農業益獸），六坊（堤防），七庸（水溝），八昆虫（蛙蝶）。"

從理論上講這種祭饗活動是具有鼓勵農業生產意義的。因為這八種被崇拜的對象都與農業有關。當然，在第八類的昆虫之內不會包括螟、螣、蟊、賊，更為何只祭貓虎不祭狐兔？問題是不需說明的。書經文云："順成之方，其蜡乃通，既蜡而收，民息已，君子不興功。"疏："所以然者，以蜡祭豐饒，皆醉飽酒食，使民歆羨也。"這種大吃大喝慰勞農民的形式歷代皆有成例，如漢代的"天下大酺"，中古以後逐改為"臘八節"，這是一年當中最冷的關鍵時刻，民間富有之家於此時施糧捨衣，盡其歷史淵源久矣。

字義分析：䄍、蜡、腊、臘諸字，形似而意近，經文通段互用，今人困惑。謹明之於下：

䄍 音札。特定祭禮名稱。

臘 音辣。特定時間名稱。《禮運》："仲尼與於臘賓"，注："夏曰清祀，商曰嘉平，周曰臘。"

蠟 音辣。蜂蜜渣滓。

腊 音辣。冬月風乾之肉。

祭蔡 ×柰（卜辭） 䕒（卜辭） ×柰字前人未釋。愚據形義，以為當為「蔡」。何則？

采菜 采菜

菌 菌

書（說文）「蔡」字訓：「艸之可食者」。（玉篇）：「艸芥也」。（增韻）：「蔬也」。

筆者案：以上諸解，皆未能盡造字之意。愚曰：蔡字應訓義為：「祭神之艸也」。夫蔡字从祭从艸，意極明顯，此乃形聲，解可一望而知者也。尤其是（卜辭）×柰字，从×，从米，从示。更覺形意鮮明。×是双手取物之象，米是植物之形，示是神案，与祭字上段同例。故知×柰字即蔡之初文。經文皆以采（菜）字代之。（周礼春官樂師）：「春入學，舍采合舞」，注：舍即釋也，采讀為菜。始入學必釋菜，禮先師也。（文王世子）：「始立學者，既興器用幣，然後釋菜」。（礼王制）：「出征執有罪，反釋奠于學」。傳：「釋菜奠幣，礼先師也」。以上經文，可定菜、采、蔡含義互通例證。（詩周南）：「于以采蘩？于沼于沚。于以用之？公侯之事。于以采蘋？于澗之中。于以用之？公侯之宮」。（左傳隱三年）：「澗溪沼沚之毛，蘋蘩蕰藻之菜，可薦于鬼神……」可見古代祭神所用之菜，絕非尚限於人工培植的「園蔬」，而是包括野生水草在內。卜辭×柰字正標志出采菜二字之形義，而「䕒」字之形義雖与菜同是祭神之品，但已兼具「血食」之意，因其造形从又从肉故也。詳於下條備述之。

采
×柰—菜—䕒
菌

蔡 𦿗 《左傳·昭元年》：「周公殺管叔而蔡蔡叔」（上「蔡」字兩竹，下「蔡」字右邦）《韻會》訓：

𣏟 𢁒 「本乍𣏟，言放之若散米，今乍蔡」。

殺 𢿨 𣏟

筆者考：《韻會》之訓乃據經史之義而立訓，蓋蔡叔、管叔本屬叛徒，而非首惡，故周公誅管而放蔡，確有其理也。所謂「放」乃驅逐，解散其黨羽，而不予殺害，故《韻會》訓為「放之若散米」，其解本極恰當，後人不諳「𣏟」字之義，而遂以「蔡」字訓「殺」。殊未知「𣏟」「殺」二字之意本有區別。失之毫釐，謬以千里矣！緣「蔡」字从艸从祭，本兼素食、血食二義，無怪淺人曾與放殺之不辨也。蔡本姬姓之國名，武王之弟，後世以為姓。《傳·隱元年》：「祭仲（音齋仲）曰：都城過百雉，國之害也。」即蔡叔之後裔也。又為龜名。《魯論》：「臧文仲居蔡，山節藻梲。」

復考《月令》：「孟秋之月，鷹乃祭鳥。」疏：「鷹欲食鳥之時，先殺鳥而不食，與人之祭食相似。」又季秋之月，豺乃祭獸；孟秋之月，獺祭魚。經疏皆訓祭為殺。故知祭字與殺同義。本此而論，則蔡字从艸从祭，自亦應有殺義。證以《周禮》：「以鶅車祭四方」，《禮·王制》：「出征執有罪，釋奠於學（泮宮）」，《書·甘誓》：「用命，賞于祖；不用命，戮于社」之義，則𦼮字當有殺義也明矣。上古人朝野尚鬼，皆至西周而餘俗猶存。《周禮》：「殺王之親者辜之」，可知其義。知「蔡」有殺人為祭之義也明矣！

說文釋菜義

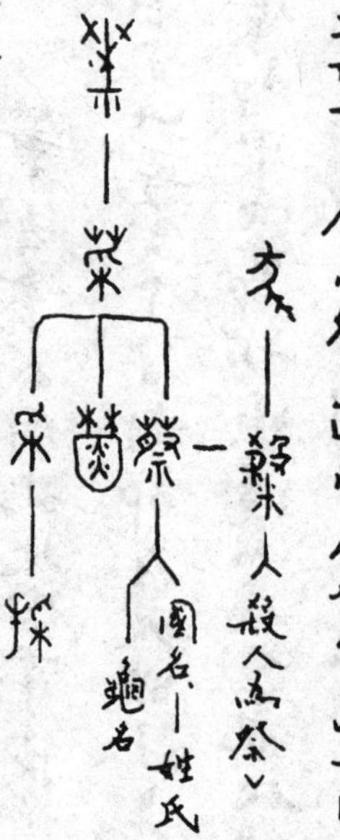

三三

蜃 蜃 蜄《礼·月令》："大蛤曰蜃" 《周礼·地官·掌蜃》："掌互物（甲壳昆虫）以

共闉壙之蜃"注：将井鄭先塞下，以御濕也。"疏："欲窆之则施之壙中。……施蜃灰於

鄭下以御濕。" 筆者案：《周礼·地官·掌蜃》："掌蜃灰物之徵令……"《卜辭》中有

「灰」（灰）字，熏（熏）字，此等文字資料都在反映了先秦時代煅燒工藝已相當發展的進

象。所謂闉壙之蜃，即甲壳動物煅燒而成之「氧化鈣物質也。此種「蜃灰」不獨用為吸

水劑（御濕）而且被用為補壁器物的「塗料」。可从下列文字窺之：

鬻 鬻（卜）鬻（金）鬻（篆）《玉篇》："大鼎也"。《周礼·地官·掌蜃》："祭祀共蜃

（金）鬻 — 器之蜃，供白盛之蜃"。注："器以蜃飾，因名焉。"鄭司農云："蜃可以白器，令色

白。"在這裏往往注清楚地告訴了我們鬻鼎命名的含義。

而鬻字造型也与金文記述符合。因而鬻鼎之所煮

的肉也叫占「脤肉」。而這種做神的肉也只限于天子的

同姓，才有資格分饗。義見下：

（鬻）

蜃 蜃 蜄

蜃或作蜄。《禮·月令》："雉入大水為蜃。"注："大蛤曰蜃。"上古常与「氧化鈣」（石灰）只有把「海蛤」

入窯火煅，成為蜃灰，加工搗碎成粉，然後和之以膠液，用為裝飾墻壁器物的「塗料」。

鼓鼎鬻之為器，即蜃粉飾塗之之祭神的煮肉大鼎。卜辭鬻字反映了商代已有此種「塗料」。

祳 祳 脤 脤

《正韻》云：「祳同脤。祭社之（牲）肉也。」《說文》云：「社肉，盛以蜃〈鬵〉，故謂之祳。祳，天子所以親遺同姓。」又名曰「胙」，或「膰肉」。《左傳閔二年》云：「梁餘子養曰，帥師者受命於廟，受祳於社。」《春秋定十四年》云：「天王使石尚來歸祳」。《公羊傳》云：「以為宜社之肉，以鬵盛肉，故名為祳」。

筆者案：此所謂「社」，非左廟右社之「王社」，乃北郊「太社」之「大社」也。「天子將征，類乎上帝，宜乎社，載寶而行」（《王制》）《書甘誓》云：「用命賞於祖，不用命戮於社」。「社寶」隨軍出征，祭社神的肉，就叫它「脤」。故知「脤」是特定性質的肉，以辰、鬵之肴也。所以示盛肉之器，从示，所以示敬神之肉，此肉非貴族無權享受。「祳」則富有宗教色彩矣！故知用蜃粉塗飾的銅鼎曰「鬵」，用鬵烹煮祭神之肉曰祳。故字从辰。表示于下以見義：

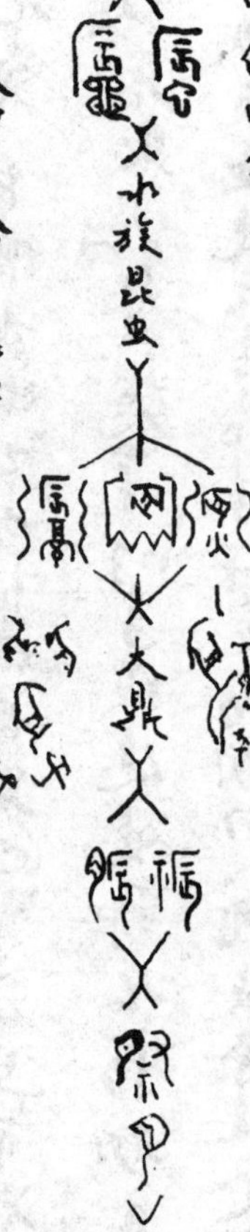

義 羲 

《釋名》云：「宜也」。《說文》云：「己之威儀也」。

案說文喜用抽象推想舉念以解有形有物之字。然余則認為文字乃物質之上層建築，故愛用實物觀察以求証之。

適查《卜辭》、《金文》与《說文》皆有義而無羲。故知古義羲同文。

筆者認為羲字，應即早期之羲字。「虙羲氏」處於石器時代的論點，是現代漢人的臆度。實際上應該肯定為東方文明發端肇基之始。當時已是漁獵時代已近結束，農業尚未興起的過渡階段，余名之曰「牧畜時代」。虙字从虍从必，羲乃後起字，應以羲為正文是比較合情。虍者虎之首，文虎是野獸總代表。必古作弋，立地之木樁也，「是弋」之省。《說文》：「必，分極也，从八弋。」趙宧光箋：「弋猶表識也。分極猶畫界也。」這个具有界限區清含義的必字，正反映出虙羲氏族采取了「烈山焚澤」的手段，迫使野生動物走向兩極分化的道路。一部份鋒牙利爪的野獸絕跡遠亡，另一部份草食動物向人類投降接受了改造，被馴伏成為「家畜」。故史籍稱之曰「虙羲氏」。「羲」字之所以从羊、从我者，乃源於羊之為物，無爪牙而不能害人。以此為食飼對象隨處都有。故為人所樂於飼養。甲文養字作，象右手持杆牧驅羊群之形。小篆作「養」，从食〈古飼字〉从羊。《玉篇》：養字訓：「育也，畜也，長也」。其意可見矣！羊自从被人類俘獲之後，就成了任人宰割屠殺的犧牲品。故羲字从羊从我。我是兵器之形。《說文》訓為古殺字，確有根據。甲文、金文我字之形甚多，謹舉數文以見義：

後起之羲字从義从秀，秀古秀字，本五穀秀穗字，从乃「孕」之省，以示羊類蕃殖之力，成為滿足人類之食品。

後世文人將「羲」左施牛而上敬神之「犧牲」字。又為由敬神而犧牲之義延伸為成統治者賣命「親上死長」曰「義士」。蓋世人未知「義士」這一美名之下掩藏着無限罪惡。無怪《老子道德經》說：「大道廢，有仁義……」了！

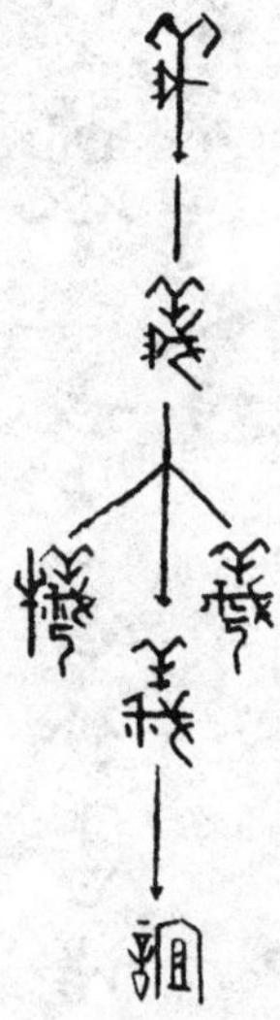

牲 [illegible]卜 [illegible]卜 牲姜 《尚書微子》傳：「……牛、羊、豕曰牲。」此解與卜辭字形相合。

特 [illegible]卜 植 [illegible] 樴 《甲骨文編》[illegible]字，羅振玉釋樴。而《說文》埴字訓：「黏土也。從土直聲。」《書禹貢》：「厥土赤埴墳」（紅黏土）。

筆者考：戠即古織字。或从赤，是𧹞。《玉篇》𧹞字訓：「火熾也。」《廣韻》：「火貌」。案：火為赤色，卜辭「戠」即小篆[illegible]字。故知[illegible]，从戠从牛，乃赤色之牛。復考：《辭文》：「埴，鄭是戠。」知古戠與埴通。《禮王制》：「大夫以犆牛」。《周禮小胥》引辭文：「特本是犆」。由此推之，知[illegible]（樴）即犆，犆即特也。所謂「特牲」即赤色牲牛也。

騂 [illegible]（卜） [illegible]（卜） [illegible] 騂 [illegible] 《玉篇》騂字注：「馬赤黃」。《禮明堂位》：「夏后氏尚黑，殷

尚牡，周用辛犅。《周礼·地官·牧人》："凡畜禋，骍犅用牛。"注：骍谓地色赤，刚，牲也。《论语·雍也》："犁牛之子骍且角。"注：骍，赤也。周人祭天，以赤牛为上选。故《鲁论》云："犁牛之子骍且角，虽欲勿用，山川其舍诸？"

笔者鉴：本条骍字之义与前条之𤙬牛字同义。

祝 祝 祝 祝 咒 咒 《说文》："祭主赞辞者。"考《周礼·春官》有大祝、小祝、丧祝、甸祝、诅祝等职，《少牢》有女祝之职，皆以呼号赞辞为本职业务的工作人员。现代举行各类会议典礼，仍有宣读祝辞者，乃古文化之遗存也。今人名之曰"司仪"。

祝字象人跪于神前仰面朝天祝祷之形。亦象形兼指事字。

告 告 告 告 此天子出师告庙之告字。或从双手，或从右手持肉，皆有礼神之意。

诰 诰 《广韵》："教也。"《易·姤卦》："后以施命诰四方。"《周礼·春官》："大祝作六辞以通上下亲疏远近，三曰诰。"《韵会》："告上曰告，发下曰诰。"《尔雅·释言》："谨也。"注：所以劝谨戒众。疏：以文义谕众谓之诰。

笔者案：所谓"告"即"报告"，"诰"即"训诰"。汉字是有阶级性的。

某些西方学者谓语言无阶级性，是不足信的。

犅 《說文》：「特牲也」。岡有山脊也，有高大義，堅強義。雄健義此會義字。

俎 且 俎《說文》：「薦也」。《正字通》：「且，从几，足有二橫，一，地也，象薦於地形」。《韻會》引《說文》：「義同俎」。

篆首緊上詳俎，从且木象形，从⺈，⺈古肉字……象肉塊，从⺈，切割之象也。俎从仌肉之省也，且亦象形。俎之為物乃薦牲用具。

古代貴族大饗食，祭祀賓，祭上就是一个四條腿的矮小長方木桌。則是宴饗所有鼎俎。鼎是煮肉之器，俎是承肉之具。宰夫烹煮，膳夫切割，宴饗者以手抓取食之。食畢則以卮奉進沃盥。此其具，其禮情況之大要也。俎的使用不外宰割，宰割活動，就意味着死亡。故天子之死亦曰「殂落」，殺身碎骨之刑曰「俎醢」。

《禮明堂》：「周以房俎，有虞以梡俎，夏后以嶡俎」。

且
- 祖〈人敬神〉
- 殂〈人死亡〉
- 俎—俎〈人薦牲具〉

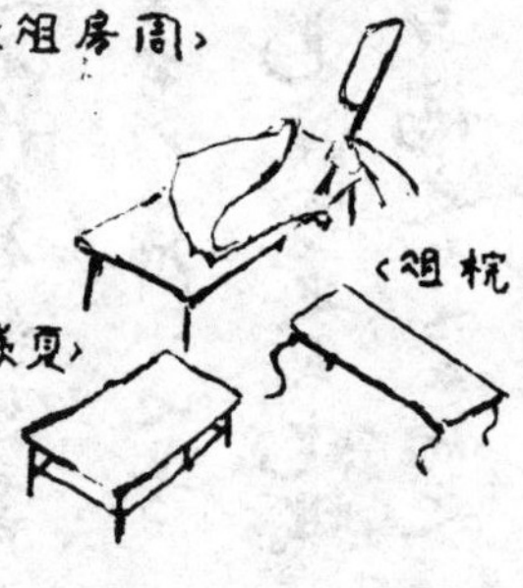

〈周房俎〉 〈虞梡俎〉 〈夏嶡俎〉

禋 禋

《周禮春官大宗伯》：「以禋祀祀昊天上帝」。注：禋之言煙，周人尚臭，煙氣之臭聞

三六

者。《禮·郊特牲》云：「蕭合黍稷，臭陽達於牆屋。故既奠，然後爇蕭合羶薌。」案：後世民間燒香祀神之俗，乃周代文化之遺存歟！附禋之同源字於左（詳參後蕭字）

煙 㷑 𤇾 《周礼·秋官·蟈氏》云：「掌去鼃黽……焚牡蘜，以其煙被之。」

（按：以「垔」為形之字，皆有障蔽之義）

湮 𣹟 《集韻》：「塞也，沒水中也。」

垔 𡋯 《說文》：「塞也。」抑水使西流也。水性東，以土石障之从西。

陻 𨻰 《書·洪範》：「鯀陻洪水……」注：「陻，塞也。」《正義》曰：「首鯀障塞洪水，治水失道……」

筆者案：鯀治洪水，不懂科學物理，采用堵塞方法，將這洪水西流，造成極大自然災害。此即「垔」字初義為「障塞」之所自起。故如禋、煙、湮、諸字皆取義於垔。垔者，以土障水之象也。煙者，煙幕遮蔽視綫之意也。湮者，物沉水底湮沒不見之意也。於以見漢字之系統性。

攔水壩　煙幕　沉沒

禷 𥜩 禷从示从類。考《說文》類字云：「種類相似，以犬為最」案：禷之从示从類與禡之从示从馬之

禡 𥛱 義，從字形着眼，都是帶有宗教色彩的字樣，可無疑問。在神權社會中的大規模軍事活動之前，必有一个「興師大典」。在這个軍禮大典中，是把「禷」、「禡」上為犬、馬之神來祭祀的。從諸文字形意，推為近情之說也。許是由於古代統治者將對敵出戰看作是一場狩獵活動的思想、

简有关，因为犬马都是狩猎的得力工具。然而我们却不应一味地遵循着这一宗教观念道路来寻求答案，因为这是不合客观实际的。

考《礼王制》：「天子将出征，类乎上帝。」我们知道，「类」有分门别类义。因为在军事活动中所需要的学科项目，分门别类是极为广泛的。所谓「以事类祭天神」，绝非抽象观念辞，我们应该把它看成是一个不折不扣的为了制订出战方案而召开的「扩大军事参谋联席会议」。其目的在于保证战争的胜利，列席这一议会的成员，可能包括各类专门人才。因此我对「类」字的含义这一大胆设想，决非凭空无稽，不过古人把这些真相蒙上了一层神秘外衣，就造成了后人理解的困难。

禡（祃）：什么是禡？从字形观察，很象是为了维护战马的健康而设的「祷马」祭礼。古天文「房宿」曰「天驷」，亦称马神。这个「禡祭」的坛场，是设在逼近敌人阵地所在的。让我们再参考一下《周礼肆师》的记载：「凡四时之大甸（畋）猎，祭表貉，则为位」，郑注：「貉，师祭也」，於所立表之处，为师祭，造军法者。疏云：「此言祭者，祭先明是先世创首造军法者」。此解可谓一语道破真谛。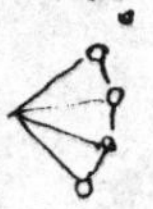象驷马骈骖，被古人视为天上马神。笔者考：「肆」极陈也（说文）。有陈列佈置义。所谓「肆师」即布置田猎、战场祭坛」的专职人员。而「肆师」注、疏中揭示的「军法」二字，可以透视出「禡祭」的实质，正是一个作战前夕，部队首长向对战士会议军风纪思想教育的政治课。正如《易师卦》彖文：「师出以律，否，臧凶」。因为占战部族时唯一要求就是绝对服从命令。所谓「用命者，赏於祖；不用命，戮於社」《甘誓》。

看来所谓「祃祭」也就是一场具有神权色彩的「誓师大会」。

蕝 蕝 蕝

《说文》引《春秋国语》：「致茅蕝表坐。」又曰：「寘茅蕝设望表。」《索隐》引韦昭云：「绳绳为縣，立表为蕝。」贾逵云：「束茅以表位为蕝。」

笔者考：古天子诸侯祭四方、山川、百神，都用茅草束之於地，占为神灵依凭，並且把酒浇灌在草束之上，谓之「缩酒」。《左传僖四年》：召陵之战，齐管仲责楚子曰：「尔贡苞茅不贡，王祭不共，无以缩酒。」可资例证。

莤 醆 酥

醆（上） 莤 《唐韵》、《正韵》、《韵会》：並音「缩」。《周礼天官》：「甸师，祭祀共萧茅。」注：「莤字或为莤。莤字读为缩。《诗小雅》云：『有酒湑我。』傳：『湑，莤之也。』」笺注：「谓以茅泲之而去其糟也。」《尔雅释草》：「莤，蔓于也。」注：生水中，一名「轩于」。江东呼为「莤」。音以九切。

笔者考：「莤」本水草之名。因其可占过滤酒浆的「价值」，故《周礼》段为「缩」字。盖酒之混浊者，一经过滤变成清酒之后，其数量必然减少，此莤段为「缩」之义所由生也。《集韵》：「湑与𨣥同，𨣥酒也。」《增韵》：「酒之泲者。」

湑 𨣥 𨣥

案《说文》云：「莤，礼祭束茅加於裸圭而灌鬯酒，像神歆之也。」（俗谓「浇奠」）此醆字宗教义，已详蕝字下。

[酉東廾]从東，東茅為莤也。从[酉廾]者捧酒澆灌之象。今民間祭天，捧酒澆灌于地，仍有古意。經籍
假莤為[酉東廾]，非正字也。通段例也。[酉東廾]字不見於詩書蓋數千年矣，非卜辭何以證之？

考：莤本艸之名。本音讀酉，周禮據莤之縮酒作用而義段為「縮」字。此漢字音從義變之例。於古漢語語法中應屬「名化動」辭例。然「縮」亦後起字。其初文已不見於經籍。其字形已湮沒久矣。蓋先秦文化燬於秦火，世間不可復見。漢興重整經、隸定改寫面目全非，固不僅一「縮」字為然也。近代甲骨、金文大量出土，使吾人獲睹「縮」字初文、其文之[酉東廾]。从酉，酒也。从東，東茅之形也。从廾，雙手捧酒瓶傾注於東茅之上也。此象形兼指事字也。《卜辭》之[glyph]字之[glyph][glyph]皆縮酒之禮器形，必有力之佐證也。《金文》之[glyph][酉東廾]之[glyph]」。其字从[glyph]，从東从廾。[glyph]古鼻字也，从廾，鼻涕雙垂之象。从東，收束之意也。此種吸收鼻液重返鼻腔之習慣，恆見於幼兒，俗名「縮鼻子」。故知《金文》「[glyph]」字與卜辭「[酉東廾]」義同而形各異。[glyph]字見於《魯侯爵》銘文：「[glyph]侯乍[glyph][glyph]，用[glyph][glyph]盟」。从銘文語義判斷[glyph]而易見。這件「魯侯爵」是為了會盟需要而鑄造的「縮酒器」。復考《傳僖四年》：「管仲責楚子包茅不貢，王室祭祀無以縮酒」。此皆經籍段縮為「[酉東廾]」之例。然則「包茅」與「莤」一物二名也。

咎 [glyph] [glyph] [glyph]《卜辭》——《說文》咎字訓「災也。从人从各，各者相違也」

[glyph] [glyph] [glyph]《金文》[glyph]《[glyph]》[glyph]者案：《說文》咎字訓「各者相違也」。此解無適合於《金文

二八

之聲字之形義：兩者兩足背離之象，从夊从口，有違避之義，此會意字也。其訓義為「災也」之說，可見於《國差𦉜》銘文中之「𠫊」字。案《爾雅》《集韻》《廣韻》皆訓咎為病。而字形不同何也？僅析之如次：

卣：

《卜辭》咎之[glyph][glyph]，从卜在[glyph]上，或从卜在[glyph]中，蓋盛卜之器。唐蘭先生以為即「卣」字。卣咎聲近，卜辭段為咎字。「亡囚」即亡咎也。案《卜辭》段卣為咎乃聲段之例，非咎字正文也。

考《爾雅·釋器》：「卣，器也」，注：盛酒樽。疏：中樽也。孫炎曰：尊彝為上，罍為下，卣居中。

筆者案：[glyph]字从卜在[glyph]中，以形意測之，自應以唐氏之解為「卣」字，初義為近情。而郭、饒、孫、嚴之說，顯然並未涉及文字之學。蓋《爾雅》之釋卣為器，本為「盛卜」之容器，郭、孫二君訓卣為酒器，乃延伸義也。《卜辭》段卣為咎，乃段借字也。蓋《卜辭》本有「咎」字正文，編者不識其旨，而列入《甲骨文編》之附卷上八十一頁中，亦編輯者之失誤也。

發明：咎字訓義為災而造字形意，取象於兩足背離或止嚙，而取象於[glyph]。故知所謂「災也」之義，其包括「自然災禍」與「人為災禍」二義。何為自然災禍？水火、旱澇、疾病是也。災、𢦏、[glyph]、[glyph]其佐證也。何謂人為災禍？戰亂是也。卜辭「[glyph]」字其佐證也。

附咎字析義表示如下。

附注：《說文》訓卣為𠧪之段借字，求諸《古音第三部》，與條同諧，同居一位，此復聲對調例。古文以語音為主，未容疑也。然則唐氏之取象於卜器，許氏取象於果實，其說雖殊而音律則通。然衡之於義，似以唐氏為優。

卣字訓為酒器，乃《六書》所謂「本無其字，以聲託事」段借例也。許氏注卣音讀調者，由聲符變聲之例。說詳本著《工藝》第十三頁。

— 人事之咎

— 神降之咎

— 疾病之咎

尾語：人之久病不癒者曰疚；昆虫穴處屈折難尋者曰究；繩索纽结不解者曰糾；人間社會政治亦有曰咎（殷始咎周，《見尚書西伯戡黎》）其義一也。

於以見音韻知識對文字學之重要意義。

龜 

《說文》：「外骨內肉者也」。《韻會》：「甲虫之長」。《龜之性無雄，以蛇為雄。」案此諸解，皆言龜的自然生態，而未觸及龜的社會科學領域的形象。今述於次：

一、龜的衍化歷程：龜之為物乃水族甲殼生物，其背骨組織中富有鉀、鈉、鈣、鉛多種礦物質成份。漢醫用為內科消炎、止血、化瘀劑。由於礦類具有吸水性，因而龜背對空氣濕度變化極為敏感。所以人類常用觀察龜背之濕燥以預測天氣之陰晴。今民間戲謔仍以手撫背以諱語。《卜辭》中靈龜字，卽龜從預測天氣時樸素儀器進入宗教領域之說明。古人把「麟、鳳、龜、龍」譽為「四靈」（《禮運》）。先秦時代不僅把龜視為詢求天意的工具，而且把它請上了統治者的「政治顧問團」中重要席位。這允許筆者援引《尚書洪範》之「稽疑」的片段來證：

稽疑

稽本𥝌。《說文》曰：稽也𥝌。从禾，从尤。禾稼反折，有病態象。尤者異也（特殊），皆是古旨字有吉義。甘美表現禾穗反常之，以舌嚐試其氣味，故訓為「稽查」。古旨字乃𠮛，象張口伸舌形，可見造字之意。疑乃从矣，象人張口瞪目張望尋找幼兒之態。子居矣之背後，矣乃不能覩子之處所，故訓「懷疑」。「稽疑」即考慮疑難問題之意。故古代謂國家議事曰「稽疑」。

下列片段的經文（錄自《洪範》）揭示了先秦時代國會議事進行「議案」表決的原則：「汝則有大疑，謀及乃心，謀及卿士，謀及庶人，謀及「卜」、「筮」。」這段經文，列舉了出席國會的五个黨派。這个席位數字的設計，是為了正反兩派力勢平衡的避免自無疑問。

釋辭：汝，古之母，是統治者的代號。母有母也。與《卜辭》之段母而后同義。商周距上古未遠，故文字仍保留着母系社會遺痕。卿士，即朝臣。庶人，即群眾代表《尚書》所謂「庶人之在官者」。下邊一節經文，可以令人看出議事表決權的比值問題。

一、汝則從。龜從，筮從，卿士從，庶民從，是謂「大同」。二、卿士从，龜从，筮从。卿士逆，庶民逆，「吉」。三、卿士从，龜从，筮从，汝則逆，庶民逆，「吉」。四、庶民从，龜从，筮从，汝則逆，卿士逆，「吉」。五、汝則从，龜从，筮逆，卿士逆，庶民逆。占內吉，占外凶。六、龜筮共違于人，用靜吉用占凶。

辨訂：从：贊成，逆：反對。大同：全體贊成。龜筮共違於人：全體反對。

吉：攝4人贊成、1導反對。表示如下：

从下表提供之情況觀之，可以看出龜卜之術在表決議案中的威力。這當然已經不是自然界的龜，而是宗教中的龜了。

汝	从	从	逆	逆	从	逆	
龜	从	从	从	从	从	逆	
筮	从	从	从	从	逆	逆	
卿士	从	从	从	逆	逆	逆	
庶民	从	逆	逆	从	逆	逆	
	大同	吉	吉	吉	內吉 外作凶	凶	

龜的經濟價值觀：《易損卦》：「或益之十朋之龜」。《漢書食貨志》：「漢武帝時造龜文之幣」。竊臆周代十朋之龜，殆自然之龜皆，乎漢之銅龜則金飾矣。又古人天文學中有「天龜」在尾宿之南，歐人名「天壇」。

龜幣

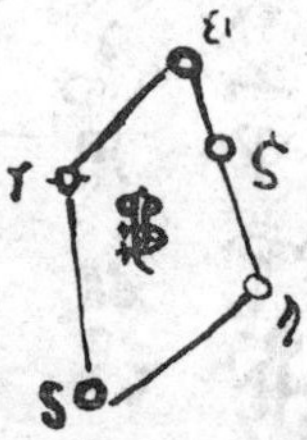

卜卜卜《說文》「灼剥龜也。象灸龜之形。一曰：象龜兆之縱横也。」

筆者案：許君之訓，極确。然余以爲需更進一步説明者，即卜字非灸龜之形，乃錐具之形也。古龜卜之術，灼灸之前必將龜背裏面先之以錐剥。廣泛分佈（以不透爲原則），然後灼之以取兆。據兆以求卦，據卦以知吉凶。故知卜字乃（金屬錐剥器形。（見下圖）

〈⿱卜冉 ⿱卜寸〉

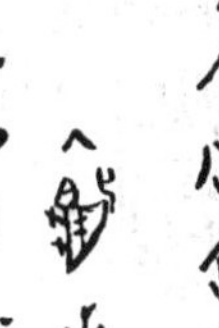

卜

(卜)

貞⿱卜冉卜 ⿱卜寸㞢 貞春

《甲骨彙編》中有⿱卜冉字，象卜錐剥龜之形。是應貞字初文。

《說文》貞字訓「問也」。从卜，从貝，以爲贄。考問卜執贄之禮，於經無文，恐曰貞指卑字也。字从卜，从貝。《說文》貝字訓「海介蟲也」。《埤雅》：「貝以其背爲用。故謂之貝」。造字者取背同音而義通之旨，以示錐剥龜背之意，亦通假之例。而甲骨⿱卜冉字尤堪与⿱卜寸字互證。考卜辭，每於起語之前，冠以卜者之名。貞字居於名下。其意爲「卜者某問」。看來，許氏之訓貞爲「問」，确有不拔之依據。如《殷契粹編》一〇一片：「卜爭貞，我受土方祐」意即：卜人爭問神，「我受土方祐」，是神的指示語。即：我們蒙受上帝指示要接受土方（邦）受到保祐。於此可見貞字造形与語義泛例。

案（卜辭）⿱卜冉字从卜，从冉，与⿱卜寸字从卜从寸，造形上無異，皆取象於「占龜」之態。《周禮春官大卜》云：「凡國大貞，卜立君，卜大封，則「眡高」（卜官職稱）作龜」。《傳》：「作龜，謂鑿龜」。故知⿱卜冉即⿱卜寸字初文。後世據龜之与⿱卜寸同，以背爲用之義，遂將⿱卜寸代冉而作⿱卜寸。此漢字異形同義例。

《周礼春官華氏》云：「掌供燋契，以待卜事。凡卜，取明火爇燋，遂歙其焌契，以授卜师。」

華氏是在「眂高」完成鑿龜任務之後，繼續負責加熱，並使龜背產生裂痕。然後再交給卜师，以事判断吉凶。

兆

𠧞、𠧞，《說文》：「灼龜坼也。」《周礼春官大卜》云：「掌三兆之法，一曰玉兆，二曰瓦兆，三曰原兆」。注：兆者灼龜發於火，其形可占者。所謂「灼龜坼」，即龜甲加熱後出現之裂痕。

篆：𠧞，象龜形。从八，有分裂之義。朕音代，肇者始也。故「兆」謂「義事之始」，預兆為吉凶之先見。此「𠧞」字音中之義也。

𠧞

《灼龜坼》

[貞彡]

[貞彡]，《玉篇》：「古文變字。」《參同契上篇》云：「幽潛淪匿，變化於中。」

篆「[貞彡]」字从貞，貞問卜之義也。从彡，三之形為也。周易二多為折，於數為六，六者老陰之數。陰之極也。物極必反。陰極化陽，占者遇此必將陰爻翻動，名曰「[貞彡]卦」。反之，三少為重，其數為九。九為老陽，陽之極也。物極必反，陽極化陰，占者遇此必將陽爻翻動，名曰「[貞彡]卦」。故知「[貞彡]」字是卜筮專用字，非通用之「變」字也。茲例如次：

《史記陳世家》云：「厲公生太子完，周太史過陳，厲公使以周易筮之，得「觀之否」。注：賈逵云：坤下巽上，觀。坤下乾上，否。觀爻在六四，變〈[貞彡]〉而之否。

、、ㄨ〃〃〃〈風地觀，原卦〉䷓

、、〃（彖）〃〃〃〈天地否，彖卦〉䷋

七七八爻爻爻〈原卦風地觀〉䷓

七七七爻爻爻〈彖卦天地否〉䷋

軷

軷《周礼夏官大馭》云：「大馭掌王路以祀及犯軷。王自左馭，馭下祝，登受轡。犯軷，遂驅之。」傳云：「山行曰軷，犯之者封土為山，轢之而去。喻無險難也。」《春秋傳》云：「跋涉山川」自由也。王由左禁制馬，使不行也。」杜子春云：「軷讀為別，謂祖道，轢軷磔犬也。」《詩》云：「載謀載惟，取蕭祭脂，以軷以羝」。

這个祝禱行車安全的活動形式，只有天子才能用。

〈軷〉

獻

獻《礼曲礼》云：「犬曰羹獻」。《說文》云：「宗廟犬名羹獻，犬肥者以獻之。」考：獻字从犬，从鬳。鬳，食器。於以見古代宗廟祭神前殺燕饗「皆有羹獻」。《說文》段注引《曲禮》云：「凡祭祀宗廟之禮，犬曰羹獻」。按，羹之言良也。獻本祭祀奉犬牲之稱。按《論語鄭注》曰：獻猶「賢」也。獻得訓「賢」者，周禮注云：獻讀為儀。是以伏生尚書：

「民儀有十夫」古文尚書上「民獻」。《書益稷》：「萬邦黎獻」，傳：獻，賢也，萬國衆賢。……」

筆者考：「獻」字訓「賢」之義，皆来源古代祭神、饗宴，視為珍饈上品之意。《埤雅》云：「犬有三種：一曰「田犬」（獵狗）、二曰「吠犬」（警犬）、三曰「食犬」。」所謂「食犬」，即「肉食犬」，亦即說文所云之「羹獻」，犬之肥者。昔未，犬之為物，被古代貴族列為國家大典使用的名貴之品，是非常名顯的。今人謂「狗肉不能上桌子」的說法，乃不識往典之故。

稷

□（上）、稷、□（金）、稷《說文》：「齋也，五穀之長。徐曰：按本艸：稷、穄。一名粢，楚人謂之稷。關中曰糜。其米為黃米」《禮月令》章句：「稷秋種而夏熟，歷四時，備四時之氣，穀之貴者。」《風俗通義》：「稷，五穀之長。五穀衆多，不可遍祭，故立稷而祭之。」

黍

□□□□（上）、□（金）、黍《說文》：「禾屬而黏者也」。《詩僃》：「黍有二種，黏者為秫，可以釀酒。」《禮曲禮》：「凡祭宗廟之禮，黍曰薌合」

筆者案：黍、稷二物皆古人祭神之用。黍可為酒，稷可以供粢盛。而稷之為字，古今著錄不同。漢以後誤以粱（穀子）為稷，唐以後又以黍為稷，殊不詳黍、稷各自獨立之物，未容混淆也。周代始祖后稷教民稼穡，樹藝五穀，是位繼神農之後改進農業的大師，後世尊之為穀神。故上古時代「稷」字有包括五穀的含義。

粢 粢 粢 粢 《周礼·小宗伯之職》："辨六齍之名物与其用，使六宫之人共奉之。"鄭：齍讀為粢。六粢謂
齍（卜）　六穀：黍、稷、稻、粱、麥、苽。
粢 齍 等者，按粢之与齍，音同義通而形異，何也？曰：粢者穀之已熟可食而未入於祭器
者也。既入禮器，盛以簠簋，則名曰齍。雖前人未釋，可从字形攷知者也。
雖備六穀之名，而首（黍）以稷為主。以稷能代表百穀，而百穀中之任何一種，都
沒有資格代表稷（黍）。以其為敬神之品，而享有政治尊榮。何以見之？《韓非子·外儲》云："孔子御坐於
魯哀公，哀公賜之桃与黍，哀公請用。孔子先飯黍而後啗桃。左右皆掩口而笑。哀公曰：黍者非飯
之也，以雪（拭）桃也。仲尼對曰：丘知之矣。夫黍者五穀之長也。祭先王為上。果蓏有六，而桃為下。
祭先王不得入廟。丘聞之也君子以賤雪貴，不聞以貴雪賤。今以五穀之長，雪果蓏之下，丘以為妨
義，故不敢先於宗廟之盛也。"（見孔子集語）從這一段孔子不敢用角黍（稷）拭除桃毛的故事情節表
達的思想觀點，我們可以進一步悟出周代始祖冠名於"后稷"與夫"社稷"二字被用為"政權"代稱
之所由來。實基於"神權至上"的思想產物，是非常明顯的。被《金文》神化的"稷"字，其有力
佐證也。

稷
𥝩（象形的自然稷），齍（宗廟祭神的稷），稷（在天之靈的稷）〈齍〉
稷 稷 稷 從棄為帝堯農業之官。卜辭中稷字从禾从畟，象跽植禾之態。
造型与"樹藝五穀"之概字同例。所以示其為農業太師也。武王伐紂，西周政權
定鼎，尊之為始祖，在郊祀與社中而"天"同享。遂稷化為稷，髙卑以示，而化為五穀之神矣。

尊墫□□（卜）隫（金）墫樽罇𢍷（篆）《说文》：「尊本酒器字，从酋，廾以奉（捧）之……」。

尊𢍷 《周礼·春官·司尊彝》：「掌六彝、六尊之位。六尊：牺尊、象尊、著尊、壶尊、山尊、太尊，以祭祀宾客」。

笔者案：尊之为物，或为陶质，或为木质，虽形质各异，其为酒器则一。

遵𨽊《说文》：「循也」。

其贡献对象，或为无形之神，或为有形之人，然被供奉者皆崇高之形象则一也，故「尊」字由酒器升华为崇敬之义，理有固然也。考《卜辞》尊字之□，象双手捧酒器之形，字从酉，而不从酋。惟金文之隫，象捧酒尊于石阶之形，□似仍有原始时代山林祭神之遗意。值得研究者即尊字从「酋」之意。《博雅》酋字训：「酋，熟也」《扬子方言》：

酋□

「自河以北，赵魏之间，火熟曰'𤅘'，气熟（蒸馏）曰'糦'，久熟曰'酋'」……所谓「久熟」，是有其科学背景的。缘当时尚无今日蒸馏酿酒技术，所恃者乃麹蘖发气，渴水液之浸蚀，自动与黍米发酵之化学功能而酝酿成酒。其成熟过程极缓，故训为「久熟曰酋」，非偶然也。酒熟之后必有香气。是其证也。□字象香气自□喷出之形。《礼·月令》：「仲冬之月，乃命大酋，秫稻必齐，麹蘖（麦芽酵素）必时，湛炽必絜，水泉必香，陶器必良，火齐必得（温室保存）。大酋监之，毋

酎𨡔

有差贷」。《月令》：「孟夏之月，天子饮酎」。注引张晏曰：「正月旦作酒，至八月始成，名曰酎」。由此足证古法酿酒历时之久。故《博雅》训「久熟曰酋」，是有根据的。《传·襄廿二年》：「公孙夏以朝于君，见于尝酎」。傳：「酒之新熟，重者为酎。尝新饮酒为'尝酎'」。案酎字从酉从寸，象手（寸）启醑之形。此形义字也。（见后页图）

關於以上徵引資料、研尋繹之結果，只能限於「酋」字由訓為「久熟」之酒的含義，一躍而升為酒官之名，尚不能觸及「尊」字从酋化為「崇貴」含義的線索。愚竊以為酋字之所以延伸為「尊貴」之義，絕非基於「酒官」之意。而是有其維繫古老之歷史淵源。蓋酒官之職，非全尊雅貴人物，奈何取為尊貴之義？此種造字示意，自必有緣。聽遠古之祭，氏族部落會盟，皆有酋長為司酒之官。故酋長乃發號施令之權威。後世「祭酒」之職，無非沿襲此義而來。此尊字由酒器之名升華為崇貴觀念之軌跡歟？！而「遵」字从酋，从辵，始即酋長在前，族人跟踪之意，故訓義為「遵循」。此其義歟！

〈酒器〉——尊人崇敬〉
　　　　——遵人循行〉

〈說明〉酋，酎，一物二名。即新酒釋時醱滴，字从酉从寸。酉者酒罈也，寸是右手，乃酒酷〈魏寒〉。鄭玄云：春酒至此始成，天子與群臣以禮樂飲之于朝。……〈酎〉是招罈之象，酋是酒罈已開，香之升騰之形。

奠〈卜〉金古篆《禮記·文王世子》：「凡學，夏釋奠於先師，秋冬亦如之。」注：奠，薦也。設薦饌酌奠也。

筆者案：奠，从酋，从丌。酋，酒罇之形，丌，古几字，象酒罇置於几上。《韻會》：「定也」。

案：此亦象形兼指事字。有靜止義。

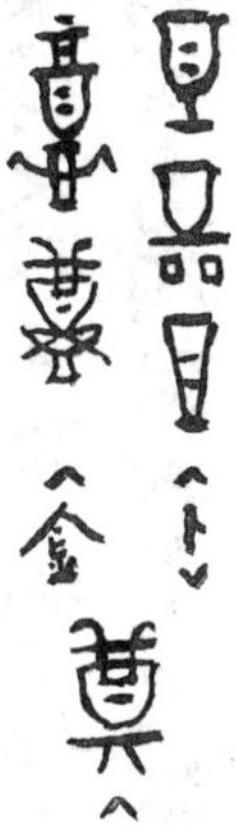

〈卜〉〈金〉〈篆〉

豐《說文》：「豆之豐滿者也。一曰器名」。《海錄碎事》：「射，置豐於西階。古豐國之君，以酒亡國，故以為罰爵。圖其人形於下，屬戒也。」《禮鄉飲酒》有「豐侯」。亦謂「廢禁」。陸佃云：似豆而卑。《儀禮·鄉射禮》：「司射適堂西，命弟子設豐」。注：將飲不勝者，設豐，所以承其爵。《儀禮·公食大夫禮》：「飲酒實於觶，加於豐」。注：豐，所以承觶者也，如豆而卑。

筆者案，古文一字多義之例甚廣，固不獨豐字為然也。

醴醴《說文》：「酒一宿熟也」。《玉篇》：「甜酒也」。《詩·小雅》：「且以酌醴」，傳：「饗醴，天子之飲酒也」。《詩話》：「酒之甘濁而不泲者」。《周禮·天官·酒正》：「掌辨五齊之名，二曰醴齊」。鄭玄注：醴猶體也，成而汁滓相將，如今恬酒也。今恬酒即甜酒，如今之江南「老[illegible]」，[illegible]餔相雜，施以麴蘖以酒似醪醴，吃加餳」。《漢·楚元王劉交》敬禮穆生，特為穆生設醴，及王戊即位，始亦常設，後漸淡忘。穆生退曰：可以逝矣。醴酒不設，王之意怠，不去，楚人將鉗我於市」。

筆案：「醴」之為物，乃天子讌晏群臣而設的「特製甜酒」。從物質觀點而言，是一種美味飲料。從社會觀念而言，則是一種政治優獎活動形式。此亦猶「豐」之為物，據物體而觀則為酒器，據禮制而言則為「罰爵」，其旨一也。故古文豐、豊二字形類而義通。有關豐、豊二字同源之故論，說詳本書《農·業》編第五八頁。供參攷。

四四

古代文字特點，於每一文字都賦予了物質與精神的雙重含義。這一造字方針，十足地表現了東方世界傳統文化「體」、「用」一致的關聯。只有在掌握這一要訣之後，在研究文字時形、音、義三者的錯綜複雜現象中，纔能不致如入「五里霧」中。

盟

盟 □（卜）□□（金）□□（篆）《說文》：「國有疑則盟」 筆者考：《周禮·秋官·司盟》：「凡邦國有疑會同，則掌其盟約之載……」《夏官·司馬戎右》：「……以玉敦辟盟……」《天官·玉府》：「合諸侯則共珠槃玉敦」《曲禮下》：「約信曰誓，涖牲曰盟」。疏：「盟之為法，先鑿地為方坎，殺牲于坎上，割牲左耳，盛以珠槃，又取血，盛以玉敦，用血為盟書。成乃歃血而讀書。」 案□字从□从□，時賢康氏謂為牛耳在槃之象形，其說可備一參。今民間謂為「喝血酒」。其實盟誓形式極多。《淮南·齊俗》：「胡人彈骨（以髑髏飲酒），越人契臂（臂上刻字），中國歃血，所由各異，其信一也」。

誓

誓 □ □ □ 訣 誓 □ □《說文》：「約束也。」此解甚確。惜未及誓字之形義。案史書記錄宣誓之形式頗多，有斷折矢，有明破鏡（五代樂昌），有斷折梳，所以表示決心。从折，从言之字形示意，盡可想見。《周禮·地官·質人》：「掌成市之貨賄……大市以質，小市以劑」。傳：「大市，馬牛之屬用長券；小市，兵器之屬用短券。」賈疏：《周禮·小司寇》「司約」掌邦國及萬民之「約劑」。（今合同記書）傳：「約劑，謂券書也。」

券

券 □ □《說文》：「券，契也。」从刀，𠚣聲。以木牘為要約之書，以刀剖之。《曲禮》「大牙」。案□字从□从辯字，又者二人之手各執其半也。与者，契約一分為二，以刀劈木之義也。古王者大封功臣，必「丹書鐵券，剖符折書，藏于盟府，置之金匱石室，以示不渝」。皆所以示守約之義也。明乎此，則誓字从折从言之義可見矣。

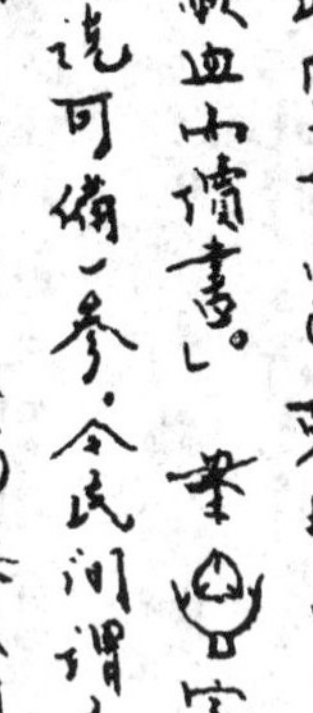

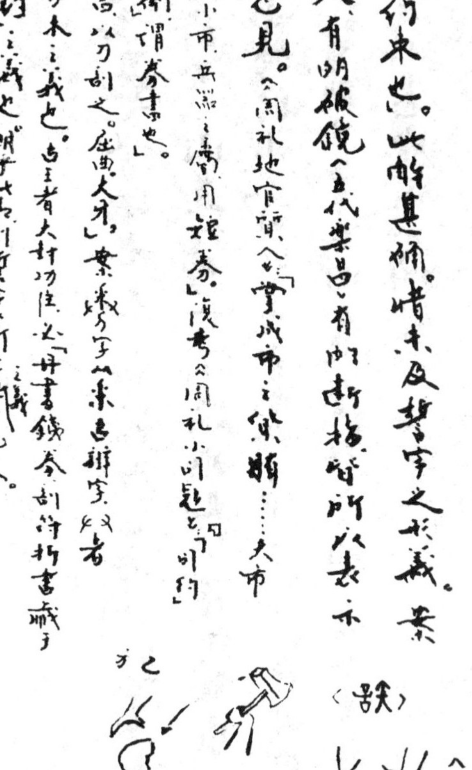

附注：「数」字详本书《经济编》第二○页，供参考。

帝 □□□（卜）□（金）□（籀）□（篆）《说文》：「帝，谛也，王天下之号也。」

案：帝字之造形示义，众说纷纭，莫衷一是，仅择其具有代表性者如次：

(1) 花蒂说：(一)《郑樵通志》、《六书略》谓：「□，象华蒂之形。」遂假为帝王字，后之述者如近鹤寿、吴大澂、马叙伦皆从之。

(2) 太阳说：时贤张舜徽于其所著《说文约注》中谓：「帝字最初受义当与日同源。帝字在甲骨文中其形或作□，此盖最初古文，乃象日之光芒四射状，初文当为□，契刻者易〇为口，而义晦矣。天地间最灿烂之物莫如日。日与帝，止舌上舌头之分，音本相近，盖本字也。其后人间有统治者出，初民拟之于日，故以帝称之。古称『天无二日，民无二王』。又曰『时日曷丧？』皆指君天下而言。《易》云：『圣人出乎震』，震即东方，即日也。」

(3) 东柴说：当代学者陆宗达于其所著《说文解字通论》中云：「帝为天神之称。故曰『帝，天帝也』。《礼记·孔子闲居》注：『帝者天神之号也』。《西京赋》：『皇注引《尚书刑德放》：帝，天神也』。《荀子·强国》注：『胡然而天也，胡然而帝也』。《诗·君子偕老》『天』、『帝』皆谓神。因此祭天也叫上帝，后世也叫『禘』。

按郑玄的《礼注》，『禘祭』的应用很广，所以孔颖达说：经传之文称禘非一，其义各殊。（见《礼记·祭法疏》）例如冬至祭昊天于圜丘，为圜丘者正以象天之形。祭后土于北郊也叫『禘』。但是『禘』最初只指祭天。帝与天本出于一个语源。

《周禮春官瞽矇》：「世奠系」。杜子春曰：「帝讀為定，其字為奠。」「世奠系」謂帝系、諸侯卿大夫世本之所屬是也。可知「帝」讀為「奠」，与「天」字音同。《禮記喪服小記》：「禮，不王不禘」。鄭玄注：禘為祭天。《禮記大傳》：「王者禘其先祖之所自出，以其祖配之」。鄭注：禘為祭天於圜丘也。又《孝經》：「宗祀文王於明堂，以配上帝」。所謂先祖所自出，是以先祖感天而生也，就是天。所謂「以其祖配祭」，就是說，祭天時，用祖來配祭。這些都是說明「禘」是祭「天」之祭。再以《卜辭》來印證。帝，甲文作□，作□、作□、□，象積柴。□象束柴。古代柴必合束，方始用之。鄭玄《禮記月令》注：「大者可析謂之薪，小者合束謂之柴。」《公羊傳哀四年》：「亡國之社，掩其上而柴其下。」就是說，用散木枝條，合束編排，作為社宮的四面牆壁。可見柴具有合束義。所以「帝」即「禘」的初文。其本義為祭天。這是無疑的。□字以束柴形象，正所以表示燔柴祭天之義。

至於帝之所以成為「王天下之號」也，和祭天之禮有密切關系。在氏族社會裏，祭天叫做帝。因而主持祭天之禮的部落聯盟首領，也稱為帝。所以稱黃帝、帝嚳、顓頊、帝堯、帝舜為「五帝」。這種情況，正和後來的奴隸社會裏，主廟叫「宗」，祭宗廟的人也叫「宗」一樣。《說文》：「宗，尊祖廟也。」其字从宀从示。正像祖之神居於廟中之形。因此，祖廟叫宗。在奴隸社會裏，王則是宗廟的主祭人。所以王也稱宗。殷有高宗、太宗、中宗等。《詩公劉》：「君之宗之」。可見宗即是君。由此可知，帝字由祭天的本義到「王天下之號」的意義，二者之間本來是具有極為密切關系的。上古時代，部落聯盟的首領召集各首領舉行帝祭來祭天，其實際目的是通過神權的力量來維護各部落之間的關系，以達到團結。帝祭是要采用焚燎祭天形式的。這種把散木束在一起的形式，正是各部落要團結為一體的象徵。所以帝字又孳乳為締結盟約之「締」。後來氏族社會，推選禪讓制度，發展到奴隸社會，被宗法社會所代替。

上面說過的「尊祖廟也」，揭示了宗法制度就是主祭人享有世襲的權利。這時祭天的內容也有了變化，就是開始「配祖」。《禮記·祭法》所說的「郊禘」、「祖」、「宗」就是把主祭者的祖先和天神結合起來。奴隸主這樣做的目的是為了憑藉神權的威力來鞏固土地私有國家世襲的制度。

筆者案：綜上所述，關于「帝」字形義之解說，可歸納為三類：

一、認為帝字象形于花蒂；二、認為是取形於太陽；三、認為是取形於束柴。其所以導致如斯眾多想像之原因，良以上帝之真相，從來無人曾經見到，於是造字者不得不假借客觀實物以標義。然造字者之初意，遂非後人所易知。因而使後世學人，不得不遠稽文獻，近取自然，旁敲側擊以推求之。然而見仁見智，分歧滋多。雖人言言殊，要亦各有千秋，自成一說。絕非持之無故。愚也不才，智陋學疏，願遍拾前賢菁華，兼收而并蓄之，以俟後起之秀有以發揚而光大之可也。

夫上帝之形，人所難見。造字者苦于計無所施，不能不假借物像以標義。竊以為《卜辭》之帝字，當殷商時代貴族宗主之人物形像也。古希臘愛利亞學派的代表人物克塞諾芬尼認為「神是按照人的形象創造出來的」。愚以為克氏的學說同樣也可以用來作為研究古文字的借鏡。克氏還說：「埃塞俄比亞人說他們的神皮膚是黑的，鼻子是扁的。色雷斯人說，他們的神是藍眼睛，紅頭髮的……」本來宗教之為物事實上就是一門社會科學。在自然世界中，除外人類，更沒有任何生物比人的智力更高。因而社會一切變化莫不取決於人（當然不能排除天時、地利……條件）。這就無怪用人的形象來代表神，成為古今中外的通例了！文字本身就是意識的產物，絕不可能有離開歷史背景的文字，是可以斷言的。時人康殷繪製的□字復原圖是極富欣賞趣味的。特介紹於此以供參考。

□字假想復原示意

袖福袖《說文》：「祝袖也」《素問》：「古之治病者，可祝福而已」。

筆者案：袖，从示，从由。由字甲文作□，金文作□。象植物萌芽之態，會義字也。

所謂「祝袖」，意味上即「意識導引療法」。以動物生理組織機構內部，皆有先天稟賦之「生物化學系統」。此種生物自衛本能潛藏於「內分泌系統」。此內分泌系統合成之抗體物質，適家名之曰「[illegible]」。質即「有機質激素，抗激素」。古代人類體質雖渾，適遇意識導引，發動機體抗病潛力，可奏回春之功，謂之「祝袖」。祝是語言，袖是意識導引。用語言動員人體內部抗病機能，正揭示了精神與物質的互化作用。卅年代我國滬市曾有汪泮譜士以「催眠」療法名噪一時。其術與「祝袖」殆異名而同技。

祟 □□□□□□□ 《說文》祟字訓：「神禍也，從示，出。」《釋玄應眾經音義》曰：「謂鬼神作災禍也。」

□□□□ 《傳昭十三年》：「晉侯有疾。……卜人曰：實沈臺駘為祟……」古代卜者往往把國君的自然疾病災殃和鬼神聯繫起來，以達到「進諫」的目的。當時晉國的「卜者」自然是出于特定政治目的需求。但經文語義對「祟」字的使用頗然是和《說文》訓義相一致的。故知祟字造形从出从示，乃指事會意字，其有頗示怪象之意。祟之孳乳字曰𥛍曰𥛍。《說文》訓：「楚人卜問吉凶曰𥛍」。同書□字訓：「塞也」。塞是通段字，非正字也。□《塞》是「塞向墐戶」義，與宗教無關。上為「祭」名之正文，賽應以「□」為本字。□即《金文》□字。《殷墟書契》之□字，賽□之初文也。《考周禮春官都宗人》：「既祭反命於國」。注：「祭謂報塞也」。《前漢郊祀志》：「冬塞禱祠」。師古曰：「塞謂報其所祈也」。復考《禮月令》：「孟春之月，天子以元日，祈穀于上帝。」《詩周頌良耜》正義曰：「良耜詩者，秋報社稷之所樂也。謂周公成太平之時，年穀豐稔，以為由社稷之所佑。故于秋物既成，王者乃祭社稷之神，以報生長之功。」案：「報」字之義與「施」為對。所謂「春祈」，即祈禱豐收的禮神形式。所謂「□」，即報謝天賜的致神形式。經籍中之「塞」字乃通段字，賽應以《說文》之□字為正文。《金文》之□、□、□等文與《說文》□字實異文同字。《殷墟書契》之「□」字乃□之真正初文也。古音讀若賫，或讀最切《粹》。粹者萃也，聚集之意，寓豐稔之義。此與周禮冬祀曰「烝」，烝者衆也之音義同趣。□从東从□《餗》之省也。从□从丁，雙手執戴致神之象形也。經籍叚段塞為□，段借例也。東晉以後皆以□字代之。唐韓愈昌黎集城南聯句：「賽饌木盤簇，靴妖藤索絣」。清鄭珍謂「賽」字漢以前止「塞」。六朝時乃从貝止「賽」。《白居易長慶集三春村詩》：「黃昏林下路，鼓笛賽神還」。

《唐．溫庭筠．河瀆神三》「銅鼓賽神來，滿庭幡蓋徘徊」。《宋．永亨．搜采異聞錄》「予頃使金國時，辟景孫弟輔行。弟婦在家許齋醮，及還家賽願，予為之清詞。」

據上徵引資料考證，可知「賽」字本義為古代人民每歲豐收之餘，對上蒼、土神、穀神舉行酬謝的敬神活動儀式所專用字。自應以「賽」為正字。迨及文明時代，祭饗形式轉染盛而重會聚，遂段「賽」為「賽」、「塞」。至南宋此古老傳統敬神儀式則使用儀仗、簫鼓、雜戲等項目而成為文藝活動矣。故曰「賽會」。《宋．陸游．劍南詩稿》「鄰家賽神會，自喜亦能來」。可以使吾人認識到文字的發展變化，和人類社會發展史是分不開的。

筆者童年時代就學津門。每值新春佳節，河西娘娘宮，婦孺老叟雲集周遭。朝香拜奉，充道塞巷，鄉人龍燈、高蹺、舞獅、赤腳，金雨鑼鼓喧天，五彩繽紛，氣象萬千，名曰「皇會」。此即上古賽神形式之遺存也。

福、畐、福 篆

福字造形不可勝數，僅舉數文以見義。

《說文》：「福，備也。備者百順之名，無不順者之謂備。」 案：福字古音讀備。《古音》畐、備同居第一韻部。《正字通》：「福本有偪音。」《漢班固明堂詩》：「福」叶讀偪。可為例證。故知福之為字乃形聲兼義字，而與（畐）字取音於備，同具廣大悉備之義。古稱祥禧、禎，有「百順為福」「百福駢臻」等語，皆百順為福義。與《說文》同意。百、備、畐三字音同而意通。（畐）者幣也。百貨之代表也。備者百物齊備之義也。百者數之眾也。《周禮·天官·膳夫》：「祭祀之致福者，受而膳之。」祭祀之「胙肉」曰福。《說文》「胙」字訓：「祭福肉也。」同書「脤」（亦作「祳」）字訓：「社肉本是脤，盛以蜃。 天子所以親遺同姓。」

案：「胙肉」訓「福」之訓，於義極確。所以明「福自神賜」之意。然按諸畐字之形，則與有未合。蓋畐者酒罈之象。然則何以釋之？余曰：此甚易易：饗飲酒者必食肉，酒之與肉也，不可離羣而獨居也。古晏饗、祭祀之禮，必酒肉兼備。故言肉而酒在其中矣！《說文》之訓，言簡而義賅。未能畢舉，然「備」字之義既非一物，則其中有酒有肉可知焉；證諸經義與文字可得而見者也。《書·顧命》：「太保受同，祭嚌。」傳：太保既拜而祭，既祭受福，嚌至齒。疏：同是酒器。嚌，嘗也。受福嚌至齒。今我國江南仍謂聚飲曰「打牙祭」，實、歷史文化語言也。」《卜辭》福字作 ，以雙手奉酒獻神之象。這一字形是非常生動而直觀的。故知示字、專者之形象也。 者奉酒禱醻祈壽之象也。

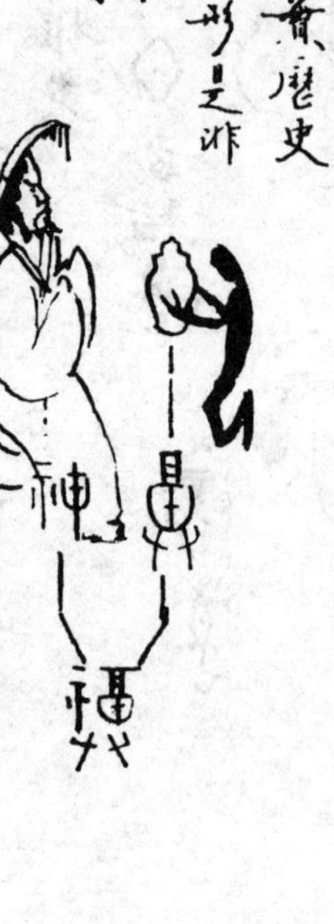

四八

祿　□□□□□（卜）祿祿（金）祿篆《說文》：「福也。」考《詩·商頌》五篇，凡三言祿而兩言福，大旨不殊。福就是酒福，祿同義，則祿字之義亦循時代號可以類推矣！古祿字止□（卜）或□□。□者橐口之形。一者絞榨杠桿之象。◇者括橐之狀，小者液體滲漏之象。⺦象左右雙手操止旋轉杠桿之形。此字造形與□□同意。而取音於漉、瀘。《說文》：「漉，浚也，一曰滲也。」當即後世之過濾之「濾」字初文也。故知福祿之□字與甲文之□龜之□□所造形，皆取象於濾橐而無疑也。則□之與□之滲漏物同為酒醪而無疑焉，其取鹿為音之義安在？則殊堪探討之課題。

蓋上古漁獵為生，人類物質饒贈，以鹿為禮。《詩·小雅》：「孝孫有慶。」

《□》

慶　□（甲）□篆　从心从夊，夊者行也。吉禮以鹿皮為贄。（故字从鹿省）《史世紀》：「太昊始制嫁娶，以儷皮為禮。」《儀禮·士昏禮》：「納徵，玄纁束帛儷皮。」皆上古以鹿為禮品之例證。洎乎中古農業已興，釀造工藝應運而生，人類饒饗以酒為禮，故醴字从酉（酒）从豊。漢穆生以楚元王禮衰，醴酒不設而去。此皆中古以酒為禮之例證。由此證之，則堪知福之與祿二字之本義，皆有捧酒饗神，敬善之意，而無疑也。古代帝王設宴會集群臣，謂之「饗醴」。《玉篇》：「醴，甜酒也。」《釋名》：「醴，禮也，釀之一宿而成。」《詩·小雅》：「且以酌醴。」傳：「饗醴，天子之飲酒也。」《詩詁》：「酒之甘滑而不沛者曰醴。」由此觀之，可知福祿二字之初義，是建立在酒的物質基礎上的產物，是無可疑的。其延伸義可包括宮室、車馬、珍寶……故《詩·商頌》「百祿」、「古夫百福」……「福祿頌詳」……於是「福祿」遂昇華為文飾祝賀語，而初義遂晦。

醴　醴

祺、禩、㫷 《說文》：「吉也。」《爾雅·釋言》：「祥也。」案：吉者，凶之對也；祥者，殃之反也。《周禮·地官·保氏》：「以五禮教國子」，傳：「五禮：吉、凶、賓、軍、嘉也。」古代以喪葬列為「凶禮」，以婚禮為「吉禮」。言吉而必及乎凶。故知《說文》訓禩為吉，則可知吉者凶之果，凶者吉之因。而《爾雅·釋言》訓禩為祥者，亦可知祥者殃之果，殃者祥之因也。故知吉、祥之義與凶、殃之密切相關。試條討如次：

考《禮·間傳》：「父母之喪，期而小祥，又期而大祥。祥，中月而禫。」更閱一月，二十七月也。（包括兩個閏月在內）「禫」者，除服祭也。所謂「除服祭」，即脫掉孝服，改成便裝的宗教儀式。

《禮·喪服四制》：「祥之日，鼓素琴。」《禮·檀弓》：「孔子既祥五日，彈琴而不成聲，十日而成笙歌。」魯人朝祥暮歌，孔子謂「踰月則善」。

禩之為字，从示从巽（說見後）。《爾雅》訓義為「祥」。《說文》訓義為「吉」。祥者殃之反，吉者凶之對。祺字从其，其者期之省（縮寫式）。期者，周期之義。故《喪服制》規定以父母死後一年之久曰「期而小祥」。故期字之義，乃代表一階段之化時辭也。「期而練」（可以脫去葛麻衣料換上絲織品衣服）「祥之日鼓素琴」（可以開始文娛活動）。古期字也作「㫷」或「[illegible]」。《說文》朞字訓：「復其時也。」《尚書·堯典》：「朞三百有六旬有六日，以閏月定四時。」疏：「匝時而朞。朞即匝也。」案：祺字从「巽」，古箕字也。古天文廿八宿之一。太陽運行「黃道」的「週期轉換點」也。其形如箕「凵」，以象形而得名。此字反映了我國上古天文學的偉大成就。（說詳拙著《天象篇》㫷字）

儒家道德以孝治天下。孝子喪親，衣斬衰（音催，又纖邊的衣服）之服，丁憂三年為期。期滿則

四九

何以易服散祭，飲酒食肉。故祺字从示从其者，所以示喪期既滿，精神（示古神字）痛苦解除之義也。故《說文》訓祺爲「吉」，《爾雅》訓祺曰「祥」，《說文》訓祥爲「福也，善也」。皆以表吉來命運更新之意。此祺字形音義之緣來也。後世遂以祺字爲朋友之間問候祝福語。如對文人朋友通信於最後附以「即頌文祺」，對軍人朋友通信則附以「即頌戎祺」，對官場朋友通信則附以「即頌政祺」，對離家在外經商的朋友通信則附以「即頌旅祺」……

禫

□、禫 篆 《說文》：「除服祭也」。《禮記》：「中月而禫」，注：中猶間也。禫，祭名也。與大祥間一月，自喪至此凡二十七月。禫之言澹澹然平安意也。

案經籍注解據音義而訓，爲孝子之心態恢復平澹之意，似與禫字造形命意取舍均有未符。竊以爲禫字从示，指神符號也。覃古作□，象壜未於□（酒罈）中，有酒液醲厚久經醞釀之陳酒（今人名曰老窖遠年花雕）。故知經籍段禫字爲除服之名者，實取義於酒味之醲厚，以喻孝子「慎終追遠」思親之態情。禫字音變爲譚，譚、悼、遠乎同音，故禫字有追悼義，亦有所譚所論義，亦有遠引義，即遠義。亦即孝子心態轉悲爲樂意。此禫字之義故！

禍

□、□ 籀 禍 籀 禍 《說文》：「神不福也，害也。从示，咼聲。」竊以爲禍字从咼，非聲符也，實義符也。《卜辭》禍作□。造形與小篆禍字異。真正具有韻義力者，在以上諸字形中則應以禍字爲最。試分別述探測性之推敲：

過

[illegible] 𨕲時，冒康殷氏通戈柲以示歺，个作如下:

其中柄有排列遠亂，以柔韋(皮綫字通)繞縛於戈柲。

「度也、越也」。《玉篇》又訓為「超也」《正韻》。

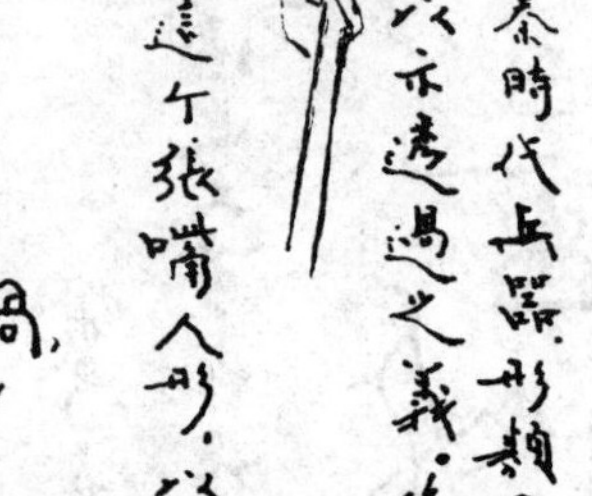

此先秦時代兵器，形類今之鐮刀。以示遠過之義。後世訓為

[illegible] 儒家將過字提高到意識領域的越禮逾分的違法行為。

入。咼从口出。這已經是屬於《六書》中的「會意」字了!

采用了[illegible]這个張嘴人形，以示病从口

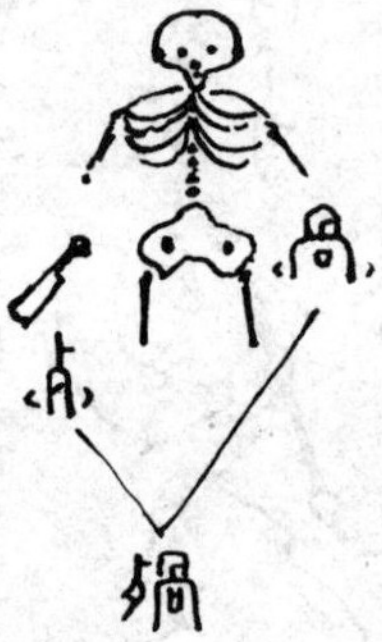

冎這纔是名副其實的象形兼指事字。从歺，讀音為遝，殘骨之形。从冎《說文》

冎字訓:「剔人肉置其骨也」。這一解釋堪補暮鼓晨鐘。此古代殘酷刑罰。

《說文》訓「害也」，信不誣矣! 所謂「神不禍也」。的「神」，應該理解為「專政階級」的代表人物。因為他

握有生殺之權。許氏時代不敢把問題說得如此明顯，是有歷史背景原因。我們不宜對兩賢過分苛

求。何況這種現象在號稱高度文明的今天，古無能力滴滅，甚至將來恐怕還要有刑罰的存在呢?

祓

祓《甲骨文彙編示部》有「祓」字，商人不釋。此字《說文》所無，今本經籍亦不見。筆者反覆溫故、

竊以為應釋為「神事」的事字初文。何則? 祓，从示、从史。示，神也。史與「事」通。《說文》事字訓「職

也」。《廣韻》:「使也」。《釋名》:「事，偉也。偉，立也。所以立之功也」。可知「事」字具「職務」與「業績」雙重含

義。《卜辭》之祓字左側附加了示字，這就賦予了明顯的宗教色彩。因而也就標誌出「祓」字的

神權意義特徵。神權的崇拜活動的最高形式，莫大「祭祀」。神權是政治的靈魂支柱。是古代社

五9

會的最高倚托。所以說：「國之大事在祀與戎」。祭祀是國家的隆重大典，戎為征討要典，興師動衆，皆非一人之力所能，百官有嗣，共成其功。故《說文》訓事為「職也」。《釋名》事曰「偉也，立也，凡可以立之功也」。用現代語言講，即社會事業活動。《論語先進篇》：「季路問事鬼神，子曰：未能事人，焉能事鬼？」孔子的這一答覆，揭示了一個問題，即宗教的崇，皆是為社會政治服務。所謂「事鬼神」也是具有廣泛內容的。如天子柴燎祭天，沈薶祭地，諸侯祭山川，士大夫祭祖先。天子出征，類乎上帝，宜乎社。春祠、夏禴、秋嘗、冬烝，以及庶人之祭竈、戶、中霤……這些活動，無一不屬於「神⿰礻史（事）」的範疇。以人的一生而言，當未在母腹定胎之前，就已經開始了「神⿰礻史」活動。天子求子，必率後宮嬪妃祠於高禖。比及年長，「二十而冠」也要「筮祭用卜」。疾病災眚，也要舉行「祝禱」。及其死亡，還要「陳其簠簋而哀戚之，卜其宅兆而安厝之，為之宗廟以鬼饗之，春秋祭祀以時思之」。當時的社會所有一切社會活動都被統一在「神權」觀念之下，是無庸諱言的。因此我們有理由確認甲骨文中的「⿰礻史」，就是季路所說的「事鬼神」的專用字。後世經籍皆以事代之，而初文已晦。附圖表以示意：

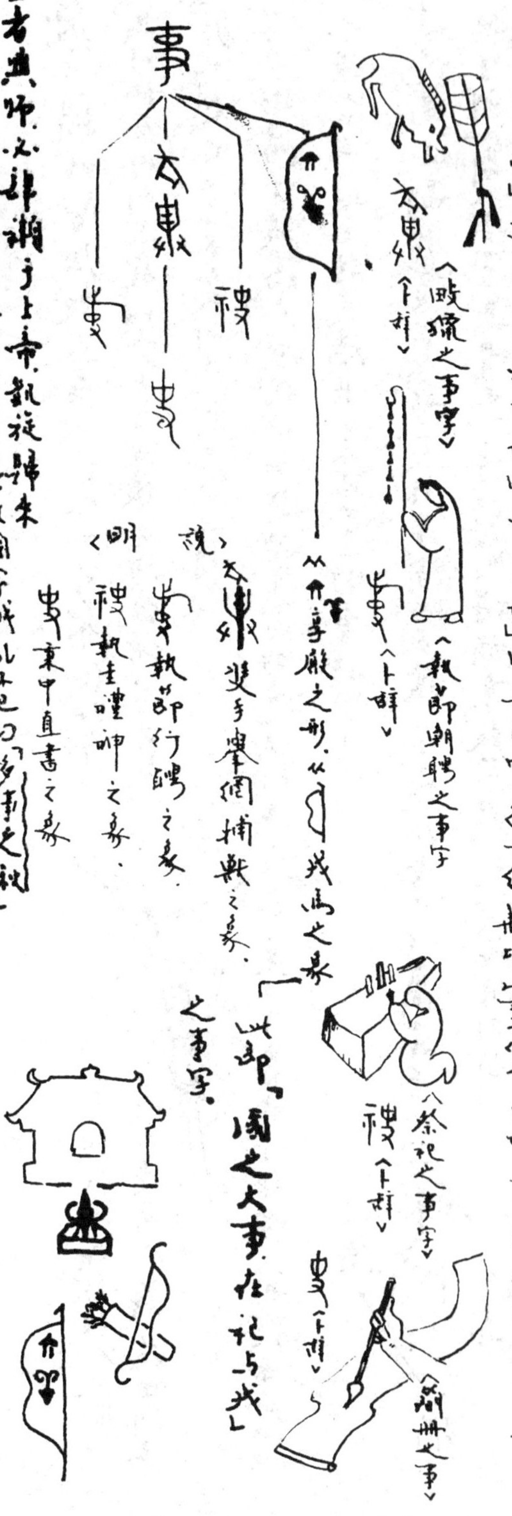

王者興師，必歸禱於上帝，凱旋歸來，必在澤宮獻馘，祀與戎，國之大事也。故國家戰亂不已，曰「多事之秋」。

吉□□□□吉《說文》：「善也。从士口。」
凶□□□《說文》：「凶，惡也。象地穿交陷其中也。」兇，擾恐也。从儿在凶下。」

考吉凶二字從來与禍福相聯並用，因而世人多信爲因果報應有關。遂致吉凶造字之意成爲難解之謎。徐鍇訓吉从士从口曰「口無擇言也」，似有「明哲保身」之義。其意与《周易·頤卦》：「山下有雷，頤。君子以慎言語，節飲食。」極似。《周易》把人們上顎骨比作靜止的山，把下顎骨比喻震動的雷，這是由於飲食咀嚼運動全靠下顎骨上爲動力，這就是「山雷頤」卦名產生之緣來。頤古作□象人腮頰中含飴之形。《周易》哲學對人明確指出了趨吉避凶之道，在於「謹言節食」，亦即「病从口入，禍从口出」之義。徐氏引《孝經》「口無擇言」之語正爲保證「命運亨通」之法。也就是讓人們「少說話」。正爲「士大夫」之流的「處世金針」。此与「吉」字从士从口之形宛然吻契。時賢張舜徽氏云：「士口爲吉非吉字初義也。吉之與凶乃相對之名，其受義本相關。凶象地穿交陷其中，吉之得義與此相反。古者獵獸遍野，常爲人患，人必多方以除之。《中庸》所謂「驅而納諸罟擭陷阱之中。」《說文》：「陷阱，謂阬也。」是其事矣。《周禮·雍氏》：「阱擭」。鄭注云：「穿地爲塹，所以禦禽獸，其或超踰則陷焉，世謂之陷阱。」此可知古之所設陷阱亦謂之阬。凶字从凵（古坎字）即阬形也。阬之上橫以樹枝，取雜草泥土掩覆之，俾獸行其上不覺而自陷，凶字所从之乂即樹枝折落之象也。今鄉僻山野之阬以陷虎者猶多用此法。阬既掩蓋，又恐人行往過誤陷其中。於是立標於其上，使人覺察而勿近焉。此吉義之所由生也。」此字《金文》正作吉（見旅鼎），或作□（見舍敦），又或作□（見中子化盤）。甲文則又作□□□□□諸形。其口體乃象阬形。上有一橫者，狀其有所掩蓋也。刻金契龜者伸其兩旁向上，而与口舌之口相混矣，初意失！口之上正□十□□十□諸形，乃所立之標識物，所以告人止步勿前也。其物

五一

或用木牌或用樹枝，均無不可。故其形亦無定式。自秦篆力求工整，吉字遂變為从士从口，而造字之原始形意亡矣。

案張氏之論述頗有新意而近情。謹繪圖以明之如下。

左圖：盲目前進，身墜陷阱，造字者取此像以示兇。字或上从凶，从凶陷阱之形也。从月，所以示墜阱之後，為日既久，屍體無存，空留殘骨之悲慘景也。

右圖⬆口：口者陷阱之象也。⬆者警戒陷示目標也。所以告人遇險而逃趨吉避凶也。故知設險而立象以告人者乃「吉人為善」之行也，善良君子也。從象設險以害人者，凶人「為惡」之行也，陰險小人也。嗚呼！吉凶之義大矣哉！

占：《說文》：「視兆問也。」《易繫辭》：「以卜筮者尚其占。」《爾雅·釋言》：「隱，占也。」疏：「占者，視兆以知吉凶也。必先隱度，故曰隱占。」案占字从卜从口。可見占卜吉凶絕非依靠龜甲兆文為唯一依據。事實所謂「隱占」已經忠地揭示了「占辭」的內容，是包括「占人」個人思維邏輯的「結論」在內的。如《尚書·洪範·稽疑》：「三人占，則從二人之言。」足證不同的「占者」對同一兆象，有時是會產生不同論斷的。例如《史記·田完世家》：「陳田完奔齊。齊懿仲欲妻完，占曰：『鳳凰于飛，和鳴鏘鏘；有嬀之後，將育於姜，五世其昌……』」後來這些占辭都出了事實兌現，這豈是一枚死龜枯骨所能知道的嗎？實際上當時的社會背景的發展必然後果已經註定，占卜者披神權的外衣，在占辭中抒發了個人的豫見判斷，是完全可以理解的。因此我們認為《爾雅》之所謂「隱度」絕不是可能排除「占者」的意見而憑空存在的。

禳〈禳〉《說文》：「磔禳祀除部變異，曰禳也」。《禮月令》：「仲春之月，命『國難』九門磔禳也」。《楚辭·九辯》：「君之門以九重」。注：「天子九門：關門、遠郊門、近郊門、城門、皋門、雉門、應門、路門、寢門」。實際上是一種富有宗教色彩的「驅疫活動」。《禮月令》：「季春命國難九門磔禳」。《廣韻》：「磔，張也，開也，裂也。磔，剔也」。故知所謂「磔禳」，即《周禮》之「蒙金四目，執戈揚盾」之活動也。

儺

《月令》：「仲秋天子乃儺，以達秋氣。季冬命有司大儺，旁磔，出土牛，以送寒氣。」《格物志》：「漢舊史：『儺，立逐人，華索、蒼耳、虎等，「儺神」也』。凡十二，皆使之追惡凶（見《後漢記儀志》）」。案：禳从示、鬼，神之象，从襄，禳之省文。故知禳有驅除瘟神意。「禳」字从示从襄。襄有攘除驅逐義，亦有協助義。「儺」是驅逐瘟鬼之神，既名曰「磔禳」。

祊

祊彭示《說文》：「門內祭先祖所以彷徨也」。案：「彷徨」一詞，有「彷彿」、「彷徉」、「徘徊」、「循遂」之義。《詩·小雅》：「祝祭于祊」。傳：「祊，門內也。孝子不知神之所在，使祝博求之門內之待賓客處也。」筆者考：《說文》「塾」字訓：「門側堂也」。是塾之為地，即祊祭之處而無疑也。復考《禮學記》：「古之教者，黨有庠，家有塾」。《儀禮·士冠禮》：「具饌于西塾」。《崔豹古今注》：「塾之為言熟也。臣朝君至塾門，更詳熟所應對之事。」雖此可證「塾」之為字有熟悉之義也明矣。緣孝子之心情，認為塾之為地乃先人日常接待賓客習至之處，故孝子心理用為「祊祭」之處。蓋心契而理得。故知祊字从示从方。示者，啟神之事也。方者，旁之省。門側堂也。此「祊」字从示从方之義也。

祲〈祲〉《說文》：「精氣感祥」。《周禮·春官》：「眡祲掌十煇之灋，以觀妖祥，辨吉凶」。鄭注云：「祲，陰陽相侵也。」

「眡祲」是古代國家設立的負責觀測天象的專職官員。他們觀測氣象是以太陽周圍的光色變化為研究目標的。鑒于太陽的自然功能成為決定了大地生物的存在，因而人類對太陽的無上崇拜的心理是很自然的。在這一觀念支配下，哲學家把國家最高人物形象提高到太陽形象上來。天子對萬民的影響，同太陽對生物的影響，被古人劃了等號。因而就把太陽「光象」變化同社會安危連系起來。《說文》云：「示字訓：『天垂象，見吉凶，所以示人也。从二（上）；三垂，日月星也。觀乎天文，以察時變，示神事也。』」這一解释，和《周禮·春官·眡祲》的記述是有相似之處的。所謂「十煇之灋」，亦即太陽光環的色彩種類。

煇

煇从火，从軍。火者光之源，軍者「圜圍也」。（見《說文》）古代軍戰野外宿營，必環以軍陣，周匝然火以照明。故知「煇」，即太陽光環（日暈）。「眡祲」將太陽光象劃分為十種屬性（凶吉），故曰「十煇」。祲字从示，从㑴。示者，三光（日月星）也。㑴者侵也。「漸進」之義也。（發展變化趨勢）故知「眡祲」之職，以科學眼光視之，即天氣預報員也。但它的宗教色彩是肯定的。

祓禊

祓禊《說文》：「除惡祭也。」《正韻》：「除災求福也。絜也。除也。」考《周禮·春官》：「女巫掌歲時祓除釁（衅）浴。」

考：祓之為文，从示从犮。示者，神事也。犮者，拔之省也。亦除憎也。巫者用以舞蹈降神之具也。新浴者必飲酒（說詳「禊」字），飲酒必祭，故許君訓「除惡祭」。據此可證古代的衛生保健活動，也不會擺脫宗教色彩的。衛生保健工作，當然屬于醫務範疇。但是由于當時社會法制的規定，把衛生保健工作劃入了宗教的業務範疇，因而衛生保健醫務甚至救災醫工上，都順以由宗教職業人員的——「巫」來領導其事。此情況完全可以文獻查知。如《周禮·春官·男巫之職》云：「男巫……掌冬堂贈（增），（敺除疫鬼），春招弭（敉），以除疾病……」。又「女巫掌歲時（禊除）釁（衅）浴。」疏：「釁（衅）浴，謂以香薰草藥沐浴……」據此可見古代社會，巫與醫的兩位一體性。這一問題，在中醫學史的《論語》中也有說明：「人而無恆，不可以作巫醫。」堪為佐證。讓我們从「禊」字進型示意推想，古代貴族每次香湯薰洗之餘，還要徒之以歌舞項目，以達到充分身心愉快，是符合邏輯的。其所以必須由「巫者」負責導引，也是說明了「禊浴」的目的，不是為了單純的清除身體上的污穢，還包括肉眼所看不見的「污穢」。因為「巫者」介于人「靈」與「神界」的「居間人物」，有驅除鬼祟，保護人類的特權。無怪古籍把醫字寫作毉了！

毉

禨禨《集韻》：「沐而飲酒也。」《禮‧玉藻》：「進禨。」注：「新沐體虛，亦進禨酒，補益氣也。」

考禨之為文，从示从幾。《集韻》：幾字訓：「所〈釿〉鄂也。」栔，器物之具有隆起雕紋者名「釿鍔」。《集韻》所文「所鄂」通，假字也。自應以「釿」為正字。《釋名》：「釿，謹也。板廣不可得削，又有節，則用此釿之，所以詳謹，令平滅斧迹也。」筆者案：《釋名》所謂之「釿」，當係上則今木工所用之「刨刀」也。北人名曰「推刨」，吾鄉名曰「刨子」。乃平木之工具。木工以左右兩手握持兩柄推動刨身。刨身中部有槽，內容刨刃，以四十五度之傾斜鑲嵌于木槽中。刨刃下端木面受推動而前進，刨花从背孔吐出，以奏削平木面之功。

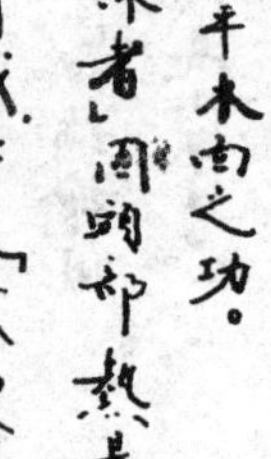

〈釿〉

禨字者，取象于「幾」字，訓為器物刻紋之意，以形容「新沐者」頭部熱量大能向外引起之週身寒慄，慄性埋狀態。是極端微妙的。因新沐之餘，體溫消滅，亦有「寒慄」現象。慄字从心从栗。栗者芒束刺果也。禨字者用以形容人體受寒冷刺激出現豎毛肌緊縮皮膚栗狀氣凸隆起。故知禨字乃會意字也。禨字者析木面芒束〈釿鄂〉、植物果殼芒束、人體毛髮直立這一系列物象，以「莊周齊物」的目光，劃了等號。是顯而易見的。

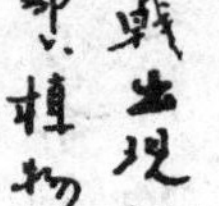

〈栗〉

新沐者為了消除這一病態，亦應以借助于酒的增溫功能。古人飲酒亦「祼」〈祼酒祭地〉，故禨字延伸為「祭」名。今民間飲酒，仍有灌地習慣，乃上古文化遺存也。

〈祼〉

〈禨〉

⿰礻虘⿰礻虘⿰言虘詛《說文》：「詶也。」《釋文》：「以禍福之言相要曰詛。」《廣韻》：「呪詛。」

《書‧無逸》：「厥口詛祝。」疏：「詛祝，謂告神明令加殃咎也。」《詩‧小雅‧何人斯》：「出此三物，以詛爾斯。」傳：「三物，雞、犬、豕也。」復考《左傳‧隱十一年》：「鄭伯使卒出豭，行出犬雞，以詛射穎考叔者。」疏：豭，豕也。並言詛而俱用三牲，故知此三物，豕、犬、雞也。」綜此可知古人出于報復的心理，不惜采取物質收買幽靈，以雪私恨的歷史遺迹。今婺州仍有紮草人為偶像焚香燒燭，手執剪刀，口呼咒罵之聲，這一迷信陋習，仍有上古歷史遺迹。

字形析義：詛之為文，从言从且。言者，咒罵之聲也。且者，俎之省。宗廟饗神鼎烹，太牢，析體解節之切割牲體之木案也。古有俘尸萬殺之酷刑，名曰「俎醢」。故知詛字有殺意，所以示忿恨之咒也。

〈俎〉

禬 禬 《說文》：「禬，會福祭也。」《周禮·春官·大宗伯》：「以禬禮哀圍敗。」注：「同盟者會合財貨，以更其所喪。」禬字从示从會。古會字作，為食物合于盒中。字取吉于鬼。故禬字有集中會合義，亦有仁惠義。蓋國被寇亦非一國之力所能濟。故必眾志成城以救之。實際上這是當時宗主之間的經濟互助聯盟。會盟儀式亦有祭神活動，所以昭同舟共濟，誓死不渝。如《傳·僖元年》：「齊師、宋師、曹師次于聶北，救邢。邢遷于夷儀，諸侯城之，救患也。」《僖二年》：「春，諸侯城楚丘，而封衛焉。」疏：「君死國滅，故封建之。」皆其例證。

〈禬〉

沃 卜 金 沃 《說文》：「灌溉也。」此義極確。惜此義已不能顯象于小篆字形，唯甲骨字可以窺見端跡。卜辭沃作，从从八。者祭器之形，八是將水瀉器之象。故知沃字初義，乃以水洗滌神祭器的動作。故引為「灌溉」。此沃字初義也。

〈灌溉〉
〈沃〉

沃 沃 《詩·衛風·氓》：「桑之未落，其葉沃若。」疏：「沃若，沃沃然盛也。」《詩·檜風·隰有萇楚》：「夭之沃沃。」《正義》曰：「少壯而佼好也。」（健康而肥大的漂亮小伙子。）

「沃」字義理推繹：緊沃字，初義為「灌溉」。《左傳·正義》：「盥謂洗手，沃謂澆手。」《左傳》：「奉匜沃盥」《說文·皿部》盥字下：「澡手也，从臼水臨皿也。」故知沃（）之与盥，一詞「灌溉」，一詞「澡手」，同屬洗滌之意。以祭器皆容納犧牲之具，而腥脂膏油污，不能不用後施之以灌溉，而棄之于地。然而草木得之，卻能時為善養之滋，而枝葉肥美。故污穢之土壤曰「沃土」。草木榮澤曰「沃若」。試論之如次：

考𡗜字造形，从艸、从水、从夭。艸者植物之象。水者江河之形。夭者，生物少壮美好之貌。

此象形字作艷麗多姿、豔態柔和、低頭屈頸、妻婉嬋媚之態。《周南》云：「桃之夭夭，其葉蓁蓁。」傳云：「夭夭，花之少壯也。」詩人用少女娟娟之姿，以喻果實肥美、枝葉伸垂之態。此文學人像物化技巧，同而夭字遂延伸為一切物質肥美之稱義。《桃夭》

故肥美之土壤曰「沃土」。美好之生物，必生于沃土，此𡗜字从艸从水从夭。反映了美好的生物必依靠沃土与水源為前提。故江河之沖積曰「沃埜」。《蘇秦以連橫說秦》曰：「大王之國……田肥美，民殷富，沃野千里……」注云：「沃，肥润也。」《左傳·襄廿五年》云：「楚蒍掩為司馬，井衍沃。」注云：「衍沃，平美之地。」

沃壤之形成，由于污穢之歸蓄。污穢之匯集，由于廢物之排除。此盥、𡗜、𡗜相承之義，可用下表說明之：

盥（器物浄化）→ 污穢流失 → 沃土 → 美好生物 → 腐敗污染 →（盥）

盥

〔卜〕〔金〕〔篆〕《說文》云：「澡手也。从臼、水、臨皿。」《春秋傳》曰：「奉匜沃盥。」段注：「水部澡字訓：洒手也。凡洒手曰澡，洒面曰頮，濯髮曰沐，洒身曰浴，洒足曰洗。《内則》之所謂槃也。匜者，柄中有道，可以注水，自上澆之，臼者手受之而下流于槃。」故曰：从臼、水、臨皿。《易·觀卦》云：「盥而不薦。」注：「将祭而絜手也。」案：盥之為文，象形字也。古代祭祀之前必滌手。澡手曰盥。字从臼、从水、从皿。臼者，左右兩手之形，水者以手承水也。下有皿承水之器也。同以盥為洒手的專用動辞。

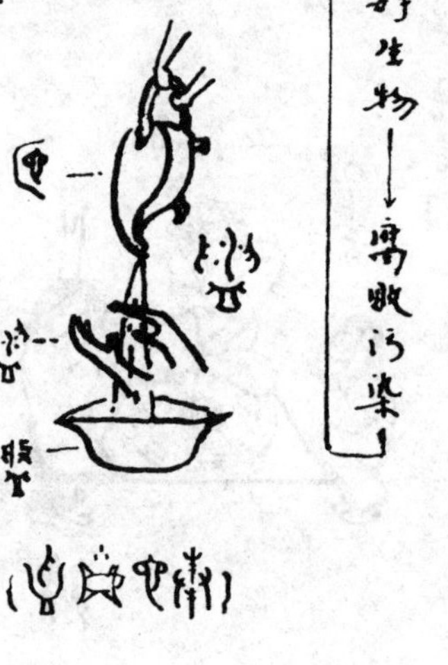

盤

〔卜〕〔金〕〔篆〕《說文》云：「承槃也。」《正字通》云：「承物器，或木或錫銅為之。」案：盤之早期字形，从凡从殳（从右手）。執殳器鑿木之形。鎜字从金，盤字从皿，其形各殊，其質非一。

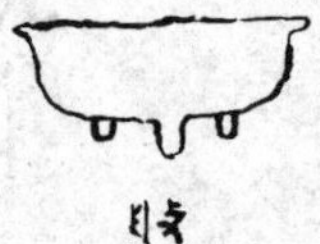

此物乃祭祀燕饗之備之器，有鋪食之盤。如《左傳‧僖二十三年》「乃饋盤飧，寘璧焉」是也。《大學》：「湯之盤銘曰：苟日新，日日新，又日新。」注：「沐浴之盤也。」此沐浴之盤也。又如《禮記‧曲禮》：「涖牲曰盟。」疏：「割牛耳取血，盛以珠盤，又取血盛以玉敦，用血為盟書……」此歃血訂盟之盤也。

嫪

嫪《說文》：「婪也。」

婪

婪《說文》：「貪也。」杜林云：「卜者黨相詐譣為婪。」按許氏將嫪、婪二字鄰列以訓，是證二字同源。《離騷》王逸注：「愛財曰貪，愛食曰婪。」故知嫪、婪、貪皆與文而同義。《釋名》曰：「貪，探也。探入他分也。」即探取也，錢財分而享之，此其義也。應該重點提出者，即「卜者黨相詐譣」一語。《說文‧言部》云：「譣，問也。」段注：「譣，驗也。」《六書故》：「預定徵兆之言也。」《說文‧竹部》：「籤，驗也。」《玉篇》：「籤，用以卜者。」於《六書故》「譣」應為段借字。「譣」其正字也。」按段氏釋譣為「試驗」「徵驗」「應驗」

譣

之正字，確有卓見。蓋譣之為字，實起源於卜筮問卦之占辭。實質上屬於迷信性的、虛誇吉凶預言。本無科學根據。故古籍用為「欺騙」語言的專義詞。《周書》云：「勿用譣人，其唯吉士。」意思是「不要任用要欺騙的人，要任用忠實、人物」。《說文‧心部》憸字訓：「詖也。」《孟子》：「詖辭知其所蔽。」注：「詖，偏陂也。」此「譣」字訓為「邪說不可信」之又一例證。筆者按：譣之為文，从言，言者聲也。从僉，僉者嬐之省。險詖狡詐之聲也。此種靠詐騙吃飯的人，經常同「黨卜者」互相勾結在一起，當助手。向問卜者施展騙術。

嫪

而是以第三者的身份居間論事，出現於現場活動的。她善於捏造虛構，好象煞有其事。地：動聽，把問卜者說得眼花繚亂，信以為真。她也許會這樣說：「某月某日某時，我從某處因某事赴某地，我某人路經某所，遺失某物，不得已求教於吕。在他所指引下果然按照預言地址遇到預言人物，找回失物……」此即「娄」字之義也。吾鄉民間方言叫是「鬆胡娄」。「娄瞎語」、「胡娄八扯」。即此字之應用例。無史語言也。但是這個「騙局」是必須依靠三人合作而得到實現的。故「參」字亦訓義為「娄」。參之為言（音七感切）三也。古天文「參宿」之名。西名「獵戶星座」。係獵人腰橫三節金帶。俗名「三星」。今金融界準將數字皆以「參」為「三」，可見所記。「參」、「婪」皆訓義為「貪」，所以亦含謀詐騙之義也。

禼偰

𥜿、禼、巛禼、𥜿、狒、偰為了便於說明，謹對上列文字按排列位序述一介紹如次：

一、𥜿，《說文》云：「周成王時，州靡國獻𥜿𥜿。人身反踵，自笑，笑即上唇掩其目。食人。」（以上見《周書·王會篇》，亦見《尚書大傳》）《爾疋》曰：「𥜿𥜿如人，被髮。（讀若費）從內，象形。」段注：「甶象其首，臼象其手執人。」

二、禼，《說文》內部：「禼，蟲也。從內，象形。讀與偰同。」段注：「殷玄王以為名。見《漢書》。

俗故用偰字」。巛禼，古文禼。」

三、巛禼，《廣韻》：「巛禼，古文偰字。」又《廣韻》𥜿字訓：「音費，亦是狒，獸名。」《爾疋·釋獸》：「狒狒如人，被髮迅走。」《郭璞贊》：「狒狒怪獸，被髮操竹，獲人則笑，唇蔽其

五五

■、終点巍咷，又爲我戡」。

四、𥝧《集韻》：「𥝧同𥜽」。《左思吳都賦》：「猩猩啼而就擒，𥝧𥝧笑而被格。」

綜合以上徵引資料而遂納之，表示於左以見義：

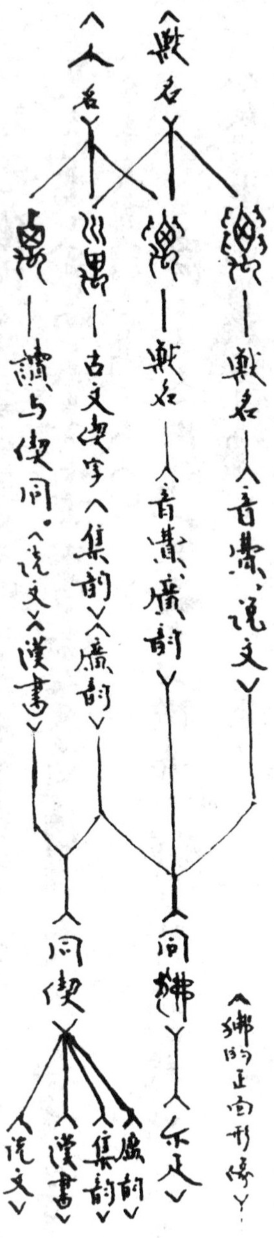

（狒的正面形像）

綜此根據，𥝧𥝧𥜽禺四文，皆象形字也。其本義應爲獸名，亦即《爾雅》之狒字而無疑矣。簡單上說是「類人猿」。

五、何以獸名會變爲帝號？這是個看來屬於疑難問題。其實，這是個平易問題。因爲在古音中，𥝧、𥝧、𥜽、禺、狒、偰諸字同韻（是古韻十五韻部）。後世史籍便同聲段借，例如注爲「契」，文謂（音於契左而上）商殷始祖名。其實「偰」字亦作帝契，可從之書的正字。其正字無疑應爲（卜辭）中的  形之內的 。無疑即《說文》之「𥝧」，《漢書》之「禺」，《繹文》之「𥝧」，《廣文》之「𥝧」，《爾雅》之「狒」，這系列文字的原始形。無疑，

（狒狒的側面投影）

上卽𥝧𥝧等文的「側面式」。在古篆中，同一文字表現爲正、側兩式者頗不乏例。如：

燮、夒同文，[?]、[?]一字，可為佐證。

又，怎樣認識夒字外圍的——匚？也是相當重要的。簡單的說夒即《漢書》中之夒字，乃商族開國之君的名諱（《卜辭》文字作夒），置於匚內，這不是偶然的。《玉篇》云：「匰，宗廟盛主器也。」《周禮春官司巫之職》云：「祭祀則供匰主。」注：「匰，器名也。主，木主也。」案：古篆「宔」是宔，實際上是一間木製小屋，內藏帝王死去先人的牌位，牌上刻鐫着祖先的名字，名曰「神主」。外面的木屋，就叫匰。俗名「神主樓子」，佛家名之為「神龕」。

匰 匰 宔

古神主的宔字外圍的⌂（《周禮》匰字的匚），和甲骨文中的匚事實上同是一物。（《卜辭》）

宔

夒字即商族始祖夒的神主偶像，亦即周人所謂之匰宔。匰主放在那兒？

祏 [?]（卜） 祏《說文》示部云：「祏，宗廟主也。」《韻會》：「宗廟中藏主石室也。」《左傳·莊十四年》：「命我先人典守宗祏，社稷有主。」疏：「慮有非常火災，於廟之北壁內為石室以藏「木主」，有事則出而祭之，既祭則納於石室」。

七、關於人名與獸名：采用獸蟲之人名，在古史中可以說隨時隨地有例可尋。固不限於商代為然。如夏禹（《說文》云：「蟲也。」）商先祖有夒（《說文》云：「神魖也。如龍，一足。」）春秋魯有陽虎，衛有史魚，晉有狐突，楚有鬭穀於菟……不了解古人取名的社會習慣，是不能肯定夒是商王之名這一事實的。在甲骨文中，「夒」字這樣是多樣化的：……形，已多達四十有奇。雖然甲骨學人久缺尊重《說文》一書的意義之用，不能把文字之學與文史緊密結合，因而將這個「夒人像」的「夒」字的讀音拋於九霄之外，而唯斤斤於字形的追求，所以始終沒有人能夠確認它是「夒」字。雖然也有些名流釋為「夋」、「嚳」，也只能是射中了一環。也有的釋為「舜」，那就已經不符甲骨時代背景。甚致有人釋為「夔」字，那就更豈「自檜以下」了！謹附表於後以見義：

五六

[古文]→[古文]→[古文]→[古文]→禩→（徽名）→引其義

←（商族崇拜偶像）→禩←（商代王朝奠基人）→社會義

《尾語》

商族文化 [古文]——禩—— 三字的形義變（遷），標志出古文字由「物態人化」至「人態神化」的歷史演進。這同

西周文化 禩——禩——禩 三字的形義變（遷）標志出古文字由「物態人化」至「人態神化」的歷史演進，是具有統一意識規律的。

禩

薦

薦 [古文]〈卜〉↓[古文]〈卜〉[古文] [古文] [古文] [古文] [古文] [古文] [古文]《說文》：「薦，獸之所食艸也。」《莊子·齊物論》：「麋鹿食薦」。郭注：「六畜所食為薦。」《韻會》：「薦，進也。」《易·豫卦》：「殷薦之上帝」。《周禮·籩人》：「薦羞之事」，注：「未食未飲曰薦，既食既飲曰羞。」《穀梁傳》：「無牲而祭曰薦。」

考薦之為文，从艸从廌，故知其初義為「麋鹿所食之艸」。段玉：「薦者藉也。引伸為進也。陳也。」是曰：薦之為言藉也，承載之義也。《易·大過》：「藉用白茅」，是其意矣。《唐書·契苾何力傳》：「逐薦艸美水以為生」。於以識「薦艸」之潔美矣。如果筆者尚未想錯的話，也許古人在缺少「白茅」可用的情況下，暫用「薦艸」以代「白茅」而承載祭器。否則將無以想象「薦」訓為「藉」之緣來。復按《左傳·隱公三年》：「苟有明信，澗溪沼沚之毛，蘋蘩薀藻之菜……可薦於鬼神，可羞於王公」。《詩·國風》：「於以采蘩，於沼於沚，於以用之，公侯之事……」由斯可證薦之為物，固不僅限於承載祭器之用，而且為祭品內容之所需矣。故知卜辭 [古文]字當「[古文]」之

〈按〉薦之化為〈[古文]〉與〈[古文]〉之化為〈[古文]〉同例。〈詳上藝篇道字下〉

〈神器〉
〈[古文]〉

〈[古文]〉

〈薦四於鬼神〉

〈[古文]〉
〈薦〉
〈艸野〉

初文也。[字形]象祭器盛薦之形。[字形]以進手捧器之態。其倒[字形]以[字形]以[字形]以諸文之下部从形，固應視為[字形]〈拱〉字而無疑矣。倘與上部以相連而視為艸字，便於義大謬，不可不察也。此野生植物，一躍而為祭神之品類，其是一種升級，故延伸為「進」，為「陳」，為「推薦」義，後世延伸義行而初義晦矣。然則薦生於埜，為鹿艸，薦諸籩豆[字形]於鬼神則訓「進陳」矣，此義形變之例也。

蕭 [字形]〈說文〉：「蕭，艾蒿也」。〈詩大雅生民〉：「取蕭祭脂」注：「蕭合黍稷，臭陽達於牆屋，先奠而後爇，蕭合馨香也」。〈禮郊特牲〉：「取膟膋燔燎升首，至敬不饗味，而貴氣臭也」。〈周禮天官大宗伯之職〉：「以禋祀祀昊天上帝。」鄭云：「禋燎而升煙，所以報陽也」。所謂「禋祀」，即：以蕭艾為主，雜以黍稷〈未飲〉膟膋〈腸脂〉之類合焚而祭，使之香氣彌漫凌空此即所謂「報陽」，其義古名「禋祀」者也。「禋」字不从火而从示，所以示敬神也。今民間焚香拜神之俗，仍是「周人尚臭」之遺風也。

蕭之為艸，屬於艾科植物。其葉內含大量揮發性精油。氣味芬芳，有驅除惡臭改善嗅覺之功。蕭字从艸从[字形]，所以示其有肅清邪惡之氣息改善環境氣質之功。此造字之旨也。

昏 [字形][字形] 督〈說文〉：「察視也」。按甲骨文督字，初文从⊙而不从目。其字从太，从又，从[字形]。象太陽光芒普照大地，故象手舉斧示威之態。〈詩大雅〉：「皇矣上帝，臨下有赫，監觀四方，求民之莫〈瘼〉」。這字當訪在受苦受難的〈民主場〉擬本了這個督字，以譬喻那些暴君。這同「皇矣」詩篇的思想與意識，是如出一轍的。

𩳁 [字形]〈說文〉：「毅改，大剛卯也。以逐精鬽。」〈急就篇〉注：「射魃，謂大剛卯也。以金玉

五七

及桃木，刻而為之。一名「毅改」。《輟耕録》：「剛卯者，按《王莽傳》：「服虔注曰：「剛卯，以正月卯日作，佩之，長三寸，廣一寸四分。或用玉，或用金，或用桃。著佩之。又注：當中央從穿作孔，以采絲葺其底。刻其上。文曰：『正月剛卯既央。靈殳四方。赤青白黃，四色是當。帝命祝融，以教夔龍。庶疫剛癉，莫我敢當。又曰：疾日嚴卯。帝令夔化。順尔國化。伏茲靈殳。既正既直，既觚既方。庶疫剛癉，莫我敢當』。凡六十六字。毅改者，佩印也。以正月卯日作。故謂「剛卯」。又謂之「大堅」。以辟邪也。」

一九八二年《書譜》第二期刊載王團華氏《漢剛卯殳書管見》一文云：「剛卯是古人驅疫鬼的佩帶物。是保存殳書的寶貴資料。王獻唐先生所藏漢玉剛卯中有一枚是白玉八棱面形的。每面四字。這在剛卯中是罕見的。傳世剛卯多為四面制，間有六面八面制，只是記載不覩實物。《漢書王莽傳》晉灼引嚴卯刻辭曰：「既觚既方。」如漢代就有此形。徐鍇殳書注《說文繫傳》云：「殳體八觚，隨其勢而書之。」與此八棱形正相符合。近人據段玉裁諸家注說：凡是古兵文字都為「殳書」。唐蘭先生認為是錯誤的。他在《中國文字學》中指出是「靈殳」。我們可以看出，是殳書的遺制。這種文字是較方整的。隨着觚形而產生的。所以我認為，秦代的若干觚形的「權上較方整的書體象「枸邑權」就是「殳書」。這個見解很對。的確我們所見到的古兵器文字款識，絕大部份是篆。沒有象「剛卯」書體這樣完整而別具一格。可是「殳書不可能只、很於刻在剛卯上。其他古器物也有所發現。這種特有風格的書體，到後來似乎成了定形。意味着祛災降福唯一的專用文字。如我藏的北齊的璽，這是戰士隨身攜帶的木璽。璽上的刻字曾經陳邦懷先生作了釋文，其刀法結構，都是漢剛卯上的文書體。

剛卯刻辭，是本着什麼仿製的呢？它是仿自古兵器桃殳上的刻書。《韓詩外傳》記載：「齊桓公出遊，見一人帶着桃殳，桓公怪而問之，其人曰：「桃者逃也。逃亡之義也」。佩之於身，日思亡國之患，以此為戒。桓公然之，其後人人都佩帶之」。雖此看來，早在春秋時代桃殳已開始轉為桃卯的占用。剛卯先為桃木製，流行民間。厥後受到國家重視，以玉製之。着制服者，皆佩之」。

《關於「剛卯」之名的可疑性與辨析》

⊙應該嚴肅指出，把「正月剛丣」讀成「剛卯」，是錯誤的。卯之與丣，屬於兩個絕對不同的物質屬性。不能魚目混珠。這在許氏《說文》中，已有說明。《說文酉部》云：「丣為春門，萬物已出，丣為秋門，萬物已入，一，閉門象也」。是無疑問。許氏這一詞義，是依據古《天文曆法》中一歲週期中的「分、至、啟、閉」的時序規律而立說的。為了便於說明，繪出天象圖譜如下，供讀者參考：

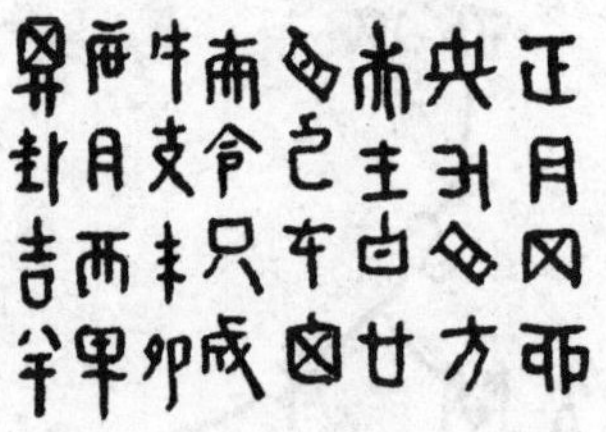

〈剛卯刻文〉

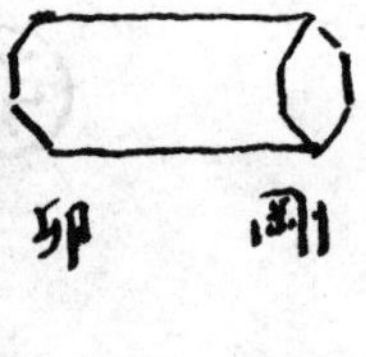

秋天給萬物帶來了寒冷，冷了就要關閉門戶。誠如《易·坤卦》所云：「天地變化，草木蕃；天地閉，賢人隱。」又如《禮·月令》：「季秋之月，草木黃落，蟄蟲咸俯。」又如《詩·豳風》提到時：「穹窒熏鼠，塞向墐戶。」這些紀錄，都可作為丣字頂端一橫的示義直觀註腳。

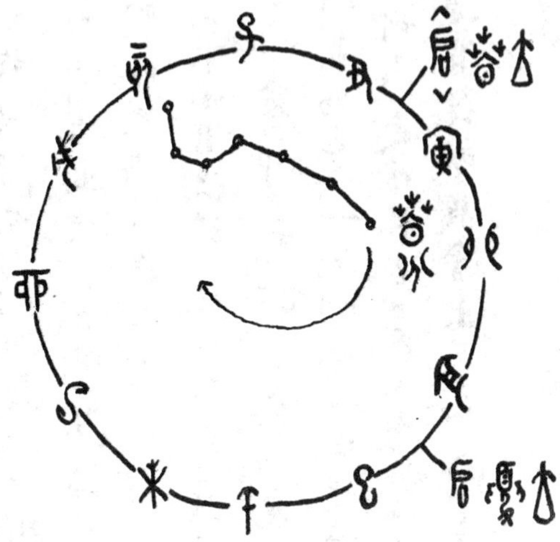

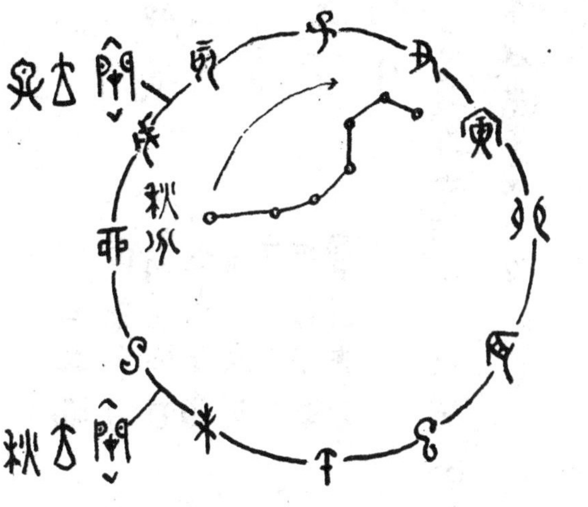

②丣字的廣泛意唯觀：丣字像酉，又象丣〈音酉〉。丣者實也。酉者方向之名。上古農業社會，視斗柄方向而知時。於柄指西之日，即秋分季節已至之時。西陸空際領域，即「白虎」〈巽戶〉七宿分佈範圍。《周禮·司常九旗》以熊虎為將帥之徽，以象參宿之征伐。昴即宿之上有「大陵」「積

庭」。這些星名都所以示戰爭出殺的象徵。此時大地無邊表現出一片蒼涼。〈白色〉蟋蟀寒蟬的哀鳴之音〈商音〉，天涯遊子心懷思鄉之情〈在志為悲〉，揭示了大自然對生物的無情威脅。這也就是邪的兼質象徵。

③剛邪的先天氣質之根源：古代學者善於以微觀事物為客觀宇宙之縮影。把客觀宇宙視為微觀事物之引伸。偉大的政治思想家—周公綜合了三代帝王制之內容，制訂了一部具有宇宙概念的社會體制。例如：王者出征，所採用之衛駕儀仗，就是一套對大自然的摹擬。如左青龍，右白虎，前朱雀，後玄武，招搖居上。在這一套儀仗大隊中便有執「殳」的開路先鋒。《毛詩·衛風》云「伯也執殳，為王前驅。」就是其例。也就是後來「剛邪」的摹擬標本。

杸

④「靈殳」的形成：什麼是殳？按《周禮·夏官司兵》云：「掌五兵」。「古者積竹八觚為殳，長丈二尺。〈晉·祭上是一種儀仗兵器，殳無刃，有撞擊于軍者上使殊離也。」

〈殳〉

正是由於「殳」的具有驅逐暴徒的威懾力，因而後來方家「術士」之流，就用了金玉器材，仿造出「靈殳」，而縮小其形制，以便佩之於身，而成「辟邪」之物。這「靈殳」的歷史未能及物質功用着眼，顯然是一種賦有宗教色彩的防身精神支柱。只有在邪讀正西」的前提下，纔能意味出「西方白虎」的殺伐威力。這是完全符合理想的。

⑤「剛邪」的精神實質觀：「剛邪」之所以被用為「辟邪驅鬼的法寶」的理由，正是奠基于殺伐威懾力量的產物。其義甚明。倘若名之曰「剛邪」的話，顯然就成了變質物而不堪勝任為「辟邪」

五九

之武器矣。夫丣之為言冒也。萬物生發，和悅之情也。在時為春，在德為生。其與西方白虎之氣象相質，頗無不合。而「靈旻」之義離殺末亡，其可得乎？

6. 丣字所屬性者數：漢字从丣之字頗多，殊難備述。故舉其代表性者為例以明其義：

一曰劉。《尚書顧命》云：「一人冕執劉，立于東堂」傳：「劉，戉屬」。《詩大雅桑柔》傳：「劉，爆爍而希也。」《春秋成十三年》云：「虔劉我邊陲」。《方言》云：「劉，殺也」。

二曰桺：「桺，棺車也」。（見司馬貞索隱服虔注）

三曰昴：《詩召南》云：「維參與昴」傳：「昴音留」。昴者白虎中星也。有征伐之義。又陵犢為鄰。

以上从丣之例字，共有殺戮死亡之義。則「靈旻」之名宜為「冈丣」而非「冈卯」可知矣。後世昴譌从□而不从□。金文桺譌从□而不从丣。小篆劉从□而不从丣。故知文字之變，「觀形」未若「聆音」，聆音不如察理。否則必無流於以形害義，未有不僨事啟惑者焉！後世讀者不諳「字魂」，不通「天人合」之峻，遂使冈丣成為千古難解之謎。蓋誤認冈丣成于巳月丣日，而不知冈丣成于酉日之事，業已數千年矣。謹識其義於此，以待後賢之明斷。有厚望焉！孟子云：「盡信書則不如無書」，吾觀此而益信。然則核之，初型乃八面斜棱長十二尺，豈不象于八卦與斗綱十二支無疑矣。

禦 □卜 □卜

禦：《說文示部》云：「禦，祀也。」按《金文》禦之□□。字徒□從□。古柞字，枝擊之刑具。人者，囚徒之象。禦字即□□衍化而來。□之為文，乃戰俘（用）俘虜之祭品之象形字。《詩大雅蕩》云：「咨汝殷商，曾是彊禦」，詩人采用「彊禦」二字以刺殷紂之殘暴。非从古文字造型無以體現其真相。此戰

□ 陼禦

俘跪於神荼之前土凵（坎）中，上有雙手握杵之人當胸痛擊之象。此上古「殺人為祭」的忠實寫照。此禦字，初意可從經籍文獻舉例求證之。

考《周書·牧誓》云：「……尚桓桓，如虎如羆，如豺如螭，于商郊不禦克奔。」（注）：「禦謂彊暴也。不得暴殺紂師之奔走者。」故知禦字古義有彊暴誅殺之意。《尚書·甘誓》：「用命者賞于祖（神室）；不用命，戮于社（地壇又名方丘，《礼》所謂「祭地瘞薶」，其意可從[illegible]字造型得之。後世「禦」字造為「彊禦」、「彊圉」（同徒）（誅戮罪徒）仍含古義。《說文·攴部》：「敔，禁也。」段氏認同即「禦」之本字，可資佐證。說詳《上篇》。

[illegible] 倀

[illegible][illegible] 按倀字《說文》作倀，訓義為：「狂也，仆也。」又「狂行不知所如也。」《禮·仲尼燕居》：「譬者無相，倀倀乎其何之？」按：這裏的「相」字的含義，即「引路的嚮導」。仲尼翁把無人作嚮導的瞎眼人東投西撞，失迷方向的惶恐狀態，說成是「倀倀乎」。當然有他的意識背景。「為虎作倀」是一句古老諺語。「倀」者鬼名也。虎嚙人死，魂不敢他適，輒隸事虎，名曰「倀」。《[illegible]語記談》云：「人遇虎，衣帶自解，皆別置于地，虎是人裸，而後食之。皆倀所為。倀可謂鬼之惡者也。」景、除上述不過是一種傳言小說。這個「倀」實際上屬于社會上的善良愚民的形象，他不幸遭到

以惡欺人的傳播之後，在無情的嚴酷迫害、摧殘及誘惑欺騙下，終於失去了理智，甘心當了喪心病狂的人，為敵效勞。他善於施展騙術，教唆善良的意志薄弱的天真赤子，使之色昏頭腦，背叛父母，出賣好人。造字者運用了宗教藝術想象技巧，造出了委鬼合文的魏字。即「鬼」字，加文也。此字見於青銅器「冊魏卣」。隸釋之如右。

宗 宗

《說文》：「尊祖廟也。」《白虎通》：「宗者何？宗有尊也。為先祖主也。宗人之所尊也。」邢昺曰：「宗者本也。廟號不遷最尊者，祖次曰宗。」通釋曰「宗廟」。《禮·祭法》：「有虞氏祖顓頊而宗堯，夏后氏祖顓頊而宗禹，殷人祖契而宗湯，周人祖文王而宗武王。」賈逵曰：「祖有功，宗有德也。」

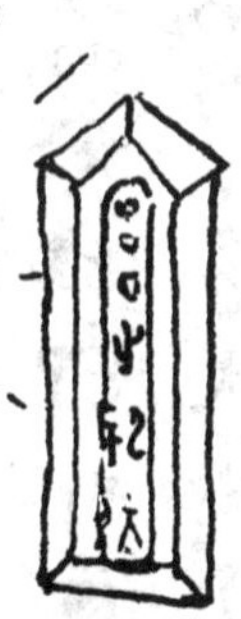
宗

主

吾裝案：宗之為文，從宀，廟之象也。從示者，天上之光也。所以昭告如日之高，照臨下土也。然則宗亦象形兼會意字矣。上古社會組織形態，本來就是奠基于宗族血緣體系的產物。因而國家政權領導人名之曰宗主。主字从宀从主。主者燈之象，所以示人主發號施令，光被四表，達于上下照耀寰宇也。其，祭上宗主乃神主也，今人名曰「神主樓子」其物矣。

主 主

肜 彡 《說文》：「船行也。从舟、彡聲。」注云：「丑林切，今正。食川切，音彡。」取舟行延長之意也。」筆者案：此漢字時空互化之義例，與「彡」訓為長久及⊙彡為彡日〈昌〉同趣。蓋出於行程之遠近與時間之長短成為正比之物理數據規律而來，非偶然也。

復攷《尚書·高宗肜日》篇，「肜」字作「肜」，義同形似而聲異，訓讀若「融」。蓋今本《尚書》歷經輾轉抄錄，歷時既久，謬誤出，勢所難免。《集韵》《正韵》既誤之於前，《康熙字典》承之於後。而《康熙字典》於肉部復見「肜」字重出，此種疊床架屋謬因襲後來，殊匪淺尠。然而援諸義理貫通，自當訂正為優。

考鄭玄云：「肜，祭之明日復祭也。」引《春秋宣八年》：「六月辛巳，有事於太廟。壬午猶繹。繹者，祭之旦日之享賓也。是祭之旦日之享賓也。是祭之明日又祭也」。

復考《毛詩·周頌·絲衣》篇序云：「絲衣，繹賓尸也。」

更考《詩·召南·采蘋》篇云：「于以奠之？宗室牖下。誰其尸之？有齊季女。」按季字古篆乃「稺」字，从禾、犀。稺者植物幼苗也。此以「稺物」之意比擬知「季女」即幼女。

《詩論》云：「春秋祭祀，依照《三代禮制》規定「王者」舉行宗廟祭祀大典活動，必選宗室幼女（隨禮設饗）。她的政治身份在朝堂中是無與倫比的。因為她所扮演的角色，高於「王者」始祖形象。她不僅在廟堂中享有至高無上尊嚴，就是身為宗主的「王者」，對天子也要雙手奉觴、獻饋、敬尸。名曰「裸饋」。以示王者「以孝治天下」的義表。同時也得鄭重

六一

翌　𦑈卜　𦐂金
翌〈秦篆〉

指出的，即當宗廟祭典開幕的次日，還必要安門設宴舉行對昨天的儀王者祖先的活偶像的幼女——「尸」進行隆重的酬答儀式。其名稱在夏曰「復胙」，在商曰「肜」，在周曰「繹」。繹是今本經文所用的通假字，非正文也。其本字應為「翌」。《廣韻》云：「翌，明日也。」河南安陽出土之殷商銅器《邲其卣》《邲其壺》二器銘文皆有：「隹王三祀𦐂日」「隹王六祀𦐂日」之紀述。故知「𦐂」即翌字，初文無疑也。《甲骨文彙編》翌字亦作𦑈。堪為有力佐證。故知「繹祭」之名由來已久，非始於西周矣。《論語》云：「周監于二代（夏、商），郁郁乎文哉！」信不誣矣。然則，翌即肜，「肜」即「翌」，彰彰明矣。乃一事二名也。蓋自祭名言之，則曰「肜」；自時間言之「翌日」，實異字而同義字也。肜字于安陽出土之《小臣俞尊》銘文中亦「彡」。然，即肜字初文焉！謹考證如右，列表如左以見意：

𦐂〈金文〉　𦑈〈甲骨文〉　翌〈秦篆〉——翌〈隸〉　繹〈假借字〉

彡〈秦篆〉　肜〈尚書〉　彡〈金文〉　肜〈隸〉

文字起源圖典

服飾

十六

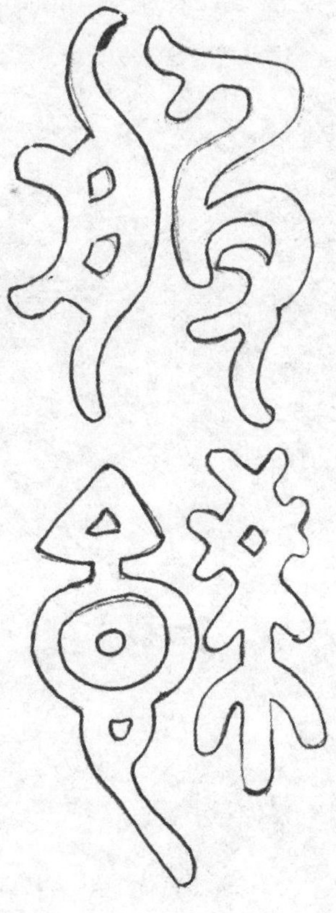

衣、依衮裳 一
冒冠冕 一
弁頍收冔 二
襮領衿 三
袖袂 三
衺袂校襲 四
表求裘球 五
述救饟 五
總結紞耽髧 六
縰鞶寄袺 七
襭復絇 七
繶袢袘裹襌 八
初卒黸市橫 九
禕襢 九
純褧褖褕 十
褫奪幭旛 十一
䙕、櫜 十二
耑端襋 十三
爲、衵黹黼 十四
黻 十五

衣〈說文〉：「衣，依也。上曰衣，下曰常〈裳〉，象覆二人之形。」〈釋名〉：「衣，依也，人所以庇寒暑也。」〈白虎通〉：「衣者隱也。」〈世本〉：「胡曹作衣，黄帝時人。」〈韻篇〉：「象覆二人之形。」〈太玄〉

依 篆〈說文〉：「倚也。」同部「倚」字訓：「依也。」按許氏依倚互訓，而異於造字之形。考依之為文，从人从衣。衣是覆體之物，象形字也。造字必以人字附之，何也？特別是〈卜辭〉字象人在衣中，揭示出「依」字之義，來源於嬰兒依存於「母懷」之情。後世「依依」、「依附」、「依違」、「依歸」、「依懷」……等詞，皆含「留戀」之義。故知字造形命義與〈保〉字同例。

袁〈篆〉〈籀〉〈說文〉：「衣帶以上。」按帶之為物，橫於腰際。古義腰以上為「身」，腰以下為「臀」，為「股」，為「脛」，為「趾」。臀、股、脛、趾皆劃入下肢之範疇。此意可以牛為犬羊……等行動物生理細織結構求論之〈甲骨文〉〈足〉字包括臀、股、脛、趾四箇組成部份，堪之形證。故知許氏所謂「衣帶以上」即「身長」之意。今時成衣工藝謂衣自底襟至衣領曰「身長」。篇部「〈袁〉」字古義，袁之為字，从衣从矛。衣者形也，矛其義也。矛部云：「酋矛也。長二丈，建於兵車。」造字取「矛」向直立形態，以喻人之身材高挺耳。此古文「人象器化」之例。

〈袁〉字延伸義：古地輿勘測學術語，假地球為人體之「擬態」。以地經南北之長，喻人體之高。以地緯之東西，喻人腰之肥大。故有「東西曰廣，南北曰袁」之說。反映出造字之義之悟，說明宏觀大地為人體之引伸。說微觀之人身為大地之縮影。故〈袁〉字之義態變化，益顯著於

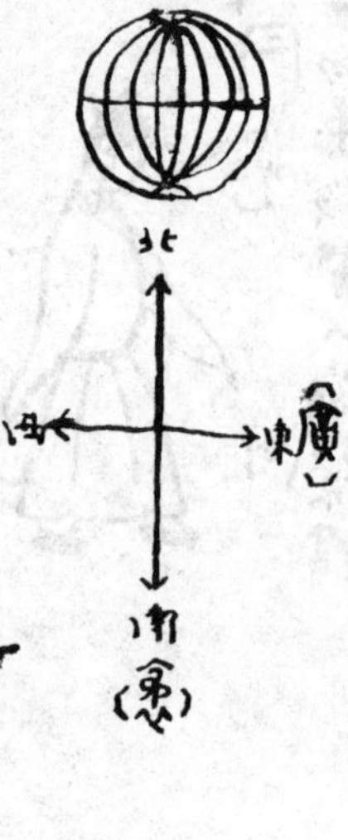

東方《古典悲學天人合一論》所光輝展現。是極明而顯明。

裳 《說文》：「下裙也。」《釋名》：「裳，障也。所以自障蔽也。」

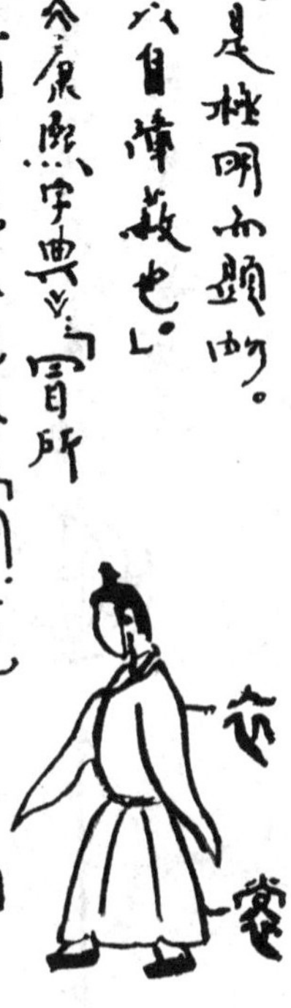

冒帽冃 帽 《兩漢雋不疑傳》：「著黃冒。」《康熙字典》：「冒所以覆其首。」《玉篇》云：「帽，小兒頭衣也。」《說文》曰：「冃，小兒及蠻夷頭衣也。」段謂：即今之帽字。筆者按：帽之種類不可勝數。一切事物，皆从簡到繁，帽之為物豈能例外？故知冃之為字，帽之初文也。象形字也。

冠 《說文》：「絭也。所以絭髮。从冂元寸。冠有法制，故从寸。」徐曰：「取其在首，故从元。古謂冠為元服。」《白虎通》：「冠者，卷也。卷持其髮也。」《釋名》：「冠，貫也。所以貫韜髮也。」冠的社會義：古者男子二十而冠。〈加冕禮〉故年二十曰「弱冠」。行以成人之禮。〈脫離了童齡開始社會活動〉因冠為明顯之物，故延伸為全身與上義。「冠軍」之名皆緣此而生。《後漢輿服志》：「上古穴居野處，衣毛冒皮。聖人見鳥獸有冠角髯胡之制，遂作冠冕纓緌。」看來，人類之衣服裝飾皆來自動物生態之摹擬。所謂「聖帥萬物」之義，標誌著物質文明進化過程。

冕 《說文》：「大夫以上冠也。邃延、垂瑬、紞纊。」徐曰冕上有覆也。長六寸。前後圓，上廣方。朱綠塗之，前後邃延，謂其前垂珠也。俯仰遠達，如水之流。纊、紞黃色〈冕〉以黃綿綴冕兩旁，下繫玉瑱，又名曰「珥」。示無上聰明，虛己以待人之意。《禮記》：「天子之冕，朱綠藻。十有二旒，諸侯九。上大夫七。下大夫五……」《說文》清楚地交代了冕的形制，綜合了標誌階級之外，還有它的政治哲學意義。

弁 [篆文] 弁《說文》曰：「冕也。」《玉篇》云：「覍，弁也，攀也，所以攀持髮也。」《儀禮·士冠禮》云：「周弁，殷冔，夏收。」《釋名》云：「弁如兩手相合。以爵韋為之，名『爵弁』；以鹿皮為之，名『皮弁』。」

按：古代吉禮之服用冕，通常禮服用弁。弁有皮弁、爵弁。爵（雀）弁用於祭祀，皮弁用於戰獵、狩獵。皮弁，以白鹿皮製成，其縫合處曰會。會有結飾，綴以綵玉，名璂。天子十二會，十二璂。侯伯依次遞減。《詩·衛風·淇奧》云：「有斐君子，充耳琇瑩，會弁如星。」箋云：「會謂弁之縫中，飾之以玉，皪皪而處，狀似星也。」可為形證。爵弁，色赤而微黑，如雀頭然。廣八寸，長尺二寸。前小後大，無旒。細麻布製成。以形似雀頭而得名。雀、爵古通，故曰「爵弁」。

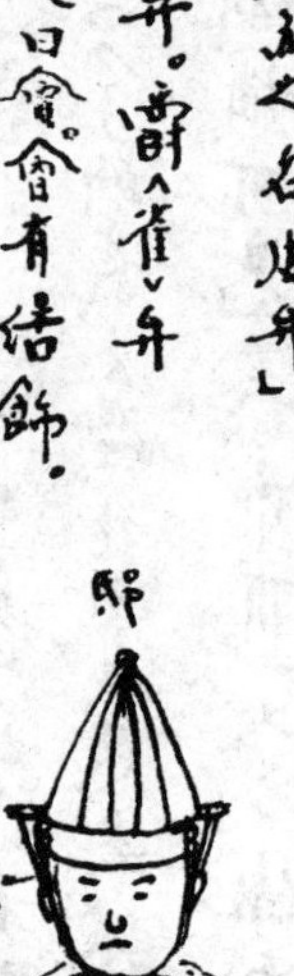

皮弁

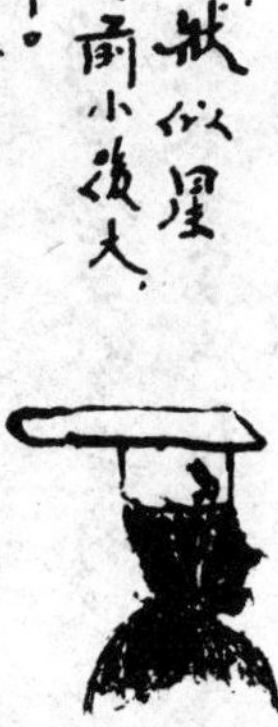
爵弁

弁之廣義觀之，古代武官皆服「皮弁」，因稱武職曰「弁」。如：「兵弁」、「將弁」。清代專稱低級武官曰弁。如「弁目」、「馬弁」。《禮·玉藻》云：「弁行，剡剡起屨。」注：「弁，急也。」《清會典事例》云：「二十六年察哈爾設都統一人，所有該處弁兵，毋庸京師八旗兼轄。」《漢書·七〇·甘延壽傳》云：「試弁，為期門，以材力愛幸。」注：「弁，手搏。」諸如此類，皆弁之延伸義，非本義也。

頍 [篆文] 頍《說文》云：「舉頭也。」《詩·小雅》云：「有頍者弁。」《六書故》云：「《禮·緇布冠·缺項》，鄭康成讀『缺』為『頍』，冠無笄者，用頍以組圍頭，以繫冠，缺其當項，以後繫束也。冠有笄，不用頍。故毛傳直緣詩辭，以為『弁貌』。」

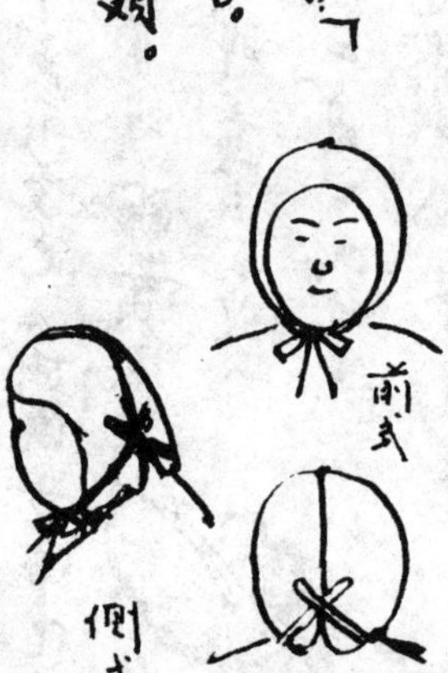

頍（後式）

二

收

攸《禮記·郊特牲》：『委貌，周道也。章甫，殷道也。毋追，夏后氏之道也。周弁，殷冔，夏收。』《傳》：「毋追」上音牟，下音多雷切。』筆者按：牟之為文，蝉字初文也。篆作牟，象形字也。《前漢景帝紀》：「……侵牟萬民。」李奇曰：「牟，食苗根蟲也。侵牟食民比之蝉蟊也。」按牟、蝉、蟊音同，文而同字。《詩·大田》：「去其螟螣，及其蟊賊。」《傳》：「食根曰蟊。」牟、蝉、蟊三字或从厶或从弔，雖省型各異，所以示明象夫貌之義則一。故知《郊特牲》所云「夏后氏毋追」即「牟頤」之通假而無疑。何以知之？《正字通》云：「毋頤，冠名。」堪資考證。筆者按

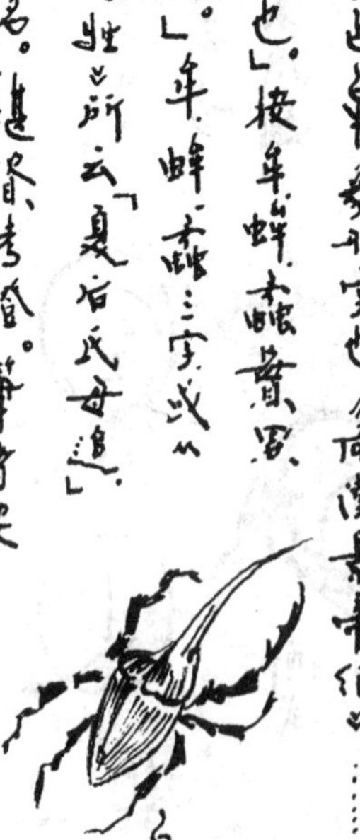

牟

[illegible]字从𠂤，从[illegible]。𠂤者夫堆之堆字初文也。《見文書攷》[illegible]从《頁》者，明也。然則夏后之冠曰「攸」即位於明觸之直立「髮髻」可知焉！攸之為文，从丨，从攴。丨者本是文條之象，糾之初文也。《說文·丨部》訓：「糾，繩三合也。」故知攸字从丨，髮髻之形也。《今齊南民謂仍謂紊髮曰「攏小紒」參《歷史文化語言》》攸字从丨，从又者

《支》右手執笄之態也。上古生活簡樸之文，施竹木為笄，實於髮髻用為禮冠，是完全符合歷史背景的。

攸

冔

冔《禮記·郊特牲》：「周弁，殷冔，夏收」。筆者按冔之為文，《說文》不載。今世字典，雖說其從，故對冔字之探索事實上已有困難。只能旁敲側擊之隱以諭之。所幸《辭源·乙部》「章甫」辭下附插圖一幀，堪資考證之資。上云帝章。考《儀禮·士冠禮》：「章甫，殷道也。」注：「章，明也。殷質，言以表明丈夫也。甫或為父，今文為斧。」據此可知章甫之為物，當即殷時男子所戴之禮冠而無疑矣。據諸《郊特牲》「周冕，殷冔，夏收」的記載，則「冔」之為字即「章甫」之簡稱，可見矣。「章甫」又名「緇布冠」。則

則「冃冐」之與「章甫」暨「緇布冠」，皆一物而多名可知矣！何以證之？

余曰：冃冐之為字，从冃从冐。冐者，所以示緇布冠之「章」，縧之繞頭，迺冃之態也。从冃者，冃古帽字，所以示緇布覆顱之象也。繇此可證冃冐之為字，即「章甫」其物，彰彰明矣！

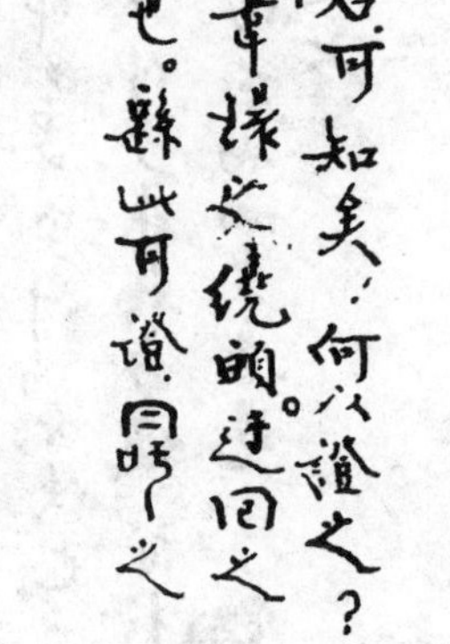

襮〈襮〉〈金〉〈小篆〉《唐韻》《集韻》《韻會》同音「博」。《爾雅·釋器》：「黼領謂之襮。」《詩·唐風》：「素衣朱襮」。傳：「襮，領也。諸侯繡黼丹朱中衣。」孫炎曰：「刺繡黼文以偃領也。」《晉輿服志》：「皇太子五時朝服，朱衣絳紗襮，皂緣。」按襮之為言表也。表現之義也。或従彪者，取聲於彪。彪之為言表也。虎文表現於皮毛之態也。《揚子法言》：「或問：言成文，動成德，何以也？以其𥳑中而彪外也。」〈誠於內而形諸外〉。古代服飾，往往標志為賦有〈物〉意識特徵。此襮字并華義矣。按古〈襮〉从衣从彪。彪古暴字〈見〈周禮〉〉

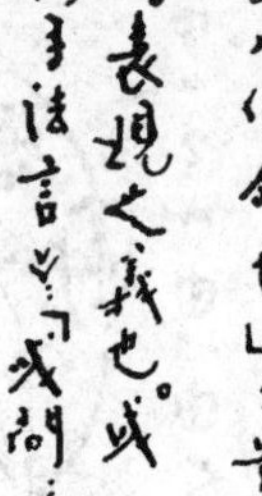

領〈領〉《說文》：「項也。」《釋名》：「頸也。亦言總領衣體為端首也。」案領之為字，其義甚廣。試述如左：

一、上之體組織結構義。領之為文，从頁（〈頁〉）从令。頁者頭也。令者命也。以頸項所在，位於首下體上。咽喉處於前，脊背繫其後。陰陽宣達之道路，百脈連貫之通衢也。上承泥丸神宮，發號以施令；下達臟腑經絡四肢百體以運化。頸項分裂，必身首異處，而生命息矣！此領字从頁从令之義也。

二、上之引義。領之為義，導引之意也。數畜群居必有導引而後行。詩所謂「為首是瞻」、其景堪以「駱駝商隊」睹之。蓋駱駝商隊千里夜行，為首之駝必頸懸響鐘，尾繫明

三

導。所以供後隊之瞻瞻而辨方向也。所謂導、引、先行，此其義矣。

三、見染倉頡：衣之有領，猶人有首也。善衣者必先提領，領得而後可以穿袖。後世引申為革命事業元首曰「領袖」。

四、見地輿名辭：羣山綿亘必有主峰。兵家戰略必爭高地以臨下，既得主峯則勝算可操，而地為我所有矣。故曰「佔領」、「領土」。羣山之首領曰「嶺」，故从山从領。

衿〈篆〉 𧘂〈金〉 紟 䘳〈籀〉 襟〈篆〉《說文》：「衿謂之褗」。注：「衣小帶也」。

按所謂「小帶」，別於衣之大帶而言也。古者衣衿相交之處用帶相結，猶今之紐扣。《揚子方言》云：「衿謂之交」。注：「衣交領也」。《禮內則》：「衿纓綦屨」。注：「衿猶結也」。《前漢揚雄傳》：「衿芰茄之綠衣兮」。注：「衿，帶也」。

袖〈篆〉 袖《釋名》：「袖，由也。手所由出入也。亦言受也。所以受手也」。按：袖字从衣从由。由之為文，乃禾自土出之象。故知袖字有穿通義，亦轉注之例字。

袂 褋《釋名》：「袂，掣也。掣，開也。開張之，以受臂屈伸也」。《儀禮大射儀》：「大射正多矣，以袂順左右隈」。按：袂之為文，从衣从夬。《說文夬部》夬字訓：「分決也」。故知褋之為字，有決裂義。古者上衣袖長垂膝，為了伸手取物方便，皆於上衣袖口附加以「褋」，兩手高舉時則袂口開張，左右分離，垂下而兩手展現。今京劇舞臺猶仍用之，可見參證。俗名「甩袖」者是矣。

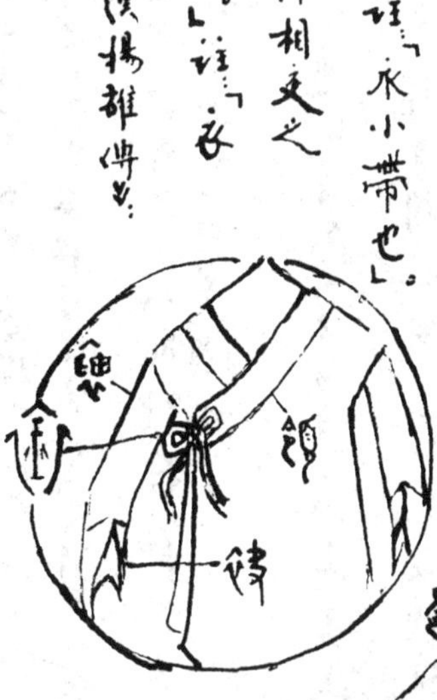

衮[古字]（金）[古字]（籀）[古字]（篆）《說文》：「天子享先王，卷龍繡於下常（裳），幅一龍，蟠阿上鄉（向）。」段氏謂「幅龍」即裳之每幅有一龍。並據古服制「衣三裳四」之義，而肯定「衮衣」共有七龍。並據古音「卷」「衮」同聲之「音律」原則，認定「衮龍」即頭向天上之龍。且舉《覲禮》鄭注「公衮無升龍」之訓為反證，以明其說之不謬。不過許氏生之時代，遠在鄭氏之前。其所依據之資料，究竟來自何方，已無從稽考。此點段氏已言之矣，吾輩生當今世，更無論矣。存疑可也。

竊以為考古資料，莫過於《尚書》。《益稷》云：「帝曰：予欲觀古人之象，日月星辰山龍華蟲作繪，宗彝藻火粉米黼黻絺繡，以五采彰施於五色作服，汝明。」

筆者案：以上所舉的天子「衮服」圖案，屬於原始考證資料之遺存。當然上述這林分組，即：「日」、「月」、「星辰」、「山」、「龍」、「華」、「蟲」，以上七組圖案，放在「衮服」上衣。使用顏色繪出。其次「藻」、「火」、「粉米」、「宗彝」、「黼黻」，此五組圖案用於下常。應該用極細的葛布織維染色織成。七加五等於十二。這同《禮器》規定之「天子冕藻十二旒」，於十二旒的禮制數據，是完全一致的。不過時至西周，事實上已經有了適當改變。可從《周禮》而窺之。

《周禮·春官司服》云：「王之吉服，祀昊天上帝則服大裘而冕，祀五帝亦如之。享先王，則衮冕。」傳：「王者相變，至周而以『日月星辰』畫於旌旗，而冕服『九章』（十二減三）。

「九章」：「初一曰龍，次二曰山，次三曰華蟲，次四曰火，次五曰宗彝，次六曰藻，次七曰粉米，次八曰黼，次九曰黻。」則衮之衣五章，常四章，凡九也。」附《清黃以周禮書通故》衮服圖於後，供參考：

四

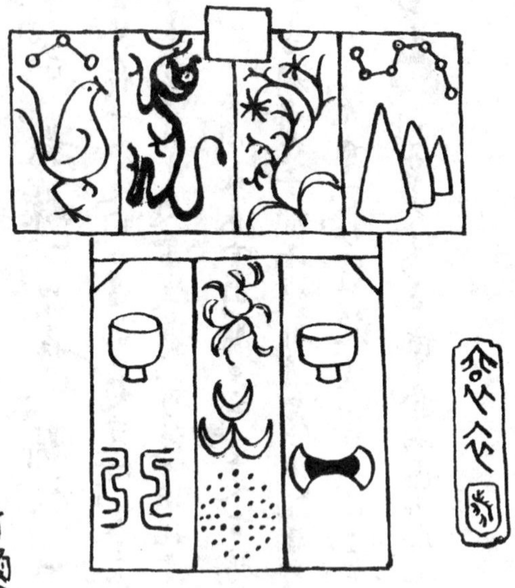

《說明》：這個十二章的「黹衣」禮服，顯然不是根據《周禮春官司服》的記載繪出的，而是依據《尚書益稷》的古義思悟的產物。對研究「黹衣」的起源歷史上很有一定的參考價值。

日、月、星、山、龍、華、蟲、
宗彝、藻、火、黺、米、黼、黻。

䘺褆（音題） 《類篇》：「衣名。襌襦也。」案：襌襦之為物，形似今之「背心」，以前幅當胸，後幅當背，故名。

衼衿 《集韻》：「音跂」。《玉篇》：「衼衿，小衿也」。《揚子方言》：「大衿謂之倒頓，小衿謂之衼衿」。《急就篇注》：「衿，脛衣也」。按即今之「套衿」。

襲 《說文》：「左衽袍也」。此解殊與字形未符。考襲之為字从龍从衣，龍衣貴王者之服也。《禮論》云：「衣錦尚褧，惡其文之著也」。古代貴族衣飾華麗，為了防止污染，必着褧襌衣，以籠罩之。故《玉篇》云：「襲，重衣也」。許氏所謂「左衽袍」者，掩覆亡人屍體之衣。故亦有重襲之態。後世延伸為「沿襲」、「承襲」、「世襲」等辭，皆有重疊義。此漢時字空立化之義例。其初義應為「衣層重疊」。說詳（第十頁）

表〈袁〉〈襃〉《玉篇》："衣外也。"按表之為文，从毛在衣內。或襃在衣內。此指事字也。令人一望而知其為防寒御冬之服。不待言而可見也。故知毛者衣之裏。衣者毛之表。故〈袁〉字造型，標志了中國衣服"毛在裏而布居外"的特點，與歐人戴毛在外的衣着習慣的根本區別。故知某一民族之文字和他的生活方式都存在着血肉相連的關系。

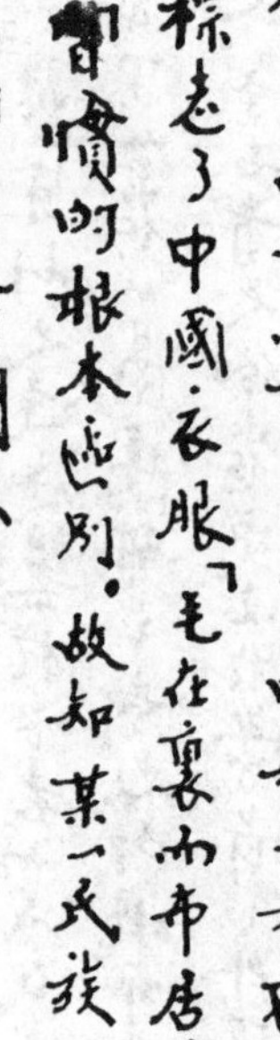

裘〈卜〉〈文〉〈金〉〈竹楠〉〈篆〉《說文》："皮衣也。"段注："此本古文裘字。後世加衣為裘。而求為干請字，亦猶〈叔〉字加艸為〈菽〉，而〈叔〉為等差之用也。"繇此可知"求索"之求，本無其字，乃以形託義，叚借例也。然段氏言之雖確，猶惜其未能道出個中微妙之情，今示例以明之：

《論語》云："狐貉之厚以居。"知狐裘為衣中珍品。其質輕而暖，乃貴族所專用之物。為衆所欲求。《史記》："秦昭王囚孟嘗君，欲殺之。孟嘗君使人抵昭王幸姬求解。幸姬曰：妾願得君狐白裘。此時孟嘗君有一狐白裘，值千金，天下無雙，入秦時已獻之昭王矣。更無他求。孟嘗君患之，遍問門下客，莫能對。最下客有能為狗盜者。曰：臣能得狐白裘。乃夜為狗，以入秦宮藏中。取所獻狐白裘。以獻秦王幸姬。……"可上"求""裘"同源之證。

球〈球〉《廣韻》："詩商頌："受小球大球。"傳："球玉也。"按：美玉之為物，亦人之所欲求也。故从玉从求。所以示其為物之可貴也。亦〈求〉之轉注字也。

逑 逯 《玉篇》云：「逑，匹也，合也。」《詩周南》云：「窈窕淑女，寤寐逑之。」《前漢揚雄傳》云：「揆求索偶。」

大凡追逑之願，懿莫過於兩性之馳逐。逯字从彔从辵，循追疾行之態也。从彔者，所以示追索之情也。故知逯亦《逑》之轉注字也。

救 [illegible] 《博雅》云：「助也。」《廣韻》云：「護也。」大難臨頭，危在傾刻，求援之情急於星火。故救字从求从攴。所以示求而有應之義也。故救之為文亦《逑》之轉注字也。

⿰鬲求 ⿰鬲裘 《說文》云：「裘，裏也。」段云：「裘其毛而為之裏，附於革也。」《詩》曰：「羔羊之皮，素絲五紽。」皮言其表也。「羔羊之革，素絲五緎。」革言其裏也。「羔羊之縫，素絲五總。」合言其表裏也。其裏之所用未詳。革者，考《魯論》云：「緇衣羔裘，素衣麑裘，黃衣狐裘。」故知「緇衣」、「素衣」、「黃衣」，皆所以示衣之在外也。羔裘、麑裘、狐裘，皆所以示裘必在衣之內也。是毛之與革〈皮版〉、革之與衣固外、內、中三層也明矣。治裘之工必於「革」、「衣」之間施之以襯布一層〈⿰鬲裘〉，使革之與⿰鬲裘緊密貼附。然後施之以穿刺縫連，使革、⿰鬲裘

成為一體，詩所謂「羔羊之縫，素絲五總」者是也。治裘既成，乃可綳附於衣。使衣之周邊與革相結合。而羔裘之衣至此成矣。所以妨「革」、「⿰鬲裘」穿刺之縫迹暴於衣表，而成衣表之光潔無痕也。古人所謂無縫天衣，音寔語歟？！故知⿰鬲裘之為字从裘，从鬲，隔離之意也。即襯布其物而無疑矣。此布吾鄉民間呼之曰「皮襯裏子」，是其俗也。至名貴之狐裘，更必於帶背之外隔以細實之絲帛一層，以防帶背之磨損脫落。是亦⿰鬲裘之義矣。段氏不識此意，而云「所用未詳」，固其宜矣。

〈求〉〈求〉〈求〉〈求〉求求 → 球〈璆〉〈美玉〉、裘〈皮衣〉、逑〈追求〉 → 〈求索〉
「〈裘〉〈衣裘〉」

總總𢁥〈說文〉：「聚束也」。〈釋名〉：「總，束也。總而束之也。」〈詩·齊風〉：「總角丱兮」。按，總之初義，以本當束髮之意。故後發展為一切總合之義。

總之為字，从糸从囪。囪音古囟字，頭顱之象。所以示千萬毛髮集結于頭頂合為一體也。或為下垂，或為直立，或為分張，固無定式，其為總束之義則一。

結結𦁆〈說文〉：「結，締也。」愚曰：結之為言集也。「集也」二字之合音也。結之為義，絞繞牢合之象，會集一體之態也。在金曰鑄。在木曰集。在髻，在骨[illegible]。在繩曰結。語源聲同而義通，故知「結」亦形聲字矣。

紞紞〈說文〉：「冕冠塞耳者」。〈春秋桓二年〉：「衡紞紘綖」注：「紞，冠之垂者」。疏：「紞，懸瑱之繩。垂於冠之兩旁者」。

紞

耽耽𦖞〈說文〉：「耳大垂也」。〈淮南地形訓〉：「夸父耽耳」注：「耽耳，耳垂在肩上」。

耽耳

髧髧𩬈〈正韻〉：「髮垂也」。〈詩·鄘風〉：「髧彼兩髦」。傳：「兩髦之貌」。

髧彼兩髦

紞、耽、髧字皆从冘，何耶？愚曰：冘之為文，古擔字也。造型與何同例，象形字也。擔之為器，負重扛桿也。荷扛肩挑者，必求兩端平衡。其理同於天平。故重×重距=力×力距，為荷擔之永恆定律。故冘之為字有左右對稱之義。造字者施糸而足紞，訓義為冠之左右下垂懸瑱之繩；施耳而足耽，訓義為左右兩耳垂肩；施髟而足髧，訓義為左右垂髮之態。咸具左右對稱之指，而音同於擔。《說文》訓冘為攸遠，乃冘之延申義，非冘字初義可斷言也。何則？水部「沈」字訓「濁黕也」。木部「枕」字訓「臥薦首者」。《集韻》「莐」字訓「知母也，都感切」。心部「忱」字訓「問聽」。故知許氏冘字音「淫」，乃變聲字例，與「田」「陳」雙聲同規。而沈、耽、紞、髧、枕、沈……皆有下垂之義可知矣。蓋物之下垂，皆感同於「地心引力」……明乎此理，則從冘之字皆含下沈之義可不待辨而自明矣。

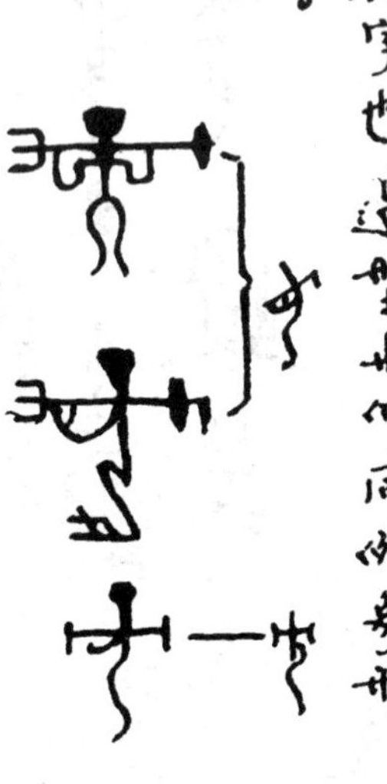

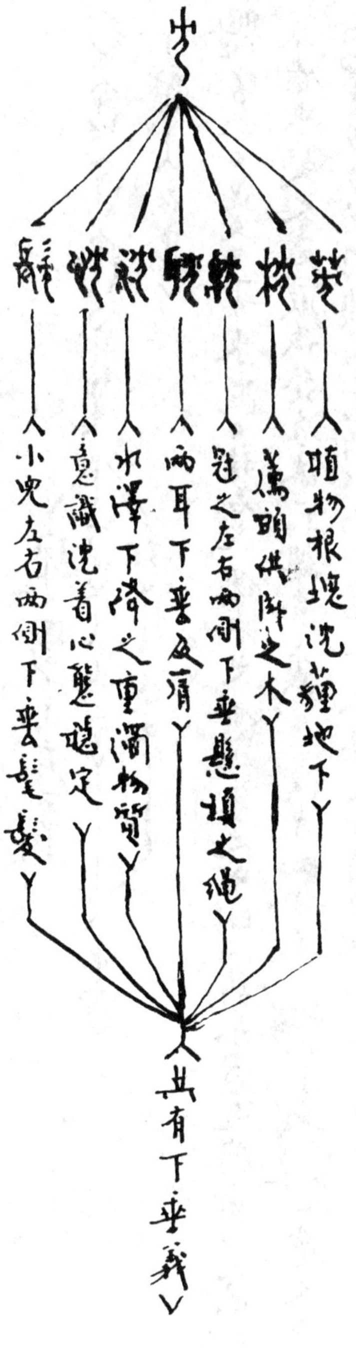

綖 綖《玉篇》：「冕前後垂覆也。」《春秋·桓二年》：「衡紞紘綖。」注：「綖，冠上覆。」疏：「冕以木為幹，以玄布衣其上謂之綖。」按：玄布黑色。綖，从糸从延。延者，長也。黑絲長巾蒙諸冠冕之上。含天玄地黃之義。後世名之曰「烏紗帽」。

鞶 鞶《說文》：「大帶也。」《禮·內則》：「男鞶革，女鞶絲。」《春秋·莊二十一年》：「王以后之鞶鑑予之。」注：「鞶帶而以鑑為飾也。」按：鞶之

鞶 為字從般，从革。般者圜形之器，盤桓旋繞之義。革者，皺皮去毛者也。即男子所佩之圜寶版帶。是具有政治標志的「禮服」的配件。《易·訟卦上九》：「或錫之鞶帶，終朝三褫之。」即其義例。

裔 裔《說文》：「衣裾也。又邊也。」《史記·五帝紀》：「乃流四凶族，遷於四裔。」索隱注：「四裔之地去王城四千里。」《正韻》：「末也，胄也。」《韻會》：「苗裔，積緒也。」按：裔字本義原指衣襟邊緣。後世假借為「邊緣地區」，或後代子孫義。此漢字「時空互化」之義例。

襭 襭《玉篇》：「衽也，以衣衽扱物。」《爾雅·釋器》：「扱衽謂之襭。」注：「扱衣上衽於帶。」《詩·周南》：「采采芣苢，薄言襭之。」李巡曰：扱衣

袺 上衽於帶。衽者，裳之下也。置袺，謂手執之而不扱。襭則扱於帶中矣。「襭」和「袺」的區別關鍵在於袺是用手提着衣襟。襭是把衣襟下緣提起掖在腰帶上，不用手提。這是古代勞動人民埜外採集植物的操作形式。「袺、襭」同屬單音複義動詞。

〈綖〉

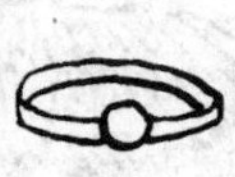

〈鞶〉

〈裔〉

〈袺〉 〈襭〉

芣苢

七

履𡳐𩌨《字書》：「草曰扉，麻曰屨，皮曰履。黄帝臣於則造。」《說文》：「足所依也。從尸，從彳，從夊，從舟。」徐曰：「履行故從彳、夊，足也。」毛氏曰：「從舟，載也。履能載足。」

按：履字所造形以彳為人行之道，以履為足之舟。在表達了高度複雜的指事、會意藝巧的同時，還凸出了它的聲中兼義的一個重要側面。考車部「轢」字云：「車所踐也。」止部「歷」字訓：「過也。」以語源聲例求之，故知「履」之為字有踐踏義，亦有經歷義。《祭義》云：「禮者履也。」《易·履卦》：「上天下澤，履。君子以辨上下，安民志。九二，履道坦坦，幽人貞吉。九四，履虎尾，愬愬終吉。上九，視履考祥。」這已經不是物質的「履」，而是已經進入哲學領域中的履了。

絇

《說文》糸部絇字訓：「纑繩絇也。」《玉篇》：「履頭飾也。」《周禮·天官·屨人》：「舄有絇，有繶有純者飾也。」《儀禮·士冠禮》：「青絇繶純。」注：「絇之言拘也。以為行戒。〈足趾保護〉狀如刀衣鼻。在屨頭。」《爾疋·釋器》：「絇謂之救。〈足的防衛〉……」

〈發明〉絇之為字從糸，從句。糸者，所以示其為針黹之品也。句，古拘字，初文也。山區農民樵、采攀柴之工具也。許氏訓曰「纑絇」，吾家鄉人呼之曰「絇繩」。

怎樣認識舄有絇？案舄之為物，朝廷禮服所着之履也。今京劇舞臺可見。俗名「朝靴」。古代「舄絇」與我國北方山區農民所着之「鏵鞋」前端酷似。唯「鏵鞋」腔部無補，鞋面無寰。山區之民登山樵、采，常苦崎嶇巉巖，山石達足傷趾為患。故其履底尖端之形，皆卷曲上揚而向後。形

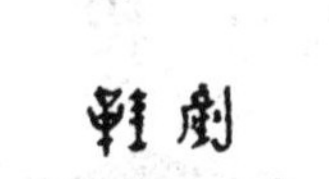
劇鞋

〈絇繩緊索〉

〈纑絇〉

似鷹嘴。所以防止山石挫足傷趾也。今之登山旅遊鞋，其構造原理仍與「舄」同。但無絇飾而已。

繶 繶䌛《博雅》：「緣也。」《周礼·天官·屨人》：「赤繶、黃繶。」注：「赤黃之絛為下緣。」復考《士喪禮》：「賓長洗繶舄。」注：「舄屨足之間，有篆文彌飾。」故知「繶」字本義，乃一切器物之藝術圖案花邊意，固非專指舄繶而言也明矣。

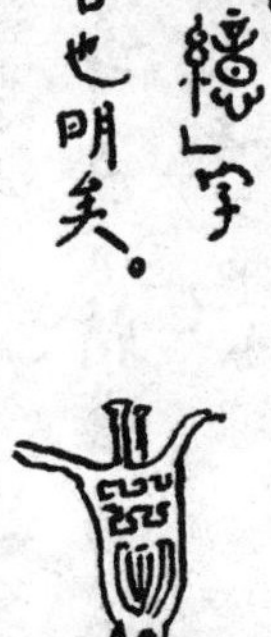
繶舄

考繶之為字，从糸，从㥛。糸者，紋理綫條之象也。㥛者，藝也。隨心所臆，因勢而設計，所以示藝術之無窮也」。

袢 袢《玉篇》：「衣無色也。」無色即白色也。大凡衣之色彩愈濃者其吸熱力愈強，故盛夏酷暑，皆身着白衣，取其反光而降溫也。《類篇》：「袢，延熱也。」延熱，即散熱。《詩·鄘風》：「是紲袢也。」傳：「當暑袢延之服也。」所謂「袢延」之服，即着于身表一層之服，故袢字从衣，从半。点，即身，袖俱短之衣，今之「汗背兒」是也。白色的「汗背兒」，就能反光，又好散熱，避暑之衣也。

〈袢〉

袘 䙊《韻會》：「裳下緣也。音易。」筆者案：䙊字訓為「裳之下緣」䙊，與袳之訓為「衣邊」聲同而義似。故知「在衣曰袳，在裳曰䙊」。此漢字假義於聲之例也。兹再求其形例以明之。謹按：䙊之為文，从衣，从㐌。㐌與也通。許叔重於《說文》中訓也為「女陰」。遭時代之非難也久矣。唯近代學者章炳麟氏於《文始》中曾畧陳其義。

章氏又云：「也字本義，多借𢓡以示義。《後漢書·鄧訓傳》注曰：『首施兩端』。又曾以手尾，字施文。古漢語陰與尾多通言。如《尚書·堯典》云：『鳥獸孳尾』，是其語例。古人將天地與人體同觀。天即頭顱。地即人陰。陰居最下。人足之雖在下，但四肢可旁伸。故足不被認為最下。而以陰為極下。引伸而為宇宙之上下位置義。但是在古籍中是找不到哪一個也字是為『女陰』之用……」雖此可證，𢓡字之義之所以訓為「裏之下緣」，其情與也訓為「女陰」，而化為「空間位置」義，其例如出一轍。由此可證，章氏之說益覺信而有據。但是也字在古漢語中之普、繁應用，多是同動詞或助辭。蓋許氏治學章則，根據字形說解字義，也是《說文》全書的基本體例。但是也字的初義，雖不普遍應用，然而在从「也」的許多轉注字的示義中，儼然是以遠視到也字的兼賅而不誤。故知許氏之學術價值，絕非淺人妄言所能否能，可斷言矣！

裹（𧚍）、裸（𧞤）：《字彙補》：「包也」。《穆天子傳》：「朱三百裹」，注：「包束也」。按𧚍之為字，从人（衣），从果。果之為物，皮居表而實處裏。示人以內外層次分明之態。故知𧚍字从果居衣內，與甲骨文「依」字从人在衣內而上同例。皆有裹之義。

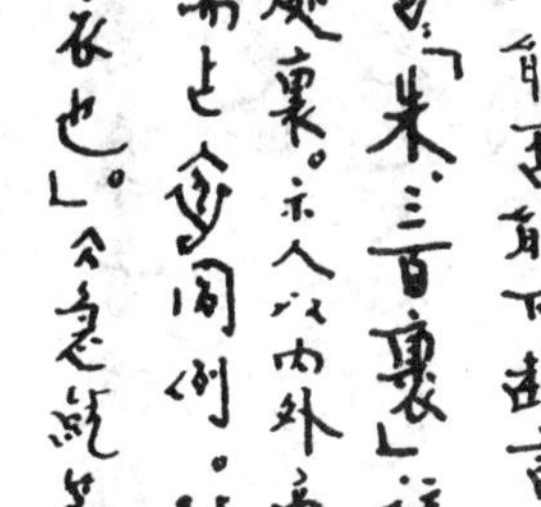

褌、𧝓：《類篇》：「幝也」。《玉篇》：「褌，襲衣也」。《急就篇》：「合襠謂之褌」。《釋名》云：「褌，貫也。貫兩腳上繫要中也」。《漢司馬相如傳》云：「相如身自著犢鼻褌，與庸保雜作」。《晉書·阮籍傳》云：「群虱之處褌中，逃乎深縫，匿乎壞絮，自以為吉地也」。緣此觀之，則「犢、𧝓」、「褌襠」，皆同物而異名可知矣。褌之為言渾也。襠之為意，兩股中間也。犢之為言，瀆也。𧝓字从衣，布也。以其似犢鼻而得名。今世所云「三角內褲」也。

（犢鼻）

（𧝓犢）

初（篆） 《說文》：「始也。裁衣之始也」。

卒（篆） 《說文》：「隸人給事者曰卒」。按此列極確。然非造字初義。卒之為字，从衣、从/。或从×、※。衣者服裝也。/×※皆鐵線痕縱橫之迹。顯然是衣服已成工程告終之象。故延伸為結束、末尾、最後義。延伸義行而初義遂晦。

黹（篆） 《說文》：「合五彩鮮色」。《詩曹風蜉蝣》：「衣裳楚楚」。按：黹字从黹、从且，《周禮司服》注：「黼黻絺繡為黹，謂刺繡也」。从且，聲也。聲中亦有文理色彩義，虎部云：「彪，虎文也」。《唐韻》：「虨，虎文也」。故如「衣裳黹黹」有色彩義，亦有威儀義。

（初）

市（篆） 《說文》：「上古衣，蔽前而已。市以象之。天子朱市，庶赤市」。《詩曹風》：「三百赤市」。傳：「大夫以上赤市乘軒」。疏：「市服祭祀所用也」。上古之世，生活簡陋，冬衣獸皮，夏圍草葉。芾即其形矣；與西方「草裙舞」相似。厥後代之以絲俗而有市。及商周之際，文明進化，而易之以韋（柔革），施之綵繪，而成為廟堂之禮服矣。韍字其名矣，更有絲製之品，其名曰紱。宋末絨字元章，取之以為名。于以見服製沿革之漸進過程。夏后画山，殷火，周画龍（見礼明堂位）。

橫（篆）《卜》 橫《金》 此字見於《卜辭》，字从黃，人背負以象截體。《形符》。88，居東方，以組帶。象徑籍「衡」字初文也。《金文》上橫，或上黃，殆借字矣！

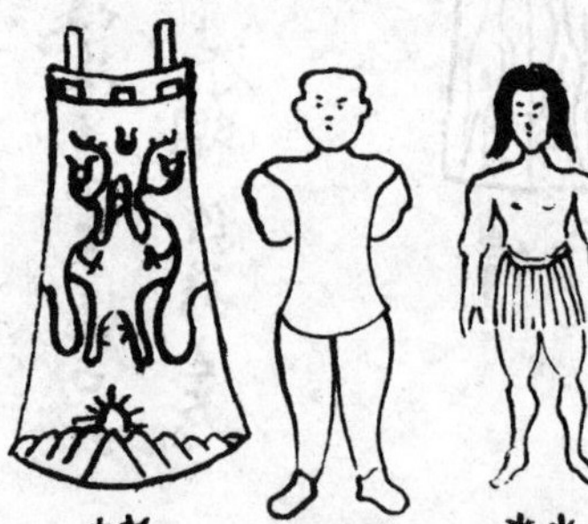

九

《禮玉藻》:「一命縕市幽衡(悤上讀繐,橫下同)。再命赤市幽衡。三命赤市纁衡」。先秦朝廷命官,以「市」及「衡」的顏色,區別等級。所謂「一命」、「再命」即加封次數。王夫之《禮記章句》云:「韠,韍膝也」。其製以熟皮爲之。著於衣裳之外,大帶之下。要當前中,上分三歧。蔽其前後。後王亦不忘古,去其後,留其前。以爲飾焉」。筆者復考「市」「悤衡」之「悤」字,《金文》作[illegible]或[illegible],小篆作「繐」,從糸作悤,適證字也。謹附於此。

褘 《釋名釋衣服》:「王后之上服曰褘衣,畫翬雉之文於上也」。《禮明堂位》:「夫人副褘立於房中」。《周禮天官內司服》注:「王后之服,刻繒爲之形,而采畫之,綴于衣以爲文章。畫翬者褘衣。從王祭先王則服褘衣。(禮服)」

按褘之爲字,聲義字也。應讀爲翬。《說文羽部》:「伊洛而南,雉五采皆備曰翬」。《爾雅釋鳥》注云:「翬亦雉屬,言其毛色光鮮」。《詩小雅》:「如翬斯飛」箋:「翬者鳥之奇異者也」。按:褘、翬、揮音同而義通。所以示服有鳥章而色彩光輝絢爛之義也。此漢字同義於聲之又一例。

褘衣

襢 《說文》:「丹縠衣也」。《詩鄘風君子偕老》:「瑳兮瑳兮,其之展(襢)也」。毛傳:「禮有襢衣者,丹縠爲衣」。馬融從之。按此即許訓之所繇來。段注謂:「縠,細縛也」。考《周禮天官內司服之職》云:「掌王后之六服:曰褘衣、褕狄、闕狄、鞠衣、襢衣」。《禮玉藻》:「一命襢衣」。《釋名》:「襢,坦也。坦然正白無文采也」。則襢衣之色,自古已有爭論矣。此衣是王后會見賓客之服。

純純純純：說文云：「絲也」。此訓不合「純」的造形之義。考儀禮．士冠禮云：「服纁裳純衣」。
注云：「純衣，絲衣也。」禮．曲禮云：「冠衣不純素」。注云：「純，緣也。」

按：純之為文，从糸，从屯。糸者絲帛之形，屯者「艸木初生剛柔始交而難」之象也。故有封閉之意。屯之為言聚也。束縛之意也。詩．召南．野有死麕：「白茅純束」。束字古篆作束。故知「純束」即「緊束」，而音義符合。詩傳云：「純束，猶包之也」。堪證吾說不謬。然則儀禮云之訓「純衣」為「緣衣」，其義貫，取象於屯，斯彰彰明甚矣。所謂「緣衣」，鑲邊之衣也。故「緣衣」亦有周币封閉之象。純古文亦作純。而訓為黑色。黑色者七色之總合也。非任何色彩所能混淆。故延伸為「純粹」無雜義。

（純）

褧褧䌹檾：詩．衛風．碩人云：「衣錦褧衣」。傳云：「褧衣，在塗之衣，尚之以禪衣，為其文之太著。」鄭風．丰云：「衣錦褧衣，裳錦褧裳」。箋云：「褧，禪也。蓋以禪縠為之。為其文之太著也。」古代貴族婦人身着綺錦之服，嫌其色彩過份刺眼，有傷文雅，故以褧衣籠罩於外，以示樸素而利防塵。

褧字析義：褧之為文，从耿，从衣。衣者形也，耿者聲也，亦義符也。耿从耳，从火。耳居兩頰

十

頰之側，火者光色之象。故知「耿」字初義，有面紅耳赤之象。故人忿怒曰「耿耿於懷」。唐徐叔京詩云：「少年負壯氣，耿介立衛霍」，十足的刻劃出小伙子面赤耳熱怒火中燒的生動形像。許氏說文訓「耿，耳着頰也」。杜林說「耿，光也」。然則「褧衣」之褧字即「耿」之形注字，而亦有「光色」之象，自當無疑。鄭玄云：「褧衣」禪縠所成。」此種細絲織成的透眼薄紗，籠罩於錦衣之外，必然會顯示出半透明體透光效果。是毫無疑問的。褧字又與「絅」通。「冏」者，日出東方小窗透明之象。明字从月从囧，明月照窗之象也」。則褧衣的半透明象已躍然若揭矣。許君以「檾衣」為褧衣。其說雖與鄭異，然其立義之悟，在於說明褧衣的半透明特點，固無二致焉。（說詳拙著《工秇》絅字）穿於上褧衣，並非獨立的「衣種」，而是禮服外加的一層「罩衣」。

褖 褖

《周禮·大宰·內司服》云：「掌王后之六服，六曰「褖」衣。褖衣是御于王之服。又《儀禮·士喪禮》云：「黑衣裳赤緣謂之褖。褖之言緣也。所以表純者。《禮·玉藻》云：「……士褖衣。」注：「此子男之夫人及其卿大夫士之妻命服也。」按古文褖、褖異文而同字。褖者邊緣也。故知「褖衣」即「緣衣」。

褧衣

褖衣

褕 褕

《周禮·大宰·內司服》云：「掌王后之六服……二曰「褕衣」。按：「褕衣」，經文亦「揄衣」。實即「褕狄」。鄭讀音為「搖狄」。古狄、翟字通。翟是長尾野雞。《詩·鄘風·君子偕老》云：「瑳兮瑳兮，其之翟也」。傳云：「褕翟，羽飾衣也」。《北堂書鈔》引《三禮圖》云：「褕翟，王后从王祭先公服也。剝青翟形采畫雉，綴於衣是也。」可知「褕翟」形製與禕衣相似，只王后禮服之一。

褫𧝠𧝬𧞑《集韻》：《韻會》：「音考。奪衣也。」《易·訟卦》：「或錫之鞶帶，終朝三褫之。」疏：「奪《說文》三見褫脫。」按：所謂「三見褫脫」，即在職官員，因觸犯刑律而遭到連降三級的政治處分。所云「褫脫」，即「褫奪」。奪古文上《說文》似小鳥被俘，拼命掙扎，逃脫於人的掌握，棄尾失羽，高飛遠颺之像。夅者鉑尾之鳥。六是兩毛墮落之態。又者右手握尾，鳥已逃去之象。故古文「奪敚」——「奪《說文》」

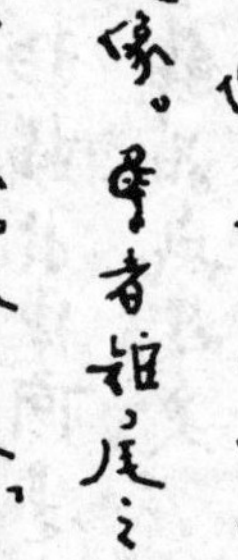
《說文》

二義互通。

褫字造型的政治含義：褫之為文，从虒，从衣。衣字在這裏，喻於禮服的象徵，有甫之虎名陽。所以示王威之不可犯也。顯於禮服是「王者」賜予的標志職位等級的名器。因而當在職官員犯有罪行者的處理時，必須首先剝奪其政治參與職稱。要脫掉他身穿的禮服。這為了對犯罪份子的政治制裁措施。是一種命令式的強制行動，具有法律性質。所以褫字从虒，所以示王威如虎也。在剝奪政治身份之後，還要剝奪其財產，沒收其封賞領土。《國除》也即開除國籍。在完成以上兩項任務之後，纔能送交「司提」之下，追查其刑事責任。所以《易·訟卦》云：「終朝三褫之。」但是這個第三次「褫奪」，已經不再是脫去朝服，而是剝奪生命了！

故「奪」字訓義為「強取」。《說文》云：「奪，手持隹失之也。」故知許君之訓應為本義，訓為強取是引伸義也。是引伸義行而本義晦。故另立脫（敚）字。故知𡙸（奪）二字，皆為形兼會意字也。明清兩代，對生員剝奪其衣衿，開革除名」，名曰「褫革」。今日法學術語，謂剝奪公民權曰「褫奪公權」，仍有古義。

幭

𦣻 幭 幦 幎 《說文》云：「蓋幭也。」段注引司馬彪、徐廣曰：「乘輿車，文虎伏軾。文虎伏軾即《經》之淺幭。」考《詩·大雅·韓奕》：「王錫韓侯，鞹鞃淺幭」，《傳》：「淺，虎皮淺毛也。」《疏》：「虎皮淺毛幭，覆其軾也。」按所謂「淺毛」、「短毛」之意也。今青銅器銘文亦恆有「虎𦣻熏裏」語句，字皆作「𦣻」，即幭、幎之初文。此虎幎之用途，覆於駟馬兵車軾上。《釋名》：「軾，式也，所伏以式敬者也。」《後漢·張湛傳》：「軾路馬」。注：「乘車必正立之。有所敬，則撫軾，謂小俛也。」故知「軾」之為物，橫於車前，是為了在駕馬車中途路遇尊者而設的致禮設施。而「蓋𦣻」為覆軾的裝飾品無疑矣。

旛

𣃦（卜）旛 《說文》：「旛，胡也。」《廣韻》：「旛者旗旐也。」古謂凡旗之幅曰旐。是則凡旗幅皆曰「旛胡」也。筆者按：我國民間喪葬形式，亦有孝子執「陰魂旛」引柩至埋葬既訖，則插於墳墓而返。此古代文化之遺迹，可以古文字考證之。

⿰衤冥⿰金冥《唐韻》《集韻》：「音覓。與幦同。車覆笭也。」《類篇》：「髹布也。」考《周禮·春官·巾車》：

「王之喪車五乘。木車蒲蔽，犬⿰衤冥尾櫜，疏飾。」傳：鄭司農云：「犬⿰衤冥，以犬皮為覆笭。故書「疏」上「措」。杜子春「措」讀為「沙」。鄭玄云：「謂車旁禦風塵者。犬，白犬皮。既以皮為覆笭，又以其尾為戈戟之弢。麤布飾二物之側為之緣。若攝服。鄭云：服讀為箙。小箙，刀劍短兵之衣。……」《巾車》又云：「素車棼〈煩〉蔽，犬⿰衤冥。藻車藻〈蒼繪〉蔽，鹿淺⿰衤冥。駹車雚〈葦〉蔽，然⿰衤冥；漆車藩〈席〉蔽，豻⿰衤冥。……」

⿰金冥是什麼？　按⿰衤冥之為字，从衣，从冥。冥古作，象兩手張幕蔽日之態，指事義也。从衣者，所以示其為物體外圍之保護層也。

這裡利用帶毛的各種獸皮製成的器物外圍保護層，是上為車廂四壁的「笭」，以竹編笆片、藩、草織的席、……等的表層保護設施使用的。

西周駟馬車的車輿，只有方形框架結構，既無頂蓋，四周又無版壁。全憑竹編的笆片或蒲苫、草席貼在車輿周币，以防風禦塵。為了嚴密的需要，又將帶毛的獸皮，維護在竹笭、藩席、蒲蔽的表面。就叫作⿰金冥。

十二

橐 橐《說文》：「車上大橐」。《樂記》注：「兵甲之衣曰橐鞬。橐言閉藏兵甲也。」《左傳·昭元年》：「伍舉知其有備矣。請垂橐而入。」《春秋傳·二十三年》：「重耳對楚王曰：「若以君之靈，得返晉國，晉楚治兵，遇於中原，其辟君三舍。若不獲命，其左執鞭弭，右屬橐鞬，以與君周旋。」注：「橐以受箭，鞬以受弓。」

橐字造型的初探：按：橐之為文，从束从缶。束者卷束收藏之象，亦橐之鞘也。从缶者，缶从人，从缶，相背之義也。故知一橐之內必藏之矣。《詩·周頌》：「朱英綠縢，二矛重弓。」傳：「所以備折也。」故知橐之為字，象形兼會意字也。

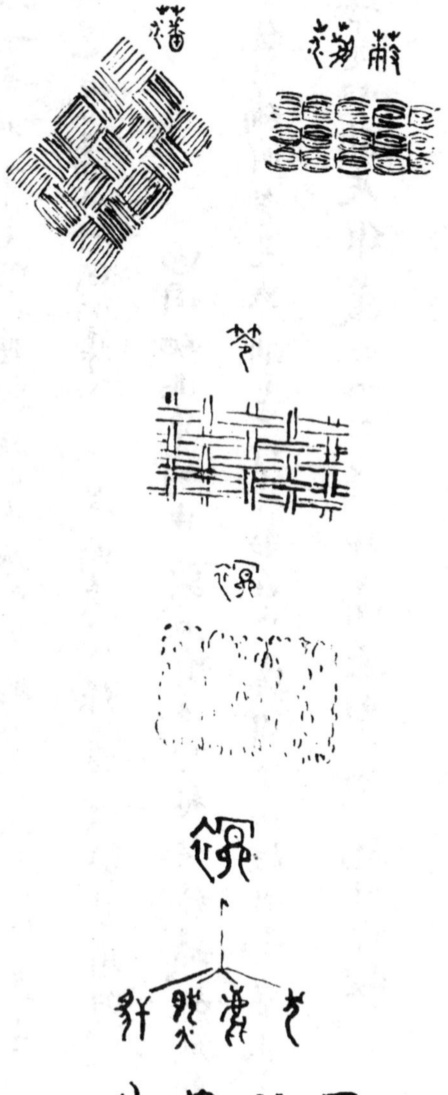

四種不同的襖，皆有各自的固定車輛的配位規律

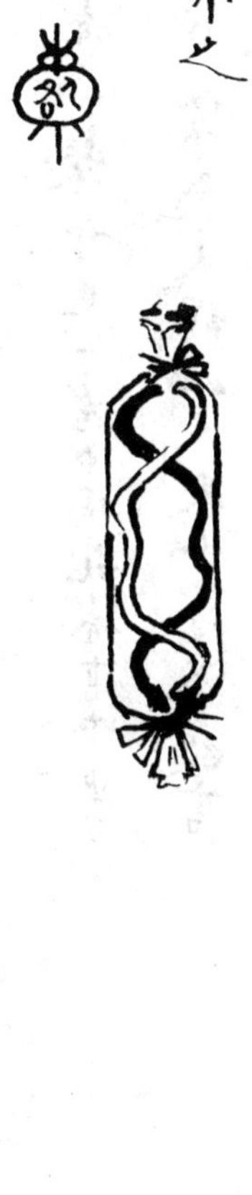

耑端

耑〈卜〉耑〈金〉耑〈篆〉：《說文》耑字訓：「物初生之題也。上象生形，下象其根也。」徐鍇曰：「中一地也。」《增韻》：「耑，物之首也。」《說文·立部》：「端，直也。正也。」《禮·曲禮》：「抱書端書于君前。」注：「端，正也。」《爾雅》：「耑，萌也，始也。首也。」《韻會小補》：「丈夫以上冠也。」《禮·月令》：「諸侯玄端以祭。天子玄端以朝日于東門之外。」注：「讀音為冕。」〈說見後〉

筆者按：物之萌芽，初生之態，皆背地直立而不曲，故植物的「植」字从木从直。現代植物生理學謂植物莖株具有天然「背地性」。此現象愚廷田野見之。每值盛夏風雨交加，田野禾稼橫斜傾倒，然及雲斂晴空，陽光再照，則禾莖一一自動起立。無待人工扶持。古人對此早有觀察，造字者以耑為植物初生之形，以增古字以示植物屈而復伸之態，而訓義為「正直」。信乎漢字之科學價值有不容詆譭者在矣。

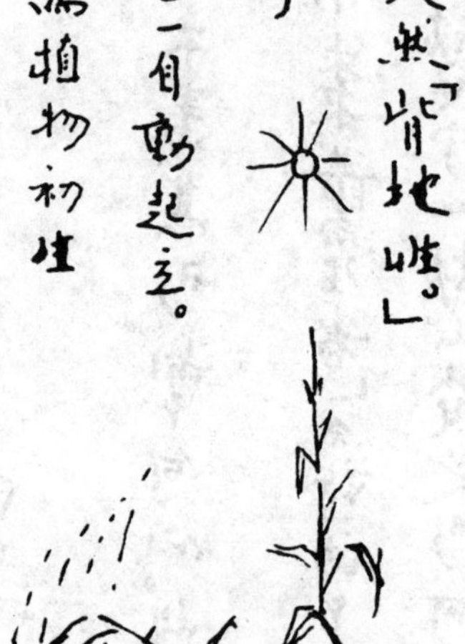

1. 屈　2. 直

或問：「端」字从耑，从立，而假為冠冕之名，何也？愚曰：耑者植物之題，正直之象也。端者冠冕也。朝服面君，禮儀莊嚴，冠冕必求端正，所以示敬也。推而廣之，言必信，行必果，正心修身，何莫非端耶？

然則端之時義大矣哉！

襋

[illegible]、[illegible]《說文》："衣領也。从衣，棘聲。"《詩·魏風》："「要之襋之。好人服之。」"按襋之為文，从衣，从棘。

[illegible]

金文上[illegible]、[illegible]。《瀕壺銘文》謂為「[illegible]」。而未審其形制何似。故僅能字論字而求證之。考《說文》棘字訓："「棘，小棗叢生者。」"《詩詁》云："「棘如棗而多刺。木堅，色赤。叢生……」"證以金文[illegible]字从林，从[illegible]之形，可知襋之為物，或系赤色衣領，尤其《瀕壺銘文》所謂「朱襋」之意，更揭示出襋領邊緣附「黹朱」形象。謹試述如上，並擬示其形象。

舄 𦥑𦥑𦥑 舄《博雅》：「舄，履也。」《釋名》：「複其下曰舄。舄，腊也。行禮久立地，地或泥濕，故複其末下，使乾腊也。」《崔豹古今注》：「舄，以木置履下，乾腊不畏泥濕也。天子赤舄。」《詩·豳風》：「赤舄几几。」傳：「赤舄，人君之盛屨也。」《小雅》云：「赤芾金舄。」注：「舄，達屨也。」疏云：「履之最上達者也。舄有三等，赤舄為上，冕服之舄。下有白舄、黑舄。」《左傳·桓二年》：「帶裳幅舄，衡紞紘綖，昭其度也。」注：「舄，複履」

〈舄〉

案：舄之為物，乃古代貴族達官顯宦之禮服也。其物今已不見，唯京劇舞台仍可見之，俗名「朝靴」是也。

〈詳參本書人·文卷三〉

衵 衵《集韻》：「音日」《說文》：「日日所常衣也。」《玉篇》：「女人近身衣也。」

案：《左傳·宣九年》云：「陳靈公與孔寧儀行父通于夏姬，皆衷其衵服以戲于朝。洩冶諫曰：『公卿宣淫，民無效焉，且聞不令，君其納之。』公告二子，二子請殺之，公弗禁，遂殺之。」案：此即顏氏訓衵為「女人近身衣」之所本。文內所云之洩冶膺于陳國昭公直官員，可惜他不識人情事故，不估計利害，對陳國君臣

一四

種與趾附，醜惡作風，采取了畜面批判，因而遭到了毀身之禍。

黹 黹 黹 黹 黹 黹〈上〉 黹〈下〉《說文》：「箴縷所紩衣也。」復考糸部紩篆下云：「縫也。」《玉篇》云：「古文紩也。索也。」《急就篇注》云：「納刺謂之紩。」

案：吾鄉民間語言謂縫鞋底曰「納鞋底」，縫襪底曰「納襪底」。其紋理皆鱗次櫛比，縱橫成列。有附納成文字、花卉圖案之形。故知此即「納刺謂之紩」之意。

復考《周禮·春官·司服》云：

「黹黻絺繡為黹。謂刺繡也。祭社稷五祀則「絺冕〈希冕〉」絺即古文絺字。《說文》：糸部絺篆下：「細葛也。」所謂「細葛」，葛麻葛皮層纖維紡織而成之透孔圖案之紗布。《甲骨文》中附黹字，其形諧也。《說文》云：「黹从㡀，丵之省。」徐鍇曰：「丵，眾多也。言箴縷之工不一也。」然則以就箴紩工藝而言則為黹，或絺以布名而言則曰絺或絺。此漢字之轉注例歟?!

絺

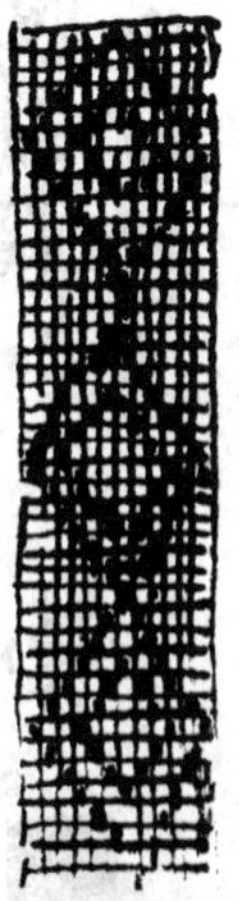

黹

黼

黼《說文》云：「白與黑相次謂之黼」《周禮·考工記》同。《爾雅·釋器》云：「斧謂之黼」疏云：斧蓋半白半黑，似斧刃白而身黑。取能斷意。一說白西方色，黑北方色。西北，黑北之交，乾陽位焉。劉健能斷，故畫斧以黑白為文」。

案黼之為物，古代司法官嘗服前胸之圖案也。在前曰黼，在後曰黻。今京劇表演中仍能見之。其制為黑白相次，取是非分明之義。畫上斧形，有剛而能斷之情。字从黹从甫。甫斧同聲。黹者文章之象。亦形聲字也。

黻

黻《說文》：「青與黑相次文。」《爾雅·釋言》：「黼黻，彰也。」

黻

黼文如斧，黻文如兩己相背。」

案兩己相背者，背私从公之義也。古有司之職服之。前黼而後黻。故《春秋》黼黻連言，非偶然也。

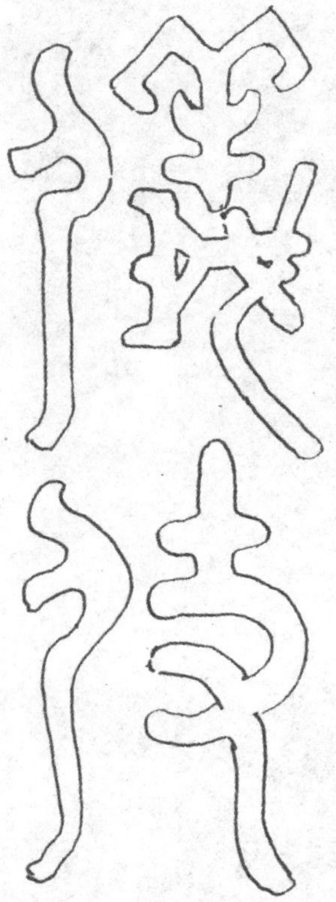

儀仗

文字起源圖典

十七

方旁房 一
旅族旋 二
旄縿旂旆 三
斿游遊 四
常 五
伊物 六
旜旂 七
旸旗 八
旟 十
旐 十一
旞旌 十二
鈴 十三
維旒貴 十四
芮侮 十五

方、□、□之方《說文》：「併船也，象兩舟。」這個定義我無權爭議。不過筆者設譚，另外的一種認識。

一、既述：遵照物理常規立論，「方」的定義，應當是圓的對應體，予佈置設。但我們所見到之古篆□字，卻是一面旗幟。它並不適合用人、或人等數據來求證。然而它卻讓人們意味着這是一片原始荒野，變成了人為的行政區劃分佈的標志。

二、怎樣合理的認識這個標志？這是十分重要的課題。唯一的措施只好依靠□附兩個孿生子「旁」和「房」來提供綫索。

旁、□、□之□猶□、□。《釋名》：「在邊曰旁。」這個解釋很好。《玉篇》云：「旁，猶側也。」此解更覺意識鮮明。

房、□之房《說文》：「室在旁也。」許君在此采用了幾何語言為後人暗示了一個「位序」觀念，異常寶貴。

小結：從「□」、「□」、「□」三字的提索中，使筆者在不知所以然中發現了一個新問題，即「位序的主從關系」。這個主從位序的外段極限，必然會有圓心與圓周的對應格局。古代王朝統轄的「萬邦」、位置都在「王畿」周圍。形同衛星環繞恒星的磁場分佈。在經籍中「萬邦」、「萬方」儕「駢體同位」辭。可以下陳舉例覘見梗槩：

甲、《易·觀卦繫辭》：「風行地上，先王以省方觀民。」經文在這裏忠實地介紹了「王者五年一巡狩」的活動景象。也就是從「王畿」出發點，按順時針方向前進。自中—東—南—西—北，而復返於中的過程。

乙、《毛詩·大雅》：「皇矣上帝，臨下有赫，監觀四方，求民之莫。」

丙、《尚書·湯誓》：「其爾萬方有罪，在予一人；予一人有罪，無以爾萬方。」在上述一些舉例中的「方」字，都應當視為「邦」字。

三、為什麼「方」「邦」互通？這是有歷史背景的。這邊要將前邊未提過的幾個例字來稍習一下。如：□（旅）□（族）□（事）□在這些字形中均有手擎旗幟（象）也，即上古氏族的「旗徽」，也即本文所討論的中。可見上古氏族部落的生產、組織、旅遊……活動，都是集體而有嚮導的活動。縣於歷史的發展，部落之間「休戚與共」，決定了「守望相助」的義務承擔。勢所必然的會自發遴選出才智兼優德高望重者出為聯盟元首。史學家的術語叫它「受命」。降及三代（夏、商、周）這一社會組織形式已發展成為「禮樂雅容」的「宗法社會」的王朝矣。最高統治者曰「天子」。下設五級官爵（公、侯、伯、子、男）分封於「王畿」周圍，各有方位。「萬方」「萬邦」有方位義。

六、有邦國義。

四、中的歷史觀：天子的正常政治活動，有按時（三個月）召集的部份氏族首領會議，叫它「時見曰會」（四方諸侯按手個指示時次覲見）；若四方諸侯同時齊集王畿之大畔嚋，就叫它「殷見曰同」。在這兩類隆重大典中，每個諸侯都支擎着自己的國旗，遵照會場規定的空間位置，對號就位（俗謂有人才的地方說文「寺」字訓「寺者法也」；《周禮》之「明會位」、「外朝律」），蕭贊上說是早期部落聯盟的新形式。

中之為字說穿了即代表某一地望政權標志。看來好像是一面彩旗，但是很少有人知道它是無限生命換來的「精神勝利品」。倘若把它視成是水上交通工具，那就太淺識矣！

〈王制社會〉

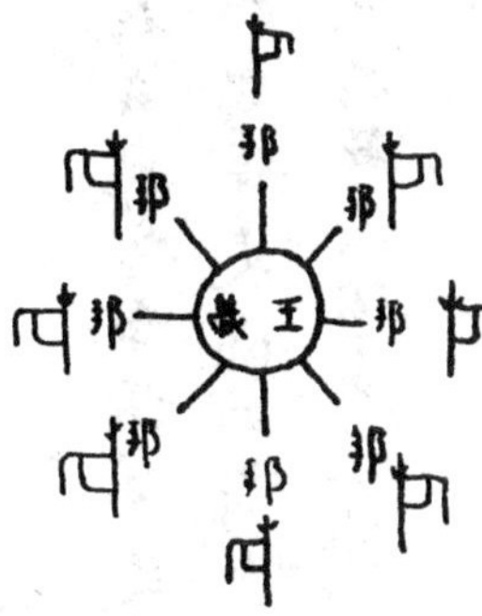

〈部落社會〉

在鐘鼎文中，旗幟的形像，多出現在戰車之上。令人感到旗的指戰之用愈益明顯。

旅 □（卜）□ □ □ □ □ 周為春秋時代以車戰為主而以步卒為輔。（左傳桓五年）：「鄭原繁、高渠彌以中軍奉公為魚麗之陣，先偏後伍，伍承彌縫。」注：（司馬法）二十五乘為偏，以車居前，以伍次之，承偏之隙，而彌縫闕漏也。此蓋魚麗陣法。可以看出，□字造形所反映的是步卒戰鬥；而□字造形所反映者，則是戰車與步卒相互配合的作戰部隊。

西周王朝的旗幟，不獨表現為不同業務職司屬性，而且是區別人物政治身份階級的標志。作為軍旗來說也是有嚴格規定的。（周禮地官小司徒）：「五人為伍，五伍為兩，四兩為卒，五卒為旅……（周禮小司徒）注：「十六井為丘，四丘六十四井曰甸。」疏：「一甸之中，出長轂一乘，甲士三人。」依當時井田之制，九夫為井，四井為邑，四邑為丘，推之可得五百七十六夫，外加兵車一乘。此與當時軍事組織規定數據極近。故□字造型，是頗有意義的。但這已經不是□字那由旗幟的時代了。

族 □ □（卜）□ □ 族（石鼓文）族（篆）（說文）：「矢鋒也，束之族也。」許君訓□為「族」，似乎是抽掉了「□」的靈魂而專言字形。筆者以為 □ 是上古「族徽」之象（圖騰），從矢者，象以氏族為單位持弓矢列隊相從於「族徽」之後之形。此種上古人類集體生活方式，延續到西周，仍然存在。（周禮地官大司徒）：「乃令五家為比，使之相保；五比為閭，使之相受；四閭為族，使之相葬……」不

二

過上古是漁獵時代，西周則已進入農業時代了。然而上古「族」字所述義，卻保留至今天。《周礼·大司徒》的「四閭為族，每閭二十五家，四閭百家曰族」，被用為行政組織單位名稱。而《周礼·小司徒》以五伍為兩，每兩二十五人，四兩為卒，卒百人，用為軍事組織單位名稱。族、「族」聲同而義通。故古代語文字往往透露着「家族主義社會」的文化本色。

旋 （甲）（金）（卜）旋（篆）《說文》：「周旋，旌旗之指麾也。」徐鍇曰：「人足隨旌旗以周旋也。」

按：旋之為字，形聲字也。空氣之對流曰旋風，周而復始曰循環，物體之圓者曰丸，皆具轉動之象，故知旋之為聲，「循環」之合音也。緩讀之則為「循環」，急讀之則為「旋」矣。故不通語音之聲律，則無以見文字之義。語言乃文字之始基，文字為物象之投影。求之於形而不得其義，則求之聲；形聲互證而不得其義者，未之有也。

以「㫃」為部首之文字多與旗幟有關。茲謹據一九八六年《書法》二期楊英傑先生《先秦旗幟考釋》一文扼要摘述如次，以窺梗槩。

古文獻紀載：「黃帝振兵，教熊、羆、貔、貅、貙、虎，制陣法，設五旗五兵。」又言：「有虞氏之綏，夏后氏之旂。」則旗之為物，可能始於原始社會後期的軒轅黃帝時代。但夏后氏以上之旗形，無法考證。今所能見者是商周之旗形。青銅器保留之諸多旗形，為我輩研究先秦古旗，提供了寶貴資料。

〈盜婦鼎〉〈父辛爵〉〈且辛卣〉〈木鼎〉以上諸斿可為商周

基本形制的旗幟代表

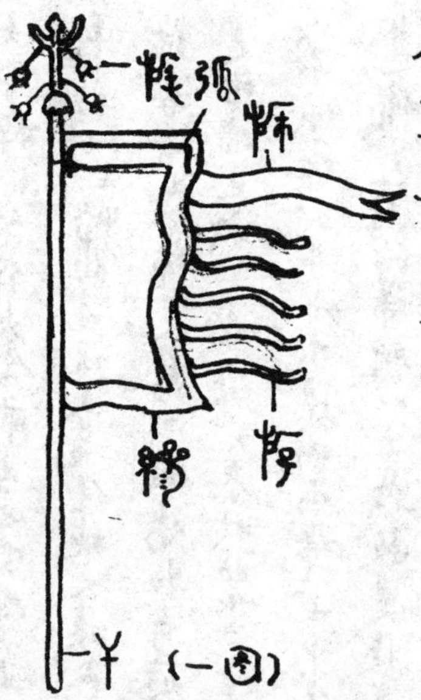

（圖一）

、旗，主要是由干、縿、斿、旆四部份組成。直立張縿者曰㫃。《甲骨、金文》之方字，皆㫃。可證。時賢羅振玉曰：「屮象干首之飾」甚確。洛陽博物館奴隸社會展室陳列着一個三叉形器。下有孔。長約二十，寬十六釐米，重〇．五斤。與圖一之旗干顯端之狀及《金文》《卜辭》屮形完全一致。此叉狀器，有四個小環。所以為繫旄之需。《詩干旄》云：「孑孑干旄」傳：「注旄於干首。」郭璞注《爾雅釋天》云：「載旄於干首」。

旄 旄、犛、牦、犛牛《荀子王制》云：「西海則有皮革文旄焉。」注：旄，牛尾。文旄謂牛。故旌旗之旄與犛氂互通」。《說文》云：「犛，長髦牛也。」出西南徼。同〈用為旌旗之飾

縿 繆縿、縿是附于旗干的旗面。後漢學者將「斿」、「縿」、「旆」混為一談。《說文》云：「縿，旌旗之斿也。」丁度《集韻》云：「縿，旆也，旌旗之末也。」皆非確論。縿的確解，應如鄭玄、郭璞所釋。《周禮春官巾車》云：「太常，九旗之畫日月者。正幅為縿。旆則屬

《尔雅·释天》郭注："縿，众旒所著者。"縿是旗的主體。"九旗"也縿面畫物不同而異名。它是識補和業務屬性的特徵。《周礼·春官·司常》："掌九旗之物名，以待國事：日月為常，交龍為旂，通帛為旃，雜帛為物，熊虎為旗，鳥隼為旟，龜蛇為旐，全羽為旞，析羽為旌。"

弧

弧《冬官·考工記》："弧旌枉矢，以象弧也。"古意服飾儀仗上法天象。弧矢星，在於白虎參宿之南，其矢曲部。故縿文名之曰"枉矢"。《礼·覲禮》："侯氏載龍旂弧韣。"則旌旗之屬皆有弧也。弧以張縿

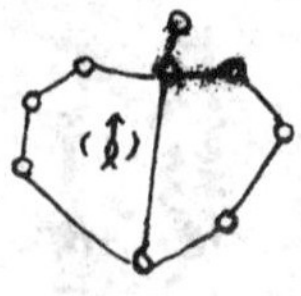

(弧)

《玉篇》："韣，弓衣也。韜也。"《礼·明堂位》："載弧韣。"注："弧旌旗，其衣曰韣。音韣。"其則弧之對旌旗所產之物理上用與今之服装支架同。是可想見。而所謂"韣"，必是旗幅上部横縿留有夾層藏弓之空隙而無疑矣。

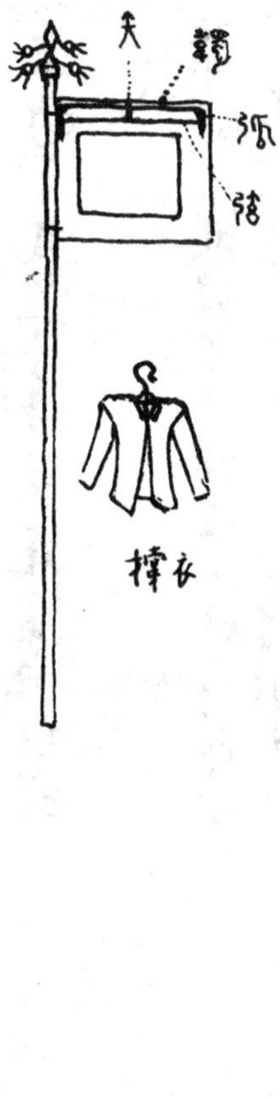

旆

旆《说文》："继旐之旗也。"其義不僅继旐曰旆，继接各種旗幟的附帛，均可名旆。旆者佩也。旆是縿的佩屬物。可随時解结。旗縿佩旆，是准備上戰的象徵。《春秋昭十三年》："晋以兵車會諸侯。叔向曰：諸侯有間矣，不可以不佩旆。八月辛未，建而不旆。壬申，復旆之。"杜預注云："軍將戰，則旆。故寔旆以懼之。"杜說甚确。因為结旆所以示戰，故建於先鋒車。《詩·小雅·六月》：記宣王北伐："元戎十乘，以先啓行，白旆央央。"可為例證。

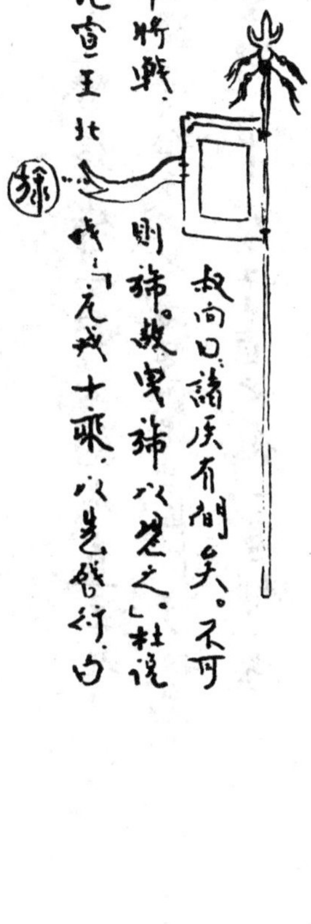

斿□□□□□□（□□）《說文》：「旌旗之流也。」斿之為文、形義字也。

□象手舉旗幟人形。□从㫃从子、从水。□从㫃从□。飄飄然、若流水、似游蕩、當異文而同字。斿是爵位級別的標志。《春秋·桓二年》云：「鞶厲游纓，昭其數也。」斿的多寡，以命定數。「王者受天有大命，」為天子。天數十二，故王旗、太常、十有二斿。《周禮·典命》：「上公九斿，為方伯。」

旗九斿。」《國語·齊語》云：「周襄王賜齊桓公龍旂九斿。」桓公為方伯，龍旂九斿，恰與禮合。然《典命》之規定：「上公九命為伯，其國家、宮室、車旗、衣服、禮儀皆以九為節。侯伯七命，其國家、宮室、車旗、衣服、禮儀皆以七為節。子男五命，其國家、宮室、車旗、衣服、禮儀皆以五為節。王之三公八命，其卿六命，其大夫四命。及其出封，皆加一等。其國家、宮室、車旗、衣服、禮儀亦如之。」准此而論，則上公方伯九命，其旂為九斿。侯伯七命，其旂為七斿。王之三公八命，其旂八斿。卿六命，旂六斿。大夫四命四斿。也是因為「斿」之為物，是專為用來表明等級的標志，所以它的繫法也比較靈活。既可繳於綏，也可直接繫於干。《卜辭》的中字乍□。其文曰：王乍師右、中、左。明明為中軍的旂形。其斿皆繫於干。甲骨文中字亦有乍□形者。是斿之繫法可以靈活變換之證。又如《中婦鼎》之斿形乍□。《妣己觶》斿形為□。均可乍說明之例證。

斿數也可用星數來表示。

四

山彪鎮出土之水陸攻戰紋銅鑒，旗繪五星。四川成都百花潭出土之水陸攻戰壺，旗繪四星。故宮博物院藏品、宴樂壺，旗繪七星。其數，皆斿數。

《學術研究》星數代表斿數，看來好像莫明高深。其實，也是具有意識淵源的。因為旌旗的斿數之規定，是取法於天文「星宿」內涵的星數而來。實質上問題不在於「星」和「斿」的形式的變換，而是應當着眼於「星」或「斿」的數據特徵。因而某一旗幟的表現不僅是某一天文星座的藝術形像，同時還是旗主人的爵位等級標志。志者識也，能識其數，便知其人矣。先秦時代的社會禮制結構，就是一幅自然天體摹擬之藍圖。古為赫赫西周王朝的憲法大綱的《周禮》之六官分職，就生動地表現了對自然宇宙的臨摹抄襲。所謂「春官、夏官、秋官、冬官、天官、地官」也就是上下四方的宏觀景象在「人寰」的落實與體現。有嗜古之癖者類能言之。尤其在《月令》一書中，對四時祭祀設計格局、樂理規範、飲食菜譜、服製形色……無一不揭示了這一「體天象地」的意識結構模式。這就難怪《考工記》中會出現一系列工藝技術「天文、地輿化」了！

考《周禮・冬官・考工記・輈人》云：「軫之方也，以象地也。蓋之圜也，以象天也。輪輻三十，以象日月也。龍旂九斿，以象大火也。鳥旟七斿，以象鶉火也。熊旗六斿，以象伐也。龜蛇四斿，以象營室也。弧旌枉矢，以象弧也。」這些旗面的藝術圖案形像不徒是對人事的掌握，而且能和着特定生物本能與旗主人之專業職能的統一屬性。這些代表社會制度的儀仗禮器的藝術設計，無一不屬於《天人合一》的哲學思想產物，是非常明顯的。《禮·曲禮》：「天子出行，前有朱雀而後玄武，左青龍而右白虎，招搖在上。」可見鮮明鑒定。旗的重大用途為何？這一課題，還須求於文字與文物之刻銘，以徵驗之。舉例如下：

《番生簋銘》：「錫汝……朱旂旃、鋈勒，用事。」

《[illegible]盨》銘文：「錫汝齊黃、鑾旂用事。」

《害簋銘》：「錫汝玄芾純旂，用養乃祖考事。」

「斿」字初義本指旗幟飄帶。故後增「水」而為游泳之「游」，又增「辵」而為遨遊之「遊」。

斿 → 游、遊 皆含動盪意。

《善鼎銘》：「錫乃祖旂，用事。」

《詢簋》：「錫汝鑾旗鋈勒用事。」

在以上這些銘文中，語尾皆有「用事」二字。在語句中，皆有「旂」字。「用」是動義辭，「事」是名辭。這個動賓結構辭組的含義是：把給你的用於○大事。這個省略了賓語的短句中的「事」字的內涵應該包括兩項任務。即戰爭與祭祀。古所謂：「國之大事，在祀與戎」。也就是說：旗幟的用途是為政治軍事服務。此義可從下列古文字造形中觀其梗概。

《[illegible]婦鼎》《[illegible]卣》的圖形文字上

象一人跪而執旗，下設一器皿。依篆書結構變態成例，器皿在下與在側同。執旗跪於禮器之側，顯然表示是宗廟祭祀儀式。《詩·魯頌·閟宮》：「魯僖公祭祀姜嫄云：『周公之孫，莊公之子，龍旂承祀』。」是祭祀用旂的文獻說明。又如〈敃尊銘〉的旅字作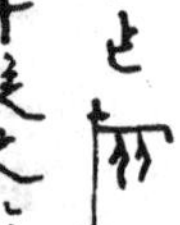，〈子卣銘〉之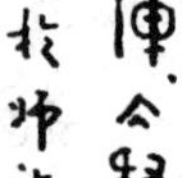、〈彝簋銘〉之，〈木鼎〉之皆帥旗，建於戰車之上，士卒從之於後之象。此旂之用於帥旅之形證。〈社斛〉圖文有字。而旂之初的形，近世學者釋為社神的形像。形似石桌。〈淮南子齊俗訓〉：「有虞氏社用土，夏后氏以松，殷人以石。」之紀載與形暗合。此旂被用於祭祀之又一例。被用於祭祀、帥旅之旂，揭示了旂的政治尊嚴形像。也反映了「國之大事，在祀與戎」是離不開旂的使用這一事實。是應予肯定的。〈卜辭〉祈字作〈金文〉作止，字皆从㫃、止。可為形證。

〈周禮春官司常〉：「掌九旗之物名，各有屬以待國事。日月為常，交龍為旂，通帛為旃，雜帛為物，熊虎為旗，鳥隼為旟，龜蛇為旐，全羽為旞，析羽為旌。及國之大閱，贊司馬，頒旗物：王建大常，諸侯建旂，孤卿建旜，大夫士建物，師都建旗，州里建旟，縣鄙建旐，道車載旞，斿車載旌。」司常之職是掌旗之官。詳據經籍註疏，分述於後：

常 

〈玉篇〉云：「恒也。」〈正韻〉：「恒久也。」古者以「常」為王者之旗名，也是有它意識背景的。而

常的畫日月以為象，也是富有「天人合一」觀念基礎的。〈傳桓二年〉：「三辰旂旗，昭其明也。」故知天子之旗，取名曰「常」，有恒久之義。〈易乾卦〉：「天行健，君子以自彊不息。」〈詩天保〉：「如日之昇，如月之恒。」此蓋天子之旗，取名曰常之義。〈易乾卦〉：「大人者與天地合其德，與日月合其明」。又如〈詩抑風〉：「日居月諸，照臨下土。」在這些語言中，都可以使我們看到天子之旗畫日月為象的意識背景。

《爾雅釋天》云：「天子之旌高九仞，諸侯七仞，大夫五仞，士三仞。」可見旗干之高度，也具有嚴格的等級區別，自勿庸置疑。

《正字通》云：「古以周制八尺為仞。」時賢楊英傑先生謂「此乃地面建旗之高度，若車上建旗，則以尺代仞。」其說極有見地，獨惜其囿循張自烈之迷誤，不克使上古科學文明真相止「冰凝鏡澈」之底境，以解千古之謎。故不揣固陋，謹抒管窺如左：

竊以為《正字通》之訓詁，未若《小爾雅》之說為可信。《小爾雅》云：「四尺曰仞。」王肅從之。蓋王旌九仞，依《小爾雅》之規定計算之，當等於4尺×9=36尺。故知此說尚屬近實。若從《正字通》之義，則王旌九仞則相當於8尺×9=72尺。試思此龐大之旗干，處於靜無風之萬里晴空，其重心平衡，猶非一夫之力所能保，遑論行軍出師乎？然則何以求證之？筆者曰：《孟子》不云乎：「掘井九軔而不及泉」，故知「軔」、「仞」同義而無疑。然則如何理會「軔」、「仞」二字之形義？是為本文急待探溯之課題。試分述之：

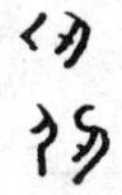

考仞之為文，从人从刃。象一人操刃之形，此指事字也。刃者農具之形，人者農夫掘井之態也。刃之柄長等於人高之半。周制八尺為丈，故成年男子曰「丈夫」。故知仞柄之長四尺，與《小爾雅》之說無悖。此掘井男子挺伸直立，可達八尺，仞柄之長四尺，揚齒可稽。

軔

軔 軔之為文，形聲字也。从車，刃聲。

車者，軾之省，从刃，所以示軾高四尺也。《周礼·冬官考工記·輪人》：「六尺有六寸之輪，軹崇三尺有三寸。加軫與轐焉，四尺也。」圖示如下：

此距地四尺之軾，適與人體之半同高，亦與掘土之刃柄同其長度，皆為四尺。故軔，仞二字同源。後世以軔為「止車之木」，殊不知止車之木亦即四尺之木矣！

秦漢以降，對仞的長度從無定論，眾說紛紜，莫衷一是。蓋不知西周標準計度以「八尺為丈，四尺為仞」也久矣。筆者按：人類早期，以自身衡量一切的長度標準計量單位，固不僅限於我東方世界，在兩千多年之前的西方巴比倫王國亦然。（見英人丹皮尔《科學小史》）

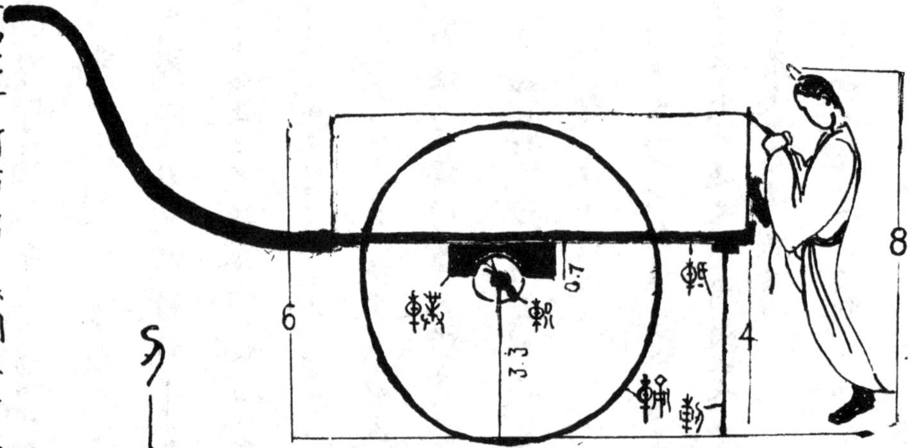

（說 明）

從軸頭中心垂直至地 3.3尺

轐高加軾高等於 0.7尺

輪半徑加轐高加軾高=4.0尺

《軔》

軔、仞義變之考證：《說文》車部：「軔，所以礙車也。」徐曰：「止輪之轉，其物名軔。」按止輪之轉非軔字初義，有重新考證之必要。《離騷》王逸注云：「軔，支輪木也。」此文字最有價值，惟輪字用得欠妥。蓋支之為義，有定擎之意。自宜以「支軾木」為確。夫兩輪之大車，載重千斤。其軸承必位於車輿之重心。苟無直立之木支於車軾之下，必有導致前傾後仰之患。今民間所用之高力車及人力獨輪小車，仍皆有此木，土名「定千」，其物理功能在於防止車輛傾側，即古代之軔。其物也，正是繫於「軔、仞」同屬直立之工具，而且具有穩定之長度，而不容任意增減。因而人民在勞動生產中，就把它用之測高、量深的可信尺度。所以後來「軔、仞」就轉化為表示垂直空間的計量辭。如《魯論》云：「夫子之牆數仞。」《莊子》云：「以隨侯之珠彈千仞之雀。」「峯高千仞，無欲則剛。」「為山九仞，功虧一簣。」《孟子》云：「掘井九軔，而不及泉。」皆其語例。《正字通》云：「度高深以仞，度長短以尋，度地以步。」古漢語辭類之劃分，界限非常明確，於此可見。故知許君訓軔為「礙車」者，智者千慮之一失也。不知「礙車」之木，另有專文，柅字是也。《易·姤卦》云：「繫於金柅」。其義極確。但許氏《說文》中，柅字凡兩見。其一曰：「柅，木也。似梨黃。」其二曰「絡絲之車」。則叔重先生之失誤，可屬為賢者諱也。話題已扯得太遠，應該返回本題旗幟上來。

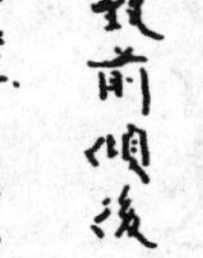
〈軔〉

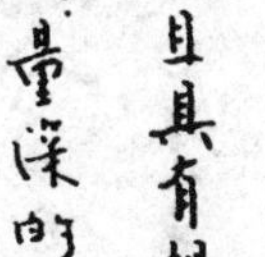
〈軔〉

日月為常，王者所建，所以法天，常十二斿。十二斿的數據，實基於古天文學門：一歲週期包含十二月。斗綱建時，十二月周而復始。太陽經天週道黃道「十二宮」的時空數據而來的。表示於後，以見「[illegible]」之意。

⊙ 太陽十二宮：娵訾、降婁、大梁、沉實、鶉首、鶉火、鶉尾、壽星、大火、析木、星紀、玄枵。

☽ 十二月令：孟春、仲春、季春、孟夏、仲夏、季夏、孟秋、仲秋、季秋、孟冬、仲冬、季冬。

∴ 十二斗建：子、丑、寅、卯、辰、巳、午、未、申、酉、戌、亥。

旂 交龍為旂，諸侯所建。龍旂九旒，以象大火。鄭玄云：大火，東方蒼龍中星。下有尾。尾九星」。

周禮所載的「諸侯建旂」，非普通之諸侯。而是「伯牧」一級的諸侯。其職位僅次於天子。春秋齊桓、晉文之流是也。

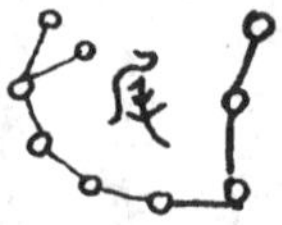

龍旂圖案的含義：交龍，一升一降。升象諸侯上朝，降象退朝。顯示了「伯牧」的上達下宣，致君澤民的政治作用。

龍的自然宇宙觀：在東方蒼龍的角上，有「大田」星。據補「農祥」。此星出現於春分之後，正是進入雨季之始。因而被古人認為降雨之神。故名靈星。（見詩大雅絲衣）。每當暵災嚴重，就舉行「大雩」盛典，以祈雨。《甲骨文》中的□字，正是一個禱暵舞雨的形像。封建道德意識，把五穀草木同人民等量齊觀。統名之曰「蒼生」。把龍看作是生物的拯救者。因而「龍旂」的圖案也是富有神權文化色彩的。

旜 《司常》：「通帛為旃」。又云：「孤卿建旃」。《說文》：「旗曲柄也。所以旃表士衆」。《司常》注：「孤卿不畫，言奉王之政教而已」。按：旃之為字从㫃，丹聲。丹者赤色也。周尚赤。故又名大赤。按《春官典命》云：「王之卿六命」。其國家宮室車旗衣

旃

服，礼儀亦如之」。經籍但云不畫異物，而不言斿之有無。今人無法考證，茲據《辞源》以圖示如上。

物 勿 物《周禮·春官·司常》：「雜帛爲物。」注：「以帛素飾其側，白，殷之正色。殷以建丑爲正。物，牛白色。周用白素飾其側，明以先王正道佐職。故兼用帛雜之也。」據此可證《論語》所云「周監於二代，郁郁乎文哉」，「周因於殷禮」所紀載，誠非虛妄之譚，而是確有事物可稽，彰彰明甚。應當講明，「雜帛」之帛，「通帛」之帛，雖質同而色異。「雜帛」，雜色之帛也。「通帛」，純赤之帛也。周人尚赤，故九旗之縿皆赤。故如「雜帛非謂質之雜，乃謂色之衆也」。又言：「大夫士建物」。疏云：「大夫士建物者，謂中央赤，旁邊白。白是先王殷之正色，而在旁。」可知周代之物，仍然保留着前代旗幟的遺迹。此意可從《禮記》中求之。考《禮記·明堂位》云：「旌旗之制，有殷之崇牙，（重牙）以飾其側。」忠實地反映了西周文化是承襲殷代形制而予以改革之新產物。安陽出土之殷商銅器《且乙卣》器蓋所示之旗形

與鄭玄之說若合符契。鄭玄漢人，其說多據漢代朝儀，漢去古非遠，朝儀形製多

且乙卣蓋

承襲先秦遺意。故鄭之學說足特爲考古依據。故《且乙卣》之器蓋堪上殷代「崇牙」之形證。亦即「物」的前身。可無疑矣。

圖1

但「雜帛之物」，旁、緣上並不絕對限於「崇牙飾其側」。只要「縿」是由兩種以上顏色連綴而成，都可稱爲雜帛。故許氏《說文》云：「物，州里所建。旗象其柄，有三斿。」按勿之爲字，象形字也。物之初文也。S者，曲柄之象，彡者，斿之形也。

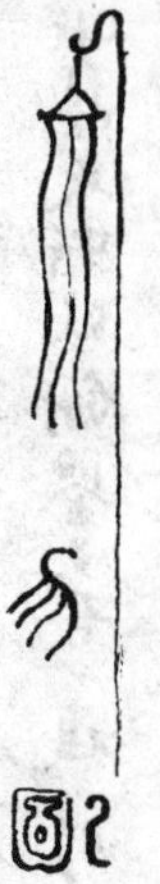

圖2

此許意之「㫃」也。按劉熙《釋名·釋兵》云：「雜帛為旂，以雜色綴其邊，為燕尾式」。按劉氏所云者，春秋時代之旂也。〈見圖二〉一九八六年《文物》二期刊登之山彪鎮出土之《水陸攻戰紋銅鑒》有一旗，形的修尾，正是燕尾之形。可知它就是戰國時期新型的「旂」。其旗五呈「∧」即五斿，以示爵位為大夫。與《周禮·司常》所云之「大夫建旂」

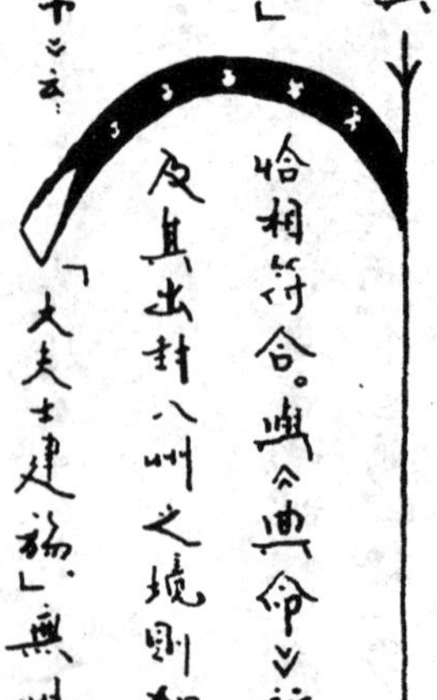

恰相符合。與《典命》所云「子男五命，大夫為子男」之義尤為契合。《典命》注：「四命，中下大夫也。」及其出封八州之境則加一等。故知銅鑒五旗之「旂」的旂主人，乃出封於畿外之大夫無疑矣。《司常》云「大夫士建旂」，無州里建旂之明文。此許氏訓「旂為州里所建」顯然可疑一也。《司常》云「州里建旟」，已知旂非州里所當建。此《說文》之訓顯然可疑者二也。況旂之有斿，因無定式，可因時、因地而異。許君但據㫃字造型从彡之象而訓為「三斿」。不知㫃字从彡之臨，所以示雜帛之色為飾也；非所以示斿之數也。从彡之字多有雜色文飾之義。彪，虎文也。彩，文章也。虨，虎文也。彫，琢文也。筆者曰：彡之為義，紅、黃、藍也。色有萬變不離「三色」之宗。是其意矣。許君但識「彡」為「毛飾畫文」之象，而不及雜帛之義，疏之矣。

旗

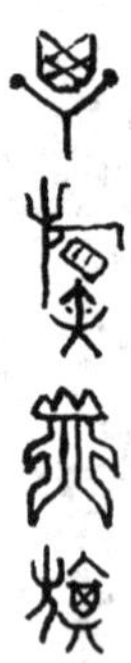以上四個旗，皆象形字。是旗，由形之省，此戰獲之旗也。象一人手擎旗干而立。象旂斿，象旂。此戰旗也。从㫃，象牛也。象旗，飾邊，垂流蘇。與今之戰旗、相似。但是先秦時代的旗，都帶有鮮明的社會階級性。時至二十世紀末葉的今天，仍然可以看到旗幟為政治、軍事服務的普遍。如國旗、軍旗……本文所探討的是《周禮》中的「九旗」之一的軍旗。

旟

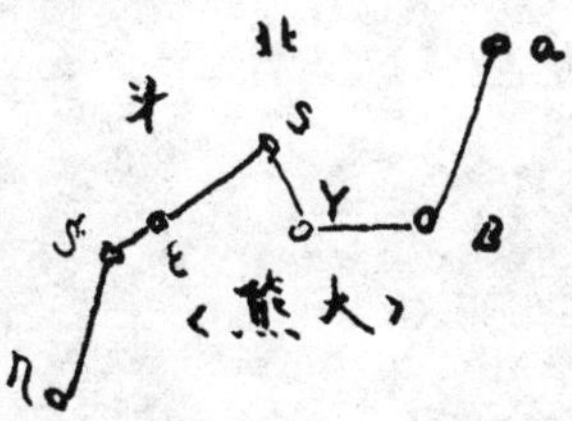

《說文》㫃部旗下云：「熊旗五游，以象伐星。士卒以為期。」月部期字訓：「期，會也。合也。」
《爾雅·釋宮》：「八達曰崇期。」注：「四道交出。」故知期字有「四通八達」之中心地點義，又有聚集會義。
所謂「熊旗五游，士卒以為期」，意思是：把五游的熊旗，立於四通八達之地，以為調動士兵集合點。

為什麼說「熊旗五游，以象伐星」？其實，這面旗上不是單純畫熊，而且有虎。虎像是主要圖案。但是這個虎，絕非動物園中的虎，而是天文學中的「白虎」。白虎七宿，位於太空的西方。（據北極星為基點而言）古代無日曆可用，農民的耕收穫任務，全憑早晚觀察天空星象掌握季節。每當斗柄（大熊α）指西時，便要加緊五穀的收穫，儲藏衣服，房屋的防寒準備。因為這時出現了霜凍，草木枯死，動物都尋找地下潛藏起來。古人不諳氣象週期變化決定於太陽對地球光射角度的改變，就產生了對「白虎」的畏懼。因而軍旗上就畫出虎形，以表現軍威。

「熊虎軍旗」游數的線索：《周禮·冬官考工記·輈人》云：「熊旗六游，以象伐也。」「伐」應該包括「衡石」三顆星與「伐」三顆星之和。共有六星。㫃就是旗的飄帶。「熊旗」游數同「伐」星的數目相同。古人將白虎□宿上旗子以狀軍威，不是偶然的。□字本身就是一個直觀象形字。□象「觜」，ㄋ象虎腰，彡象「衡石」。（俗名三星，今參字被金融界用上三。墨學家譚戒甫先生於《墨經分類譯注》中有

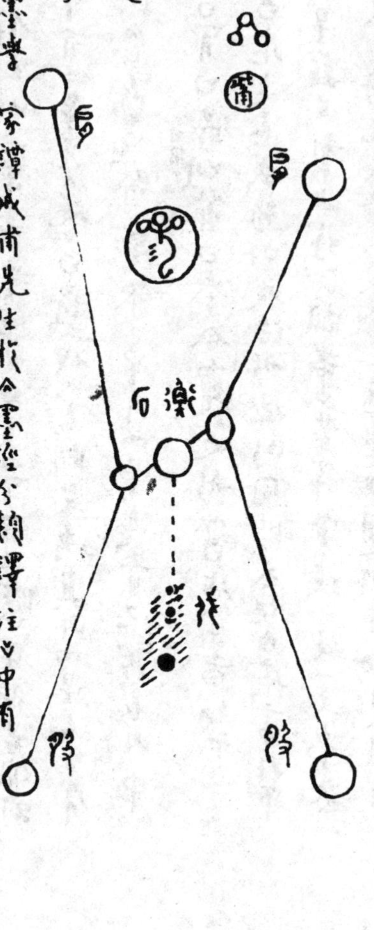

詳盡說明「昴」宿的形象似虎嘴，又像獵人，泰西天文學名之曰「獵戶」〈〇一〉。頭上三顆小星是三角形象獵頭。四顆一等亮星，象兩肩兩股，中間斜列的三星象腰帶。垂直腰帶之下的星練象佩劍。

《史記·天官書》：「參為白虎。三星直者是為衡石。下有三星兌（銳），曰罰（伐），為斬艾事。其外四星，左右肩股也。小三星隅置，曰「觜」，觿為虎首，主葆旅事。」《正義》曰：「觜三星，參三星，外四星，為「實沈」，於辰在申，魏之分野，為白虎也。」按白虎七宿，曰奎、曰婁、曰胃、曰昴、曰畢、曰觜、曰參。合而觀之，形似白虎。示意如下：

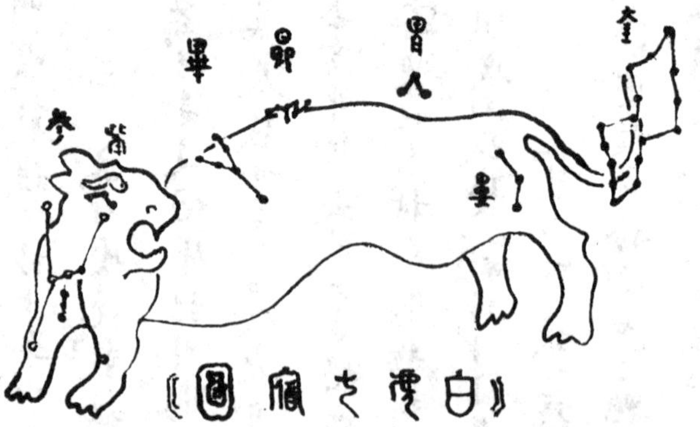

《白虎七宿圖》

古代哲學家把天上白虎比為武將的政治形象的同時，又把白虎畫在軍旗上，還按照白虎伐星數目，製出「旂」（飄帶），裝飾軍旗。這一天文學藝術構思設計，正是東方傳統文化《天人合一》哲學思想的產物，是無可置疑的《唯物論》者承認「哲學」即自然科學的上層建築。這一理論是可以作為文字考古指南的。自然虎被昇華為天文領域的「白虎」，天文的「白虎」又蕃衍為武將的形象，武將的虎威形象又表現為軍旗的標志，這個轆轤投影的連續反應意態，就是《天人合一》哲學法則特色。余名之曰「邏輯的演化」。

關於「熊旗」旂數的爭論，應如何解決？照許氏《說文》則云「五旂」，照《考工記》紀載，則云「六旂」。為什麼會出現這一分歧？這不是無原因的。良以上古無「望遠鏡」之觀測儀器，全憑肉眼觀察不能得到精確真相。例如本條討論的「伐星」，實際上並非三顆星，亦非兩顆星，而是上有兩顆雙星、下為一顆大星。由於伐星的背景是一個「星雲圖」，蒙濛若霧，肉眼莫能分辨。所以古籍濟、斜或云五星、或云六星。「五斿」、「六斿」的分歧，正是由於對伐星的觀察模糊。因為「熊旗」的斿數是直接反映「伐星數目」的。各家觀測伐星，得到之數目不同，於是也就按照自己之所見，得出不同斿數之推定。這是必然的。然而許君卻忽略了旗、旗的「斿」數，屬於旗主人爵位命數《等級》標志這一特點。謹求證如下：

考《周禮春官司常》云：「師都建旗。」《地官大司徒》云：「五黨為州，州二千五百家，家出兵一人，可得兵二千五百名曰師」。五州為鄉，鄉萬二千五百家，家出兵一人，可得兵萬二千五百名曰軍。都中立一六命之卿，為卿大夫。《典命》云：「王之三公八命，卿六命。」卿出外為鄉大夫，入朝曰卿。卿與鄉大夫政治等級同位。《金文》中卿、鄉二字無別，同以𨞦當之，可為形義例證。故知師都所建「熊虎之旗」，應有六斿無疑矣。故知《說文》之說為誤，而《輈人》之說為確。蓋《說文》成於東漢，《輈人》出自《周禮》，據漢以釋周，顯然無稽。據周釋漢，則了如指掌，誠否立見矣。

旟、[illegible]

《周禮春官司常》：「鳥隼為旟。」又云：「州里建旟。」注：「鳥隼，象其勇捷也。」《冬官考工記輈人》：「鳥隼七斿，以象鶉火。」注：「鶉火，朱鳥宿之柳。其屬有「星」。「星」七星。」此星字非普通之星，而是特定之星座，不可信字而亂義。實、南方朱雀七宿之中星。

《爾雅·釋天》：「錯革鳥曰旟。」注：「此謂合剝鳥皮毛置之竿頭。」即《禮記》之「載鴻及鳴鳶」。疏：「錯，置也。革，急也。畫急疾之鳥於縿也。」復考《說文》云：「旟，錯革畫鳥其上，所以進士眾。旟旟，眾也。」考《地官·大司徒之職》云：「五黨為州，使之相賙。賙者，謂禮物不備，相給是也。」疏：「二千五百家為州。立一中大夫為州長……」

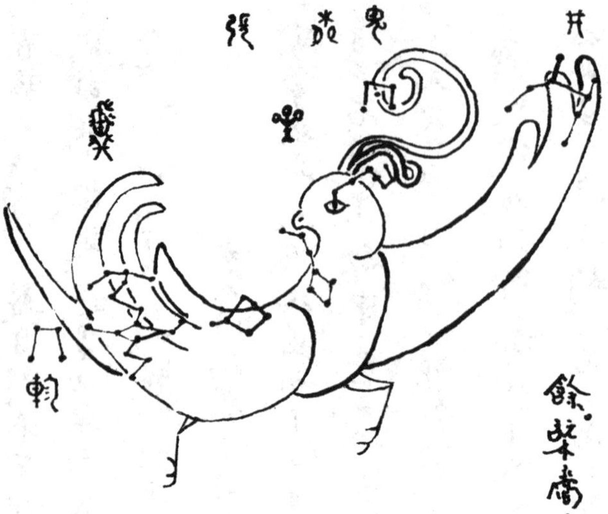

按《大司徒之職》唯言「五黨為州」，《考工記》但云「鳥隼七斿」，而不及其餘。棨齋先由立說，殊乏詳備考證，只好就字論字，捨其難而就其易。

旟之為字从㫃，从與。㫃者旗之象。守望相助，疾病相扶持之義也。造字之旨與《經》義同。惟「鳥隼七斿」與「州里建旟」，二義非背。何以言之？夫州長之職，中大夫之爵也。里宰者下士一命之爵也。七斿之旗，侯伯之旗也。先秦之旗，既不能存於今日，將何恃以為考證之資乎？賢如鄭康成、許叔重，猶不能通其究竟，吾輩下愚，雖欲知之，豈可得乎？姑存疑，以待後之賢者，有厚望焉！（以下圖見于《辭源》不詳所據）

（干旟）

對「九旗」的新思悟：

夫物有同名、異製，用有尊卑之分。治學者固不能刻舟以求劍，讀史者詎宜膠柱而鼓瑟乎？故知九旗之形，因時而變。而等級之制，未便混淆也。吾於「鳥隼」之旗，思之而不得其解者久矣。而今豁然開朗，喜不自勝者，以前之因數枉費推移之力者，今逢江邊春水，艨艟巨艦如毛，逐波暢行矣。夫「鳥隼七斿，以象鶉火」者，王者出行之儀仗也。「州里建「旟」」者，庶民守望相助之標識也。故《曲禮》云：「行，前朱雀而後玄武，左青龍而右白虎。」此「鳥隼七斿」之應用矣。若夫州里之地，庶民所居。有守望相助之義，疾病扶持之責。救災恤鄰，急於星火。唯恐不速。故建「旟」以示勇捷。揆諸義理，固其宜矣。所以彰「休戚與共」之德也。於以見「旟」字从㫃从與之旨，有同心合力之義。此會意字也。可見「州里」之旟，固無七斿。（應為子男五斿）彰彰明矣。

若「王者之行，鑾駕儀仗，分佈張施，必體天而象地。以鳥隼之旟，為前驅。其必施七斿以象南方鶉火。揆諸《三代王制》提綱，是若合符契的。若國有「大事」，畿內王臣，勤王從征，弔民伐罪。此時州里之官必執「旟」以相於王後，斷不能濫用鳥旟，以干制違禮。此許氏《說文》云「州里建旟」之義所由來歟？！故文字之義，因時、因地、因人、因事而異，訓未宜偏執一隅之見，以槩其餘。吾於此而悟治學之要！我中華民族文化始基，資來源於自然、天體之摹擬。能以掌握宏觀宇宙星象的分佈格局，對研究先秦文化遺產，是非常重要的。

十一

旐之旟旐《說文》：「龜蛇爲旐。旐者兆也。龜之气兆之吉凶。建之於後，察度事宜之吉凶也」。

按許君所訓，當據王者出行儀仗之佈格而立說。其意甚明。

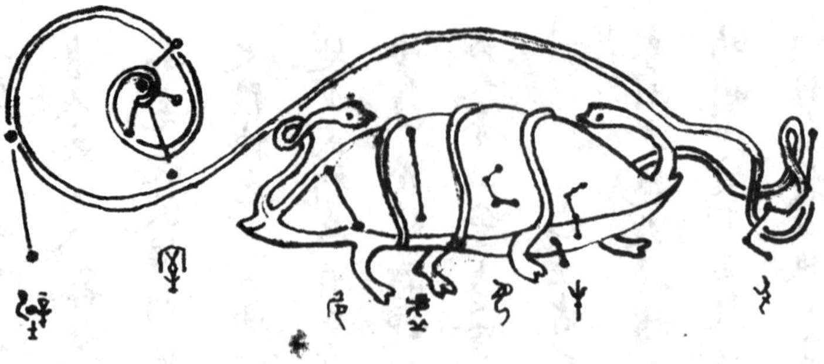

《北方玄武七宿圖》

按《周礼春官司常》：「龜蛇爲旐。」又云：「縣鄙建旐」。注：「龜蛇，象其扞難避害也」。《廣韻》：「鄙，邊鄙也。」《左傳隱元年》：「太叔命西鄙北鄙貳於己」。注：「鄙，鄙邊邑」。故知「縣鄙」之地，當於王畿之首都，周圍的邊緣地區。而建於其處的，更有龜蛇的「旐」，即保衛王畿的衛戍部隊的軍隊。旐的四游，就是北方玄武七宿中「營室」的星數，同時是旐主人的「爵位命數」。

龜的生態形象，在身軀外圍生有堅固的骨質甲殼，可以自衛。蛇類善於營窟潛藏。古天文規定，斗柄指向北方玄武之際，正即嚴冬到來之時。斯時冰天雪地，萬物潛藏，古人所謂「天地閉，賢人隱，蛰蟲潛藏，君子居室」。古人把龜蛇作為善於防守的典範。因而旐將更有龜蛇的旐，作了王畿衛戍者的政治形像。

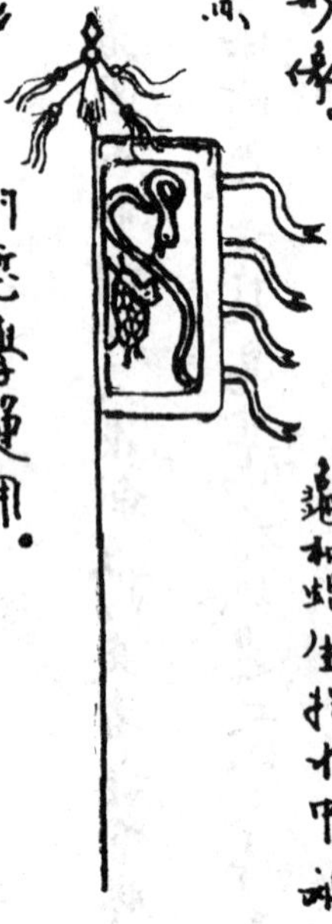

龜和蛇，生於水中，被天文學者昇華為「玄武」之神。又落筆到人間，成為武將的形像。終於變為王畿衛戍部隊的旗徽。這一概略投影的連鎖反應，正即《天人合一》的思想運用。

旞 [illegible][illegible]上《說文》：「導車所載，全羽以為允。允，進也。」按古音，允、旞雙聲對調。故許氏析允代旞，音叚之例也。其義旨源於《易·升卦》初六「允升」之意。允字本義為信。信、進、巽、順疊韻。而義通。以巽柔可以取信。能取信於上則可以上進矣。此連鎖互訓義可見於䷭卦與䷡卦。大壯云：「不能退，不能遂」。《書·仲虺之誥》：「顯忠遂良」。注：「良則進之也。」皆進遂互訓之義例。許君說字，善用通叚之例以立義。往往凡言雙字都要深究九淵、廣瞻六合，然則此道之不曉有縣來矣。

考《周禮·春官·司常》云：「道車載旞。」《說文》作「導車載旞」。古導、道同文。至秦代斯篆、遂、道、導分庭。《漢承秦敝》故許氏用字多与古違。

考《周禮·司常》之文：「王建大常，諸侯建旂……」旗、旞皆言建，唯「道車載旞、斿車載旌」言載，而不言建，何耶？良以建之言立也。載之義乘也。乘者駕也。故知旞之為物，雖屬九旗之一，卻非直立之態。現有傳世之銅器圖案可足考證之資。

戰國時代的《車馬獵紋鑒》（圖A）是一輛兩馬駕挽的車庭上載有一束長大的羽狀物。即全羽為旞之旞。

《司常》「道車載旞」注：「道車，象輅也。王以朝夕燕出入。」所謂「象輅」即象牙裝飾的乘車。乃天子私生活御乘用車。所以供遊覽之需。故「道車」有

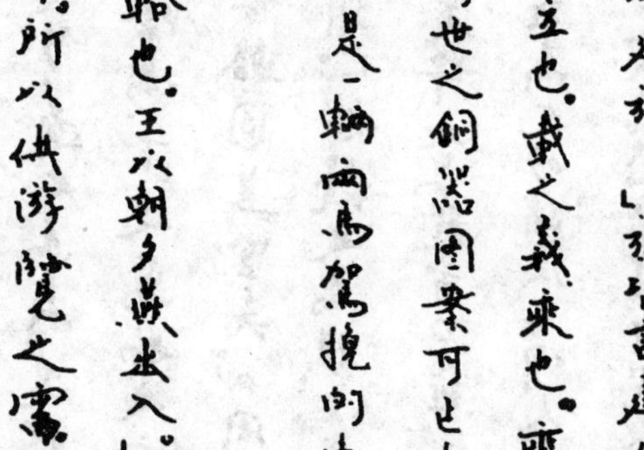

十三 圖A

導游之義。今我國名勝佳區，皆備有旅游車及專職導游人員，其名稱仍有古義。

旞字從㫃、從遂。㫃者旗之形，遂之為義，達也。《礼月令》曰：「慶賜遂行，毋有不當。」《前漢王陵傳》曰：「上佐天子理陰陽，下遂萬物之宜。」故知旞之為物，有暢達啟游之意，安樂適飾之情。其用於象輅，固其宜矣。《周礼疏》云：「全羽、析羽，象天子之文德。此羽是飾成所染。鳥羽象翟羽而用。」知旞之為旗，必是五色羽毛而成矣。

旌

旌 獵《說文》曰：「析羽首旄首，所以進士。」《尒疋釋天》曰：「旄首曰旌。」注：「載旄於竿頭，如今之幢，亦有旒。」此旌訓為旗飾之例。《廣疋》曰：「天子旌高九仞，諸侯七仞，大夫五仞，士三仞。」此旌訓為旗之例。《禮曲禮》曰：「武車綏旌，德車結旌。」此旌字之又一義。皆非旌字本義。唯《周禮》之紀述為能見其真義。《司常》曰云：「析羽為旌。」又云：「游車載旌。」注：「游車，木輅也。以田以鄙。」疏引《巾車》曰云：「木輅以田，是游車之所。」囿人掌囿游之獸禁。」是知游車乃木輅也。但亦獻獸所建，則大麾。今以小：細旒及旐行縣鄙，則建旌為畢耳。」經疏在這裏對「大麾」与「旌」走了嚴格區分。同時也暗示出木輅與革輅的不同用途。究竟「旌」的形象怎樣？經籍只是文字，未覩其迹。《一九八六年文物二期》曾刊載了河南山彪鎮出土的戰國時期銅器《車馬獵紋鑒》，提供了「旌」的形像及文字說明。

器紋的旌，是一柄長大而分枝的羽狀物。正「析羽為旌」的形象。旌是用禽羽編綴而成的。《周書·王會》有「終羽鳥旌」。鳥是水禽（野鴨）。但一般多用雉尾。（野雉古名翟）《書·禹貢》：「羽畎夏翟」，孔安國傳云：「翟，雉名。羽中旌旄」，孔穎達疏云：「夏翟，其雉名。周禮，析羽為旌，用此為之。」（圖一）

河南山彪鎮出土之銅鑒、故宮博物院收藏之《宴樂壺》、四川成都出土《宴樂攻戰紋壺》的圖象中（圖二）交戰雙方的長矛上，都繫有長大分枝的羽毛，同樣也是析羽之旌。《周禮·司常》云：「道車建旞，斿車建旌」。金榜云：「道車為象輅。斿車為革輅、木輅。」其說甚確。「象輅」（象牙鑲飾的車）為王行道德的車，平時在國內乘。故建旞（遂）。《釋名·釋兵》云：「旞，猶遂也。滑順之貌。」象徵暢通無阻。「革輅」（皮革鑲製的車，可以避矢）即戰車。「木車」即獵車。敵殲所需。「旌」是戰旗，故載於斿車，用於師旅。因析羽之旌與熊虎之旗，同是戰旗，故文獻言戰事多旌旗連用。謹論「遂、旌」徽意如次：

旞、旌二字之音義觀：旞之為言綏也。升車執綏，所以安也。婚禮親迎，

（圖一）

（圖二）

十三

樓旋御蟠，以示好也。故導車建旞，以象文德。其旞綏同聲之義乎？旌之為言驚也。
軍旅夜宿，鼓鼙相聞，所以示憂懼也。故游車建旌，以象武功。其旌驚同聲之義乎？
「全羽、析羽」之形義觀之：全之為言圜也，合攏之時也。合羽為翕，兄弟既翕，和樂且湛。故知
全羽之形，所以示團聚相安也。此全羽以象親愛之義乎？
析之為言燎也。燎則携貳，分裂之態也。貓犬相觸，毛髮竦峙。鷸爭雞鬪，羽翼奮張。此旌
為戰旗之形態所由來乎？
全羽、析羽，一喜一怒了然

全羽
友好

析羽
戰鬪

可見。故知聖哲創造字不離萬物之情。愚觀此而益信。
鈴[金命]《說文》曰：「本無其字，以聲託物，命、令是也。」故古文命、令同字。鈴之為用令也。三軍士
卒進退周旋，唯旂是瞻，唯鈴是聆。《爾雅·釋天》曰：「有鈴曰旂。」注：「懸鈴於竿頭，畫交龍
於旒（縿）。」《說文》云：「旂有眾鈴，以令眾也。」《毛公鼎》銘文：「錫女……朱旂二鈴」。這個[金命]字从金
从命，是有政治意義的。《春秋·桓二年》：「錫鑾鈴，昭其聲也。」在馬首者曰「錫」，在衡者曰鑾，在軾
者曰[金命]，在旂者曰鈴。故知《毛公鼎》銘文「朱旂二[金命]之鈴」，是懸於旂竿之鈴。字从金、从命者
所以示此金鈴之聲具有指麾三軍之威也。單音系的漢語，以單字占獨立詞彙，而構成大義理
於單字之內。故欲通文史，必不能無視單字之研究。[金命]字其一例也。

緱□〔金〕緱〔篆〕《說文》：「刀劍緱也。」《廣韻》：「刀劍頭纏絲為緱也。謂人所把處，如人之喉然。」

《史記·孟嘗君傳》：「馮先生甚貧，猶有一劍耳，又蒯緱。」注：「蒯，草名。

〔緱〕

緱謂把劍之物。言其劍無物可裝，但以蒯繩纏之，故云蒯緱。」

考西周銅器《詢簋》銘文「錫女□必彤沙」〔緱柲彤蘇〕《師被簋》上：「戈琱㦰□必彤沙」。《師𧧻簋》銘文上：「戈琱㦰厚必彤沙」。故知□即緱字，此形聲字也。□象纏繞之形。厚，古厚字，與侯同聲。緱就是刀劍把柄所纏之索，則□必〔柲〕必是用絲繩纏繞的戈柄無疑矣。《廣韻》：「柲，戈柄」。《周禮·冬官考工記》云：「戈柲六尺有六寸。」可為義例。

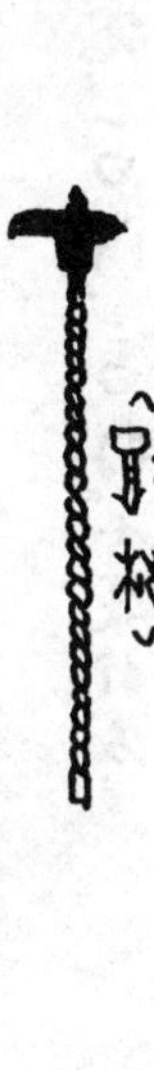

〔□柲〕

□〔蘇〕沙、□：考沙、□二字見於《詢簋》、《師𧧻簋》銘文。所云：「□必彤□〔詢簋上沙〕，即絲繩纏繞之戈柄及紅色的流蘇。《史記·司馬相如傳》：「蔘𩿫蘇」，裴駰集解：「蘇，尾也。」《集韻·模部》：「蘇，鳥尾也。所謂『流蘇』者，猶鳥尾垂之，若流然。」□字徒象尾〔□〕，从小。〔下垂貌〕，與《集韻》之解，若合符契。故知□之為文當為「蘇」之本字。《卜辭》「□、□」二字皆「□必彤□」的直觀寫照、擬。

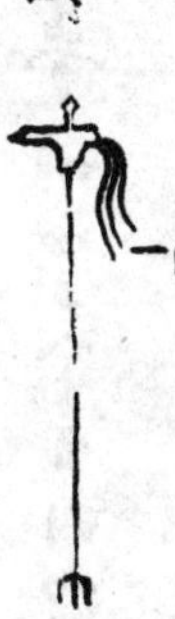

〔□〕

與《集韻》、裴駰注釋相一致，固無疑問。復考《西京雜記》云：「昭陽殿壁帶，黃金釭，皆銜五色流蘇。」又如《司馬相如上林賦》注：「蘇，析羽也。」其義皆與□字形意相應。唯義存而形變。故知漢時已隸，行而隸廢矣。《詩閟宮》：「朱英綠縢」傳：「朱英，矛飾」。亦形隸也」。

賁、𧸘《說文》：「飾也」。《易賁卦》：「山下有火，賁」。易經以火釋賁，是有光學原理的。因為火中含有七色光譜。故《釋文》云：「賁，變也。文飾之貌」。《易解》：「自有而無謂之變」。大凡一種物質的銷燬，必然要釋放出大量熱能。燒為燃燒作用。而產顯出的燦爛輝煌之光。此種理化知識的發覺，被西方人士自詡為驚人成就。殊不知數千載前吾祖先已經把這一物理現象昇華為美藝哲學了。

一、𧸘字的音義觀：賁之為言斑也。《集韻》：「斑，駁也」。《韻會》：「雜色曰斑」。《崇嶸上應談說》玉之多色曰斑」。然則賁之為字含豐富多彩義，可知矣。

二、𧸘字的形義觀：𧸘字造型示意，可分為兩個部份來研究：一曰艸。二曰貝。分述於左：

艸《說文》：「百卉總名」。《廣海》：「眾也」。按前人造字常視多為義於數。如三隹為雜。三火為焱。皆含有繁多彩之意。艸之造形从三屮。而讀音如薈、繪。薈者草集也，繪者雜彩也。故知艸字有五顏六色百花齊放之義。

貝：貝之為物，水族昆蟲也。朱仲《相貝經》云：「貝盈尺，狀如赤電黑雲，曰『紫貝』。赤質紅章曰『珠貝』。青地綠文曰『綬貝』。黑文黃畫曰『霞貝』。下此有『濯貝』、『嚼貝』、『浮貝』、『慧貝』……」。《山海經》：「陰山漁水多文貝。鄯山濛水多黃貝」。然則貝之彩色富麗可見矣。今我國青島市以彩色海貝美術工藝品馳名於世，名曰「貝雕」。於是以貝之美藝價值，《說文》訓𧸘為「飾」，良有以也。

芮芮 《說文》云:「芮,艸生貌。」《本艸注》云:「石韋芮。生於石上。其葉芮芮短小。」《史記蘇秦傳》云:「革抉瞂芮,無不畢具。」索隱註:「芮謂繫盾之綬也。」
按:字初義本是艸名。後來被用為戰爭防箭盾牌把柄的繫帶名稱。則人類之美工藝術多取法於植物之仿效,蓋可見矣。

鋂 鋂 《說文》云:「大鎖也。从金每聲。一環貫二者。」《增韻》云:「子母環也。」《詩齊風盧令》云:「盧〈獹〉令令,其人美且仁。盧重環,其人美且鬈。盧重鋂,其人美且偲。」
《說明》這是一篇諷刺荒於細獵的人君詩歌。詩文中的「盧」字,應該是獹,乃黑色的良種獵犬。鋂是套在犬頸上的裝飾環練。故鋂字从金,从每。每是美女的形象。所以示裝飾之品也。从金者,所以示其為金屬製品也。〈關於獹「字訓為「黑犬」色獵犬之義,可詳參本書「盧」字自明。在此从略。

動物

文字起源圖典

十八

釆

釆（）「虎行雪上梅花五，鶴立霜前竹葉三」。人類這一識別動物足迹特徵的

光）智慧，不僅表現在文藝上品上，同時也見於《文字》的本身。《說文》釆字訓：「辨

別也。象獸指爪分別也。讀若蒲莧切。光，古文釆。」今辨行而釆廢。

如果，筆者尚未想錯的話，則釆、光，這類獸蹏、蛇跡的字型也許就是人類

早期從事田獵狩獵生活動中的自然「寫照」。[illegible]

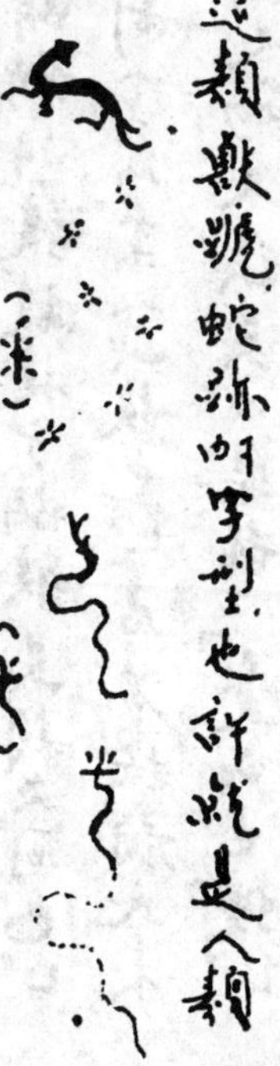

番　　番　𨆌　蹯　蹞　《說文》：「獸足謂之番。田象其掌。」

這箇禸蹏類動物的足跡，其中最典型者如駝與熊。駝蹏、熊掌被

人類眡為最美好名貴食品。《春秋文元年》：「楚公子商臣以甲圍成王。王請食熊蹯

而死。」《宣二年》：「晉靈公宰夫胹熊蹯不熟，殺之。」皆其例證。

《說文》：「獸足蹂地也。象形，九聲。」《尔疋釋獸》：「貍狐貒貈醜，其足蹯，其跡禸。」

《疏》：「蹯，掌也。此四獸之類，皆有掌蹯。其指頭著地處名禸。」

筆者按：禸之為字，蹂之初文也。蹂字从柔。段借義也。柔从矛从

木。矛者，金屬兵器也。木者，柄也。古人取富有彈性之木杆為矛柄。取

其抗拄刺析特点。今武术表演所用之「花枪」，皆用「白蜡条子」上枪柄。即古所谓柔木也。《尔雅》以三隅矛之「夒」，矛字释夒，殊滋人困惑。

吾农窃以为夒之为文，疑是动物之正面直观象形也。即「禺」字。

禺 《正韵》云：「禺，兽名，猴属。」《正字通》：「禺似猕猴而大，赤目长尾。山中多有之。」「禺」之为兽，亦猴类也。长臂修尾，体态轻捷，善于攀登。故《尔雅》形段为猱之初文。

猱獿  《正韵》：「音猱。」《玉篇》：「兽也。」《广韵》：「猴也。」《诗·小雅》：「毋教猱升木。」传：「猱，猿属。」笺：「猱之性，善登木。」疏：「猱则猿之辈属。」陆玑云：「猱，狝猴也。楚人谓之沐猴。老者为玃。长臂者为猿。猿之白要者为獑胡。獑胡猿骏捷于狝猴，其貌大同也。」

 《埤雅》：「猱，一名猱。顾氏以为其尾柔长，可藉制字。从柔以此故也。」吾农按：顾氏未识柔字取象于「矛木」之真相，而误以柔即夒之初文，误矣。《集韵》：「夒或作獿。」《说文》：「

是谓夒字，初义贵取义于动物，而非取义于柔木，彰彰明甚。柔、柤同居古音第三部，故知「猱」字从柔，乃声段借。自当认为从「禺夒」之「首」为义，允为形当。

豸 豸 豸 豸 豸 豸〈甲〉 豸 豸〈金〉 豸〈篆〉《說文》：「獸長脊行豸豸然。」許氏以簡練的文字紮搭出貓科動物的動態特點。而不直接言明其為何獸，故知豸之為字，乃是自然生物界中某一族類的綜合名稱。而非專指某一特定動物而言，是非常明顯的。但是這一族類的總代表究竟是誰？這是懸案，這就迫使讀者不能不對「豸豸然」引起興趣。

什麼是「豸豸然」？這是要用「心電圖」來進行說明的。所謂「豸豸然」的真實、真相，即：『而是貓類動物的「肩胛骨峰」（古名曰〈鉡〉）在前進運動中出現的一升一降動態所形成的連續波狀曲線』。因為動物要達到前進目的，就必須采取「四體」合作。這個前進動作，可分四大過程來說明：

一、起步過程：前左蹠提起，左前肢向前伸展。為了配合整體前進，右前肢必須中節曲折。此時動物的前肩峰下降，斜部位外高。

二、推進過程：左蹠到達進度的新止點而着地的同時，右前蹠之趾，離地懸起。伴隨左肢而前。後蹠則利用地面之反作用推進整體。

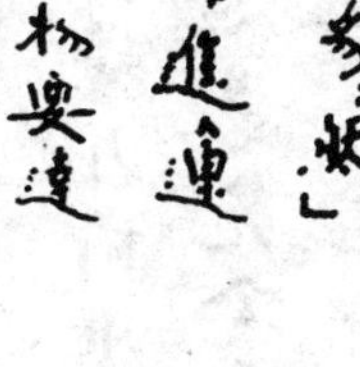
〈虎〉①

〈尺蠖〉

三、繼進過程：隨着整體的前進之勢，呈現左右前肢交互豎直，使肩峰升位

二

上升。

四、許慎遺漏：在兩肩峯逐漸升高之際，臀部卻低位也逐漸隨前進趨勢而下降。這樣複雜的運動，僅只能完成一个一百八十度的半圓週運動綫。如此反復重演，於是就使肩胛骨峯劃出一條側視的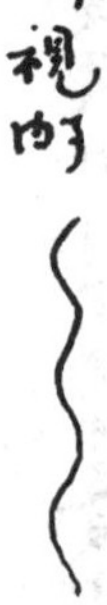波狀「心電圖」。許氏所說的「豸豸然」的動態象徵，完全可以古文〈虎〉字造形獲得答案〈見前圖1〉。

豸 豸

《說文·虫部·豸下》云：「有足曰虫，無足曰豸」。鑒于人類發現了靠腹部運動完成行走任務的豸的動態規律同貓科動物動態變化規律的「共性」。因而造出「豸」字，以彰明不同種類生物的運動形式的「合同」，在人類大腦的反應。《莊子》所謂《齊物》是矣，貴除上述个「豸」，正是《易》所謂「尺蠖之屈以求信〈伸〉也」。其物矣，尺蠖在前進中出現的一縱一縮波狀動態，同虎豹的前進肩峯一升一降的波狀動態是完全一致的。所謂《莊周·齊物》、《墨子·尚同》、儒家的《說天》、西方的《代數學》、《邏輯學》、《辯證法》，都是可以通過古文字得到驗證的。故文字之學之探索，于《六書》中，莫大于「轉註」。所謂建類一首，同義相授者也。

貓 貓

《說文新附》：「貍屬」。《廣韻》：「獸，捕鼠。」《禮·郊特牲·八蜡》：「迎貓，為其食田鼠也。」《正字通》：陸佃曰：鼠善害苗。貓能捕鼠，故字从苗。

名叢按：物本無名，人類據其自鳴之聲而為之立名耳，故雞雞之聲「喞喞」，而人亦名之曰雞。鴨鴨之聲「鴨鴨」，而人亦名之曰鴨。鵝之鳴聲「鵝鵝」，人亦以鵝名之。故知貓之得名，亦由其自鳴「苗苗」之聲無疑矣。然則物自名，而非人之所賜矣。

虎

虎〈卜〉 虎〈金〉 虎〈篆〉《說文》：「虎，文也。」《六書正譌》：「象其文章屈曲」。按以上二訓，竄以虎字造型，皆未能相符。惟有《通志·六書略》云：「虎，象虎而剝其肉，其皮之形。」其說為能符虎、虎、虎諸字之形態。蓋許氏之書，本乎斯篆。漢時上古文字已告絕迹。竹簡、木牘，遭秦火而滅踪。其時六國銅器、殷墟甲骨，猶未出土問世。孔壁蝌蚪之文，人莫能識。訓詁之學，唯賴口授心傳，其艱困固可想見。未宜對前人過分苛求也。

竄以為虎之為獸，貓科動物翹楚也。其形態特徵有四：一曰大頭巨口。二曰長脊修尾。三曰彪紋條若。四曰利爪銳齒。故能搏食群獸，獨擅「山君」之威。明乎此情，庶可與言虎字之義。考虍之為文，形聲字也。虍者，巨口利爪，長脊修尾之狀，象其形也。讀音為虎者，象其聲也。觀貓之食鼠，鼻腔必發「虎嚕」之聲，以示餘勇可賈（古）。可正虎字讀音之來源考據。然則虎亦自呼其名，非人所賜矣。

三

《甲骨》《鐘鼎》《史籀》虎字造型曲指難數。僅示數例，以見造字之情：

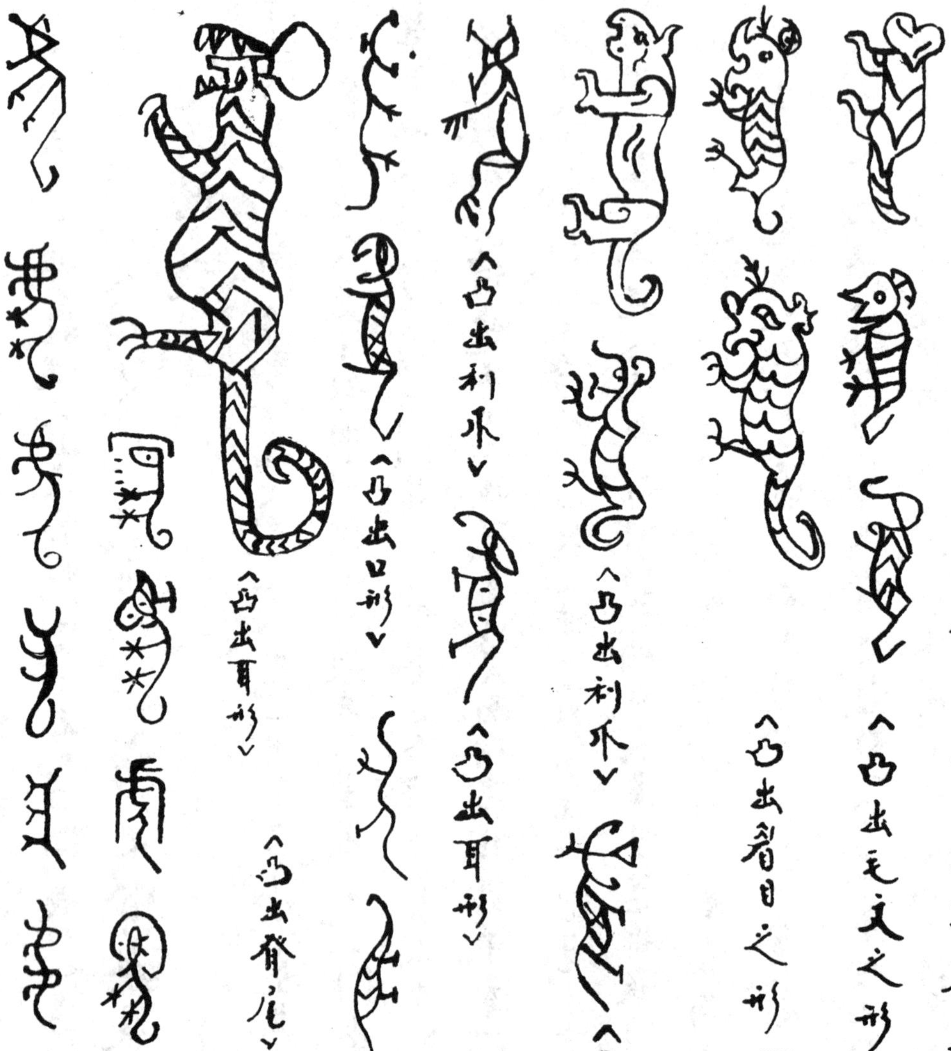

〈凸出毛文之形例〉

〈凸出眉目之形例〉

〈凸出利爪〉

〈凸出舌形〉

〈凸出利爪〉

〈凸出耳形〉

〈凸出口形〉

〈凸出耳形〉

〈凸出脊尾〉

虎

虎𧆞《說文》：「山獸之君」。《玉篇》：「惡獸也。」

虎之為物，其肉可食，其骨可供藥餌，其事武之象，故勇士曰「虎賁」，猛將曰「虎臣」。州郡軍旗畫虎為飾。古天文西方七宿曰「白虎」。戰車之文茵曰「虎韔」。軍士之冠曰「武冠」。《周禮司虣》之職，其字从虎从武。諸如此例，皆取虎為義。虎之為義亦大矣。

豹

豹豹〈卜〉 豹〈篆〉《說文》：「豹，似虎圜文。」《陸璣詩疏》：「毛赤而文黑，謂之赤豹。毛白而文黑，謂之白豹。」《尔疋嘼》：「盾州有黑豹。」《洞冥記》：「青豹出浪坂之山，如翠。」《本草衍義》：「土豹，更無文色，其形小。」《正字通》：「豹狀似虎而小，白面，毛赤黃，文黑，如錢圈，中五圈，左右各四。一曰『金錢豹』，宜為裘。如艾葉者曰『艾葉豹』。西域有金線豹，文如金線。」此字《中文》誤入虎部，今已之於此。

豹之為獸，亦貓科動物，故字亦从豸，乃脊符也。

豹（象其文）之為物，以毛色美麗見稱，故《易·革卦》有「君子豹變」之義，所以示社會變革帶來之文明繁盛之象也。

（彰豹）

貉

貉貈貗貊貉《說文》：「北方貉，豸種也。」段注：「良豸獸之種也。」《尔疋釋獸疏》：「貉似狐，善睡。」《釋文》：「貉本作貈。」《正字通》：「貉似貍，銳頭尖鼻，斑色，毛深厚，溫滑，可為裘。」

四

按：貉之為物，與狢同類，屬犬族血緣，非貓科動物，字書列入豸部。狀其體形相似耳。《詩·豳風》：「一之日于貉」，箋：「往搏貉，自以為裘也。」豳地位於我國西北高寒，古為邊雍州之境也。故知貉之為寒帶動物也。故其毛深而密。古者用為防寒冬衣。《論語》云：「狐貉之厚以居」。貉的生活地與環境亦名曰「貉」。其地之民族部落亦名曰「貉」。《孟子》云：「子之道，貉道也」，亦是由于這个地區處于中土的邊陲，所以被「王者」劃為「荒服」之域。在《周礼·秋官》的紀載中，還有「貉隸」之職。貉隸是來自北土在西周王朝供職的官吏。他們工作是馴服牲畜。名「服不氏」。從貉字的多重義看，古文字和上古史的關系。

貉

豺
犲

豺 豺 犲 豺《尔雅·释兽》：「豺，狗足」。疏：「豺，貪殘之獸。」《急就篇》：「顏師古注：豺似犬而狗足。」《正字通》：「豺，長尾白頰，色黃。」陸佃云：「俗云瘦如豺。豺，柴也。豺體細瘦，故謂之柴棘。」《干祿字書》：「豺与犲通。」按豺之為獸，犬科動物也。自宜以豺為正字。干祿字書之訓是矣。其形極瘦，陸氏所引「骨瘦如柴」之語，吾鄉至今猶傳。《史記·楚世家》：「商臣蠭目而豺聲，忍人也。」則豺之鳴音之惡可知矣。

豺

虐 [illegible]卜 [illegible]篆 [illegible]《說文》:「殘也。从虍，爪人，虎足反爪人也。」

覆手曰爪。虎反爪鄉外攫人，是曰虐。

虖 [illegible]金 嗁 [illegible]篆《說文》:「哮虖也。从虍，乎聲。」段注：口部曰：哮，豕驚聲也。嗁，虎聲。《通俗文》曰：「虎聲謂之哮嗁。」

按嗁、虖乃異文同字。其義不殊。金文多假為感嘆辭。非本義。乃通段例也。自應以虎嘯之音似「豕驚辭」為確。

虤 [illegible]金 [illegible]卜 虤 [illegible]篆《說文》:「虎怒也。从二虎。」按此字二虎並列，訓義為「虎怒」。与犬部㹜字二犬並列訓義為「兩犬相齧」之形義同例。

虣 [illegible]篆 [illegible]卜 [illegible]金《說文新附》:「虐也，急也。从武，从虎。」《六書正譌》:「猛虎也，猛也。」《周禮地官司虣》:「掌憲市之禁令，禁其鬭囂者，與其虣亂者，出入相陵犯者，以屬遊飲食于市者。若不可禁，則搏而戮之。」《司市》:「以刑罰禁暴而去盜。」古籍皆用虣字，後世用暴。暴行而虣廢。虣从虎从武，虎之為物，山貓之類也。以侵害弱小生靈為生者也。遊手好鬪之歹徒專以侵陵掠奪為能事者也。暴不止則善良不安，安善者必先除暴。暴不能自止，必賴武力以鎮之。故虣字从武，所以示以暴止暴之義也。此會意字也。

五

虩 虩（金） 𧇹（卜）

《易·震卦》：「震來虩虩，笑言啞啞」。經文在這裏把虩字用為雷的象聲詞。《履卦九四》：「履虎尾，愬愬，終吉」。經文在此易虩為愬。而義變為人的恐懼顫慄形容詞。在以上這些諸例中，很難得到虩字的含義實質。唯顧野王《玉篇》中，猶能窺見其秘密。彼云：「虩，蠅虎蟲也」。可謂一語破的。《卜辭》𧇹字，从爿，壁隙之象，从虎，蠅虎之象也。愬即虩字初文。（蜘蛛科）

關于虩字的形義觀：虩之為字，从𡭴从虎。𡭴者何？隙之省文也。虎者蠅虩也。人之所畏也，所以示恐懼之意也。隙，字从阜从𡭴。阜者，横出之象。𡭴者陽光輻射之象。故知隙之為文，山巖分裂之象，牆壁穿穴之態。陽光从空授射照入幽洞之內，一綫曙光之象也。我國浙江杭州西湖靈隱寺境有「一綫天」其地，海內名勝也。堪為古文隙字形例的寫照。𧇹从爿（牆之省）从虎，隙从𡭴，蠅虎之為物，棲息於壁隙之內，人足罕入，緣圍體旋夫文桂，雖非人間王者，而幽深智遠，尊養時晦，待時伺機，有發必中，此其所以之為虫中之虎也。故蠅類畏之，如人之畏虎。此虩字从𡭴从虎之旨歟！？

虩字的聲義觀：《集韻》：「音謋」。《廣韻》：「謋，虎伯切。」《正韻》《韻會》

〈虩〉

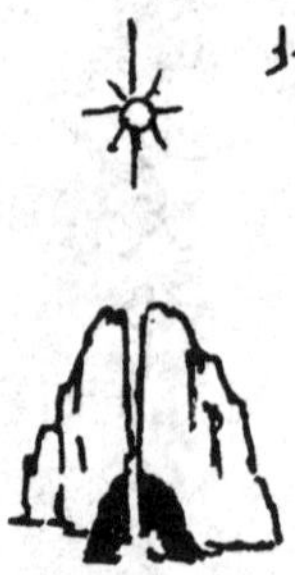
隙〈一綫天〉

「雀虩切。音熹。」（虎感之合音也。）《玉篇》云：「謋，亦上諕。」案，殷上虩字的讀音，取音于「虎」的象聲辭。」今魯南民間，謂馬鳴之聲曰「友兜、友兜的叫」。與《木蘭辭》中「磨刀霍霍」之聲例同趣。《毛公鼎》銘文有「虩許（虎）上下」之語。《秦公鼎》銘文有「虩事蠻夏」之門。皆含「威嚇鎮服」義。虩之為言嚇也。恫嚇之義也。虩、赫音同而義通。魯南方言今仍有「嚇虎人」之談語。案，歷史文化語言也。《詩·大雅·大明》云：「明明在下，赫赫在上。」《皇矣》云：「皇矣上帝，臨下有赫。」《常武》云：「赫赫明明。」《小雅·節南山》云：「赫赫師尹，民具爾瞻。憂心如惔，不敢戲言。」這些以赫赫上加成份的語例，都含有受監督、恐懼戚之義。於以見漢字「同音轉注」之義例。故知訓為「嚇虎」者，虩字初義也。訓為恐懼者，是延伸義也。

虔 虔 虔 《說文》云：「虔，虎行貌。」虔之為文，从虍从文。从艸。象虎交足文立於艸叢之中，故訓為虎行貌，亦象形字也。虎者人之所畏，故引伸為敬畏義。虎之噬人，似刀之斬物。故又引伸為虔劉義。又孳乳為劌字。

虔——虔
- 虔（虎貌）
- 劌（劉也）

彪 彪 《說文》云：「虎从君也。」彡部訓毛飾畫文也。故訓為「虎文也」。象形指事字也。

彬 此字从虍，从彬。彬與斑同，文而同義。《論語》云：「文質彬彬，然後君子。」故知斑者，玉之色。

六

彩者植物之色，麟者虎文之色。賁者貝之色。皆形聲例也。

虞〈金〉〈卜〉〈小篆〉〈詩·大雅〉：「吁嗟乎騶虞」。〈說文〉：「騶虞，白虎黑文。仁獸。尾長於身。食自死之肉」此虞字之本義也。〈史記〉有虞氏：始即上古氏族部落之族徽」，西人所謂「虎圖騰」者也。其後以為國名。其地望在今之晉西南蒲坂。〈通志·氏族略〉：「禹封商君之子於虞城。為諸侯。後以國為氏」。〈左傳昭三年〉：「箕伯、直柄、虞遂、伯戲」，〈傳〉：「四人皆虞舜之後」。按此即虞姓之正統。與西周虞國不同。〈傳僖五年〉：「太伯、虞仲，太王之子也」。注：「太伯、仲雍，仲雍別封西吳，虞其後也」。此西周王族後裔。與舜虞之裔有別。當須識之，今誤也。「虞」字文與「吳」通。〈孟子〉：「霸者之民，驩虞如也〈嚾躍如也〉」。〈孟子〉段「虞」為「娛」。試分別擬素族之於左：

戲 「康侯壺」是青銅器銘文，惟用作嗚呼語。其字上戲。字从亼乇，从中。象豬科動物伸張進水之形。又象獸舞導俱。即許氏所謂之「仁獸」。以其與〈無害〉。因而被古人選為文娛雜技藝術表演項目之用。〈尚書·舜典〉：「夔曰：予擊石拊石，百獸率舞」。可見遠在數千年前，東方民族已經有了「樂音」「戲舞」雜技了。

娛 娛

《說文》：「樂也。」《張衡·西京賦》：「窮歡極娛。」《集韻》：「吾故切，音悟。」筆者考吳之為字，娛之初文也。《詩·魯頌》：「不吳不揚。」傳：「吳，譁也。」《說文》訓：「吳，大言。大口，从夨聲。」又《詩·周頌》：「不吳不敖。」傳：「吳，譁也。」吾族按：吳之為文，从口从夨。夨者仰面頓頸之人形也。口者縱情歌唱之象也。古以東南之地名吳，以其地之民能歌善舞而得名。可以字形得之。唐白居易《憶江南》：「吳娃雙舞醉芙蓉」。堪此義證。後世增女而后娛。亦猶然之增火而后燃。然火字从火而后燃火矣。文字之起源，始于語言。故漢字雙聲疊韻而形體不同者，往往寓統一含義於聲韻之中。表示如次：

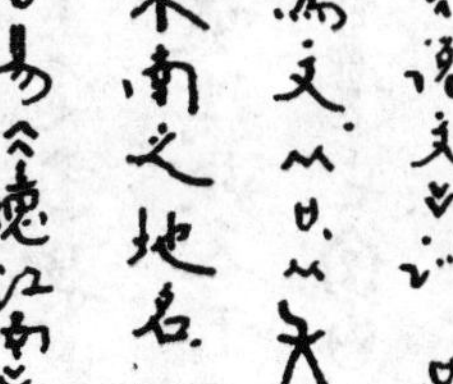

吳

- 吳 → 娛（歌舞）
- 虞 → 虞（虎名）→ 虞（氏族圖騰）
  - → 虞（姓氏）（國名）
  - → 娛（康樂義）→（樂舞）
- ← 虞 → 从 →（山林之官）

虙 虙

《說文》：「虎貌。」《廣韻》：「古與伏通。」《正韻》：「虙羲氏，以能制虙羲牲也。」《顏氏家訓》：「孔子弟子虙子賤為單父宰，即虙羲之後。俗字亦宓。今兗州永昌郡，舊單父

七

地是也。東門有子賤碑。漢世所立。乃云：「濟南伏生，即子賤之後。」乃知「虙」與「伏」，古來通字。」《前漢書·司馬相如傳》：「青琴虙妃」，師古注：「虙與伏同。字本作虙。」

吾輩按：關于虙字古今諸家之論已備，不復置疑。惟遺憾時是獨未及虙字造字之悄思補而出之：

虙字之為文，从虍从必。虍者虎之省，虎者山中之尊，野獸之代表也。必者，柲之省。《爾雅·釋宮》：「樴謂之杙，橜也。」《說文》：「必字，訓：『分極也』。从八弋。」趙宧光曰：「弋猶標示也。分極，猶畫界也。」故知必字初義，即地域分界之標志。如界石、界碑之類是矣。因其為直立之物，故《爾雅》以樴釋之。然則必字有界限分明而極分化之義，彰明矣。後世延伸為「必然」肯定義，延伸義行而初義遂晦。《竹書紀年》云：「太昊虙羲氏，風姓，都宛丘，以木德繼天而王。」于是仰觀象于天，俯察法于地，中觀萬物與人，以通神明之德，以類萬物之情，始畫八卦，造書契以代結繩之政，以龍紀官，造書契，占曆甲，造琴瑟，立基之樂，制嫁娶，儷皮為禮，造干戈，占網罟，以畋以漁，服犧牲。故天下號曰「虙羲氏」。但《竹書紀年》則名曰「虙羲氏」。吾輩考：《紀年》之書，竹簡文字，自應是[illegible]。

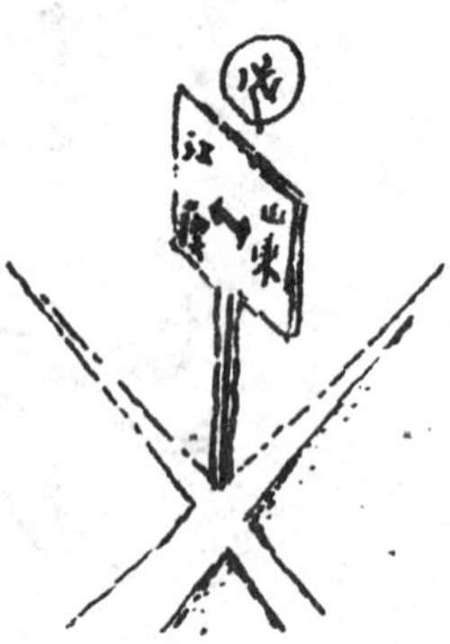

[illegible]也。後世經典是「炮」。《詩·大雅》：「炮鱉膾鯉」。《魯頌》：「毛炮胾羹」。

炰、

炮是繼□□字之後而生的新字，可見西周時代仍未完全擺脫上古的「泥封火燒」的熟
食法。此法仍可見於農村婦女為幼兒治療疳疾，焦煨童犬中。此上古遺法也。

虞舜氏時代，人類已經不再茹毛飲血。同時鑒於天然動物在長期的漁獵下，已
日趨稀少，不能滿足人類的需求。迫使人類不得不開辟「牧畜、飼養」方法，以補充食物來
源。飼養的目標，必然要選擇與人無害、蕃殖力強的草食類動物。這樣，牛、羊二物就成了最
符合人類利益的培養對象。上邊的牧養二字，是甲骨文字，完全可以上為有力參考。

牧 □

養 □□、□ □ 牛可以供人服役，供人飲乳，皮革供人製鞋。羊的生育
迅速，可以保証人的食物源源不匱。皮毛可供人衣服之需。
對人來說，當然是貢獻。然而在牛、羊自身來論也不

牲 □ 能不說是自我犧牲。所以犧牲二字都从牛从□。

犧 □ □ 犧字从羊，从秀，从戈。羊者家畜也。秀，古「秀」字，从禾从孕之省，生育蕃殖之態也。戈者
宰割之器也。或从牛，上犧。牛、□犧牲了自己的生命，和自己的兒孫為人類造福。故人類
義 □ 歌頌為□士。義字从羊，从我，「我」古文上□「兵器」。這就是牛、羊「從容就義」的忠
□ 晉為照人。□字从我从□「宜」，這便是「義者宜也」的「道義」的義字。其實□是

〈□〉

〈□〉

一个切肉的案子。刊是一把立在地上的长柄刀。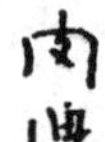中的●○，是肉块。这些悲
残形象的「袁義辞」，又有谁理解呢？现在到了「话题」边上的机会了。
伏与虎，双声对调。有馴服野兽变为家畜之义，故名「虎羲氏」。从战斗意义
上说就是俘虏的牺牲品。「虎羲」时代实质上是人类从野蛮无知的世界进入文明
社会的转折点，也是自然生物走向两极分化的开端。「安」字造型从女、从宀的理由。
奠基于斯。关于虎羲氏对中华民族的科学文明创造非本条所能备述。奠赏、
上述个「龙齿娇」的先进民族，正是东方世界的社会文明奠基者，无愧史学界称为
「百王之首」了。现代汉语中以中华民族为「龙的传人」。这个名词欧洲人是无资格使用的。

虤  卜 虤 篆。《说文》：「虎怒也。」《集韵》：「音该。」《说文》：「音訴。」段注文：
「此与犾训「两犬相啮」同例。

《卜骨》此字，卫人未释。戊辰之春，美利坚书家摹其上品来我市展出于文化宫。愚集观焉，壁间有此字高悬。愚求教于海外高明，彼则茫然未知所对。甚矣哉！知道之士如是其难也。愚窃以为此字

宜辞為甡或駪，乃系形會意字也。試明之如次：

考《說文》甡字訓：「衆生並立之貌。」《詩大雅桑柔》：「瞻彼中林，甡甡其鹿。」傳：「甡甡，衆多也。」《廣韻》云：「甡，聚貌。」徐鍇曰：「並生而齊盛也。若鹿角然。」

若叢樹，甡之為文，植物並生之象也，所以示物類蕃庶豐盛之態也。數量衆多之義也。此字于語言中乃形容詞，多以雙聲疊韻形式出現于經籍中。其于實際應用中，或作甡，或作駪，或作莘，或作𣦼，或作詵……雖用字不同，而聲義則一。舉例如次：

駪駪：《詩小雅皇皇者華》：「駪駪征夫，每懷靡及。」《國語晉四》引《詩》作「莘莘」。

𣦼𣦼：《玉篇》：「𣦼𣦼，多也。」

莘莘：《文選宋玉高唐賦》：「縱縱莘莘，若生于鬼，若生于神。」《莊子徐無鬼》：「骪之長也亦莘。」

侁侁：《楚辭招魂》：「豺狼從目，往來侁侁些。」

詵詵：《詩周南》：「螽斯羽，詵詵兮，宜爾子孫振振兮。」《說文》：「詵，致言也。」《藝文類聚》晉閭丘沖應詔書：「光光華轂，詵詵從臣。」《陳書周弘正傳》：「後進詵詵，不無傳業。」

森森：《說文》：「木多貌。」若叢樹：鳥之多曰駪，物之多曰𣦼，艸之多曰莘，人之衆曰侁，木之多曰森，言之多曰詵。皆聲同而義通。此漢字同音轉注之義例也。

象

此字造型，取三象示意。一為母象。一為哺乳幼象。一為臨產之胎象。其三象。《詩·小雅》：「或羣或友」注：「獸三為羣」。《國語·周語上》：「獸三為羣」。援諸三木為森，三火為焱，三土為垚，三石為磊，三金為鑫，三水為淼之例，可證此字确有生殖蕃衍之義。而與牪駪同有孳生繁盛之象，衆多之意。故宜釋為牪字。所謂建類一首同義相授者是矣。《說文》：「南越大獸」。其貌異中原地區，上古未嘗無象。古籍有「舜耕歷山，象以耕田」之記載，安見中土無象乎？今安陽殷墟出土遺物，有鏤象牙器。又有象齒甚多。《卜骨》有絕大者，疑亦象骨。《卜辭》文字亦有「獲象」之語。知象生于中原，至殷猶存也。《呂氏春秋·古樂篇》：「商人服象，為虐于東夷。周公乃以師逐之。至于江南。」此殷代有象之确證矣。復考《韓非子·解老篇》云：「人希見生象也，而得死象之骨。按其圖以想其生也。」此即現代漢語「想象」一詞之所由來也。韓非，戰國末期人。

據其所述語義推之，可知昔至周末，象之為物已絕跡於中原矣。

豫 豫 《說文》云：「豫，象之大者。」《史記·呂后紀》：「計猶豫未有所決。」《禮·曲禮》上「猶與」。注：「與，本亦作豫」。疏：「猶玃獸屬。與〈豫〉象屬。二獸皆進退多疑。人多疑惑者似之。」

古書稱：《尚書·禹貢》以中土之地為豫州，蓋因其地產象而得名。今河南省安陽殷墟出土之「五花龍骨」，蓋即象骨化石也。以舌舔之則黏連附着於舌，而不易分離。施力分之，發吃吃之聲。蓋其中富有磷質、鈣鹽，中國藥典用為止血劑，神經官能症鎮定劑。此上古中原地區多象之物證。而今氣候變遷，而象之活動區域已南移於印度越南之地矣。豫字从予、象聲。从象〈頭形〉从予〈身形〉，蓋象科動物也。

像 像 《唐韻》：「像，形像也。肖似也。」古星相術：象之為獸，以鼻大為特徵。古「相人之術」以鼻為五嶽之中。觀像者必先觀鼻。今民間諺語謂不要廉恥者曰「不要鼻子」。其與像字从象之指適矣。金文象上鼻形。从自从象。自古鼻字。其義從也。

豕 豕 豕 卜  〈金〉豕豕 《說文》：「彘也。」彘字訓：「豕也」。

許氏豕、彘二字互訓。以示豕、彘同類。而以「竭其尾」、「後蹏廢」以區別之。難免造涉含渾。殊不符豕、彘二文造字之指。試明之如下：

一〇

彘 彘（甲骨文）卜 彘 篆

考《卜辭》彘字上彘，此象形字。野豕中傷，腹中着矢之態也。故知豕字宜訓為「家猪也」，而彘字宜訓為「野猪也」。蓋自虞夏之後，動物已趨兩種分化也久矣。不僅羊有家羊、羚羊，牛亦有家牛、犛牛，皆能從字形字音之異同求證之。

豕

猪 彘行 豬 篆

《說文‧豕部》：「豬，豕而三毛叢居者。」按：此訓極確，獨惜許氏但舉三毛之意而不見猪字初文之形，遂使猪成為千古之謎。渺無遺象可尋矣。

家 家（古文） 家（古文）

考古文家字，从宀从豕。古音家猪雙聲對調。《周礼‧地官‧司市‧賁人文》皆「價」，實《古》同文。可證古音家猪雙聲。考《康熙字典‧豕部》諸字下云：古文諸上彘行。此即古文猪字與《說文》之訓相合。此者，三之變文，三者三毛也。ㄟ者猪尾之形。行者足之象也。故知彘行即猪字初文無疑矣。顧野王《玉篇》云：「諸，非一也。」《廣韻》曰：「諸，凡眾也。」皆延伸義。蓋猪之為獸，集體生物也。其蕃殖之力于百獸為最。故居則多圈，出則成群。故訓義為眾多，固其宜矣。後世增音而之諸。而彘行遂獨擅猪字之義。《康熙字典‧囗部》囗字下附古文圖上圖。字象彘行居囗中，造型與家同例。兼即「堵」字初文也。猪之為獸，惰性動物也。彘行字形變為此也，古文着字也。《論語》云：「衣錦尚褧，惡其文之着也。」故着字訓義為「章」，《見廣韻》，《說文》訓為「别事辭」。

從「者」之字，引有光色彰明之象，貫體流着靜止之態。故覩字訓義為「見」。《韻會》訓「者」為「諸」字初文。《爾雅·釋水》訓：「渚，小洲也。」《釋名》：「渚，遮也。能遮水使旁回也。」又如是有光居之廟曰「都」，城門之郭曰「闍」。皆有固定阻遮之義。此「者」字旁生義也。

豕、亥、亥、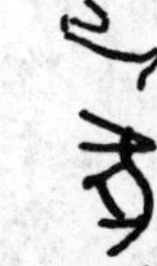亥稱豕豕豕。《說文》：「彘也。竭其尾，故曰豕。象毛足而後有尾。」

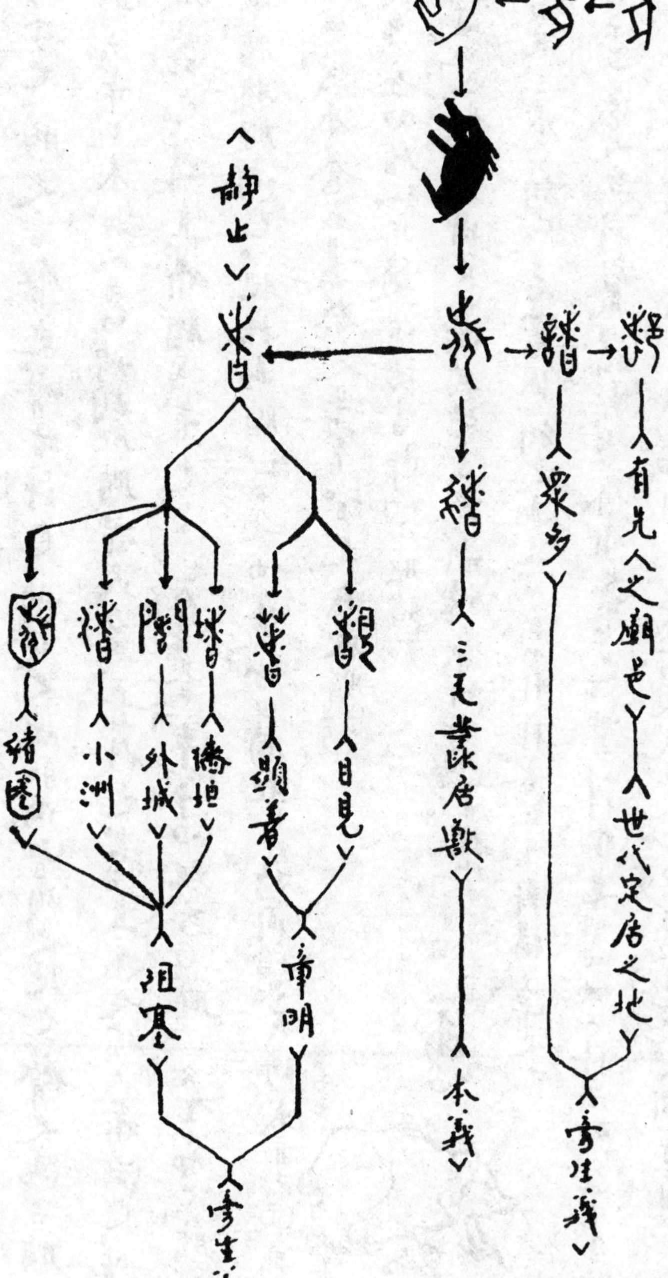

二

豚 □ 亥卜□ 金□□ 籀□ 篆 《說文》云：「小豕也」。按甲骨、金文豚字，皆似母豕懷胎，象形字也。豚之言臀也。臀者髀也。髀股之處肌肉豐腯之地也。臀之為言腯也。《左傳·桓六年》云：「奉牲以告曰：博碩肥腯，謂民力之普存也。謂其畜之碩大蕃滋也。謂其不疾瘯蠡也。謂其備腯咸有也。……」《說文》云：「牛羊曰肥，豕曰腯。」《玉篇》云：「腯，肥也」。《通是》云：「腯，豚，肥肉也。肥盛為腯。」《禮·曲禮》云：「豚曰腯肥。」《詩·周頌》云：我將我享，維羊維牛」箋云：「我奉養我享祭之牛羊，皆充盛肥腯」。《釋文》云：「豕曰腯」。用通俗語言即「小肥豬」。

豜 □ 豜 《詩·豳風》云：「二之日其同，載纘武功，言私其豵，獻豜于公」。《傳》云：「豕一歲曰豵，三歲曰豜」。名字表按：豜之為文，从豕从幵。幵者，二干對構，上平之象，所以示三歲之豕豎鬣（豬鬃毛）齊備之態也。此與「幵」字造型从「幵」从「幵」同例。此以生態之表象而判斷生物年齡的常識，蓋緣牧畜飼養經驗而來。从古文字中可以見之。（豜，音肩）

（豕）

貗 □ 貗 《集韻》云：「求子豬也」。《林氏小說》云：「牝豕也」。名字表按：貗之為文，从母从豕，所以示其為小豕之母也。从婁者，樓之省。所以示母豕摟小豕于懷抱，哺乳育兒之義。此字造型貴取象于動物蕃殖本能。《六書》名曰「指事」。

（貗）

豩 《下》《篆》《說文》云「二豕也」。義闕」。《同文備考》云「豕亂群也」。《唐韻》《集韻》並呼關切，音慌，義同。

名林伐按：豩之為文，从二豕或三豕。甲骨亦同。此与二馬為騳，三馬為驫同例。所以示牲畜蕃盛之象也。讀音如慌者，慌之為言，驩也。《備考》云「驩，為和樂貌」。此即豩字之本義矣。

《淺辭》曰：豩以為古者牧畜之職，必利用春季動物發情之期，從牛羊馬豕于郊野，自由交配，以達到物類蕃息之目的。《管子·四時篇》云「東方曰星，其時曰春，其氣曰風。其德喜嬴（孚），又曰春嬴育，息長養」。《史記》云「秦祖伯益為舜主畜，畜多息，賜姓嬴」。《周禮·地官·牧人》云「掌牧六畜，而阜蕃其物」。《尚書·費誓》云「馬牛其風」。傳云「馬牛其有風佚」。

從以上徵引文獻資料中，可以遠窺到古代統治者為了促進生產高度發展，在適當季節對動物采取開放「牲禁」的措施，是非常明顯的。故如豩字訓為「亂群」，即：甲群的牲豕与乙群的牲豕，可以任聽其自由相互串連交配，而不予以控禁。今天在廣大農村中，仍謂牲畜交配曰「豩窠」，蓋亦歷史語言之遺存矣。故知《說文》之訓，遠不及《備考》之訓為優。《禮記·月令》云「季春之月乃合累牛騰馬，遊牝于牧」，是其例證。

豪 豪 豪《說文》云「豪，豕鬣如筆管者。出南郡」。《山海經》云「竹山有獸，其狀如豚，白毛，大如狀而黑褐。名曰豪彘」注：貆豕也。夾脊有麤豪，長數尺，能以脊上豪射物」

老林按：豪字之篆文，从高，所以示毛之長，「彘」之删也。从口者，所以示口之鋭，唇之堅也。彡者，象其脊與足也。乀者，象其尾也。豪之為物，體重而肥，偶蹏而短足，既無銳爪，更無利齒，唯有適體針管為防身鐵甲。故其生理結構與豕相似。然則豪豕即野豬矣。

（豪）

膏 𩫏 𩫏〈卜〉 𩫏〈說文〉：「肥也。」〈韻會〉：「凝者曰脂，澤者曰膏。」一曰：戴角者〈牛、羊〉脂，無角者〈如豬、豕〉膏。老林按：韻會以固體脂肪曰脂，軟質脂肪曰膏，乃據物質屬性剛柔以分稱。

脂 𦙶 非造字之旨也。考脂之篆文，从肉从旨。旨字初文乃𠤣。从匕从甘。匕者柔之省，甘者，甘字初文也。禾兼五穀，甘為五味之主。五穀之含量，醣類為多。醣者，碳水化合物也。〈洪範〉云：「稼穡作甘。」植物之有醣，猶動物之有脂肪也。醣類、脂肪，在生物體內可以轉化。已被〈現代生物化學〉證實。故含醣物質皆味甘而氣香，含脂物質亦氣香而味甘。此義可從旨字造型示意見之。列式以見義：

匕〈柔〉＋甘〈甘〉＝旨〈脂〉

後按：膏之篆文，从肉从高，所以示生物脂肪組織，位於肌肉上層也。亦指事字矣！

毫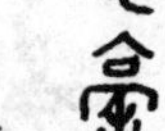《廣韻》：「長銳毛也。」物體長之毛曰毫。長毛之豕曰豪。豕肉上之脂曰膏。其義一也。故字从高

高 → 膏 人肌肉之上層脂肪曰膏
高 → 豪 人豕之剛鬣者曰豪豬
高 → 毫 人禾之尖端芒束曰秋毫
皆以高為義

豭《說文》：「牡豕也。」《易三三卦》：「豭犢而牝狗」。《春秋隱十一年》：「卒出豭，行出犬雞。以詛射潁考叔者。」《史記始皇紀》：「夫為寄豭」注：「夫淫他室，若寄豭之豬也。」

名襄按：豭之為言段也。段者借也。暫時借用之意也。普嫁上「豭」就是專供交配需要的「種豬」。牠沒有固定的住所，今天到東家和牝豬交配，明天又到西家。牠可以到處為家，故《說文·宀部》云：「家，居也。从宀，豭省。」古文家上。《卜辭》

家

豭上。下增一「所以示牝牡之不同也。段注云：「此字為一大疑案。學者但見从豕而已。安見其為豭之省耶？何以不云段聲？而紆回至此耶？竊謂此篆本義乃豕之尻也……」《春秋定十四年》：「衛侯為夫人南子召宋朝。太子蒯聵……過宋野。野人歌之曰：『既定爾婁豬，盍歸吾艾豭？』」南子屬于貴族階層中的風流人物。與她的衛君為了取得夫人的歡心，特意把宋國的美男子——宋朝，請來，同南子取樂。受到群眾諷識。歌詞

之意是：既然已經完成了丈夫的任務，為什麼還長期不歸，讓我們的「禮射緒阮？」當時歌辭中的「艾緒」指的是「宋、子朝」。嬰緒曙射南子。從語義求證，可以知道，緞之為物，依照飼養牲畜的常規，是沒有固定宿主的。因此古文的家字从宀从豕。正揭示了人們的家也在隨社會變化而徹遷流徙。和我相比較也沒有什麼兩樣。後世婦人稱丈夫外出長期不返曰「久假不歸」，其義蓋本乎此。

豖 豖

《說文》云：「豖，豕絆足行豖豖也。」（丑六切）。吾按：豖字造型與馵同例。豖歟〈豖〉是被縛之形。馬之絆足是為馵，豕之絆足是為豖。其為限制行走之義則一也。

絆 䋣

糸部絆字云：「馬縶也。」《玉篇》云：「羈絆也。」《增韻》云：「縶足曰絆。」吾按：從來字書多豖、馵、絆三字互訓，而不及䋣字的音、形、義。考䋣之為文，〈䋣〉

半 半

「从糸从半。」糸者繩索之象。半部曰：「物中分也。」《韓非子內儲篇》云：「半疑也者，可者半，不可者半。」藉此觀之，所謂「律」，並非絕對控制，而是有限控制，既非無限自由，而是有限自由。故知䋣之為義，與畔字从田，从半。

叛字从半从反同義。

馵 馵

《說文》云：「絆馬足也。」

豖（豕絆足）、馵（馬絆足）——半（縶束）

叛（半背離）、畔（半所有道路）——（一丰）

豤 𧡆《說文》：「齧也。」《玉篇》：「齧齧地。」《正字通》：「齧後入物也。」

墾 𤔊《集韻》：「力治也。一曰開田用力翻土也。」

齦 𪘏《說文》：「齧也。」

懇 𢝐《說文》：「悃也。」《集韻》：「誠也。」（求人之事之難，如齧堅地，會意）

𦓤 𦓤《字彙》：「音衮，重耕也。」（深翻地）。

根 𣐙《廣韻》：「柢也。」

艱 𡒝 𡋘《說文》：「地難治也。」《爾雅釋詁》：「阻艱難也。」名豬掘，豕之齧地曰豤。齒之齧物曰齦。誠感人曰懇。木入土中曰根。用力翻土曰墾。深耕曰𦓤。土質堅硬難治曰艱。凡此豤、墾、齦、懇、𦓤、根、艱諸字，皆取艮為聲而義亦類同。竊以為艮之為義止也。于《易》象之為山，山者石也。故从艮之字，皆具堅剛難攻之意，牢固不破之態，阻塞不通之象。《六書》所謂：「建類一首，同意相授，是曰轉注」者歟？！

豤

艮 —《揚子方言》：「艮，堅也。」
- 豤 —「齧也」
- 齦 —「以齒齧物」
- 懇 —「全誠感人」
- 墾 —「用力翻土」
- 𦓤 —「深耕」
- 根 —「固定不移」
- 艱 —「剛土難治」

共義 —「攻堅推固」

兕《爾雅·釋獸》：「兕似牛。」注：「似水牛，猪頭，大腹，庳腳。腳有三蹄。黑色。三角。一在頂上，一在額上。一在鼻上。亦有一角者。」疏引《交州記》云：「兕出九德。毛如豕。蹄甲[illegible]似馬。一角，長三尺餘。形如馬鞭柄。」今兕行而兕廢矣。

犀《埤雅》云：「犀兼五種，肉舌有棘。常食草木棘束，不啖莖葉。三角，水犀也。二角，山犀也。在頂者謂之頂犀，在鼻者謂之鼻犀。犀有四輩。犀南徼外牛。一角在頂，一角在鼻。」

（據文字造型言之，兕从豕，犀从牛，則其形可知）犀

兕

似象。《郭注山海經》：「犀似水牛。豬頭庳腳。兕亦似水牛。青色一角。重三千斤。」

名稱：兕之與犀。實、異名而同類。獸中之龐然大物也。古來字書犀、兕分居兩部。兕讀若四，而犀讀若夕。甲骨文兕字達五十餘文，造型各有特色。足證其品類之蕃矣。同時揭示了殷商時代中土地區仍有大量兕類生物的存在這一事實。《周禮》冬官考工記云：「函人爲甲，犀甲七屬，兕甲六屬。犀甲壽百年，兕甲壽二百年。」古代用犀、兕之革，作戰甲防護服。還用犀角刻酒器，名曰「犀觴」（《詞孟》）。犀角還是名貴藥材。《尚書禹貢》：「淮海惟揚州。齒、革、羽、毛惟木。」（《疏》引《春秋宣二年》文：「牛則有皮，犀兕尚多，棄甲則那」，如甲之所用，犀革爲尚。革之所美，莫過于犀。知革是犀革」。）復考《墨子公輸》：「荊有雲夢，犀兕麋鹿滿之。」足證戰國末期我國江淮流域尚有大量犀、兕，是非常明顯的。（附甲骨文兕字一覽）

（獨角兕）

（犀角獸）

在殷商王者每次開展細瑣活動之前，都要問卜。並且把獵獲成績刻于龜甲。從這些文字中，可以看到中原環境生物概況。

牛

〈說文〉：「牛，大牲也。牛，件也。件字云：「分也。」牛大，故可分。」又曰「牛，事也。理也。」〈稿〉以為「牛大可分」之義，據飲食之意而言也。「事也」之義，據牛之勞動功能而言也。牛之為物，生則畊田牽車，比及力盡，命絶刀下，棄身既饋，供人口腹。這字以犧牲二字从牛，此即「事也理也」，其真相矣。

牢

〈卜〉

〈篆〉〈說文〉：「閑，牛馬圈也。从牛，省。取其四周帀也。」

按：許氏不釋字从，而釋為之省，其必有義存焉！夫牛之為

物，農業生產戰士也。春耕，夏耘，秋收，冬藏，終歲馳騁於田壟之間，戴月披星，四體胼胝，餐草宿露，沐雨櫛風，茹苦含辛，不遑寧處。自非稼穡告終，農事已畢之後，斷不能息肩解軛而就安息，事實然也。故許氏據季節觀念而釋牢為冬之靖，自有其高層含義，仁者自能知之。

關于牢字讀音問題之探討：許以為：牢之為言勞也。《詩》云：「民亦勞止，汔可小康」。此言人以喻戰也。《易》云：「戰乎乾，勞乎坎」。此言水以喻人也。古云「勞燕東西」，此言鳥以喻人也。東方文化在于闡明宇宙自然現象的普遍、絕無「小我」的物類種族界限屬乎其間。夫勞極則罷（疲，下同），罷必斂。斂則休息。此物理之常規也。造字者早已發現了這一自然定律，而賦予了「牢」「勞」同聲的客觀命義，是不等尋常的。

勞有雙聲：讀音如撈，勞苦之意也。讀音如澇，慰藉之意也。故知牢、勞同聲，有「勞苦」、「慰藉」二義。「三時」辛勞，冬日養息，勞逸均等，天之道也。理之常也。春生，夏長，秋成，冬藏，四時之常規也。非人之有愛于牛而給以息養之機也，所以備來春待時而用之也。及其力盡身亡，就烹鼎鑊，亦事之常也，非牛之辜也。然則「牢」字之義，已揭示了事物變化運動的「永恆不息」，彰彰明矣。

牢之為物，本為保護監督，畜養牲畜而設。厥後延伸為「牢獄」、「牢固」等義。又上祭典所用之牲畜名。如郊祭所牲曰「太牢」，羊豕曰「少牢」。

半　半　說文云：「物中分也。从八从牛。牛為大物，可分也。」

吾按：半之為字，不定量數辭也。牛雖大物，而重量固不相等。上古人類漁獵生活方式，共同勞動，同享均分，小禽私有，大獸公分。此種傳統習慣延至封建王朝而未變。如毛氏注于「公豜」「大者獻之于公，小者私之」。即其遺意。

半之為文，从八从牛。牛者大物也，非一人所能盡食也。八者古文別字也。象左右

分　分

剖張之形。公、分諸字皆从八。特別是分字造型，从刀从八，顯示了割裂分解之象。說文：

公　公

八部云：「分，別也。从八从刀，以分別物也。同部「公字訓平分也。」故知半字从八者，動義符也。从牛者物象也。遠古時代人類數學知識簡陋，只能采取二分法來分配物資。《算法統宗》之《分成兩法》以八上五算，即原始數學「二分法」的進一步的發展，可以八化為 X 的「數剖」演變中求証之。

判　判　片　說文云：「分也。」玉篇云：「分散也。」廣韻云：「半也。」

吾按：古者婚姻證書、商品交易合同，皆用木片為依據。片者木象中分之

形。斲者以刀分木之形。雖所分之物有異，所以示一分為二之觀則一也。

券𠔉《說文》：「契也。以木牘為要約之書，以刀剖之。曲屈犬牙。」券之為文，从釆，古辨字，从𠬞，古拱字。左右兩手，各執其一之形也。分者一分為二也。〈說詳經濟篇，在此從略〉

件𤘪

《說文》：「分也。」

《六書故》：「物別也。」又名「條件」。俗稱物數曰若干件。

名衆物：件字从人从牛。衆人分牛之意，此會意字也。以數理哲學論之：件之為字義，「不定量數辭」也。牛者被分之物也。於數理公式為「實」〈被除數〉。人者，分物之主。於數理公式為灋〈除數〉。件者每人分得之量也〈得數〉。於數理公式為「商」。「商」絕對值。與「實」則大小成為正比。與人數成為反比。故余名之曰：「件者不定量數辭也。人多則件小，人少則件大。相對數辭也。可變量辭也」。牛÷人數＝件。

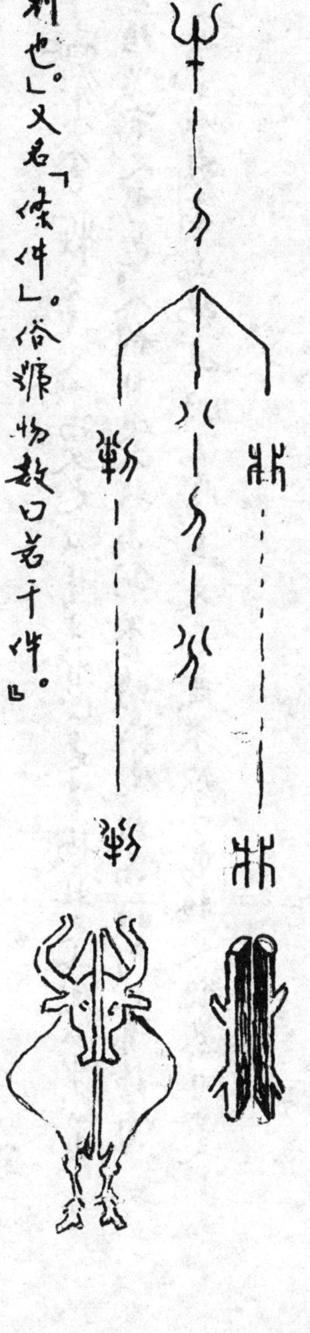

別　八　𠛉《說文》：「分解也。」吾業按：八、𠛉二文，形異而義同，各有取象。八者，龜甲分裂之形，八之省文也。古者出師占戰、詢卜吉凶、禁事占風、問雨、求豐歉，以取兆。八字其取象也。𠛉字从冎从刀。冎者骨之省文。刀者刑具也。骨之為文，人體解剖之形也。古有凌遲萬剮之殘酷肉刑，可以𠛉字求證之。冎者頭骨之形。骨有腑髒之象。月者臟腑之態。故骨字除月而為冎。冎者剮也，骨也。所以示臟腑無存，骨殼殘留之形也。从刀者，所以示刑戮之餘，骨肉分離之迹。〈𠛉〉

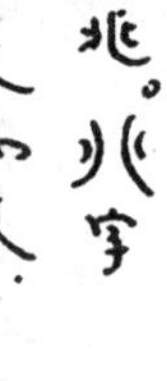

〈八〉

故引伸為分別。皆象形會意字也。

牡

〈卜〉〈金〉牡《說文》：「畜父也。从牛土聲。」吾業按：牡之為文，从牛，从⊥，非土字也。動物生殖器官之形也。人類自進入牧畜飼養時代，對牲畜性別已有精確之明辨。虙羲著《易》，以奇畫為陽，偶畫為陰。其文象無來源于動物之觀察，可以文字証之。

牝

〈卜〉牝〈篆〉《說文》：「畜母也。」考《詩·邶風·新臺》注云：「飛曰雌雄，走曰牝牡。」《詩·鄘風》：「騋牝三千。」《易·坤卦》：「利牝馬之貞。」諸經文但知獸曰牝牡，卻不知各種不同性別的獸類皆有專用文字。非讀甲骨文者莫能知之。

物 勿牛，物 篆《說文》：「萬物也。牛為大物，天地之數起于牽牛。故从牛。」此許氏之義也。

清王國維氏引《詩·無羊》「三十維物。」傳：「異毛色者三十也。」其義極精。

吾儕考：勿牛之為字从勿从牛，蓋與物異文而同字。牛者牲畜也。勿者雜色也。

《周禮·春官·司常》：「州里建勿。」《說文·勿部》勿字下云：「勹象其柄 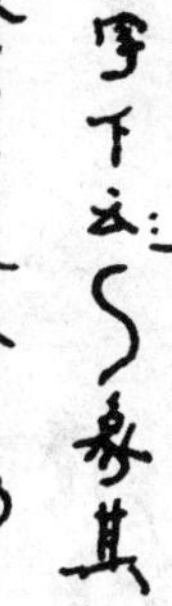 有三游，雜帛，幅半異。」段注：「正幅半赤半白。」復考《說文·彡部》云：「彡，毛飾畫文也。」故知勿字有雜色之義。古文彪、彬、彰、彩等字皆从彡，皆有雜色之象可比形例。復檢《詩·小雅》：「比物四驪。」傳：「毛物也。」又《周禮·春官·雞人》云：「掌共雞牲，辨其物。」注：「謂毛色也。」又《夏官·校人》：「凡軍事，物馬而頒之。」疏：「物即是色。」《地官·牧人》云：「若以時取之，則物其地，圖而授之。」注：「物地，占其形色。……」《春官·保章氏》：「以五雲之物辨吉凶。」注：「物，色也。」《詩·秦風·駟驖》：「四驖濟」。注：「四驖，言色之盛義。」《禮·月令》：「仲秋之月，乃命宰祝，循行犧牲。……察物色。」

以上徵引資料，皆「物」訓為色之義例。

犂 利牛雙聲義例：勿牛增禾而為犂牛。犂，牛之色也。勿增黍為黎。黑色之黍也。其延伸義為「黎民」。黎民者黔首也。（黑頭）。犂增木而為棃木。

一八

黎之為黑斑黝黧黧。有面目黧黑之象。故如犂牛物雙聲而同源。皆具雜色之象。蓋黑色為七色之綜合，白為七色之反射。徵諸光學原理，黧黑為同質。而犂牛、粉同色。可以音律得之。附犂牛物雙聲義以音變示意圖表如左：

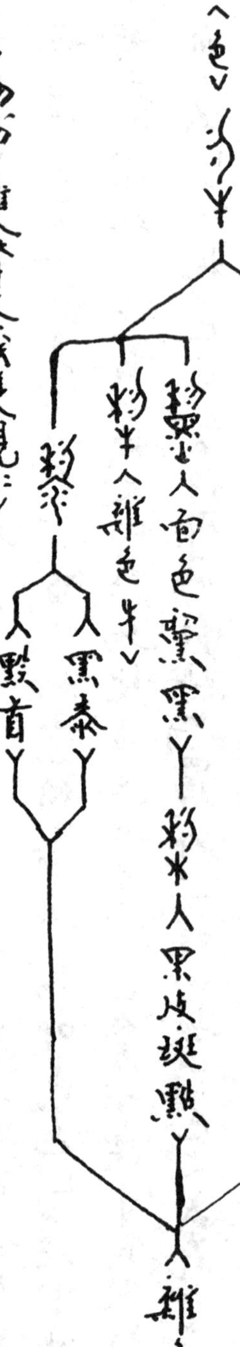

〈物犂雙聲之義變觀〉

結語：七色之集合曰烏，烏者污也。故有黑義。七色之散曰離，離者麗也，故有雜色義。唯能識漢語之音律，方能得漢字之聲義。此東方文化「語源」「意根」的統一性，凡有文字之學者，皆能知之。

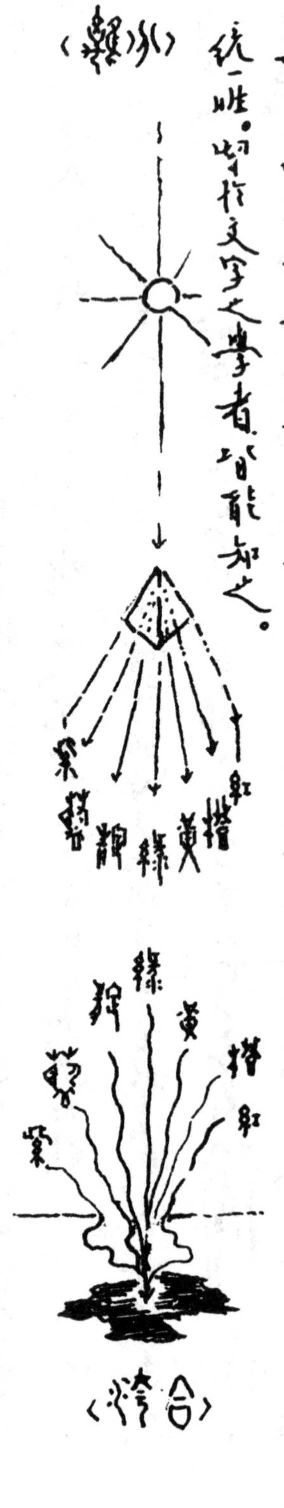

〈光色聚散示意圖〉

犬 《說文》云：「狗之有懸蹏者也。」懸蹏之目的在於保護爪的銳利。獸之三足着地而行者，厥唯山狼。狼與犬、貉三物乃同一祖先，已被現代動物學論著。犬貉、猿同屬「靈長類」動物。其種系之殊大，是異常驚人的。原因在于其雜交面之廣。如狚、狙、狛、獫，皆出于猿犬雜交的產物，此見於古籍者不知凡幾。《周礼·秋官·犬人》云：「犬有三種：一曰田犬（獵狗），二曰吠犬（守門狗），三曰食犬（肉食狗）。」于以見人類對犬的利用，非一日矣。

狼 卜 篆 《說文》云：「似犬，銳頭，白頰。」狼字从犬，从良。知狼犬同祖，早為東方人類所共知，遠在殷人之前矣。宋陸佃《埤雅》云：「狼將遠逐食，必先倒立，以卜所向。」可見動物的生活智能，尚有非人類所能理解者矣。

狽 卜 金 狽 《玉篇》云：「狼狽也。」《集韻》云：「獸名，狼屬也。生子或欠一足、二足者，相附而行，離則顛。故猝遽謂之狼狽。」按成語中以失所依者曰「狼狽不堪」，小人合謀為奸者曰「狼狽為奸」。皆本乎此。

狂 卜 金 狴 《說文》云：「狾犬也。」《廣韻》云：「病也，心不能審得失之地則謂之狂。」《書·微子》云：「我其發出狂。」疏云：「狂生於心而出於外。」按此即瘋、癲之所本。

按：許氏以瘋狗訓狂，陳氏以癡癲訓狂。雖所舉例證有人畜之別，然求諸物理其為神經系統疾狀則一。但以文字形義察之，自以《說文》之訓為優。夫狂之為文，从犬从㞷。小篆㞷从之从土。㞷之与㞷，皆古往字。後世从王，已形訛義乖，不復能覩造字之旨。考「㞷」之為字，从止从土。止是足之前端之象，土者鉞戉之形，此与《金文》狂字从㞷，从之同例，皆所以示出師救伐之義。《書‧湯誓》：「夏德如兹，今朕必往」；《傳》：「凶德如此，我必往誅之」。故知㞷字初義有「王者出征，誅伐無道之義」。造字者借之而作狂。以喻精神病患者的「高明聖哲」，自我吹捧，威氣凌人，盱衡當世，健譚古今，叱咤駭流俗，炫耀一時。以及身入囹圄，命喪九泉，身敗名裂，為天下笑。覩者莫能識辨，被其累。許氏把這種愚而不安的人物，和瘋狗畫了等號，是恰當貌然的。正如老氏之言：「聰明深察而近於死者，好議人者也。博辯廣大而危其身者，發人之惡者也」。可為狂了之誡。

犾

《說文》：「兩犬相齧也」。按：此与虎部虤字訓為虎怒之形義同例。亦与[illegible]部二[illegible]對之而訓為「爭」之例相同。

又如二[illegible]為[illegible]，二木為林，二日為昍，二大為𡘙，皆其形例也。（犾音斷）

猶 猶 猶 《說文》：「玃屬，从犬酋聲。」《集韻》：「猶居山中，聞人聲，登木，無人乃下，世

猶 猶 謂不決曰猶豫。」古書指猶之為與猴類也。于動物學中屬靈長類。其形似

狗，長七尺。俗稱為猴。毛蒼黑色。見婦女必攫去。故曰玃屬。

猷 猷 《爾雅‧釋詁》：「猷，謀也。」指猷字訓謀，蓋與形無當。考猷之

為字，从酋从犬。依造字形意推之，自應屬于獸名。而《釋詁》

訓曰「謀也」，自不能令人無惑。故吾人對猷字之探索，不能不另

尋思路。考《爾雅‧釋宮》云：「猷，道也。」《傳》：「道路之異名」。此解對吾人之啟發極

大。試伸述之：指道之為字，《卜辭》上作 𠙵。从彳从亍。行者十字路口之形也。亍立

於十字道口，四方瞻望，選擇動向也。《金文》上作 衜。从首从寸。首者嚮導也。寸者

足迹也。嚮導行于前，後人遵循足迹而進也。古文道、導同文。上古人類追獵為生。

氏族遷徙，酋長舉旗、導之于前，从屬隨之于後，必有獵犬領路。何則？以犬之為物，嗅

覺機敏。故臭字从犬从自（鼻）。所以示嗅土識味、跟蹤野獸之

態也。事實上，獵犬在狩獵活動已經是酋長的「軍事參謀」。

此猷字訓義為「道」、為「謀」之所緣來歟？後世延伸為「謀猷」義。

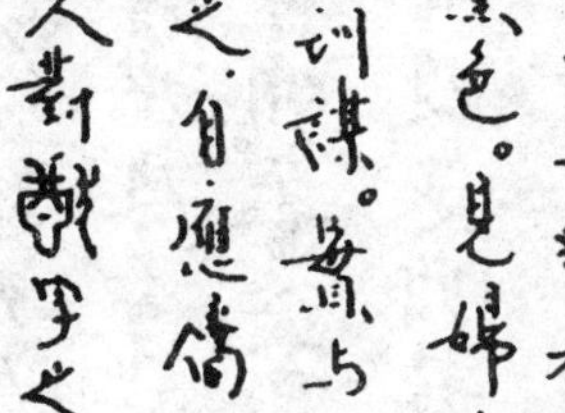

（猶）

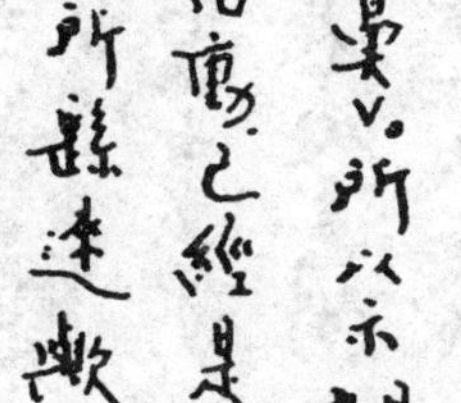

猷

二〇

猒 猒(金) 猒(籀) 猒(篆)《說文》：「飽也。」《玉篇》：「足也。」

名豪按：猒之為文，从口（甘），从肉，从犬。會意字也。甘者味之美，肉者食之香者也。美味香雜陳于前，犬處其間，而無動于衷者，以其腹滿也。所謂「飽飫烹宰，饑厭糟糠」是也。飫者「饜」也。當其飢也，雖糟糠而弗棄，及其既飽，雖美味雜陳，而望之生厭矣。故知猒字造形與「既」字同例。所以示「飢則就食，飽則棄餘」之象也。

〈猒〉

饜 𩟹

猒之為字，饜之初文也。饜，从厭，从食。《正韻》：「饜，飽也。」《集韻》：

〈饜〉

〈饜〉

厭 𠪍

「厭，足也。」《說文》：「笮也。」竹部文：「笮，迫也。在瓦之下棼之上。」《釋名》：「笮，迮也。編竹相連，迫迮也。」按：笮之為物，即今建造房屋，屋頂所施之「竹簾」，其形似竹簾。上承瓦片，下覆椽桷。有下壓之力。故有壓迫充塞之義。《孟子》：「其良人出，則必饜酒肉而後返。」《玉篇》：「饜，飽也。」其訓極確。蓋人當飽食之後，腸胃充塞，必有飽滿壓迫之感。此所以許氏訓厭為「笮迫」之所繇來也。

〈笮〉

狷 𤟹

《說文》：「狷，滿息也。」所謂「滿息」，即謂肥之腹不能容身之象。造字者以猒之變文，以示人之度量狹隘不能容人之義。亦「猒」之形注字也。猶

滿息

與猒字訓曰「窘迫」、意語異而義同。善業按：狷之為字猒之變文也。（亦示如下）

〈狷〉〈獧〉↑从 →〈猒〉文雖變而義同。《論語·子路》：「不得中行而與之，必也狂狷乎？狂者進取，狷者有所不為也。」《孟子·盡心》亦作「獧」。仲尼所把過分急躁冒進者名之曰「狂者」。把消極怠工、懶漢名之曰「狷者」。狷字的本義是一隻飽腹厭食的狗。《論語》把它比喻為清高絕塵、潔身寡合的孤獨人物。孔子對「狂」、「狷」兩種性格與世不感興趣。這已經超脫了猒的本義，而屬于引申義矣。

涓 [illegible] 《說文》：「小流也」。《陶淵明·歸去來辭》：「泉涓涓而始流」。《金人銘》：「涓涓不塞，將成江河」。故知涓涓細流，有流通積蓄、聚力強大之象。與「狷」字訓為「褊急」同義。亦猒之同源字也。古者王宮之內清除污穢之小臣，曰「中涓」，故涓字亦有捐棄義。

捐 [illegible] 《說文》：「棄也」。《增韻》：「除去也。損也」。《前漢書·竇嬰傳》：「侯自我得之，自我捐之，無所恨」。《史記·吳起傳》：「捐不急之官」。善業按：捐之為文从手从猒之省，亦猒之同源字也。今人謂出資助人曰「捐款」，亦「棄」之義也。

壓 壓 《說文》：「壞也。笮也。塞補也」。善業按：此猒之嫡系孳乳字。古猒字兼壓迫、厭棄二義。自壓字取代壓迫之義，而懕遂成為偃憺、厭棄之專義字矣。

懕 懕 《說文》：「安也。从心，厭聲。」《詩·小雅·湛露》：「懕懕夜飲。」朱注：「懕懕，安也。」亦久也。蓋飲之久於醉而有安詳之容也。」古人飲酒要樂，貴能醉而不致於嬌。酒是考驗人們的情操表現的「試金石」。故詩人在詩詞中常用了「懕懕」的疊詞，以形容和讚美在座的酒客文雅而有禮貌的風度。懕字的初義，是為「褊急」「緊迫」。今取與懕同聲，義變為安詳明智。亦如發同文治亂互因同例。

懨 懨 此字見於《正字通》，《說文》不載。懨即懕的初文。《宋歐陽修·定風波詞》：「把酒送春惆悵甚，長恁。年年三月病懨懨。」用二十世紀流行漢語譯之——「心情沉重」。

魘 魘 《說文》：「夢驚也。」《類篇》：「眠不祥也。」蓋，綜上述是一種「壓心病」。吾鄉民間名之曰「格厭戶子」。此症唯一特徵，是胸膛壓迫感。多發病于夜間。往往引起幻覺、幻境，如有魔物伏在胸上……古人制造魘字，不足怪也。

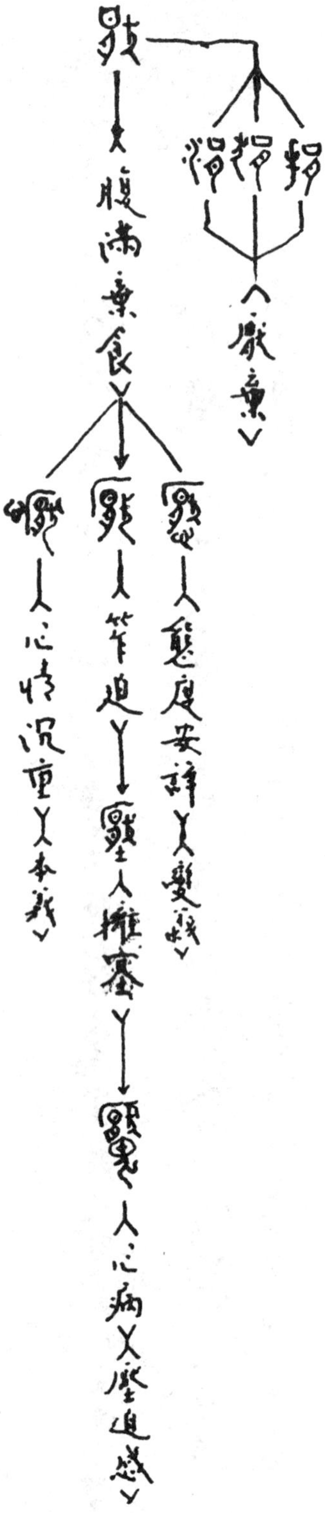

猋 金 篆 《說文》：「犬走皃。」《爾雅·釋天》：「扶搖風也。」

飆 《說文》：「扶搖風也。」吾裝按：三犬為猋，與三牛為犇同義。所以示競走之速也。平行進度以達極點，必化為垂直上昇。猋字初義本是衆犬競走，後世增風而讀音為猋。猋之為言飆也。直線上昇之態也。古有「扶搖直上」之語，所以示「台風」旋轉上昇之象也

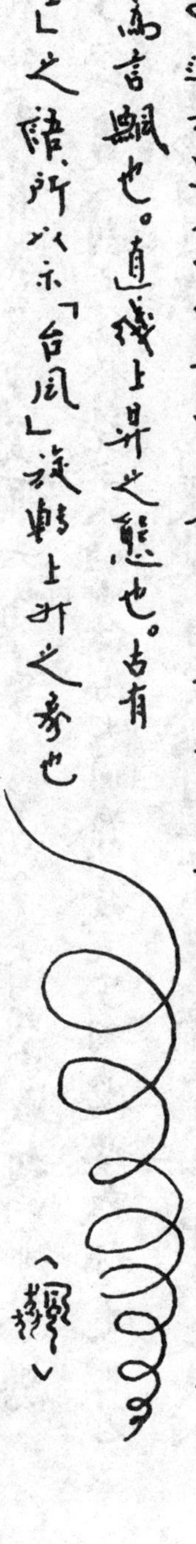

〈飆〉

獨 《說文》：「犬相得而鬥也。从犬，蜀聲。羊為羣，犬為獨。」段注：好鬥則獨而不羣。引伸段借為專一之義。《埤雅》：「獨從蜀，蜀鳴三，獨一叫而猿散。蠲一鳴而蠅伏，猿性羣，獨性特。猿鳴三，獨叫一。是以謂之獨也。」吾裝按：獨之為字从蜀从犬。有可能屬于犬科動物之一。或由其生活習性，獨獨不羣而得名。遂被引伸為「獨裁」、「獨斷」、「老而無子曰獨」等辭，更引伸義衍而初遂晦。漢字中此類義例極多，固不僅限于獨字而已。

吠 卜 籀 篆。《說文》：「犬吠鳴也。」按吠之言肺也。肺為金臟。金能發聲。是其義矣。《禮月令》：「孟秋之月，天子居總章。乘戎輅，駕白駱，載白旂，衣白衣，服白玉，食麻與犬。」在這些儀式特色，以及規定的食譜中，無一不是圍繞着一个「金」的光色、氣、味本質。然則吠字的讀音也不會排除「五行」槩念本質，是完全可以推知的。則

漢字之造形、命音、立義，不能脫離「五行」的先天本質，乃不容諱言的事實。尤其信而有徵。

獫 《說文》：「長喙犬。」《爾雅·釋畜》：「長喙獫。」《詩·秦風》：「載獫歇驕。」《傳》：「獫、歇、驕，田犬也。」獫，長喙犬。」按：獫之為物，即蒙古族之牧「羊犬」也。以其身猶能與豺狼搏鬭，故游牧民族用為保護羊羣之得力工具。「獫狁」之名蓋由于此。

狐 《埤雅》：「狐性疑。則不可以合類。故從孤省。」《說文》：「祅獸也。鬼所乘。有三德。其色中和。小前大後，死則丘首。」蓋、頭、上，狐之為物，乃是腦神經比較發達的動物，所謂「三德」即三大特點。因為它記憶力極強，所以具有強烈的「鄉土觀念」。當其在郊野之際，遠鄉往着它的巢穴、方位。狐能摹仿許多動物的鳴音，善于譸張為幻，蠱惑人心。令人莫明其妙。故狐字取音于胡。胡者何也。凡此種種，都是狐的生活習慣，在人類意識領域的反應。真能代表狐的形態者，只有字（大耳、尖嘴、長尾）、（美女的頭面、獸類的身形）是晚期文字，似乎是人類已經發現了狐的由緣，與犬同源。故文字的演變軌跡，也標志着人類對自然生物的認識在不斷改變。自從人類社會出現了商品交易市場之後，人類又把它作為貨幣的形象。而創造字，以示「金錢萬能」之意（狐、化、貨，胡何同聲）

化

（說詳本書《經濟》《井田》二篇。）

謠 [古文字形] 䚻

今之謂曰「歌也」。今尔疋釋樂云「徒歌謂之謠」。孫炎曰「聲消搖也。」今韓詩曰「有章曲曰歌，無章曲曰謠。」戴侗曰「歌必有度曲，聲謠則但搖曳咏誦之。兒童所能為之。故有童謠也。」凡此種種，千篇一律之解，咸屬聲律之學，而立說非謠之造字之形義也。吾農曰「謠者妖也，妖獸之音也。使人聽聞震撼人心之聲也。故字从言从䍃。」

〈發明〉吾農按，古文謠字上[古文字形]，从[古文字形]从言。[古文字形]者狗之形，言者音也。古人以狗性善變而目為妖獸，與梟為妖鳥同義。此形聲兼會意字也。

字形分析。[古文字形]字从[古文字形]从ク从内从言。[古文字形]象兩耳，ク似獸足，の象狗尾。言者口之聲，聲出于口，聞之于耳，震動人之心，此所以為謠也。尤其是古篆[古文字形]字造型以口，與頭張口食肉之象也。[古文字形]象狗耳，ヨ象狗爪，の象狗尾，足象後腿，彡象腹毛。揭示了狗為肉食類動物的特徵。狗之為物靈巧，類動物與犬同祖，已被廿世紀科學界所證實。故知古人造字概字以[古文字形]，確有依據。狗於四足綱中，神經系統最為發達，以家禽為食。狗無長角巨軀，足勇猛耐力，善能運用智慧伎倆，使雜幻術，坑美騙術，誘咸家禽捕而食之。猺能摹擬多種生物之鳴音，又能仿效人類之啼哭，故能於巫側施展幻術，恐怖人心。《張揖金匱要略》名神猺官能疕曰「猺咸病」。其取義皆緣於斯。以猺能使人產生的神分裂。故知古人造字，取象於猺，取音於搖，具有變幻、動搖之義。故謠之為字，以「變」為體，「動搖為用」之義也。此可以下列諸字求得佐證：

繇

䌛《說文》：「隨從也。」《爾雅·釋詁》：「繇，道也。」按：隨從與道（導也）皆有摹仿、引誘之意。貴即「䍃」的同義字也。

搖

搖搖《說文》：「動也。」亦䍃之同源字。

䠛

䠛䠛《說文》：「跳也。」此亦䍃之同源字

颻

颻颻《集韻》：「風高貌。」上行風也。

瑤

瑤瑤《說文》：「玉之美者。」有色彩變幻象

遙

遙遙《說文》：「遠也。」

傜

傜傜《玉篇》：「役也。」

《作合論證》手之動曰搖，足之跳曰䠛，上行之風曰「扶飄」，路之坎坷而遠者曰遙，石之五光十色者曰瑤，皆有動義或變幻義，皆䍃之同源字也。而祖於猺性善變動搖聽聞之義。字皆从䍃。

傜

猺猺《廣韻》：「傲也。又獠猺，狗種也。」（此古代對落後民族侮辱字，今以傜易之矣）

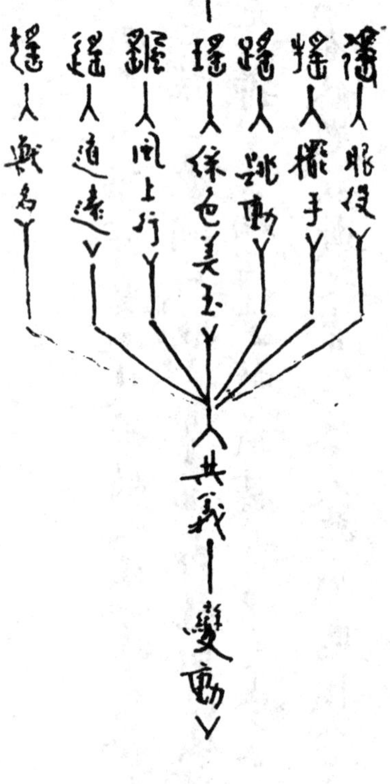

狴 ⿰犭陛 陛《玉篇》："獄名"。《廣韻》上："狴，牢也。"《集韻》："狴犴，獄名"。

犴 豻 犴《說文》："胡地野狗"。《正字通》："陸佃曰：犴，黑喙，善守。"《詩·小宛》："哀我填寡，宜豻宜獄"。釋文："韓詩作犴。鄉亭之繫曰犴〈拘留所〉。朝廷曰獄。"

筆者童齡曾讀蒙學教材《幼學瓊林》有云："狴犴猶犬而能守，故獄門畫狴犴之形。"何以不畫于宮門？所謂「能守」，果守衛之守乎？抑監伺之守乎？此不能不予明辨者焉。蓋人類自有社會分工之後，就出現了階級與政。司法機構乃國家專政工具。司法組織為了防止罪犯越獄潛逃，必賴編嚴威力以監視之。此種管理措施，至今猶存，此古制也。

尾語：狴犴二字，原為野犬名稱。繇于被用為看管囚徒的工具之故，因而就變成了監獄的代稱。此漢字義从用變之例。

⿰犭斤

⿰犭斤、卜辭、篆、籀、齗《說文》："犬吠聲。音銀"。《集韻》："本作齗，犬爭也"。

《玉篇》："同狺"。名裴按：⿰犭斤之本字是齗。集韻所言是矣。考齗之為文，从齒，从斤。齒者門牙也。斤者斧也。門齒之形面廣而薄。

〈⿰犭斤〉

毋同食物切斷之功。其利如斧。故齗字从齒从斤，此其義矣。

《史記．魯世家》：「孔子曰：甚矣，魯道之衰也。洙泗之間，齗齗如也。」徐廣曰：「魯道衰，洙泗之間，幼者扶老者，代其任。俗既薄，長者不自安。與幼者相讓。若有所爭辯。所以為道衰也。」徐氏用兩犬張牙咨齒爭鬪的姿態來解述老幼互相謙讓之態，是粗畫刻劃藝巧之能事的。故齗字与犾同義。

《說文》云：「齗，齒本也。」俗名牙花子，牙根肉」。人當爭辯，必張牙反口，而齒根外露。兩犬相爭，必揭啓露齒，具出隆隆之音。此即《集韻》訓齗為「犬爭」其意矣。許氏訓為「犬吠」其意雖似，然未若《集韻》之訓為「犬爭」徹肯徹妙而適似也。蓋「吠」之為義在于「象聲」。而「爭」之為義，着重于宣染「鬪型」。此其不同之處，全在于「齗」字之推求。

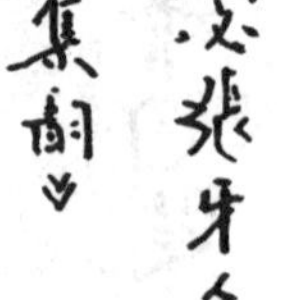
(齗)

卷  卜《說文》：「犬之多毛者」。按，尨之為文，从犬，从彡。彡部云：「毛飾畫文也。」《詩召南．野有死麕》：「無使尨也吠」。《傳》：「狗也。」而不云多毛之義。《春秋閔二年》：「衣之尨服，遠其躬也。」《傳》：「尨，雜色。」復考《周禮．冬官考工記．玉人》：「玉人之事……天子用全，上公用龍（尨）。」鄭司農云：「龍，當為尨」。由此推之，尨之為獸，即雜毛之犬可見矣。

牻 牻《說文》：「白黑雜毛牛。」

駹 駹《玉篇》：「馬黑白毛也。」

厖 厖《書周官》：「推賢讓能，庶官乃和。不和政厖」。意思是沒有忠良的大臣在領導庶位，必定造成國政雜亂無章。此尨字非本義也。

牻

〈駹〉

〈尨〉

尨〈事物雜亂〉

牻〈雜毛牛〉

駹〈雜毛馬〉

〈毛飾也〉文〈彡〉 尨〈雜毛犬〉

兔 〈卜〉

〈金〉 〈石鼓〉 〈竹簡〉《說文》：「兔獸也。象兔蹲，後其尾。」為哺乳類動物，兔之為文，象形字也。甲文、金文都出了長耳短尾的特徵。

兔 兔《說文》：「兔逸也。从兔不見足。」〈尾之誤〉。肇者按：兔之為物，無爪牙之利以禦敵。惟恃長腿善跑以避禍害。故字如逸。逸者徙也。遷也。逃避之義也。蓋猛禽之搏兔，必銜不放其脊，以待兔之反噬。繼以後爪抉其目，叼啄剜其腹。然後剔其

二五

曦瞬，哭其胃腸。此常境也。至若飽經風險之狡兔，則不然。雖情迫勢急，而計不反顧。故能奮力衝進，化險為夷。倘而脫之力，犇枝蓬門棘叢，奮力奔拖。終致縮窩困于荊棘叢裂，倩脫身，陷絕境而亡。而狡兔則棄尾而全身，雖老無替矣。故知兔之為文，宜訓為「从兔，不見尾」，理有然矣！夫豹小雕輔，多有棄尾全軀之術，蜥蜴、守宮，莫不為然，固不限于兔焉！

勉

《說文》云：「彊也。从力，免聲。」《廣韻》云：「勖也。」《增韻》云：「勸也。」皆未得勉字之真義。考《漢史·谷永傳》云：「閔勉遁樂」。「遁」之一字，可謂深得「勉」字之意。《玉篇》云：「遁，逃也。」《廣韻》云：「隱也。去也。」《詩·小雅》云：「勉爾遁思。」是「勉」有逃義之證。竊以為勉之本文，从免，从力。免者，兔之省，狡兔棄尾之象也。兔尾被縮窩之荊棘、爪，必拚命急走。雖力盡氣竭，續不能不勉為其難者，以生死攸關，性命之所繫也。審此，則勉字从免从力之旨，卓然可見矣。千古以來，無人能識「勉」字之真意，良以昧于物理事情之故，遂使勉字淪為千古之謎。可嘆也夫！愚補而正之曰：「勉，遁也。从兔之省，从力。奮力逃生也。會意。」

娩 《說文》：「兔子也。娩，疾也。」兔之為物，善躍而善逃之獸也，故引義為疾。疾者急也。急者速也。字从女，从兔。女者母也。所以示疾走之能，秉自遺傳，非後天訓習而成也。〈芳萬切〉

𪓿 《說文》：「疾也，从三兔。」按𪓿从三兔亦訓「疾」，與犇从三牛而訓為「牛驚」之義例同。驫从三馬同例。

冤 〈篆〉〈卜〉《說文》：「屈也。从兔从冂。兔在冂下，不得走，益屈折也。」此象形字，後世迻為人類冤屈、冤枉等辭，段借義也〈與說文[illegible]同〉

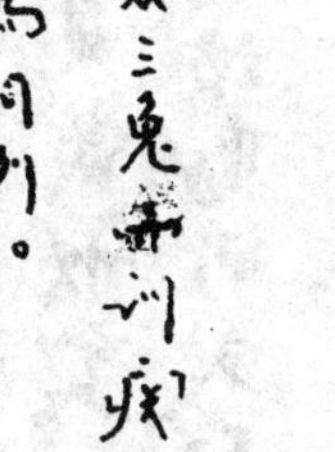

娩

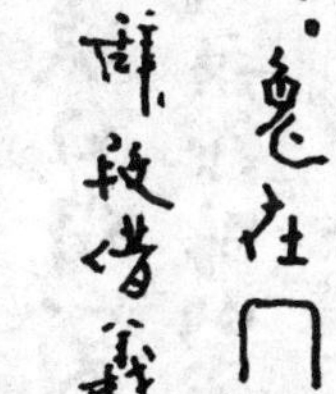

鼠 〈金〉〈篆〉《說文》：「穴虫之總名。」金文从象口齒，乀似脊、尾、爪。為齧齒類動物也。以竊食為生，破壞衣物，還是疫菌的中間宿主，人類呼之「四害」之一。唯貓乃其天敵。

鼫 《尔疋·釋獸》：「形大如鼠，頭似兔，尾有毛，青黃色，好在田中食粟豆。」

按：鼫鼠即《毛詩》所謂之「碩鼠」也。又名「五技鼠」。所謂「能飛不能過屋，能穴不能掩體，能游不能渡谷，能走不能先人，能緣不能窮木」。故詩人以之喻貪官。

竄 《集韻》：「入穴也。」按：此訓應是竄字本義。但入上宜有鼠字，方合情例。

《说文》：「窜，匿也，逃也。」鼠遭罝，类追捕，逃进入穴中。此指事字也。

巤

《金》 《说文·囟部》：「巤，毛巤也。象髮在囟上及毛髮巤巤之形。」按许氏训巤为脑後长毛，似非专指一兽而言，就其生理部而言也。巤之为文，象形字也。巛象长毛，囟象脑囟，似象爪豕，乂象脊尾。古文 皆似之。古谓长鬣之马曰巤，豕曰刚巤，皆以毛髮而得名。巤之为言立也，毛髮竖立也。知巤亦形声字矣。

猎

《说文》：「放猎逐禽也。」《广韵》：「取兽也。」《白虎通》曰：「四时之猎总名曰猎，为田除害也。」《尸子》曰：「虙羲氏之世，天下多兽，故教人以猎也。」《尔雅·释天》：「春猎曰蒐，夏猎曰苗，秋猎曰獮，冬猎曰狩。」人类自从征服了动物进入了农业时代之後，就开始了人类内部的互相残杀。被征服的家禽家畜之外的野禽野兽，为了生存，仍然要和人类争夺食物而不断的侵害五谷、田苗。这样就促成了宇宙间的敌对关系「多变化」。所谓「春蒐、夏苗、秋獮、冬狩」，除了说明人和动物争夺食粮以外，还有通过「保苗除害」的活动形式，组织军事战备演习的一个侧面。所谓「寓兵于农」的政策，也表现了人类斗争的进步升级。文字中的田《金》巤《高》《古》这些动物，都标志着猎户豢养的帮凶形象。

鹿 □□〈卜〉□□〈金〉□〈簡〉□〈篆〉《說文》：「獸也。」象頭角四足之形。鳥鹿足相比。故从「比」。」名裝枝·象形部云：「鳥足與鹿同。」又云：「鹿从比。」然則□□□三者皆偶蹄類而無疑焉。故知鹿字从比，所以示偶蹄之象也。〈甲骨文〉之鹿字是形，凡五十有餘，其多數皆上「ㄐ」與小篆从比，形義固同。未宜以小篆而否定大同也。而許氏將鳥足並立之態，以擬鹿足，斷不宜過分吹毛以求疵焉。

麒 □〈卜〉□〈篆〉《說文》：「仁獸也。麋身牛尾一角。」張揖曰：「牡曰麒，牝曰麟。」其說極確。〈卜辭文字〉麒上□。从山从□。□者身之形，ㄚ者尾之象。ㄩ者兩耳之形，人者獨角之態。與許氏之訓固意髮而無疑。時〈康殷〉辞為「麟」字，此大誤也。不知〈卜辭〉自有「麟」字。其文上□□。字从□从文。□者形也，文者聲也，吝之省也。古人對禽獸之命名，以複音雙字為辭者，不以雄牡居前，雌牝居後，此常規矣。「鳳凰」「麒麟」其典型範例也。〈爾雅·釋鳥〉：「鶠，鳳，其雌凰。」〈說文〉：「麟，牝麒也。大牝鹿也。」是其義例矣！

麟 □ □

〈綜合論證〉名震麟以為麒之為言奇也。偶之對也。麟之為言隣也。比隣也，並列之義，偶之象也。甲骨文字之□象獨角之鹿，□似兩角之鹿。一奇一偶，一牝一牡之象也。此形聲之例矣。是於斯而悟〈易數〉「陽奇，陰偶」之論，實來源于自然事物之觀察。則漢字

二七

之確有科學基礎，益覺信而有徵。

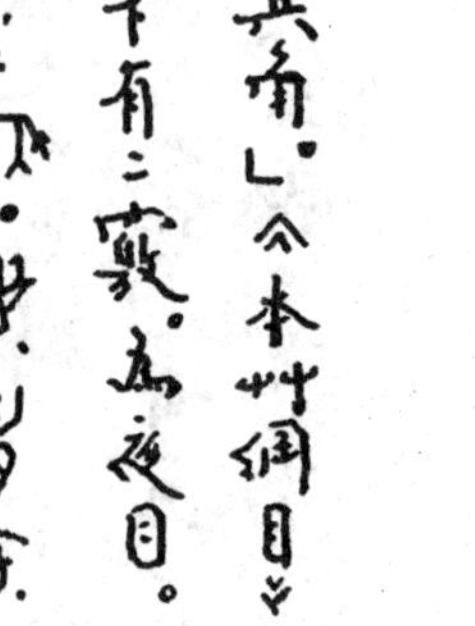

〓

麋〓卜〓籀〓篆〓《說文》：「麋，鹿屬，冬至解其角。」《本草綱目》云：「麋者有角，似鹿而色青黑，大如小牛，肉蹄，目下有二竅，為夜目。」

吕振考：麋之為字，《卜辭》之〓，从〓，从〓。〓，眉字。《金文》之〓。《詩小雅·巧言》：「彼何人斯，居河之麋。」傳：「水草交謂之麋。」麋本又之湄《湄》故知古「〓」「麋」互通，音段例也。《卜辭》湄之〓、麋之〓其形例也。

關於鹿與麋的生理素質的不同。古人從其對自然氣象的適應規律現象中早有鑒定。因而得出了「夏至鹿角解，冬至麋角解」的結論。中醫藥理學以鹿角膠為「壯陽」劑，以麋角膠為「滋陰劑」。天文曆數家又特視鹿角、麋角之代謝，為確定檢驗自然節令之標的。《中華字典》麈字下引《說文》段注云：「乾隆三十一年，純皇帝目驗御園麈角，于冬至時解。而麋角不解。敕改時憲書「麋角解」之麋為「麈」。」按《御覽》云：「麈，鹿屬也。大而一角。」《六書故》引唐本云：「麈，大力一角。」《名苑》云：「鹿之大者曰麈。群鹿隨之。皆視麈所往。麈尾所轉為準。古之談者揮焉。」附此以供參考。

麀 《詩·小雅·吉日》云：「鹿牝曰麀。」《爾雅·釋獸》云：「鹿牝麀。」《說文》云：「麀，牝鹿也。」名業按：麀从鹿从匕。匕，古牝字也。母獸生殖器下之象形也。《卜辭》牝牝凡牝獸字皆附加匕文為特徵。人類之女性者曰「妣」「匕」。《辭家女曾名稱》字皆从匕。故知古人造字示意，本乎自然，無人獸之分矣。

麌 金文 《說文》云：「似鹿而大」。名業按：與豫同聲。鹿之大者曰麌，亦猶象之大者曰豫耳。

麤 卜 篆 《說文》云：「行超遠也。」名業按：許君釋三犬為猋，三牛為犇之形義，以釋三鹿為「行之超遠」，自有其成例可據。惜其與聲律難叶。以三犬為猋（飆），三馬為驫（驫），皆音中其義。若麤之為音簇也。簇者湊也，集結之義也。《字統》云：「麤，警防也。鹿之性，相背而食，慮人獸之害也。故从三鹿。」此義極确。三鹿者，眾鹿也。所謂「相背而食」，實際上就是一條共同對外的多邊防衛綫。因為鹿之為物，既無長牙利爪可恃，只有依靠團結互助以防敵。此麤从三鹿之義歟？！

麃 《韻會》云：「麃，麞屬」。《史記·武帝紀》云：「郊獲一角獸，若麃然。」師古注曰：「麃形似麞，牛尾一角。」

麋 [glyph]金 [glyph]金 [glyph]卜 [glyph]篆 [glyph]篆 《說文》：「麋也。」

麑 [glyph]卜 [glyph]篆 《論語》：「素衣麑裘」，疏：「鹿子皮，以為裘也。」按：《卜辭》不从兒，正象形，無

角，以象幼鹿之形。

罞 [glyph] [glyph]卜 [glyph]篆 [glyph]篆 《說文》：「罞，網也。」段注：「罞亦罔名，

其用自上冒下」。《爾雅·釋器》：「麋罟謂之罞。」

名農按：《說文》罞，从网从米。麋之媚也。與《卜辭》「[glyph]」字从[glyph]

从[glyph]同例。故知罞[glyph][glyph]三者乃異文而同字無疑矣。《說文》：「罠，麋罟也」。可為例證。

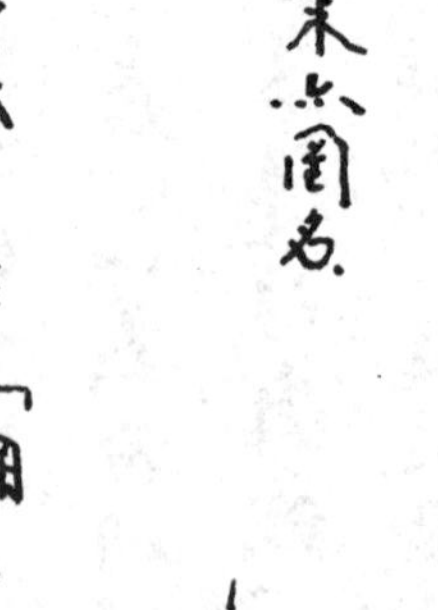

网 [glyph] [glyph]卜 网金 [glyph]籀 [glyph]从系 《易·繫辭》：「庖犧氏之王天下也，結繩而為網罟，以佃以漁」。[glyph]象網

目。《五經文字》：上网，《石經》：上[glyph]。

罕 [glyph]篆 [glyph]卜 《說文》：「網也。」注：「罕之制似畢，小網長柄……」後又叚為尠字。

以撈魚蟲、蝦類之網，其收穫甚微故

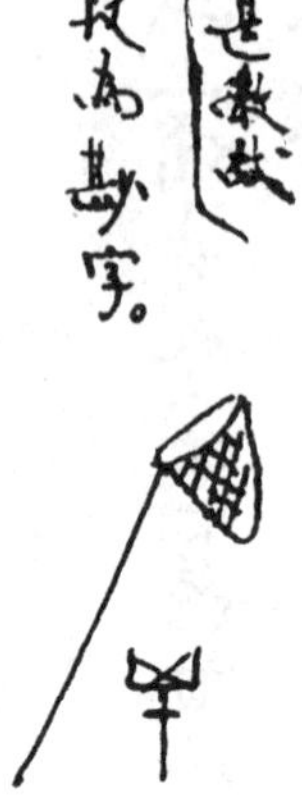

狩 [glyph] [glyph] [glyph] [glyph]卜 [glyph]少金 [glyph]篆 《說文》：「火田也。」名農按：古者四時皆有

狩獵活動。春曰蒐，夏曰苗，秋曰獮，冬曰狩。《記·王制》之文：「昆蟲未蟄，不以火田。」

故知「火田即『冬狩』也。《人類為捕野獸，又以犬馬為助手。故狩字初文從單，從犬。
〈嘼〉獵字，初文上獵。從巛〈馬之形〉從攴〈右手揚鞭〉皆象形字也。後世孳乳為狩，而賦予了守備、邊防的命義。而成為「巡狩」〈天子朝諸侯〉義。

獸

獸 嘼 篆 戰 卜〈說文〉：「守備者也。曰兩足曰禽，四足曰獸。」

嘼

名蓑按：獸之為字應以野生動物為本義。《爾雅·釋鳥》云：「二足而羽謂之禽，四足而毛謂之獸。」許氏訓為「守備」者，必引伸義也。假借義也。把野獸的「獸」字上為守備的「狩」字，是有其意識根源的。這需要從頭說起：

原始時代，人類內部並無利害衝突。唯一的「天敵」却是野獸。自從消除了共同天敵的威脅之後，人類內部鬬爭，纔應運而興。先秦時代，雖然已經進入了禮樂雍容的文明社會，但是傳統的意識形態，仍然可以表現在文字當中。譬如講：戰

戰

戰 鬬的戰字，從嘼從戈。本來是一個用兵器殺死野獸的象形指事字。但是也可以上為殺人的字。這正是表現了難于仇恨心理的驅使，不期然而然的要互相把自己的敵人，刻畫成為野獸的形象。《說文》把獸字訓為「守備」，和《金文》《大盂鼎》銘文的獸字《卜辭》的戰字其造型示意，是如出一轍的。儘管「守備」與「巡

獵」在敵對目標上有所不同，但是在戰鬥意義上則初無二致。此於《六書》謂之「連類而及，義相授」是為轉注。戰字戰之初文揭示出人類早期的戰鬥對象，當于野獸。故古戰字從嘼從單。

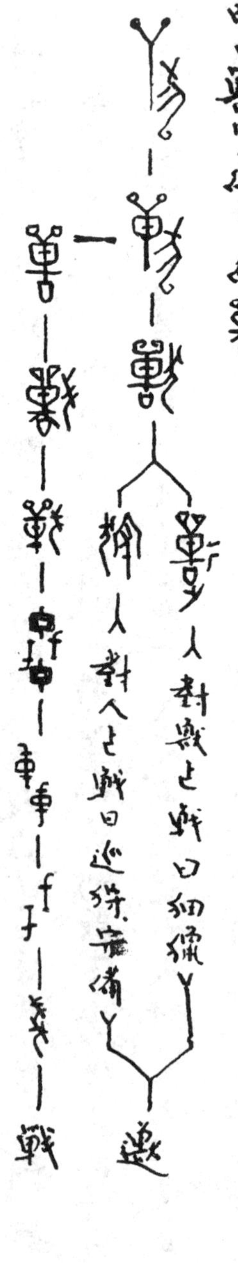

能

《說文》：「熊屬。足似鹿。」能獸堅中，《骨髓充實、硬而固》，故稱賢《賢、堅》能。《硬骨頭》。故稱賢能而強壯者曰賢能《賢堅耐》。今於京土語謂人之能力高強者曰「有能耐」。蓋古文化語言也。

能字另一含義，為「三足鱉」。《晉語》：「鯀違帝命，殛於羽山《沂蒙山區》，化為黃能。以入於羽淵。」《左傳昭七年》之「黃熊」。《爾雅·釋魚》：「鱉三足，能。」注引《山海經》：「從山多三足鱉。《今湯淺，君山池，亦有之。》」

「能」在古《天文學》的藝術形象觀：《史記·天官書》：「魁下六星，兩兩對比。」名曰「三能」。《能音耐》。今天文學上「三台」。《晉書天文志》：「古代以星象徵人事。故稱三公為三台。」此即「三能」、「三台」互通之義例所繇來。

另據考：《天官》所謂之「魁」，即北斗杓頭也。泰西天文名曰「大熊」〈UMa〉據星座面象觀察、景觀之，所謂「三台」，正相當于大熊的三足。與古籍所載雖符。這一東西《天文學術》的雷同現象，絕非出于偶合。必然是我們祖先在數千年前，對北斗《大熊》星座的彷彿狀態，同西方有着共同的看法。〈見圖〉

從以上引舉的多種文獻資料互參，結合羆字造型求證之。我們可以知道羆字从能之意究〈全是為了凸出事形特徵。以象其頭，多示其肉之嘗。故吾人有由理認定「能」字即熊之初文。是不為妄誕的。

熊、〔古文〕羆《說文》：「熊，獸似豕，山居冬蟄。从能，炎省。」金文的〔古文〕字是一个直立的「人熊」形像。底部之火代表它的毛色赤紅。不宜視為是火燒。自此，羆字應別有法。从黃的〔古文〕字是表示黃毛的熊。

（羆）

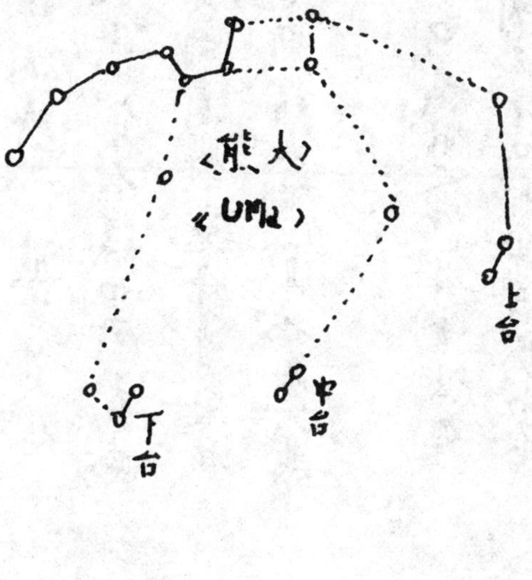

三〇

《山海經》：「槐江之山，南望崑崙，其光熊熊，其氣魂魂。」《史記·天官書》：「熊熊，青色有光。」看來古漢語利用熊的毛色上光澤色相形容詞，是有悠久歷史的。無怪今還有「熾火熊熊」的成語了。《尔足·釋獸》：「魋，如小熊。」注：「建平山中有此獸，俗呼為赤熊。」熊字从火，始基於斯。古天文之「北斗」，西方名曰「大熊」，其取像擬態，有不謀而同者焉。

羆 冈羆 冒陂移多錄 《尔足·釋獸》：「羆，如熊，黃白文。」注：「似熊而長頭，高腳，猛悍多力，能拔樹木。」《陸璣詩疏》：「羆有黃羆，有赤羆，大于熊。」按此即世所謂「人熊」其物矣。以其能挺身直立，故曰「人熊」。其四足着地如狗者，俗名「狗熊」。

罷 冈能 《說文》：「遣有辠也。从网能。言有辠而入罔，即貰遣之。《周禮》曰：『議能之辟』。」辟者法也。所謂「議能之辟」，即對待知識人才的「議刑法規」。雖然犯了國法，僅只剝奪職務而不予刑事處分。

關于罷字的聲義探索：罷有二音。一曰讀擺，擺脫義。二曰讀疲，疲勞之義。勞倦欲休。引伸為懶惰義。罷之為文，羆之省也。羆之為獸，惰性動物也。好吃懶動，與豕同類。今民間謂好逸惡勞的曰「懶熊」。即羆之形象也。古者謂游手好閑的市井無賴曰「罷民」。《周礼·秋官·司圜》：「掌收教罷民。」《朝士》：「左嘉石，平罷民焉。」《地官司救》：「凡民之有衺惡者，三讓而三罰之。三罰而士加明刑，恥諸嘉石，役諸司空。」嘉石是刻有花紋的石頭，讓罷民坐於其上，供群衆觀瞻，然後送交司空（工業勞改部門）執刑。

罷字另一讀音爲擺，古者謂革職的官員曰「罷黜」，把不急之官，同「罷民」例了等節。是可以從用字上表現出來的。

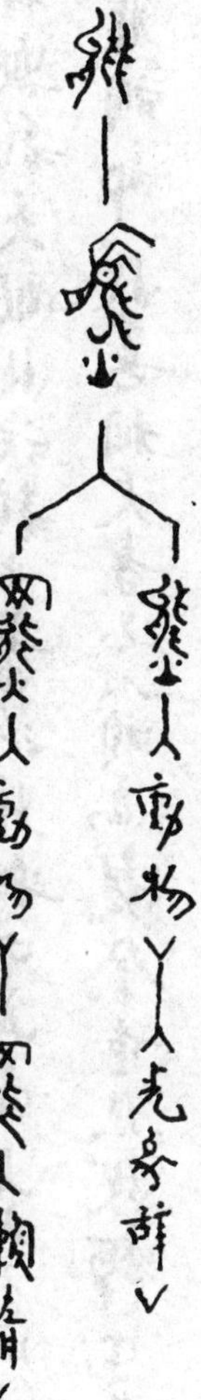

彙 《說文》：「彙，蟲，似豪豬也。」《爾雅·釋獸》：「彙，毛刺。」注：「與蝟同。狀如鼠。」疏：「彙即蝟也，其毛如針。」皺子曰：刺端分兩歧者蝟。如棘鍼者蝝。蝟似鼠，性寧鈍。物少犯近，則毛刺攢起如矢。」名其棲，蝟之爲言，衛也。通體毛針林藪諫峙，所以防猛獸之吞噬也。猛獸吞之，則喉舌磨潰難忍，乃吐而出之。此其所以爲衛也。

竊謂蝟之有棘，既所以防敵而自衛，亦以備覓食之具也。蝟之爲獸，春夏游於山林，嚴冬潛入地穴。至秋之際，蒐羅果蔬，以御未冬。特其四爪攀援升木，嚙墜衆彙之習性佈綴紋，終則緣木而下，高其針毛，俯地滾身，而棗栗適擬，而負歸巢穴。此生物之本能自識，非學以致用也。

彙之為文，从彑、从𧰨。彑者豬頭之形，𧰨是豬身之形。「古文字  者果之省。所以示摘取果實，彙集而儲藏之也。後世延伸為「彙集」之彙。延伸義行而初義已晦。

類 𩔆

《玉篇》：「種類也。」《說文》：「種類相似，唯犬為甚。」許氏似乎是已注意到了犬族動物之龐大，故有此訓。惜其未及𩔆字造形之旨。竊謂犬之為獸，雖亦動物也，能與多種獸類交配。故族類之蕃衍，於獸中為最。犬乃不同種族物類之特徵，多表現於頭部。故善相犬者，必以頭為觀察重點。故𩔆字从米、从犬、从頁。「米」古之辨字，識別之義也。𦣻，古頭字。甲骨上  以嘴，兼頭面之形也。觀頭之象可知其種類矣。此會意字也。

狗 狗

《說文》狗字下注引：「孔子曰：狗，叩也。叩氣吠以守，从犬句聲。」按犬之為獸，雖亦動物也。故古漢語謂兩性野合為「苟且」。故知狗字从句，苟之省文也。《禮記·月令》：「季春之月，其神「句芒」。古芒萌同聲，自應以「句萌」為本義。以科學定理律之，要

上部生有叶状芒束的植物種籽（"蒼耳"、"牛蒡"之類）此類種籽黏附着禽獸羽毛而傳散。故延伸為「𦾔目」之義。故知蔑字會意字也。

鳳  《說文》訓為「神鳥」。其義遠溯源於《山海經》之說。古籍富有神化色彩之物，甚多。如「蓂莢」生於庭，「白魚躍舟」……此皆是。固不獨麟、鳳、龜、龍而已。

吾鳳字所结體从凡从鳥。象形兼指事字也。凡者窗孔之象。古文鳳字。風之為物無形無色。造字者感于門窗通風，而假為風，並于鳳字施鳥，以示禽類凭虛御風翱翔空際之象。甲骨文鳳字皆有冠毛長尾。蓋即後世之孔雀也。

鳥  卜  篆《說文》云：「長尾禽總名也。」按許氏以「長尾禽」與「隹」訓短尾鳥相對而不及鳥字之本義。竊以為鳥之為言嫋也。嫋娜善舞之意也。古人造字命音皆有深義。

鳴 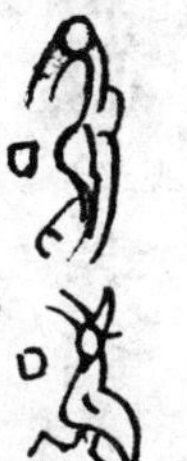 卜  篆《說文》云：「鳥聲也」。吾書按鳴之為言明也。日出則鳥鳴，故知鳴字亦聲中有義矣。

雞 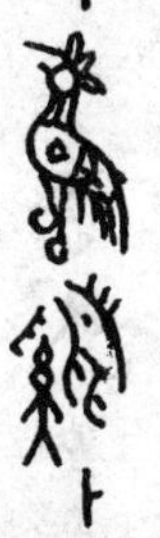 卜  金  籀 雞《說文》云：「知時畜也。」《玉篇》云：「司時鳥」。

吾書按：雞字从  从大从糸。从繩索繫鳥之形。

三二

奚 𡚸 《正韻》：「役隸也」。《周禮天官冢人》：「奚三百人」。注：「奚，今官婢。」揣奚之為文，與雞同源。古代將政治犯的家屬男者為童，女者為婢，為妾。投入勞役。男者總名曰「奴」。女者總名曰奚。字或从大，正面人形也。或从𡚸，側面人形也。古代把戰場的俘虜和罪犯，視同繩縛的野雞。故奚字从雞之省。

溪 溪 《集韻》：「山瀆無所通也」。揣此訓殊不能溪字之形義。宜易為「山中細流進集，如雞爪繫索」。象字也。

雞——人禽遭俘獲

𡚸——人人被繩縛

溪——人山谷水流分佈，似繩索縛雞之形

翰 翰 卜 鶾 《金》 翰 翰 稿 翰 《說文》：「天雞赤羽也」。《逸周書》曰：「大翰若翬雉，一名鶡風，周成王時獻之」。名甚揣翰之為文，从倝，从羽。倝者，赤日高懸之象；羽者，禽之態也。後字从倝示天之高，从羽示鳥之高飛遠颺。此指事兼會意字也。後世延伸為「書翰」之名，曰「羊翰」。軍中將報急之「通訊」曰「雞毛信」。均有「疾飛遠揚」之義。

鶴 卜 鶴

《詩·小雅》云：「鶴鳴於九皋，聲聞於天。」注曰：「皋，澤也。」言身隱而名著也。鶴之為禽，為水陸兩棲動物，壽活千年，與松柏同被文人列為長壽的典範，又是風骨高雅的藝術形象。《莊子·駢拇》也指反對人為的破壞自然規律的行為，曾將鳧鶴二物，並列舉例云：「鳧脛雖短，續之則憂；鶴脛雖長，斷之則悲。」但歷代訓詁諸家，莫能道其要明其義。愚補而述之：竊以為鶴之為物，長喙修頸而高足者，所以備凌空飛翔仰俯以脛維持首尾重量之平衡也。鳧之短足是相已護者，所以適游旋之便也。故鶴斷足必俯傾而後揚，鳧續其足必離水而命危。此兼（泥）

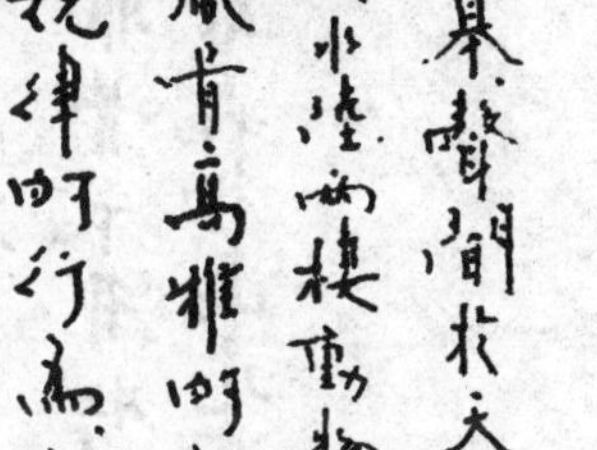

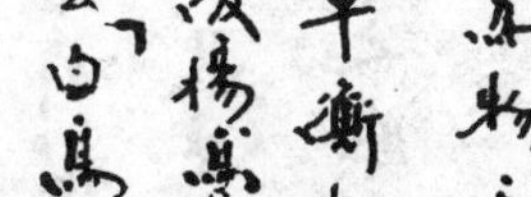

鳧 鶴 子之寓意歟。「鶴之為言翯也。」《詩》云「白鳥」言其色也。翯从高，从羽，所以示其翔入雲，無天之態也。鶴鳴必於夜半，繪畫揚生同氣相感，古人視為知時之禽。若欲明其生理，當審諸《易》之理。《甲骨文彙編》之鶴字誤入鳥部。愚訂之如右。

隹

隹《說文》：「鳥之短尾總名。」

吾樸樓：隹之為文，狀象鳥背。包括頭、頸、腳、翼、爪、雕、腰、

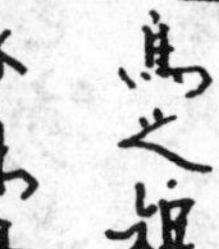

脛、爪、嘴、尾、雕各部。故从隹之字，取義亦各有異。或取義於鳥嘴，雄、啄是也。

啄 [甲骨字形]（卜）《說文》：「鳥食也。」《廣韻》：「鳥啄也。」《詩·小雅》：「率場啄粟」。《戰國策》：「俛啄蚊虻而食之。」卜辭[字形]字从鳥从口。應即啄字，初文。取義於「啜」，故訓為「鳥食」。但鳥非豕類，後世形譌上啄。亦猶「隺」本从隹从冂，後世形譌為「寉」。同例。

碓 雁 《說文長箋》：「鳥食如舂碓然，故从隹」。此与卜辭[字形]字形義皆取鳥嘴為義。

唯、唯 [字形][字形]。《玉篇》：「唯，獨也。」《論語》：「子曰：吾道一以貫之。曾子曰：唯，唯。」[字形]于《金文》，或往典中多用為起語辭。字皆上[字形]。象鳥背之形。取義於脊椎為動物骨骼之主幹。故延伸為「獨一無二」義。毛晃曰：「有是唯之唯：如《書》：「澭河唯兗州」之類。有思惟之惟：如「載謀載惟」之類。有惟獨之惟：如《書》：「惟王不邇聲色」之類。」

〈碓〉

脽 [字形]（甲）[字形]（金） 脽 《說文》：「尻也。」《博雅》：「臀謂之脽」。高樹按：脽之為言尾也。動物之脊椎尾端，皆有脽骨。下有肛門，古名「尾閭」。字禽、家、禹、尾部皆有內，故訓義為「臀」。此取義於鳥尾之字。

錐

錐《說文》：「銳器也。」《玉篇》：「鍼也。」《釋名》：「利也。」《史記·平原君傳》：「毛遂曰：臣今始得如錐處囊中，乃脫穎而出，非特末見而已！」《商讀故來傳》：「舜無立錐之地而有天下。」《淮南·兵略訓》：「疾如錐矢。」注：「錐，金鏃翦羽之矢」。

吾儕按：錐之為物，穿刺之具也。其特徵在於上銳而下鈍。下鈍者，所以便於供握持也。上銳者，所以減少阻力，便於速進也。故尖字上小而下大。能夫銳則能穿刺矣。此「錐」的物理還相數??

為什麼錐字从金从隹？金者，堅剛之質也。隹者，鳥尾之形也。造字者以金示其質之堅，以鳥尾示其形。此指事字也。「錐」字的造型予吾人以有力啟示，反映了錐的創造發明，當來源於鳥雎。其眼與型物給乃

鴷

鴷的鳥「啄木鳥」也。〈古名曰鴷。字从列从鳥。示其有裂木之能，探啄木蠹而食之也〉鴷的生理結構和它的特點、天職本能分不開。它除外生有可以深入蟲窩的長舌，勾取蠹蟲，還有保護室中作業安全、固定體位的「尾雕」。在從事啄木過程中，全憑尾雕插入樹幹上為支持點重的物理杠杆。再將

之以四趾的鉤爪。攀援於樹莖之間。而不致身遭滅頂。大約早期人類使用的錐也許就是野禽的尾椎骨。後來進入銅器時代纔有金屬木柄的錐。亦即用人造工具取代天然工具的歷史說明。一九八二年，筆者參加田埜考古曾在原始遺址獲得骨錐一束，也許就是早期的錐。其實這類縫紉工具，皆鳥尾骨磨治而成。

骨錐

錐

堆 塠、[illegible] [illegible] 塠《正韻》：「聚土也」。按堆字造型，从土从隹。土者地也。隹者鳥尾也。故有上小下大尖銳義。以物理力學觀點言之。即顆粒物質，分子集成之「自然安息角」所形成的圓錐體。故文曰「塠」。進者，循環曉走之象。此漢字「像形指意」之例，不可不知。自古堆字後世通行而塠廢。

崔 [illegible] 陮《說文》：「大高也」。《詩周南》：「陟彼崔嵬」注：「崔嵬土山之戴石者」。《齊風》：「南山崔崔」注：「崔，高大貌」。與《說文》同。按：崔字从山从隹。山者石之大者也。隹者鳥尾也。故知崔者尖銳而直立之

[illegible]：山也。[illegible]从山从鬼。嵬者大頭之象。然則「崔嵬」，亦尖銳從卑峙大頭之山形矣。

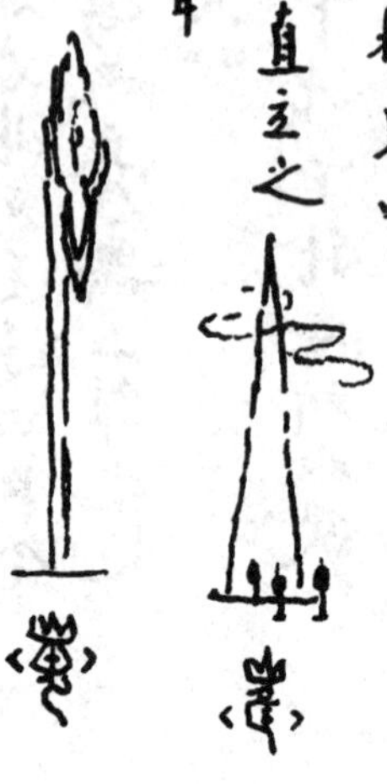

維

維《說文》云：「車蓋維（帷）也。」段注：「車蓋之制，詳于《考工記》。而其維之說無考。」蓋段氏詳於稽古，而疏于字形，不能從「巳」字着眼，悟出維、帷互通之指。謂之「無考」，固其宜矣。考《巾部》帷下云：「在旁曰帷。」字亦上下通。《釋名》云：「帷，圍也，所以自障圍也。」按帷之為文，从巾，从巳。巾者帛也；巳者鳥骨之胸籠也。胸廓中空，心肺藏焉。外有肋骨胸臆屏藩，如城郭之禦毀也。故維帷二字互通，兼「維護」「圍繞」二義。以心之與肺，其結締組織，繫於脊梁「背俞」。上通鼻腦，下連肝腎，呼吸之吐納，血行之循環，莫不心肺是賴。故胸臆之功能，兼維繫、圍護之用，有繇來焉。「維繫」之義亦見於《儀禮·大射》：「中離維綱。」注：「侯有上下綱，其邪制躬舌之角者為維。」然則維之為用，與《天官·幕人》「帟綬」同功，皆所以支持帷幕之用。《管子》將「礼、義、廉、恥」以比「射侯」之四維，乃延伸義，蓋已不知「維」字初義源於鳥之胸籠矣。

《帷》

隼

隼《爾雅·釋鳥》疏云：「陸璣曰：『隼，鷂屬。』」《埤雅》云：「鷹之搏噬，不能無失，獨隼為有準，故每發必中。古之造字者，以此化人（示義）。」

《維》

隼

名棠按：隼之為物，鷙禽類也。體小於鷹，而視力精確，行動迅敏。故能搏食小鳥百無一失。造字者以隼字名之。

隼字造型从隹，从十。隹者鳥之象也。十之為文，从一，从丨。丨者繩也（地心義），一者水也（水平義）。物之直者莫如繩，物之平者莫如水。古人采用這兩種建築測量儀器為鳥名，以示「隼」的視能精敏，動態迅疾。蓋以觀察得之。故知隼之為文，亦會意字也。

準

準《說文·水部》：「準，平也。」《前漢·律歷志》：「繩直生準。準者所以揆平取正也。」

考《周禮·冬官·考工記》：「匠人建國，水地以縣（懸）。」鄭玄曰：「此經說欲置國城，先當以水平地，欲高下四方皆平。乃始建造城郭也。於造城之處，四角立四柱，而於四畔縣繩以正柱。柱正，然後去柱遠，以水平之法（水準儀），遙望柱，高下定。既知地之高下，然後平高就下，地乃平也。」

隼字增氵而上準，亦猶[illegible]之增氵而上[illegible]，[illegible]字增火而上[illegible]也。此漢字孳乳繁變之例，不可不知。

準繩正柱

準

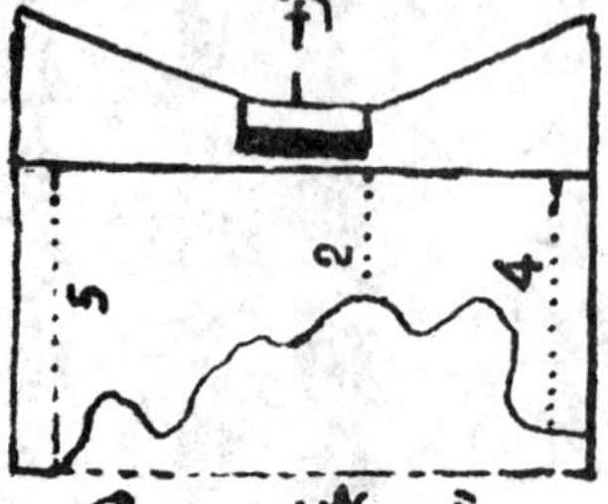

〈水 地 以 縣〉

臯 《周礼·夏官·司裘》：「王大射，則供虎侯、熊侯、豹侯……」疏：「侯者其所射也。以虎熊豹麋之皮飾其側，又方制之，以為「臯」。」（諸允切）

名豐按：臯之為文，射的之名也。與準、隼聲同義通而物異。与現代之「射靶」，也讀同。以同音轉注之故，特附于準隼二字之下。

雋 《說文》：「肥肉也。从弓，所以射隹。」名豐按：雋之為文，雙聲聯義字也。

一、祖兗切，讀若鐫。鳥尾脂肪結節，家禽野鳥皆有之。

二、徂遵切，讀若儁。《周礼·夏官·司裘》：「凡大射，供虎侯、熊侯、豹侯，設其鵠。」又方制之，以為臯。謂之鵠。鵠者，鴻鵠小鳥而難中。是以中之為雋也。」此謂射鵠之術而引申為雋傑射手義。

雋
雋—鳥尾肥肉、
雋—射術能手—儁—俊才。

攜 《說文》：「提也。」《六書故》：「懸持也。」《詩·大雅》：「如取如攜。」疏：「物在地上，手舉攜之。」筆者按：雋者鳥尾肥肉也，从手而懸持之，故曰攜。此提事字矣。

攜

霍 [古文字形] 卜 霍 篆 《玉篇》云：「揮霍」。《集韻》云：「揮霍猝遽也」。

《陸機文賦》云：「紛紜揮霍」注：「揮霍，疾貌」。

岳按：所謂「揮霍也」。「猝遽也」。「紛紜也」。「疾也」。皆捕風捉影之談，而係臆不着邊際之說。殊不足以明霍字之旨。竊以為霍之為文，從雨從隹，鳥遇驟雨之象也。斯時周身濡濕，毛羽翕合，滴瀝淋漓，羽翼不能翔振，難以展翅之功。當此時也，鳥必奮其全力，搖身抖擻而排除之，使千滴萬點，盡離心觸射於瞬息之間，不假片刻而周身之雨水徹底脫失矣。揮字從手從軍。手者鳥之雙翼，軍者觸射之態，揭千鈞之力，[illegible]周身之水於分秒之間，謂之為「猝遽」不亦宜乎？後世假為「浪費無度」的形容語，是有其高度想象藝術的。

雉 [古文字形] 卜 [古文字形] 籀 [古文字形] 篆 《說文》云：「雉有十四種」。《爾雅·釋鳥》云：「鷂雉，鷮雉……」。

岳按：《爾雅》與《說文》唯分列十四雉種，實譜的敘述而不及「雉」字造形示義之旨，此捨本逐末治學之術也。竊以為[古文字形]字從鳥從矢之意，猶[古文字形]字之從夭從矢也。兮雉乃人類豢養之物，故名「家禽」、「家畜」。非人類逐獵之對象，者彘之與雉，野生之物乃人類之射獵目標。造字者以隹矢之形為野獸，以無矢之形為家畜；以角隹之鳥為野禽，以無隹之雞為豢養之家禽。其義至明。愚為之辨曰：「雉，野雞也。从矢，隹聲。」所謂「知其要者，一言而盡；不知其要，流散無窮」。惟能把握「要點」，庶免與言文字之學。「大而修齊治平」，「小而衣食住行」，亦猶是矣。仲尼云：「吾道一以貫之」。執簡可以御繁者，「一」而已矣！學術研究秘訣在于「掌握物理其性」。雉字其一例也。

集 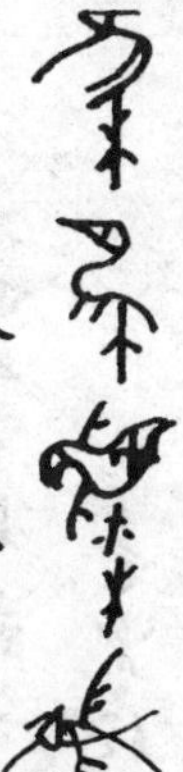 卜 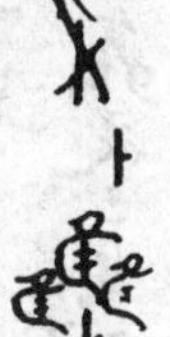 籀 集 篆 《說文》：「群鳥在木上也。」考《卜辭》集字与俗文集字，皆從鳥从木。唯籀文雧字造形与《說文》相合。此漢字可繁可簡之變通例。

雔  金 雔 篆 《說文》：「雙鳥也。」启艷按：《說文》續例律：凝字論字而略於聲義。如山部屾字訓：「二山也」。水部沝字訓：「二水也」。皆其訓例。竊以為雔之為言儔也。儔从人从𠷎，壽者年齡也。故如年齡相等之人曰儔。《楚辭王逸注》：「二人曰匹，四人曰儔」。然則二鳥為雔，亦有匹配伴侶之義也明矣。所謂同音轉注之例矣。

讐  《說文》：「讐，猶譍也。」《玉篇》：「對也。」《正字通》：「言相讐對也。」《詩大雅抑》

二七

「無言不讎，無德不報。」《書·召誥疏》：「讎訓爲匹。」《正義》曰：「相對謂之讎。」朱傳：「讎，答也。」《爾雅·釋詁》：「讎，匹也。」郭注：「讎猶儔也。」

名棠按：讎之爲文，從雔從言。雔者二鳥相對之態。言者聲符也。故知讎字有同聲相應，一唱一和義，亦有兮是執訊爭辯不休義。故知讎之形意，所以示相對之音也。其或爲敵對之音，或爲親和之音，固無定格。故讎字之可變性，既可止爲「儔侶」，亦可止爲「讎仇」。其義變規律，与「治」、「亂」同文、「瘳」「癡」一字之例同。

雔 雔《說文》：「雙鳥也。」《隋書·許善心傳》：「景福氤氳，嘉貺雔集。」

雜 雜《周礼·冬官·考工記》：「畫繢之事雜五色：東方謂之青，南方謂之赤，西方謂之白，北方謂之黑，天謂之玄，地謂之黃。」

名棠按：雔從二隹，故二爲雙，人三爲衆，女三爲姦，木三爲森，隹三曰雥，皆有衆多之義。《考工記》以古代祭壇神明偶像時——「方明」的雜色。詳「雜」。方明是一塊六面體的木製方塊。六面各自一色。故知「雜」字从衣从集，亦有衆多義。

雔訓雙鳥，衆鳥羽色或白或赤……故亦有雜色義。故知雔、雜、嚞、器，文而同字。《卜辭》有雔而無雜，《周礼》有雜而無雔。

〈雔〉

〈雜〉

雁 金 雁 篆 《說文》：「鳥也。從隹，從人，厂聲。」注：「徐鍇曰：雁，知時鳥。大夫以為摯，昏禮用之，故从人。」段注：「此與鳥部鴈別。鴈從鳥，為鵝；雁从隹，為鴻雁。《禮》之「飾鴈」當是「飾雁」，謂雁之飾者，以別于真雁也。」飾雁謂之「鴈」，猶飾鳧之謂「鶩」也。

（雁）

名著按：雁之為禽，候鳥也。每年秋分後飛往南方，次年春分後北返，故古人名之曰「知時鳥」。其活動範圍，北及內蒙草原，南抵衡陽，迹亦適之，略返而遷徙，故名「陽鳥」。古人以其配有定偶，故用為婚禮之摯，取其貞一之義也。

鴈 《說文》：「鵝也。」段注：「鴈與雁各字，鵝與鴚鵝各物。許意隹部「雁」為鴻雁，鳥部「鴈」為鵝。「鴚鵝」為野鵝，單言「鵝」為人家所畜之鵝。今字雁、鴈不分久矣。《爾雅》單言鴈者，皆鴻雁也。言飾鴈者，皆鵞也。」李巡曰：「野曰鴈，家曰鵝。」鵞謂之「飾鴈」者，家養馴不畏人，飛行飾遲也。

（鵞）（鴈）

鵞 李時珍曰：「鵞綠眼黃喙，紅掌，善鬪，夜鳴應更。一名家雁，一名飾雁。」《張華禽經》：「鵞鳴則蜮沉，養之園林，則蛇遠去。」民間傳統意識，以養鵞可驅邪嚇鬼，故字从鳥、《我》亦其武也。

三八

鴻巧卜工 鴻 揭 江鴻

《說文》：「鴻鵠也。」《玉篇》：「鴻雁也。」《詩傳》云：「大曰鴻，小曰雁。」陸璣疏：「鴻羽毛光澤純白，似鶴而大，長頸，肉美……」

裳按：鴻字从鳥从江聲。鴻之言宏也，雁之大者曰鴻，飛高者曰知，从鳥者示其為游禽也。讀音如弘，宏者所以示鴻音之高，又能高飛遠遊也。

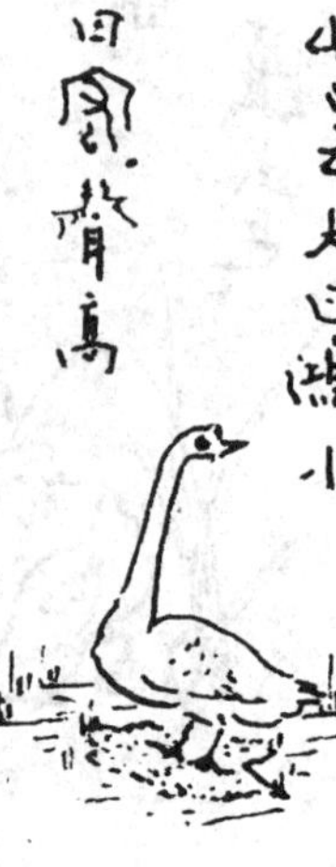

江鴻

鵠 鵠

《說文》：「黃鵠也。形如鶴，色蒼黃也。」《漢書》師古曰：「鵠，水鳥也。」其鳴聲鵠鵠云。然則鵠之讀音，取於鵠之鳴音，亦猶鶩之讀阿，鴨之讀鴨矣。《楚辭》云：「黃鵠之一舉，知山川之紆曲，再舉知天地之圜方。」其長翼健飛可知矣。又如「鵠形鳩面」「鵠候有日」古漢語用為人所形態枯瘦引頸待望之狀詞。然則鵠的長頸高足之身軀體瘦之形像可得而知之矣。

鴕 鴕

此字《說文》不載。見於《集韵》云：「鴕同駝」。（此訓不確。）考《史記·大宛列傳》云：「條支國在安息西數千里。臨西海（黑海）。暑溼。耕田。田稻有大鳥。卵如甕。」漢和帝永元十三年安息王滿屈獻獅子大鳥，世謂之「安息雀」。《廣志》云：「鳥，鵝，鷹身，蹄駱，色蒼。舉頭八九尺，張翅丈餘

食大麥。卵大如甕」。據以上資料紀載論之，如鴕之為物，即沙漠之「駝鳥」無疑矣。

尤其是「鴕鵒」一語，鮮明的揭示出了沙漠環境生物的特徵。

舊 [illegible] [illegible] ト 萑《說文》：「鴟舊，舊鶹〈鵂〉也。或從鳥，休聲。」

按萑之為文，形聲字也。從⺌，從隹，從臼。⺌者毛角之象。隹者鳥之形也。臼音聲。舊之音與咎同，古人謂為不祥之物，其所鳴之處必有飢荒，故名「咎留」。後世以為新舊之舊，段借義也。[illegible]借義行而本義廢矣。《注意》：萑、雈二字皆从⺌，乃毛角之形，不得与艸部「萑」字相混。甲骨文「獲」字从萑，其義証也。

注意：萑上部从⺌，艸上从卝，一則下平，一則上揚。萑入艸居艸部，萑居萑部，今分之議也。

萑 [illegible] ト 萑《說文》：「鴟屬。從隹，从⺌，有毛角。讀若和」。段注：「鴟雖也。」《辭源》：「萑，老鵰」。郭云：「木兔也。似鴟鵂而小，兔頭」。

吾懷物：萑之為物，鵂鶹也。此物性善捕兔，身小力弱無利爪，只能捶拳錘擊兔身，使之翻滾在地，貴夜拳之，用為鷹犬之助手以逐兔。吾鄉民間名之曰「兔虎」。虎，隻同聲。《辭源》辭為「老兔」，与吾鄉民間語音極符。段注謂為「鴟雖也。雖从巫，捶擊也」。与「雖隻」以捶兔之態亦合。故知許氏之訓未能盡善。自宜辭為「鵂鶹」為近善。蓋鴟鵂乃夜月之鳥，晝間目不能視，此其別也。

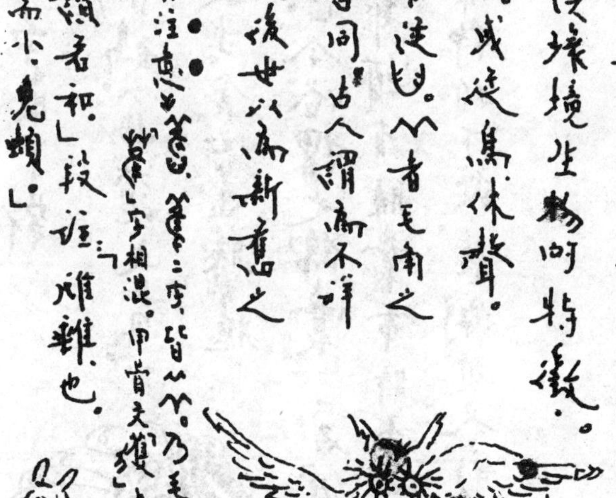

〈萑〉

萑〈鵂〉〈鶹〉

三九

奪　金　說文：「手持隹失之也。」

名義析：奪之為文，從奞從寸。奞从大从隹，鳥張毛羽奮奞之義也。寸者右手握持之象也。讀音為脫，逃脫之意也。从ㄟ、衣之緒，所以示棄足而求生也。故曰「脫兮」、「脫棄」。此奪字初義也。後世將脫代「奪」，而奪遂取而爭奪之義。示義如左：

奪 — 掙脫義 —— 「脫 — 逃脫」
　　　　　　　　「奪 — 爭取 — 義」

鷊　埤雅云：「鷊綬鳥也。大如鸜鵒，按此記失實。處為大食雉雞，頭似雉。有時吐物，長數寸。食必蓄膝。臆前如斗。」古今注云：「吐綬」，亦名「功曹」。今俗謂之「錦囊」。一名「避株」，行必遠草木，處避其膝也。」李時珍曰：「吐綬雞項有膝囊，常時不見。春夏晴明，則向日擺之，頸上先出兩翠角，二寸許。乃徐舒項下綬，長闊近尺，彩色煥爛，愈時悉斂。或剖視之，一無所睹。」

吾按考：此為余幼時嘗於河壩公園見之。彼時年幼不知其為何物。待年既長，始於《字典》中得之，方知此物之所以取名為「吐綬」之義，以其形似古代「印綬」而得名。因其面色常變，忽赤、忽青、忽藍、忽紫，故日人以「九面鳥」呼之，固其宜矣。

虉鷊 《爾雅·釋草》：「虉，綬」。注：小草也。有雜色，音逆」。疏：虉，雜色，如綬文之草也。引《詩·陳風·防有鵲巢》：「中唐有甓，邛有旨虉」。陸璣曰：「虉五色草，上綬文，故曰綬草」。

吾按考：後漢輿服志：「韍佩既廢，秦乃以采組連結於璲，光明章表，轉相結受，故謂之綬」。《急就篇》：「綬，韍維也」。《玉篇》：「綬，組也，綸緩也」。《周禮·天官·幕人》：「掌帷、幕、幄、帟之事」。《書·禹貢》：「厥篚玄纁、璣組」。傳：「組，綬類。小者以為冕纓」。綜此可證，所謂「綬」之為物，即五色絲線合成之細繩也。故《埤雅》釋「鷊」為「綬鳥」，以其冠備五色也。《爾雅》釋「虉」為雜色小草，如綬文之草。然則虉、鷊、綬三物，皆有五彩之象，此其義矣。

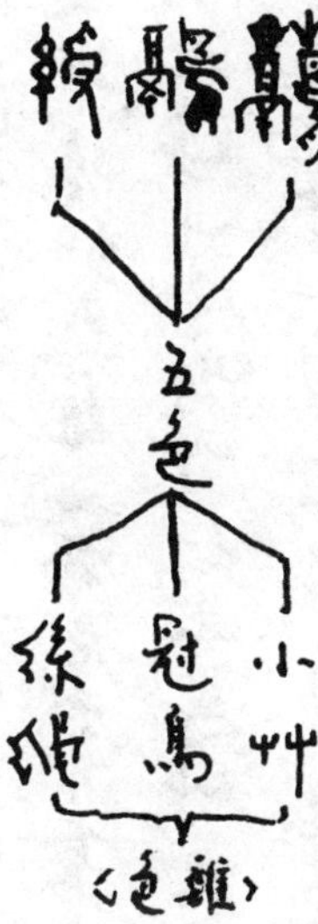

附注：關于綬字本義，著綬字下，另有說明，可互參。

鶉 𩿅

《廣韻》："鷂鶉"。《本草》："鶉如雞雛，頭細而無尾，有斑點，雄者足高，雌者足卑"。陸佃云："鶉無常居而有常匹。故《尸子》曰："堯鶉居"。俗言鶉鳥性淳，飛必附草，行不越草，遇草横前，即旋行避之。《正字通》："鶉尾特秃，若衣之短結，凡敝衣曰「衣鶉」

雜」　名梵倚：鶉之為物，善鬬之鳥也。紙移子弟畜之於木底布袋中，約兩雛相鬬，以為賭博之戲。而古籍不載，何也。復按雛之為字从隹，鶉者短尾鳥也。後世俱鳥互化穀與物各字義均有未合，自宜以從作為正。

鵑 𩾟

《廣韻》："古懸切"。《集韻》："音涓。杜鵑，鳥名"。《玉篇》："嶲鵑"。師古曰："鵜鴂"，亦名"鵜鴂"，亦名"子規"，一名"杜鵑"。李時珍《本草》云："杜鵑出蜀中。狀如雀鷂而色慘黑，赤口有小冠。春暮即鳴。夜啼達旦。鳴必向北。至夏尤甚。晝夜不止。其聲哀切。田家候之，以興農事。食蟲蠹，不能為巢。居他巢生子。"

〈鵑〉

〈戴勝〉以冠毛似人的飾而得名〉

鶉

《埤雅》：「杜鵑能苦啼，啼血不止。一名怨鳥。夜啼達旦，啼苦則倒懸於樹。」《蜀物志》：「杜鵑一名巂周，自呼曰謝豹。」《寰宇記》：「蜀王杜宇號望帝，立鱉靈為相。後因禪位，自亡去，化為子巂。」《華陽國志》：「杜宇稱帝，會有水災，其相開明決玉壘山以除害。帝遂委以政，升西山隱焉。時適二月，子規鳥鳴。故蜀人聞鵑悲思之。」有裴按：杜鵑亦名子舊。《廣韻》名曰鸐鴂。《揚雄反騷》名曰「鶗鴂」。《月令》名曰「戴勝」。「戴勝」之名，本屬瑤池王母的飾。啟後段為婦人的飾之名，終則進為鳥名。以其頭有綵色冠毛也。以其目赤而鳴音哀慘，故詩人筆下把它說成為啼血含悲的藝術形象，又造出種種神話故事，把它美化成一位「蜀之上凡，高尚其事，不事王侯」的清高人物的化身。

鸕。

卜此將繪張頸之鸕形文字於《甲骨文彙編》中凡三見。其有酷似水禽類「鸕鷀」的形象特徵。《正字通》文：「鸕鷀俗呼慈老。漁民畜之，以繩約其喉，才適小魚。其大魚不可下時，則同類相呼，協力共取之。其嘴曲如鉤。喉熱如湯。魚入喉

部嫻。一名誇鶵，又名烏鬼。皆所以示其羽色之異也。」《正字通》所紀述與《卜辭》[古文字]字造型宛若符契，故知[古文字]即鸕之初文亦無疑。此象形兼指事諧聲字也。蓋殷商時代文字質樸，文字孳乳尚未臻於高度系統分工。對同類異種之物多不能依其形體部首而示意，唯有寄意於形態之描繪。如[古文字]《鶴》[古文字]《鷹》[古文字]《雞》[古文字]同處鳥部。[古文字]《豹》字誤入虎部。皆其有力說明實例。惜此類文字拾富有自然科學知識見聞之士，莫能識之。秦漢而後，隨物質文明之發展，文字之體系日益增繁。不能不依賴於「母目」「子目」之分工。如同一魚類而有鯉、鮮、鰍、鯽之分；同一鳥類而有鴻、雁、梟、鷗之異。凡此種種，示例不一而足。因事已涉及龐大的文化領域，非筆者所能備述。本條所欲探討之範疇，只限於有關[古文字]字的問題，故只攻其一點，而不及其餘。

盧、[古文字]、卜 [古文字]、金 漁、篆 《說文》：「捕魚也。」按漁之為文，造型樸野。《卜辭》上[古文字]、[古文字]、[古文字]、[古文字]《金文》上[古文字]、[古文字]、《小篆》上漁。或似手持釣竿。或似雙手張網。或似兩手捉魚。或似措穿魚……所以示捕魚之術之多也。凡此所舉形例，或與本條所探討之[古文字]字無涉。唯《卜辭》「[古文字]」字為本文所欲探討之核心。試述之如左：

筆者竊以為甲骨[古文字]字，鸕字變文也。何以知之？愚曰：盧之為文，从魚，从之。魚者水虫也。之者虎之稱，猶與也。所以示「䲣」為魚類之天敵也。有清學者王國維氏釋□即《周禮春官之䱷人》的「䱷」字。堪補闕其慧眼。將其未識破䲣字從虎从魚之鐵幕，使鸕䲣二字獲得「密其審遵」之說明。愚補而出之：

考鸕之為物，係禽類也。羽色通黑，魚類之天敵，捕魚而食，如猶虎之搏鹿兔也。俾號「烏鬼」，一名「塗澤」。塗、烏、虎、盧古訓相同故。如《卜辭》□字、《周禮天官》䱷字，皆鸕字古文。以甲骨□字推義，則殷商時代已有利用鸕鶿捕魚之術可知矣。□字其形證也。謹綜合表示如次。以見□䲣、漁遞嬗之概迹。

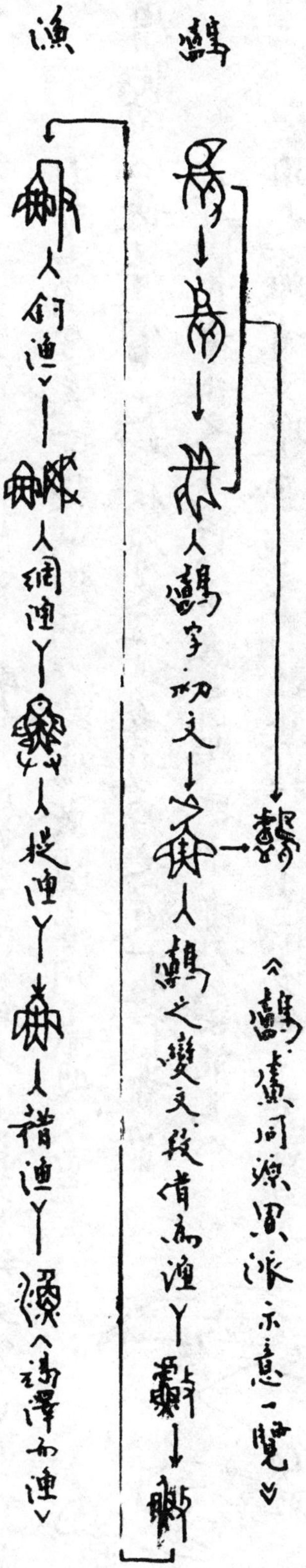

《鸕、䲣同源異派示意一覽》

《參考資料》

《敦煌唐寫本商書》：「魚家旄孫于荒」。

四一

《日本古寫本周書》：「魚有民有命。」作段魚為吾。《河渠書》：「功無已兮吾山平」。吾山即魚山。按以上諸例，皆所以示古漢語吾魚同聲之意。

《卜骨六五〇三》魰从又从魚。王國維云：「《周禮天官𩺞人》釋文，本上魰。知魰𩺞蓋同字矣。」按此例所以示𩺞、魰、漁音同義通之意。

膺 𤸰

《說文》：「𤸰，胷也。」按膺之為文，象形字也。從爿，「厂」者胷之形。月者亦之象。隹者鳥之態。從亻者所以示能為人用也。䧹者古鷹字初文也。後世增月上𤸰而訓義曰「胷」。何耶？蓋鷹之為物，號曰與鵰，鷙禽之健飛者也。物之善飛者其胷必長。胷之根動鼓盪之力，生於胷肌。故禽之善飛者，其胷骨必隆，膺肌必豐。此所以膺字從𤸰從月而訓義為胷之故歟!?

𤸰字的延伸義：段玉裁云：「凡當事以膺。任事以肩」。若棐按：所謂「當」，敵檔也，指來自對面之衝擊而言。必以胷為承當面，故曰「當事以胷」。所謂「任」，擔任也。指來自天空之垂直壓力而言。必以肩負荷之。故曰「任事以肩」。此段氏之意也。但是在古典文學中的𤸰字的意義，已經不代表胷骨，而是代表胷部

内臓的「心」与「肺」。更重要的是凸出了膺字的意識性。此情況完全可從下列例句窺之：

「回也，得一善，則拳拳服膺而弗失之矣」。《論語》

「撫膺號痛」〈成語〉

「膺期命世」《晉史》

「名家膺選」《文苑英華》

「膺籙受圖」《文選》

古漢語以「膺」為「譍」的同義辭。這顯然已經離於引申義了！膺字本義為胸骨。故胸骨隆之禽曰鷹。其近引申義曰「承當」、「對譍」。

鷹

[illegible]卜丨鷹〈鳥名〉丨膺〈人胸〉丨譍〈人呼譍〉丨應〈人感應〉

鳥

[illegible] [illegible] [illegible] [illegible]金 [illegible]篆《埤雅》：「林罕云：鳥字全象鳥形，但不注其目睛。烏體全黑，遠而不能分別其睛也。」林氏之說，可謂深得造字之妙。

烏

蟻

[illegible]卜 [illegible]金 [illegible] [illegible]篆、《說文》虫部螘字訓：「蚍蜉大螘也。」攴部「敳」字訓：「有所治也。讀若豤。」按：豈者螘之省，攴者動義符也。如許氏

訓義為「有所治」而讀音若狠。則聲中有義矣。狠之為言嚙也。似乎數千年前我們祖先已經發現了螞螘的破壞威力。考音之為字，「錯」之省文也。從它者，所以表示虫齒堅如甲軸，可以攻堅破固也。此義可從各類古篆螘字不同造型，參伍互證，獲得鮮明啓示。試分別求證於次：

[illegible]壁《玉篇》螘也「[illegible]」。從厂，从[illegible]，從土。厂者，屋宇之象，[illegible]古昆蟲字，螘之態也。土者，所以示穴土而居之義也。

蚀 [illegible]《卜辭》螘字也[illegible]。造型示意，與《玉篇》形似而旨同。字從片，從[illegible]，從∴。片者牆之象，[illegible]者虫之形，螘之態也。∴者蟻壕穿蝕土屑脫落之景也。

蟻 [illegible] 此晚期之蟻字。從它從義。蟻之為物，衆族而居之蟲也。有部落意識，分工合作之組織體系，共同禦侮之情。造字者以「義虫」為蟻，會意字也。

以上諸螘字造形取義各有不同。表析如左：

（[illegible]）

〈虫名〉—[illegible]—壓—[illegible]〈嚙齒穴壁形〉人赤黑而蟻，對陣同仇敵愾之意形〉

—[illegible]—[illegible]人力石磨〉

垤

[甲骨文]卜 《廣韻》云：「徒結切，音迭。土之高也。」《韻會》云：「直質切，音姪。蟻封也。」《詩·豳風》

[篆文] 云：「鸛鳴于垤，婦嘆于室。」陸佃曰：蟻塚謂之坻，亦謂之垤。从至，以蟻之微而能為至，用其至也。」嘉穀按：《卜辭》[甲骨文]字从[甲骨文]从△。[甲骨文]象群蟻之形，△者古土字，似封土之象。故知[甲骨文]即垤之初文。象形字也。垤之為言窒也。《爾雅·釋言》云：「窒，塞也。」疏：謂堙塞。《說文》穴部云：「窒，塞也。」蓋（螘）之為物，能識天气陰晴變化，每當天雨將臨之際，必傾巢而出，築垤于窟門以禦水。此生物遺傳本能現象，老農恃之為「天气預報」信號。此垤字之聲義也。垤之另一義為「土之高」，而音讀為疊。重疊之意也。此漢字義从聲變之例。

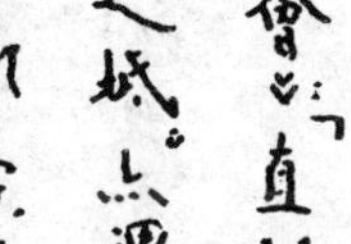

[甲骨文]

奞

[篆文] 《說文》云：「鳥張毛羽自奮奞也。」嘉穀按：奞之為文，从大从隹。隹者鳥也。大者壯形，擴張之象也。此謂毛羽擴張現象，不獨表現于鳥類，而且表于獸類猶夫之相鬪。此謂生理變態，亦表現于人類感情奮激之時。古漢語成語所謂「不寒而慄」、「怒髮衝冠」，無論上都屬于感情奮激時的外在形態表現。這一毛髮直立的生理變化，乃基于「豎毛肌」之收縮而成。此時不僅表現為毛髮直立，同時表現眼球凸出，心律升級，

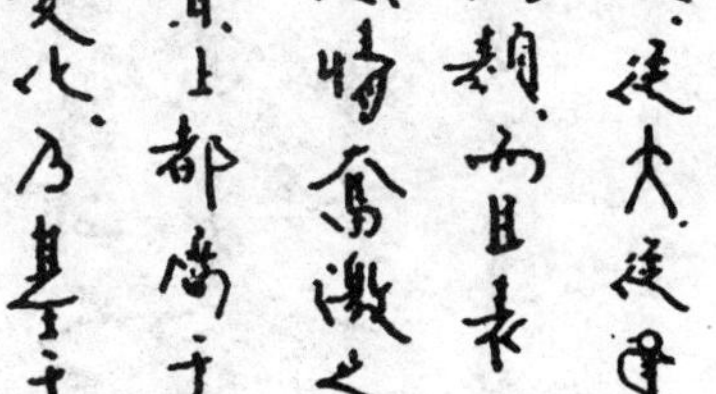

奞

由壓氣增、呼吸係數提高。故讀音為「迅」。迅者疾也。疾速之意也。「奮、奮」二字之合音也。故知奮字背中亦兼義矣！

奮 （奞）𢿫 金、奮 篆、《說文》：「奮，翬也。」語意欠明。段注補之曰：「翬，大飛也。」《爾雅釋鳥》：「雉，雞，羊絕有力皆曰翬」。然則「翬」之與奮，皆有「努力」之義，彰彰明矣。

然此義雖備，未足以明奮字造形示意之指。試申述之于左：

考古文奮上（奞）從△〈古集字〉，從田〈地〉，從隹〈鳥〉，从（今）。𢿫字，從隹、從支〈右手執鞭之形〉。故據（奞）𢿫二文造型合觀而推其義。即：群鳥集聚田野，遭到撲擊驅逐驚飛四散之態，此指事字也。

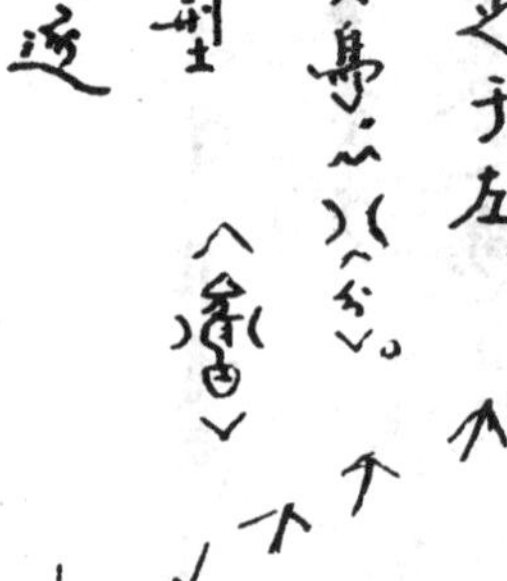
〈𢿫〉

罹 罩 卜 罩《廣韻》：「音翟。」《說文隹部》：「罩，覆鳥令不得飛走也」。

名此者 罩 字見于《甲骨彙編》。時人釋為羅字初文，不讀書之過也。其說斷不可從。

〈罩〉

蒙 冡 卜 蒙《易疏》：「蒙者微昧闇弱之名」。《書洪範傳》：「蒙，陰闇也。」名此者據 冡 之為文从冂、从豕。似以巾覆鳥之象，故有陰闇無光之義。今飼鳥者

（冡）

幪幪

以籠畜鳥。以黑幕罩其外以閉光。堪與冡字形例。上古有「墨罪墨幪」之刑。以黑布幪其面遊行示衆。以示無顏見人之意。故字从巾（幪）

从冡。巾者布也。冃古文帽字（冒）、从豕、黑色之畜、以示目不見光之義也。造字之情與冡字同。冡字初文本從冖、《金文》之鸏。仍有初象。後緣黑色之槩念而形變从豕。」蓋不知始自何年矣。

「幪（面幕）」

冡（鳥幕）—鸏（鳥隐艸叢中）—蒙（艸蒙蒙茸）

濛（細雨濛濛）

矇（瞽矇）

（鸏）

小結：凡從冡之字，皆有覆蔽、黑暗無光義，其引為童蒙愚昧無知者之引伸義也。古希臘學者亞里士多德曾說：「能使我們認識事物並顯明事物之間的許多差別，比于五官之中，以得于視覺者為多。」《玉篇》云：「識，認也。」《增韻》云：「見識也，能別識也。」《釋名》云：「識者幟也，有事幟可按視也。」以上徵引資料，不約而同地揭示了知識來源於視覺的重要意義。此與我國民間語言謂「愚昧無知」的人曰「沒見識」，「眼界不開」，其意正同。審此，則「愚蒙」一詞，思過半矣！

罟  《說文》网部：「罟，罔也。」注引《詩·小雅·小明》傳曰：「罟，罔也。」按不言魚網者，以《易》曰：「結繩而為罔罟，以佃以漁」，是罔「罟」皆非專施于漁也。罟義：魚罔。亦為鳥獸亦用之。

筆者考：《甲骨文編》网部諸文或從网從虎，或從网從豕。故知網罟之器本不限于捕魚，彰明矣。則罠、罹、罿等文，皆理宜釋為罟字，是可知矣。

闃  《說文》：「闃，靜也。」《易·豐卦》：「闚其室，闃其無人。」疏：「寂無人也。」

《析義》闃之為文，從門從狊。《音隱》大徐云：「狊，小視也。狊，犬張目也。」言雖犬張目亦不見人也。「狊」字訓為「犬張目」，予吾人之啓發極宏。按狊之為文從犬從目。犬之職司守夜之責也。故能于黑暗處境，不假日光，洞悉察微。明見秋毫。其特異視覺功能，蓋來生理遺傳，非人功培訓而成。《說文·犬部》訓「狊」為「犬視貌」，似不如徐氏之訓「犬張目」更有說明價值。竊以為犬之「夜眼」功能，其感光敏感，全在于瞳孔直徑之縮張。故能視野增廣，感光銳敏。以成「夜視」之功。《宋文天祥正氣歌》有「陰房闃鬼火，春院閟天黑」之句。生動地揭示了文氏被禁閉黑暗的牢房中，當白晝時刻看到磷火跳躍的情景。這對我們理解「闃」字的造型，不無小補。故知「闃」字從门者，所以

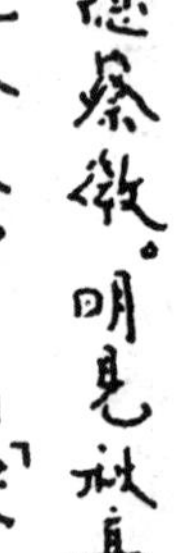

示門窗封閉也。從罒者，所以示處黑闇之境，而目閉張，努力摸覓之情景也。此字六書之名曰「指事」。

萬金卜摘說文云：「蟲也。」段云：「萬本蟲名，自段為數名，久段不返，學者失其本義久矣。」復考虫部蠆字訓「毒虫也。音丑芥反（紫去聲）。」埤雅云：「蜂一名萬。蜂類衆多，動以萬計，因以為數名。」

易農考春秋傳廿二年云：「君其無謂邾小，蠭蠆有毒，況于國乎？」（公二）義曰：「蠭，飛蟲螫人者也。蠆，毒蟲也。蠆長尾謂之蠍，蠍毒傷人曰螫。」易農按蠭、蠆二虫，一飛一爬，同是生有毒尾為自衛武器。故古籍蠭蠆並稱。故知古篆字即蠆之初文。以蠭、蠆二物同屬毒殖力最強之物，故假為數辭。數辭義行而本義廢矣。

邁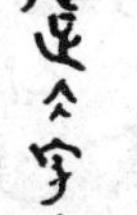今字彙補云：「東本切，上聲。零邁也。」按：此義欠明。所謂「邁」，即今之「批發」，與零售為對待義。字從萬從足，所以示分銷之義，會意字也。今滬曾寅押運賬未到准時所指云：「譬同棄桔，嚴行識論。貨未到彼，只許批斗零星難出，貨民不許求速邁售。」

（昆虫）—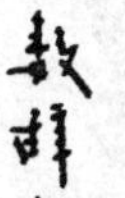（數辭）—（貨物批發）

四五

厲魘〔注〕：《廣韻》：「厲，烈也。猛也。」所謂「烈」，即深刻而迅速，如啖以熱，刺痛感」。大桀此嚾

觸覺之產生原因雖多，而應以遭蜘蛛所螫刺為最。故造字從厂，從黽。

厂者石之崖。黽者蜘蛛之形。筆者壯年之際任教山區，每逢星期休課

魘

輒親率學生登山捕蜘蛛，農村兒童將此為經濟收益，供勤工儉學筆墨之資，以圍蜘

為名貴藥材。故以彼山林童子，雖出生窮鄉僻壤，不睹帝都之盛，未聞禮樂之儀。然、

耳目宇宙，身歷星霜，沐自然之造象，覩草木盛衰，其真知卓見，得天獨厚，固有越凡

入聖，非士大夫所能及者矣。余于教讀生涯中，不惜盡心探討，以兒童為師，蓋有年矣。

如于「踏破鐵鞋」無覓之門之餘，乃從童子之口得之。捕蜘蛛其一例，歟，紀之如次：

富有生活常識，真知的兒童，每當登山之前，必慫捕黑毛蜘蛛

卯　丁

人工名叮螂，以置入瓶中，攜之以上佛寺之實。蓋蜘蛛之生理素質，與萬物同。當

春風湯湯漾之際，感湯流浸潤，必興奮而猖狂。故捕蜘蛛者必擇春風和煦之日而後行。

當此之時，遣明媚之世，與木石居，與鹿豕遊。師生倚伴，歡聲陣陣，縱目遍野，幽闊遼

空，氣象萬千，正論居之勝概歟！嘗觀兒童捕蜘蛛之景，左手揭石，右手捏樹條二

枚，究如執箸取着，應手而得。嗚呼，妙矣！其或失慎遇毒，則取「叮郎」置諸創口，此時叮郎必啄其吻，咸張口而吮吸之。不及頃刻，而蠍尾注入之酸毒，被叮郎之鹼性唾液所中和而痛感消失矣。叮郎本為蠍毒之自然天敵。而神通光童采為療毒聖藥。此吾輩士人素不習聞，而童子知之。不亦大可悲乎？明乎此情，庶幾與識文字之義。

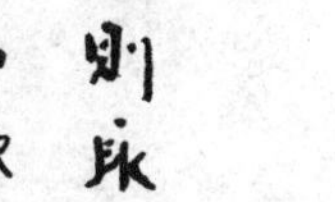
蠆

礪 厲

《書·禹貢》云：「礪乃鋒刃」。傳：「礪，磨石也。」《正義》曰：「礪以粗糲為稱，故砥細于礪。」《玉篇》云：「崦嵫山礪石，可磨刀。」筆者按：礪之為言糲也。顆粒之粗糙之意也。今《地質學》名之曰「砂岩」。此石由砂石顆粒結合而成。質粗糙而堅，有磨損金屬之力，古人用為磨刀之石。《詩·大雅·公劉》云：「涉渭為亂，取礪取鍛」。箋云：「鍛礪斧斤之石」。按現代的「砂輪」等于古之「礪石」。

《厲》

糲 糲

《廣韻》云：「麤糲（粗）也。」《篇海》云：「米不精也。」《太史公自序》云：「糲粱之食」。註：張晏曰：「一斛粟，舂七斗米，為糲。」瓚曰：「五斗粟，三斗米，為糲。」《正義》曰：「脫粟也。」脫粟之義難明。質、學上所謂「糲」，即不完全脫糠之五穀顆粒。由于其質地粗糙，因而所成之飯也必然，令人感到吞嚥困難，窒塞艱澀，故曰糲。

四六

瘍 癘 《廣韻》：「音例。惡瘡疾也。」《禮月令》：「仲冬行春令，民多疥癘。」《玉篇》：「癘，疫也。」

筆者按：古所謂「癘」，可以槩括一切類病毒感染而來之皮膚症狀。其論象表現為毛髮亂而陰起，宛似穀粒，痛癢感覺異常。故造形從萬，從「厂」。所以示皮膚痛苦如中蟲毒刺螫也。讀音若粒，所以形容病態如穀粒之遍佈周身也。故知癘乃萬之本字。

《綜合論語》：「傷害」曰厲。顆粒若石曰礪。粗糙粱食曰糲。皮膚病患如米粒而痛如蟲螫曰癘。以言語刺激人心曰鼓勵。字皆從萬，其有刺激之義。示意于此，

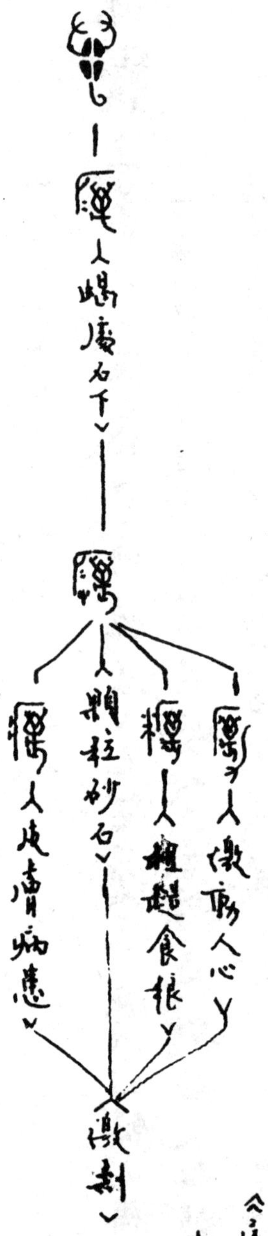

《尸語》：萬之為物，其色青，東方之色也。其味酸，木之味也。于位為震，于聲為雷，在臟為肝，在志為怒，在天為風，在地為木，在聲為角，于時為春，于德為仁，為生，為孕毓。萬之時義大矣哉！後世假為數詞。萬者，數之盈也。所以示萬物生于春也。

貉

貉貊貈貉貉《唐韻》：「音涸。」《爾雅·釋獸》：「貉似狸，善睡。本作貈。」《字林》：「貈，北方人，非獸也。」按：「非獸」之說誤。考：貉之為獸，哺乳類動物也。似狸而銳頭尖鼻，晝伏夜出。皮毛為珍貴裘料。《論語》云：「狐貉之厚以居。」知古代貴族用為冬令防寒衣物。其物產于北地，《逸·蔡》因以為北方民族部落之名。《孟子》：「子之道，貉道也。」即指此地而言。《詩·豳風·七月》：「一之日于貉，取彼狐狸，為公子裘。」這是詩人對於北地邊將狩獵的「貉」是為向貴族進貢衣服禮品的描寫。《周禮·夏官·職方氏》：「掌天下之圖，以掌天下之地。辨其邦國都鄙，四夷、八蠻、七閩、九貉、五戎、六狄之人民。」注引鄭司農《眾》曰：「北方曰貉狄。」《蒙拔》。

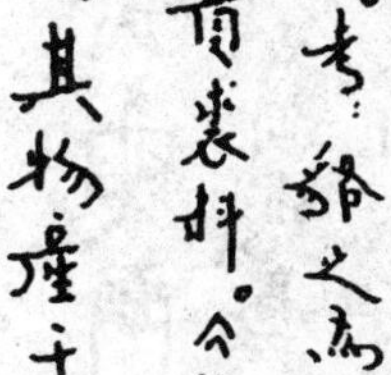

誘

□□□□ 楷 羑 □ 䛻 誘《說文》：「誘，教行也。」《爾雅·釋詁》：「進也。」《詩·召南》：「野有死麕，白茅包之，有女懷春，吉士誘之。」傳：「誘，導也。」《玉篇》：「相勸也。」《廣韻》：「教也。」為常訓。《金文》□字，從羊，從□。造型與小篆□□同例。□象小獸，困于穽中，□象小鳥，困于籠內之態，皆象形字。舊即「誘」字初文也。古代獵人設計捕獲鳥獸，必有「誘餌」，所以招引野獸野鳥自投羅罔治穽也。後世假誘為□，而義變為誘導、引服、教化意。《書．大誥》：「……肆予大化，誘我友邦君」，《傳》：「化其固滯，誘其順從」。《青銅銘文》：「在乃服□，夙夕敬念王畏」。《毛公鼎》。又如：「誘民孔易」《詩》。《禮》：「誘斯」。「循循善誘」《論語》。「誘掖獎勸」……諸如此類，皆「誘訓為教」之義例。誘字的文本占□□□後世衍化為誘」。誘行而□遂廢。殷商之獄曰「羑里」。羑誘異文聲同而意通。羑字亦有「明刑嚮教」義。則□亦形兼聲義字也。

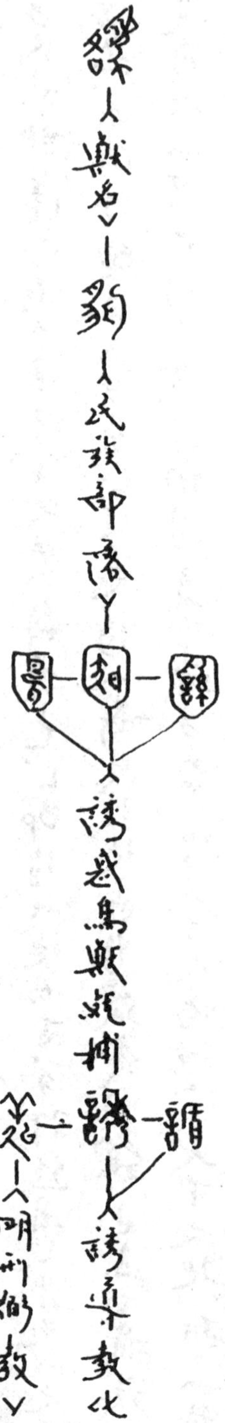

魚

《說文》：「水蟲也」《易．中孚》：「魚，蟲之隱者也」。各世良物：古謂魚、鳥、多無同音，有現而不見義。因其隱藏水中，覓之似有若無，故讀音為無。然則魚之為文，亦象形兼聲義字也夫！

龍 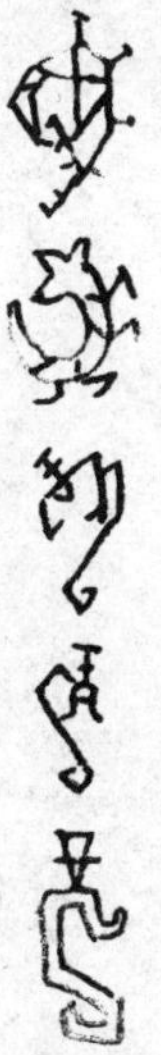 卜  籀 龍 《說文》：「龍，鱗蟲之長。能幽能明，能細能巨，能短能長。春分而登天，秋分而潛淵。從肉，飛之形，童省聲。」

名按：據《說文》所謂「鱗蟲之長」是否即現代生物學中所指「恐龍」、「劍龍」、「獸手龍」之類？固難考證。但從「春分」、「秋分」字樣論證，又與、歲時變化氣象規律有關，又與古天文「東方七宿」（蒼龍）以及太陽經天（視運動）對地球光照角度引起氣象變化相關。古人看到自然界這一具能物理現象。於是確定了一個支配自然的生物的偶像。古史上最早創建物質、精神文明的「炎黃」民族，把「龍」定為「族徽」（圖騰）就不是偶然的。

𩺰  𩺰 《廣韻》：「魚怯切。」《玉篇》：「音業。魚盛。」

名按：𩺰之為文從四魚，所以示魚之眾多也。故訓義為「魚盛」。此與四田為畾、雷；四口為㗊而為聲之盛同例。復考《說文》「鱻」字云：「新魚精也。」徐鍇曰：「三者眾也。眾而不變是鮮也。」故知𩺰、鱻之從三魚或四魚，皆以數示量之字。故知《甲骨文編》釋 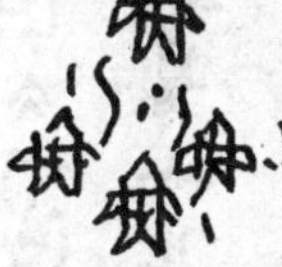 為「漁」之為誤。

鰩 《唐韻》：「音遙」。《說文》：「魚名」。《山海經》：「觀水西流，注于流沙。其中多文鰩魚，狀如鯉魚，魚身而鳥翼，蒼文而白首，赤喙，以夜飛。其音如鸞雞」。《呂氏春秋》：「雚水之魚名曰鰩，其狀若鯉而有翼」。《神異經》：「東南海中有溫湖，中有鰩魚，長八尺」。《本草》：「文鰩出海南，大者尺許，有翅如尾齊。一名飛魚，羣飛水上。海人候之，當有大風」。

〈文鰩〉

鼉 《說文》：「水蟲」。陸璣云：「鼉蜥蜴，長丈餘。其甲如鎧，皮堅厚，可冒鼓」。名世嘗稱：鼉即鱷魚，象形。

黽 《說文》：「黽鼉，蟲名」。其詳待考。

黿 《爾雅》：「黿，鼈之大者」。《說文》：「大鼈也」。按黿之為物，古代貴族視為美饌良珍，如饗、卿祭禮多用之。《周禮·天官·鼈人》之職：「以時簎魚鼈龜蜃，……春獻鼈蜃，秋獻龜魚」。竊以為黿者圓也，蓋以其形圓而得名。吾鄉名曰「團魚」，字從黽，所以示爬蟲之義也。

金 卜 籀 篆《說文》：「鼃黽也。」《爾雅‧釋魚》：「鼃黽一名蟾蜍。似蝦蟇，一名黽。一名「土鴨」。黽善怒。故音猛。」筆者按：所謂「土鴨」之為物，吾鄉名之曰「癩蝦蟇」。以其腹部膨隆，形似球狀，擊之發音如鼓也。其形色如黃土。卜、金、青書形似而色異。其行動蠢笨，故延伸為「黽勉」（努力）。

蜘蛛 《說文》：「設一面而後誅之，如誅之義者也。」許氏據「湯開三面之網」的哲學而立論，以美化蜘蛛的政治風格，未免迂腐誇張。竊以為蜘之為言織也。言其佈網築巢，縱橫經緯如織布也。蛛之為言網也。所以示飛蟲一旦觸網則難于逃脫。蛛居其間，以逸待勞，似「守株而待兔」也。然則蜘蛛之名，亦皆中肯義矣。

《埤雅》云：「蜘蛛佈網如罾。其絲右繞。今「磨旋」、「蔓生」皆循右而轉。亦自然之理。」筆者青年之年，對攀援型植物之右旋定律（順時針方向）的研究曾筆之于書，沾沾自喜，以為「自我創見」，殊不知古人已先得我心矣！愚以為攀援型植物的右旋定律之形成，必與植物天稟的「嗜光性」有關。因太陽每天的位置運動次序，必自東而南，自南而西，迄至翌晨，又出現于東。在這一光照誘導下，必然會引起攀援莖表端的右旋動向之形成。此理完全可從「向日葵」的旋轉規律嚮性說明之。圖示如下以見意：

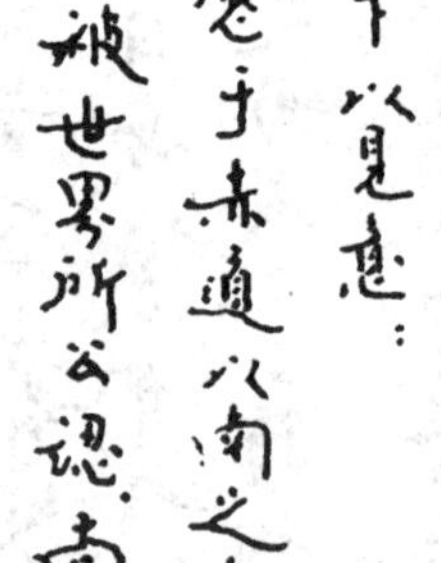

但余之這一設想，不能適應于赤道以南之南美洲、南非洲。故余之這一「光照論」學說，是否能被世界所公認，尚有待于對南半球生物生態（尤其是攀援莖植物的生態）認真實驗普查，纔能藉爲「定理」。假若將來有人在赤道以南國家，發現和北半球攀援莖植物的旋轉規律適得其反的話，那便是我的「預言命中」。可惜筆者沒有機會出國考察。姑筆之于此，以待有志之士有後望焉！（青銅銘文鄣國地望在嫘祖，係上古「蛛南隣」部落之遺址探

雀 爵

卜辭：雀 篆《說文》：「依人小鳥也。從小隹。讀與爵同。」雀於《古今注》：「雀，一名家賓」。

名蓑按：雀，小隹也。小者「不大」之義，隹者短尾之鳥，合之「麻雀」是也。古音與爵通，以酒爵之流似雀首，其尾似雀尾，爵之足似鳥足也。

西周王朝，冠服——「爵冠」其冠髻以形似雀尾而得名。

甲骨文雀作，亦象形字也。後人擬雀形而製酒器與冠。此雀、爵二字互通之所緣來也。

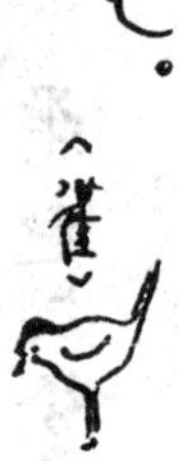
〈雀〉

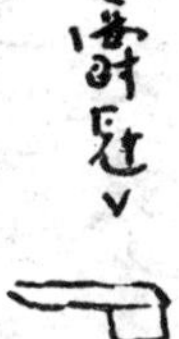
〈爵冠〉

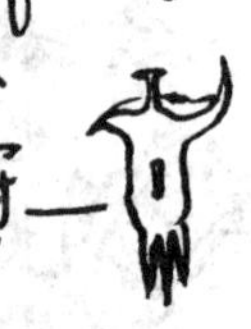
〈爵〉

鳶 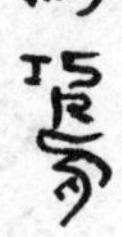《說文·鳥部》鷦字訓「鷦鷯，桃虫也。」一名鷦鷯，俗呼「黃宮雀」。[illegible]如雛。」《說苑》：「鷦鷯巢于葦苕，繫之以髮，取茅秀為巢，以麻紩之，如刺韈然。」

《揚子·方言》：「自關以東謂之巧雀，或謂之女匠。自關而西謂之韈雀，謂之巧女。江東謂之桃虫。」又名桑飛、過蠃……　吾鄉名之黃雀。鳶其間稍也。此鳥目有白環，土人呼之曰「白眼兒」。

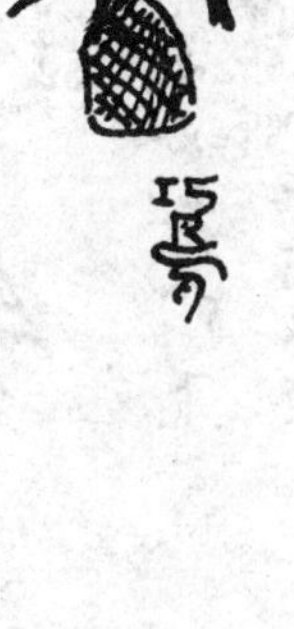

雝  篆 《說文》：「雝渠也。」《尒疋·釋鳥》：「鶺鴒，雝渠。」

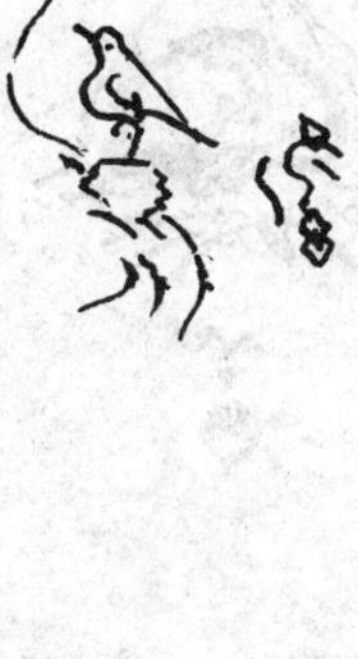

《詩·小疋·常棣》：「鶺鴒在原，兄弟急難。」箋云：「雝渠，水鳥。」《說文·川部》邕下云：「邕，四方有水，自邕成池者也。」《隹部》又云：「雝渠，鳥也。」渠者水道之名。因其生活習性居于水中高地，故名「雝渠」。《卜辭》[glyph]字，其形象也。後世假為帝都「明堂」所在地——「辟雝」之名。以其環水而居也。

羊 

《說文》：「羊，祥也。從丫，象頭角足尾之形。孔子曰：『牛羊之字以形舉也。』」

《禮·曲禮》：「羊曰柔毛。」羊之為物，對人類有百利而無一害，故古文羊、祥互通。

五〇

洋　……ト洋篆。《說文》：「水出齊臨朐……」《山海經》：「昆侖之丘，洋水出焉。」

按洋字初文是……，從……從……。似羣羊相徒渡河之態。此象形字也。故知《說文》訓洋爲水名，非初義也。《爾雅·釋詁》：「洋，多也。」此義近之。《詩·魯頌》：「萬舞洋洋。」詩人將羊群浮游渡水動態形容歌舞演員時婀娜多姿。此其義例也。後世以「洋洋」形容人之瀟灑得意，仍有初意。至若「海洋」、「望洋興歎」、「聲名洋溢」……皆近初義矣。

羔　……ト……篆。《說文》：「羊子也。」羊子之訓雖確，但無以證造字之旨。吾嘗長揣羔之爲美，從火從羊。然火炙羊之態，此象形字也。上古質陋，無鳥銃枝巧，將黃泥封羊，置火而焚之。比及熟，使飽和則羊之腹腔充氣膨脹，超荷則嘣然爆裂。其聲如炮。此人類元始之古法。故曰庶〈羔〉義也。經籍之……，而不是……。其字從「广」從……者，所以示羔羊必在「广」下，防止天而熄火也。〈說洋後義字下〉。今楚樓爲幼兒療疳疾，用童犬以黃泥燒以祟犬，仍羔羊之遺[illegible]也。

馬 [字形]卜 [字形]金 [字形]篆，說文云：「怒也，武也。象馬頭髦尾四足之形」。又九投壺云：「為勝者立馬，一馬從二馬。三馬既立，請慶多馬」注：「立馬者，取算以為馬。表其勝之數也。謂算為馬者，馬為威武之用。投壺及射皆以習武也」

按後世計數之竹籤名曰「籌碼」。天平之秤有「砝碼」其義皆源於投壺之九而生。

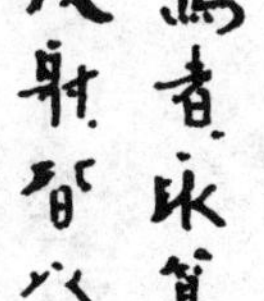

[字形]人數名

碼人計數器

象 [字形]卜 [字形]金 [字形] 籀 [字形]篆，說文云：「長鼻牙，南越大獸，三年一乳，象耳牙四足之形。」

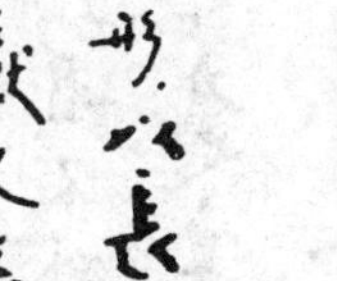

像 [字形] 又正韻云：「像，形象也。肖似也。」筆者按：象之為形，以長鼻為特徵，人之面像特徵在于鼻。古相人術以鼻為五嶽之主，故相人者必先觀其鼻。此像字從人從象之義歟?!

為 [字形]卜 [字形]金 [字形]籀 [字形]篆，說文訓曰「母猴」，其義不確。按：為字是形從象從爪。手牽象鼻之態。又易頤卦：「眇能視，跛能履，武人為于大君」。今世俗謂主事人物，缺少領導才能，甘受部下擺佈支配者曰：「被人牽着

五二

鼻子走」。即「武人為于大邑」之義。此爲字从象、从爪之意，故以會意字也。

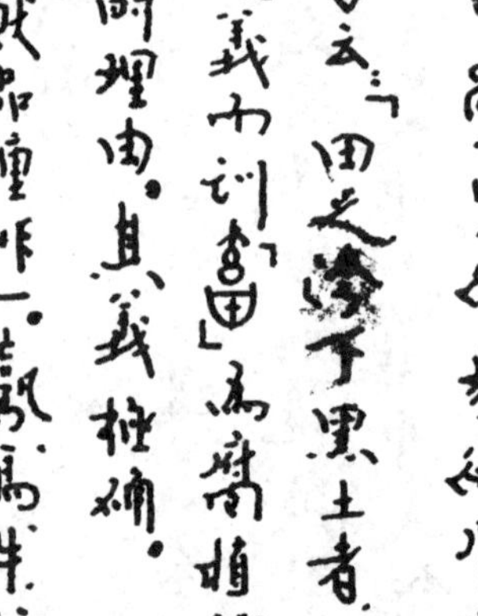

畜 畜、畜、畜、畜《說文》引《淮南注》云：「田之洿下黑土者，可為牧也」。許氏據畜字从玄从田之義而訓「畜」為齎積蓄、壤土。蓄有聚于艸遂為牧畜之地的理由。其義極確。

愚意之曰：畜者家獸也。家獸品種非一，賦為牛、羊、兔、犬、豕，或職司畊駕，或職司守夜，或供人衣食毛肉。綜其功用不外二端：一曰供人食用，二曰代人服務。若舉其代表則肉之豐者莫過于豕，力之偉者莫勝乎牛。故家畜雖眾，舉「牛」與「豕」而可槩其餘矣。竊以為畜字从玄者豕之色。从田者牛之色也。牛為土德，黃者土之色。豕為水畜，玄者北方之色。此畜字从玄从田之又一義，不可不知也。試舉下述例字以明之。

蓄 畜《說文》云：有畜而無蓄。《集韻》云：「音畜，積也。」《篇海》云：「聚也，藏也。」《詩邶風·谷風》「我有旨蓄，亦以御冬」。此古人見秋收藏乾菜以備嚴冬不時之需見于經籍者。然則老農飼養家畜，倘無儲蓄又何以御冬乎？

儲

儲𠑹《正韻》：「儲，偫也。」《淮南子·主術訓》：「十八年而有六年之積。二十七年而有九年之儲」。是證古代

「王者」建國之基，對物資儲備所重視之一般。然則老農力田，春耕夏耘，不有秋收冬藏，

亦何以備荒而防歉乎？蓋以為儲之為言「畱」也。畱字從屮屮從[illegible]，所以示乾坤貯于畱

中，以備家畜〈牛羊〉之御冬也。儲之為言「諸」也。非一人之力所能積，少而成多也。故儲字

從諸從人。諸人者，眾人也。嗚呼！儲之時義大矣哉！所謂「集腋成裘」、「聚沙可以成立」、

皆儲之義矣。

養

養[illegible] 羚 稲 養 [illegible]《玉篇》：「育也，畜也，長也。」《說文》：「供養也。」許氏以養

訓供人。與顧氏訓養為育者，所指各殊。然據文字造形之指察之，自以《玉篇》之說為

優。甲骨文養作[illegible]，象手執長鞭牧羊之態。与籀文羚字示意同指。

故知養字從食〈飼〉從羊。應訓為「養，飼羊也。從食，羊聲」。

蓋形聲字矣。羊之為獸，無不身之利，草食為生，蕃息之盛，毛肉可

資人用，有百利而無一害。故為人類之所樂于飼養。故言「飼養」，而供養之義兼在其中矣。

漾

漾[illegible] 羕 漾《說文》云：「水出豲道，隴西，入漢水。」

名曲長橋：許氏訓「漾」為水名。方輿之義也。非造字之旨也。蓋「豲道」之為地

五二

住處西北高邊，古名雍州。其氣燥寒多草，宜於游牧之區也。故知漾字從羊、從水、從永。與羕字造形同例。皆所以示羣羊游泳渡水之態，象形指事字也。○文選王粲賦云「川既流而濟深」。○幻影傳云「一葉漾漾，遵遠路」。其語義無一非取法於羊之浮浮泳水。可以想見。

漾

吾輩研究古代文字絕不應滿足於前人之斷簡殘編。而是要由彼希皆橫大曠野，穹窿以為青，甘邊遠遠，闊千里，一望無際。牛羊過野，河流分佈。交通維艱。土人剖木為筏，以羊皮為囊，鼓之以氣，中空外浮，繫之筏底，人乘筏上，執篙御筏，波濤千里，攸游自得。此「湯漾」一詞之所繇本歟？

（漾）

鼠 ○說文云「穴虫之總名」。名義曰：鼠之為文，象形字也。上象口齒，下象脊尾，四象爪足。嚙齧類動物也，以盜竊為生，以破壞為能事。人類惡之，又能傳染疫病，害虫也。

鼫 ○爾雅釋獸云「形大如鼠，頭似兔，尾有毛，青黃色。好在田中食粟豆」。筆者按：鼫鼠，即○詩云所謂「碩鼠」也。又名「五技鼠」。所謂能飛不能過屋，能穴不能掩體，能游不能渡谷，能走不能先人，能緣不能窮木。詩人把它比為藝多而不精的竊位素餐者的形像。此物田野之中所在多有。吾鄉名曰「湖老鼠」。

巤巤巤巤：說文：「毛巤也。象髮在囟上。」筆者按：自生理屬性論之，

則豕之豪、馬之鬃、巤之巤、人之髮，其類一也。故許氏之訓「象髮在囟上。」蓋有鑒于生理屬性之統一，而不計種族之有異，此唯物辯證之治學方針歟!?

獵獵獵：說文：「放獵逐禽也。」廣韻：「取獸也。」白虎通：「四時之田，春蒐、夏苗、秋獮、冬狩，總名曰獵。」尸子曰：「宓羲氏之世，天下多獸，故教人以獵也。」礼·王制：「豺祭獸，然後田獵。」尒疋·釋言：「獵，虐也。」疏：「獵謂逐禽也。必暴害于物，故曰獵。」名林表考：「獵之為文，從犬從巤以　犬者追捕野獸之工具。巤者所以示馬之怒鬣奔馳之態也。犬馬奮發追逐野獸之象也。亦指事兼會意字矣。

獵字甲文作獵。從巤從攴。巤者馬鬃奮張四蹄奔馳之象。攴者右手揚鞭之態。舉一巤、一攴。而獵人、獵馬之意盡在其中矣。此古人造字「亦簡以賅繁」之法，不可不知。余名之曰「重點示意」。

夔 [古文字形]卜 [古文字形] 金 [古文字形] 籀 [古文字形] 篆 《說文》：「神魖也。如龍，一足，從夊。象有角手，人面之形。」鬼部魖字下：「耗鬼也。」段引《甘泉賦》曰：「捎夔魖而抶獝狂。」《東京賦》曰：「殘夔魖與罔象。」《國語》：「木石之怪夔罔兩。」韋注：「或云夔一足，越人謂之山繅。或作猱。富陽有之。人面猴身，能言。」《廣韻》：「山魈，出汀州，獨足鬼也。」《大荒經》云：「有獸，狀如牛，蒼身而無角。一足，出入水，則必風雨。其光如日月，其聲如雷。名曰夔。黃帝得其皮，為鼓，橛聲聞五百里。……」各書描夔之為物，迄無定論。諸家紛紜，故神其說，令人玄惑，莫衷一是。唯《孔叢子》之說為能解千古之謎。《記義》云：「魯哀公曰：『吾聞夔一足，有異于人，信乎？』孔子曰：『昔重黎舉夔而進。又欲求人而佐焉。舜曰：夫樂，天地之精也，唯聖人為能和六律，均五聲，和樂之本，以通八風。夔能若此，一而足矣。故曰「一足」非一足也。』公曰：『善！』（註：上「足」字應讀為「滿足」「足量」之足。下足字應讀為「手足」之 [古文字形]。不可不辨也）。

羚 [古文字形] 籀篆 《埤雅》：「羚羊似羊而大，角有圓繞蹙紋。夜則懸角木上以防患。」按羚羊產于我國西北高寒邊，其角可供藥材。

羌 [古文字形] 卜 [古文字形] 金 [古文字形] 籀 [古文字形] 篆 《說文》：「西戎牧羊人也。西方羌，从羊。」

按：許氏所云之「西戎羌」，即今青海高原邊地之游牧民族也。殷商、西周時代西戎羌族常為邊患，與華夏交鋒，故《詩》有「戎狄是膺」、「執訊獲醜」之語。造字者用傳聞所知而製以羊首為西陲部落之人物特徵，是符合歷史地理背景的。

美 [古文字形] 卜 [古文字形] 金 [古文字形] 籀 [古文字形] 篆 《說文》：「五味和美也。」（肉汁中雜以蔬菜、韭、梅、料、薑之屬）。《卜辭》美上从羊。从夕古肉字也，从火，舉肉之串也。从皿，容器之形也。：：者肉湯也。亦指事字也。

義 [古文字形] 卜 [古文字形] 義（卜）[古文字形] [古文字形]（金）義（篆）《說文》：「己之威儀也。」

按：許君訓「義」字為「威儀」，乃哲學定義，非造字之旨也。謹考證之如次：義之為文，从我从羊。羊者家畜，我者兵刃也。古訓義為殺（說見說文我字）。「殺羊為犧牲品」，此「義」字本義也。甲骨文 [古文字形] 字即犧字初文，字亦上从 [古文字形] 義。余文上義、[古文字形]、小篆上義。後世衍化上「捨生取義」之義字，試據溯如左以見意：

今之韻文：「虎犧，式能馴服，犧牲也。」當漁獵時代晚期，明智的人物有鑒于自然野生動物日趨減少，無以足食。因而創立了以「牧代獵」的生產方式。毅然采用了對猶獸的總進攻——「烈山焚澤」。驅走了虎豹豺狼，俘獲了大批草食動物。經過馴服，化為家畜。故家字從宀從豕，宀者屋之側，豕者代也。立木為界分牲之意也。

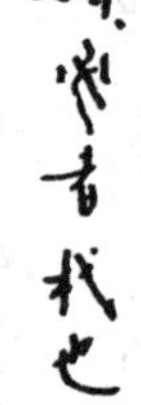

以示猶與，則與兩拼分也。羊之為物，無銳遠長爪，而與人無害，以草為食，飼養所在多有。肉味鮮美，毛可供衣。自然是人類唯一的培養對象。羊圖字從羊，兵刃之器，圖字從多從月，古文俎字，切肉之案也。羊圖字遂型，有力地揭示了「羊已經作了人類生活的犧牲品」這一客觀事實。後世創「犧」字為宗廟犧牲字，而羊圖字遂晦。更取「羊我」為「捨生取義」之義字。略示其演變軌迹於下：

羊圖 — 羊 — 羊我（古義字）

羛 — 犧（宗廟祭享犧牲字）

羛 — 義 — 義 — 義（捨生取義字）

後世之人，將戰場上為國捐軀的烈士同廟堂祭神的牛羊，在悲學上畫了等號。而義字的遠古歷史淵源，莫能知其道相矣！

羌 [古文字形] [古文字形]卜 [古文字形] [古文字形]金 [古文字形] 籀 [古文字形] 篆《說文》：「西戎牧羊人也。西方羌，從羊。」

按：許氏所言之「西戎羌」，即今青海高原邊地之游牧民族也。殷商、西周時代，西戎羌族常為邊患，與華夏交鋒，故《詩》有「戎狄是膺」、「執訊獲醜」之謠。造字者用俘虜側形象而冠以羊首，為西陲部落之人物特徵，是符合歷史、地理背景的。

羹 [古文字形]卜 [古文字形] [古文字形] [古文字形] 籀 [古文字形] 篆《說文》：「五味和羹也。」（肉汁中雜以蔬菜）[古文字形]、[古文字形]、[古文字形]之省）。《卜辭》羹之[古文字形]。從[古文字形]，古肉字也，從火，舉肉之事也，從[古文字形]，容器之形也。∴者汁滷也，亦指事字也。

義 [古文字形] [古文字形] [古文字形] [古文字形]〈卜〉[古文字形] [古文字形] [古文字形]〈金〉義〈篆〉《說文》：「己之威儀也。」

按：許君訓「義」字為「威儀」，乃哲學定義，非造字之恉也。讀者諳之如次：義之為文，從我從羊。羊者家畜，我者兵刃也。古訓義為殺（說見說文我字）。「殺羊為犧牲品」，此「義」字本義也。甲骨文[古文字形]字即犧字初文，字亦作[古文字形]義，金文作義，[古文字形]，小篆作義。後世衍化之「捨生取義」之義字。試換溯如左以見意：

今已韻兮「虎豢式能制服豢牲也」。当渔猎时代晚期,明智的人物有鉴于自然野生动物日趋减少,无以足食。因而创立了「以牧代猎」的生产方式。毅然采用了豢牺牧的总进攻!「焚山焚泽」。驱走了虎豹豺狼。传播了大批草食动物。经过制服,化为家畜。故牧字从牛从攴。攴者击之之头,所以击打也。主木为器,以打之意也。

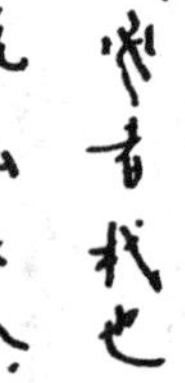

以示驯敷,制服而牲之也。牲之为物,无能远走,不会与人为害,以草为食,饲料所在多有,肉味鲜美,毛可供衣。自然是人类唯一的猎养对象。⿱羊圖字从羊,兵刃之器,圖字从多从月。古文俎字,切肉之案也。⿱羊圖字是型有力地揭示了「羊已经作了人类生活的犧牲品」这一严酷事实。后世创「犧」字为宗庙犧牲字,而⿱羊圖字遂晦。更取「義」为「舍生就義」之義字。聊示其演变关系于下:

⿱羊圖 — 羊 — 羊朩(古義字)
- 義 — 犧(宗廟祭品犧牲字)
- 義 — 義 — 羛 — 義(舍生就義字)

后世之人,将战场上为国捐躯的烈士同庙堂祭神的牛羊,在悲學上畫了等號。而義字的遠古歷史渊源,莫能知其道相矣!

者 …… 古文 …… 全 …… 等《說文》：「別事詞也。從白𣅜聲。𣅜，古文旅。」

《字源》者字造型為何多得如此可怕？原因是者字造型的歷史來龍是多源的。要而言之，約有三類：

豬 一、動物型： ……

著 二、植物型：……

都 三、建築型：……

分別縷析一覽

豬 …… 此古文豬字也，象頭耳、彡象剛鬣、乀似脊尾，而 似四足，象形字也。許君竟釋 …… 為「旅」，蓋疏于 …… 之分全在於三毛之有無以為辨。豕部豬字云：「豕之三毛叢聚（凥）者。」堪足有力佐證。《古老子》⋯⋯用為者字，段借例也。《康熙字典》言都定為古文「諸」字，「義段」例也。「諸」者眾多之義，取 …… 為叢聚之物，義類相通之例也。豬，有蝴偖性、污穢性、眾多性，故延伸為潴、著、都、圖、屠諸義。

五五

圂

圂《說文》云：「廁也。從豕在囗中，音圂。」古名曰廁，今俗名茅房。字形是圂，于時似有未想（但）古代基於飼養與積肥的統一，人家共用一廁，人畜可以餵豬，豬畜可以肥田。此圂字造型從豕在囗中，而引為廁之義歟？今我國渤海北岸冀東、遼寧地域，民間農戶住宅建造格局，仍采用廁所與豬圈連通之形式。堪足歷史考古資料，證古文字數量，物證。圂字之義和豬的群生活習慣分不開。也不能與貓狗同居

（廁）

（圂）

溷

溷《說文》云：「亂也。一曰混也。」溷字從水，從豕在囗中，所以形容豬圈之泥水污臭。此指事字也。豬只能住在廁所，不能住客廳。因為它不怕髒不怕臭。

圂

圂 此字見於《康熙字典》囗部，註釋為古文圂字，可疑。當即豬圈之形，應與圂同義。以聲律求之，圂之為言堵也，所以防豕之逃逸也。後世延伸為竹架牆向積，卑之堵：版長一丈，寬二尺，五版曰堵。

堵

豬 （人人人×○×ㄣ＝ㄱㄓㄓㄓ）然則圂即豬之聲假字矣。

屠

屠《說文》云：「刳也。」《廣韻》云：「殺也，裂也。」屠字從尸，從者聲。尸者體之死也。

者者古文豬字，古謂殺豬之人曰屠夫，後世延伸為屠狗、屠牛、屠殺義。

屠

豬沒有任何特長，只有聽人宰割，獻出自己的尸體，給人當食品。所以屠字從者（豬）從尸。

都　《廣韻》："天子所居曰都。"（首都）《周禮春官司常》之職云："師都建旗。"傳："謂之師都，民所聚也。"《易三十二卦》注引《正義》曰："師，衆也。"首都是最高政治核心之所，薈集人煙稠密之區，軍隊是有組織的羣體，故有衆多之義。都字從𠭁，從邑。邑者國也。𠭁古豬字。豬為蓄盛之處，故都有衆多之義。古代"教學術語"八億為兆，十兆為京。"故"王者畿內之地曰京師。今名曰"首都"。此古今之變也。豬是蓄殖最獷的生物，造字者將都字從邑從𠭁，目的但求義類相適，不計褒貶異類。以將物喻人"世濟平等"之心乎？

闍　《廣韻》："城上重（臺）門"《說文》："闍，闉闍也。"《詩·鄭風·出其東門》："出其闉闍，有女如荼。"箋云："闉闍，謂曲城之中市里也。"實質上乃是作為內城的通道，軍事防禦設備。後城名曰"甕城"。築于內城門和外城門的方向呈九十度角，所以古人叫它"曲城"。因為這個拐角環境，適于人們出城入城的適闠，所以就成了商品交易市場。古籍名之曰"曲城市里"，不是偶然的。闉字從门，從垔，"垔，塞洪水"字也。闍字者居门中门者，出入之戶也。者，堵之省文也。故有堵塞義，所以示衛禦之備也。（說詳《建築篇》）。

著　《博雅》云："明也"。著者，竹幹也。（今用為吃飯的筷子義，延伸義也。）甲骨文著字初文上㬎甾，以植物暴光顯色之態，故字從𣎵從日。𣎵是花木之象，日者光色之意，故訓義為「顯著」會意字也。著從米從甾。有明顯靜止之義，此顯義字既有緒的靜態情性，又有花木的顯象性。余名之曰「顯義字」。

總結以上列舉例字，其義可歸納為三：一、衆多義，二、遞衍義，三、顯著義。造字者在三大概念指引下，醞釀孕毓出一個緒的化身甾字，扮演了一位「漢語聲律」的樂隊指揮員——「分事甾」。所謂「分事甾」實質上等於現代漢語「標點符號聲」中的逗號——（、）。請舉例說明如次：

「山楂之花甚多，紅者、黃者、紫者、白者不一而足。」「藥之滋味雜彩，苦者、甘者、辛者、鹹者、酸者不可勝數。」「獸之形狀不一，長耳者、修頸者、巨尾者、利爪者、堅蹏者，形形色色」共而這個作為分事甾的——甾，實際上只能通過聽覺而產生效應，這非視而可見之物。造字者苦於計無可施，只好抓住一個甾字作為語言的停頓符號，此即《文書》所謂「本無其字，以聲托物，是曰假借」者也。要而言之，甾「㬎」的變態而已矣。

貏豸《史記·司馬相如傳》：「陂池貏豸。」《文選》李善注：「貏豸，漸平貌。」按此乃延伸義。非「貔」字初義也。何以知之？考「貔」之為文，从豸，从毘。《說文豸部》云：「獸長脊，行豸豸然，欲有所司殺形。」其典型代表為虎，為豹，為貍，為貓。此類生物之共有特徵，即豐毛、長脊，頭面廣、闊大齒、銳爪。肉食類以為生，現代科學術語「貓科動物」是矣。貔字从毘者，伏下之態。短足之象也。以此推之，當即「哈八狗」之類矣。此物豐毛、長脊、前肢彎屈如跽足，善識人意。靈長類也。東北遼吉之境，民間多養之，呼之為「旺巴狗子」。其讀音稍訛。兼即「貔」也。《文選》李善釋為陂池漫衍，伏下之形容語，此地「貔歟化」之例矣。

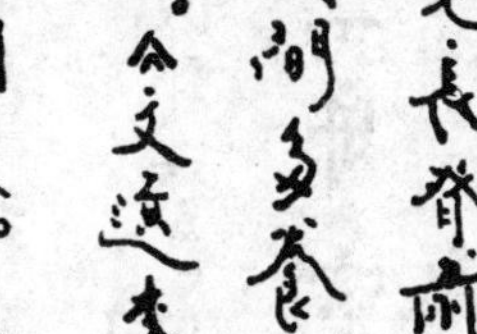
〈貔〉

雐雐《集韻》：「音呼。」無訓。許氏《說文隹部》云：「鳥也。从隹，虍聲。」

案：雐之為文，从隹，从虍。隹者短尾鳥也。虍者虎之媚。言其雄威可畏也。此物嘴爪似鷹而短鈍。通體褐色，潤忖。目圓而大，上金黃色。炯炯有光。為山區之猫鴞類也。獵戶有犯巢取其雛者，則雙爪抱數斤之石，翔空而懸擊之。民間呼之曰「狠虎」。農民則養之，用以守場護園，驅逐雞犬。

〈雐〉
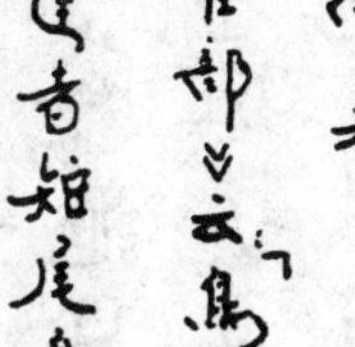

久則成為家禽矣。此物余幼時曾飼養之。頗有令人可愛之處。其後病死。事隔六十餘載，至今記憶猶新。讀《說文》及此，聊誌之如右。

龜

〈六上卜辭〉

〈六上拾文〉〈[illegible]〉《說文》：「龜，外骨內肉者也。」《玉篇》：「文也，進也。外骨內肉，天性無雄，以蛇為雄。」《廣雅》：「龜，貝，貨也。」

案：龜之為物，其用甚廣。《爾雅·釋魚》：「十龜，一神龜，二靈龜，三攝龜，四寶龜，五文龜，六筮龜，七山龜，八澤龜，九水龜，十火龜。」古人或用為食物，或用占卜，甚且或用為貨幣。《易·損卦·六五》：「或益之十朋之龜」，足見龜的貨幣價值。特別是甲骨文的靈〈靈〉字从雨从龜。顯示了商人用龜的形象。據上攷古說明。

王 彑

《廣韻》云：「彑，豕頭也。」案：彑為彙之古文，其說難從。〈說詳本篇彙字〉許氏《說文》訓：「彑，豕之頭，象其銳〈鼻尖〉而上見也。」復考口部喙字訓：「口也。」段注引《易·說卦》為義例文：「艮為黔喙。」案：黔者黑色，豕者豕之喙。《左傳·昭四年》：「深目而猳喙」，注：「口象豬」。甲骨文喙字作，从彑〈豕〉从口。

故知喙字从彖从口。與彑訓「豕之頭」同例。段氏注引《左傳》「深目猴喙」之語以釋喙。此「人像畫化」之語義。值得借鑒參悟。茲示如下：

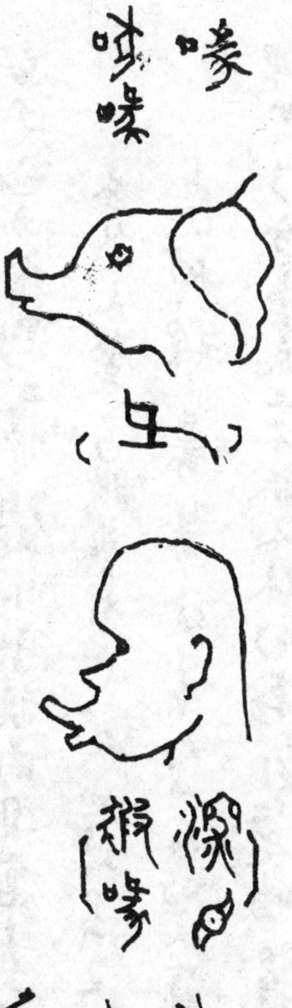

《甲骨文》喙字造型上喙，字从豕，從口。豕是《卜辭》豕字。口者嘴也。堪上彑字媲儔「豕頭」而非「彙頭」之雄辯義證。《說文》：「喙，口也」，殊覺籠統。

彖 彖者《說文》豕部彖字訓：「豕走也。」顯而易見，這是一個特定動物的古漢語專用動詞。《彖》音噇或𢳆。土暗切。TWAN、去聲、音貫。即後世彖字初文。吾輩讀古人書，不宜刻舟求劍，務必胸廓開朗，庶免因文害義，自取茅塞。故古文精簡而意廣，所謂「豕走」二字自有其廣闊內涵。絕不可限于四肢運動而不及其餘。而是要用發展眼光的空間尋找切合實際的內容。故「豕走」二字也應包括豕的頭與口的運動。「豕喙犁地翻土尋食，其一例也。豕鼻翻土尋食，常見于農忙秋收既畢，斯時田野肅清，田壠之間尚然遺有殘餘地瓜潛留地下。農家乘機縱豬自動出欄赴田野以代收，此時群豕貌相奮其尖銳鼻端，肆其天然狩獵功能，戮力，奮從掘而飽啖之。此即許氏所謂「豕走」之義矣。走之為文，古文字象走形。蓋取形于行人前進之態。許君段借豕的（爲）廣義「進取」動辭，是可以理解的。吾鄉民間語言謂豕啄翻土曰「豬攻地」。攻讀上聲，音「共」。此尚進動式，許君訓為「豕走」，蓋與豕走形意及「豬攻地」之動向、音、看合符契，固是毅而不紊矣。

豤 豤《說文》云：「齧也」。《玉篇》：「豕齧地」。《正字通》云：「豕深入物也」。後世鑽土而墾之墾。訓義為開發生業，皆文殊而義通。同源字也。豕鼻翼反土尋食活動

豕 是相當費時耗力的艱鉅任務。必賴持之以恆，故豤字从豕从辛之省。辛者辛為

豤 西方金剛之質，所以示堅銳前進奮勇之態也。《說文》豤下云：豕怒毛豎，一曰殘艾之判也。後世增足旁顯，訓義為「妄怒也」，有狀也」。豤、豤、豤、豤這一系列从豕的文字無一不清晰而明確地揭示

懇 了豕鼻反土不眠不休的勤懇之情。《說文新附》心部曰：「懇，悃也。」《玉篇》曰：「悃，志純一也。」皆所以示豕賴以鼻翻土的堅定執神。

〈豕〉

《噫嘻》篇之所以能成翻土耕地之功，實得力于自身之生理機構的奧

夫。故篆字从耳从豕。耳象其首，豕象四肢和尾。此篆字，初文也。至其字系動

物形象而躋入「文化領域」自有其歷史背景。

筴 今傳世先秦文獻中，有策而無筴。在所有已規《字典》中亦不載筴字之迹。

以致从竹从夾之筴，苦于考證無據。只能以笏字為媒係為跡以尋之。

笏 但許氏《說文》笏字不見。只能求證于《禮記》。甚矣哉，治學之難也。

考《禮·玉藻》云：「笏，天子以球《璆》，諸侯以象，大夫以魚須文竹」，故知笏之為物，即璋之化身。其質或玉或象或竹。因政治身份而異。在笏的物體上看不到筴的景象。只能于笏的功能求證之。《玉藻》又云：「凡有指畫于君前，用笏。造，受命于君前，則書于笏」。當時執政階層每逢朝會面君，必以笏為不可缺少的東西。官吏們把會前準備的提案以及國君下達的指示，都要書寫在笏上。今名曰「備忘錄」或「工作手冊」。先秦無筆，以竹為管，以刀為筆，刻字于

書 笏上名曰「手版」。甲骨文書字是聿口，象右手執筆，口是君主的語言，古筆字

五九

占卜。《説文》云：卜者，育迹也。此朝日敬化（業）錄君主語言的卜，手中所執之「丨」。並非毛筆，而是一把篆刻金屬刀。如果筆者的設想未誤的話，這把篆刻刀的前端正是「ㄓ」，刀的尾端也必然會有為了。請除因刻字而產生的竹膚的劉叢毛刷。刀的尖端在刻掉竹膚好象上之裸土。在這一情況下，造字者把篆刻活動投影同「彖」與「裸土」劃了等號。是不足為奇的。因而造出了竹彖字。鑒于先秦社會的貴用文字，屬于篆書，所以竹彖字造成了上古書寫藝術專用名。

〈彖〉

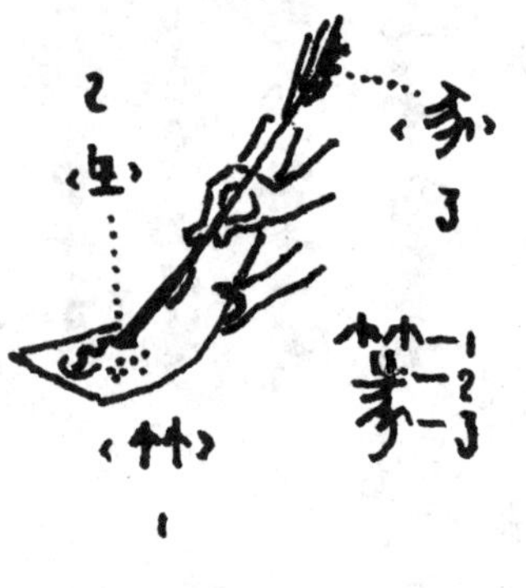

彖的「三態變化」觀：

案《易》云：「卦辭之謂彖。」《繫辭傳》云：「彖者才也。」虞翻曰：「八卦以象告，彖說三才。」段玉裁氏于《說文》彖字下云：「古人用彖為『彖辭』字，之象段借。而今失其說。」劉瓛曰：「彖者斷也。」然亦不能道出真相，愚補而出之如次：

考《易經》之「彖辭」，全聖孔子之占也。周遊列國，遭時不遇，晚年酷嗜《周易》，編韋三絕，《魯論》所謂「假我數年，卒以學易」，斯其時矣。所以知道彖即孔氏「體易」之著述，使用的刻字刀。「彖辭」反映了文人執筆形態。所謂「贊周易、修春秋、刪詩書、定禮樂」，聖賢著書之上也。況《易》之為書，天而地、光被六合、涵容宇宙、人經三聖、世歷三古。對這樣一部洋洋大觀的文獻的闡述，非有苦心孤詣、折其肱的毅力是不能輕地點墨的。文字學家把偉大的悲憫付出之心血成就，同《彖》之行走，而上孔子懸懸創立之名，透露着偉大哲人的辛苦一生奮鬭精神，此會意之妙矣！

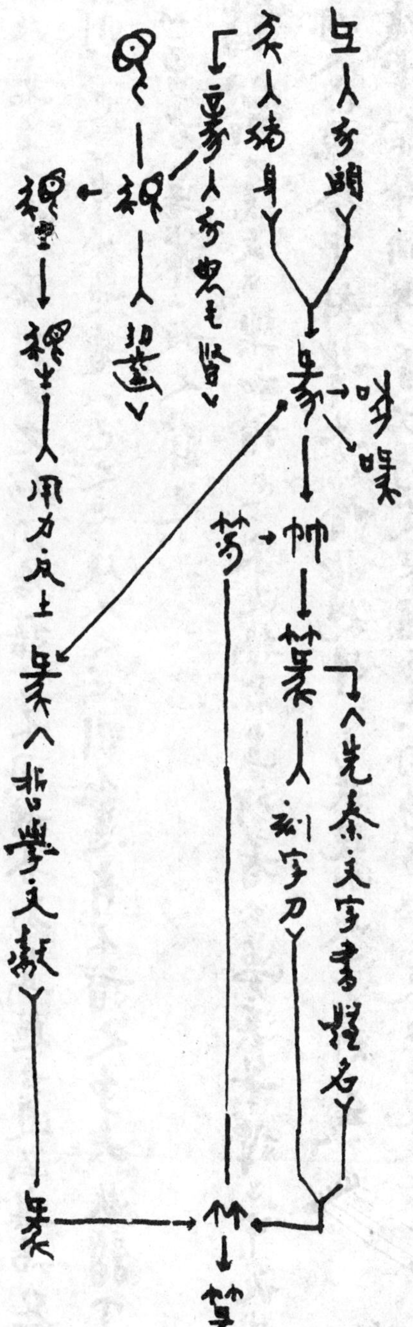

偕 諧《說文》：「詥也。」《玉篇》：「合也、調也。」秦篆之為文，從人、從言。「皆」字从比、从白。比者，較（校）也。白者告也。《玉篇》：「白，告語也。」《正字通》：「下告上曰稟白，同輩六。

述事陳義亦曰白。」「白」字从日，本訓光色鮮潔。古人延伸為表達意識辭。今仍以文字書于帋上到處張貼，公諸社會，俾衆週知，名曰「告白」。故知「白」字有說明題」義。「皆」字从比，从白者，所以示衆口一辭，異口同聲也。因「比」兼「比較」、「例比」二意。故萬方之人共處，男女老幼同居，語言不同，種各別，其趨吉避凶樂福忌禍之心則一也。善處世者，以己之心度人之心，則不患有不諧之爭矣。故諧字从皆从言者，萬衆一致之聲也。

諧 龤 龤

《說文》：「樂和諧也。」宋沈括在其所著《夢溪筆談》中，記述其個人在操琴中對「聲學」「諧振規律」之發現的故事一則，云：「復曾以小帋俑，膠著于特定琴絃之上。同時另以乙琴撫而奏之。若彈其同位之絃，則甲琴之帋俑應聲而舞。若另彈異位之絃律之，則帋俑靜止不動。」西方科學界以音階「振動頻率」之多寡來解答這個問題，殊不知這一自然秘密，早在五千年前已被我們祖先所熟悉而予以有效的用于生物的訓練了。《尚書·舜典》云：「帝曰：夔！命汝典樂，教胄子。聲依詠，律和聲，八音克諧，

〈諧振〉

無相奪倫。神人以和。」神是執政人物的代號。人是老百姓」。夔曰：「于擊石拊石，百獸率舞。……」看來古東方人早于三代之前已經把音樂當爲得力的教育之具，並施于宗教的表演。都目的教律兼務，使明矣！如：「同聲相應」、「鸞鳳和鳴」、「鳴鶴在陰，其子和之」。這些語言，無一不在昭示出「聲學」對自然界及改善社會關系的科學效應。這個「龢諧」偉績，是真基于「感應」功能的產物。只有認識「和諧」重要含義，纔能成爲立于不敗之地的「人」或「事」、「物」。雖然它已不被重視。

《以上卜辭》

《以上金文》

本條第二組的「諧」字，見于《秦公鐘》、《邾叔夷鎛》。與第一組造型同，有理由釋爲「諧鐘」之「諧」字。與前條龢字造型不同。龢，从龠，从皆。龠者多管樂器（鳳管簫）。皆者同也。所以示三部音曲共鳴，西人所謂「交響曲」是矣。若《卜辭》□字从四犬。朋□字二犬，上張大口腔狀。儼然一「同仇敵愾」之象。此諧另一取象示意形式。

歗 嘯 歗 𪗲（籀） 嘯（生） 潚 《說文》：「吹也。大徐上吟。」《詩·召南·江有汜》：「其嘯也歌。」

篆文：「嘯，蹙口而出聲。」案：歗字从肅，从口，亦从欠，口、欠可通。漢字如此。歗嘯，呼歗，吟歗，嘆歗，皆其例。但古漢語「歗」字是「發音動詞」，使用本不限于人口，亦可用于獸類。如「龍吟虎歗」、「虎歗蜒(?)號」。《下詳》[illegible]字：[illegible]似虎口，欠似歗身。三系音波。據[illegible][illegible][illegible]《說，呼，嘯》等字形意之例證之。宜釋為歗字初文。《金文伯[illegible]簋》是嘯，于銘文段為「效」字。从日，聲符，書(?)其形也。乃徒起之「歗」字，過渡文字也。厥後化為「[illegible]、[illegible]、嘯」而「嘯」音仍舊。嘯與號同源，此遠(?)禮樸槃(?)之大革也。其義如下：

〈虎口發音〉[illegible]〈卜〉→ 嘯〈金〉→ [illegible]〈籀〉→ 歗 → 嘯〈篆〉

嘯〈金〉← 號〈牛角號筩(?)[illegible]〉→ 楞(?)〈空心古樹〉

嘯〈篆〉← 簫〈竹管樂器〉

從以上諸字，皆標榜為中空之象（隧），因風動而成聲。此其共性也。故聲謝同。

乃 𠄎 𠄎《古籀》 卤 迺《小篆》 迺 迺 迺《卜骨》 迺《金文》《說文》云：「驚聲也」。

唐元結有「欸乃曲」。湖中櫂歌之聲曰欸。从矣，从長，張口之人，去与日適。字亦止嘆。故知𠄎之為字，驚嘆詞也，亦為聲詞也。故許君訓為「驚聲」，此其義矣。

刺 刺 刺 𠄎聲延為刺。刺者雜刺之利。戎之刺，刺。《前漢功臣表》云：「刺為鬼薪」（供應宗廟司祭燃料木柴的勞役犯人）。因延為惡刺義。

而 而 而《說文》云：「刺与而同部」。篆之而。甲骨之而。頰毛也。刺、而皆𠄎之聲孔字也。𠄎聲与能同聲孔為能。

能 能 能 能 能 能 能《說文》云：「熊屬。足似鹿。能獸堅中（骨節實）。」故《之賢，能而強壯者稱為能傑」。

𠄎字形意之緣溯：𠄎形似鳥，聲与難通。故知鸔字初文也。

鸔 鸔 鸔 鸔 鸔《說文》云：「鳥也」。鸔之為鳥究為何状？羣書不言，落實，有待于賢見。請先言𠄎字之變遷。

考《古十七部諧聲表》「乃、而」同居第一「之部」。《廣韻》「難」字，音泥、從內、難聲。是證「而、乃、難」三字聲同而義似。其淵甚古，非秦漢語音所能考證矣。此古漢語「聲、義規律」堪追先秦文獻觀之，案：

《公羊傳．定十五年》文：「九月丁巳，葬我君定公。雨，不克葬。戊午，日下昊，乃克葬。」復考《公羊傳．宣八年》文：「冬十月己丑，葬我小君頃熊。雨，不克葬。庚寅，日中而葬。而者何？難也。曷為或言而？或言乃？乃難乎而也。」〈意思是告訴讀者：要注意「而」和「乃」二字的「辭性」的「同中有異」。因為「而、乃」二字，同樣含有「難」義的「語氣辭」，但是「乃」字所標志的「難度」，要高一些。〈余名之為「異在同位辭」〉。

衆所週知，在東方世界文藝領域中流傳着「公羊傳大義，明為有高文」，遠射對準。為什麼兩名史學家受到如此讚揚？就是因為他們在寫史中選辭用字上能夠嚴格把關，一字不苟。本文列舉的兩段紀事文章的情節都被《公羊高》采用了「而、乃」二字，占了難搭性的凸出。信乎史學界的評價：「一字之褒，榮于華衮；一字之貶，嚴如鈇戉」了！不宜多扯，還要話歸正題。

為什麼《公羊氏》要使用而〈而〉、迺〈乃〉二字，來標志定公、頃熊而起葬事困難的差別？還要占具體分析：

襄《㗊》

貌《經文》饒哉：頃熊之葬在「日中」。可知當日時氣勢變化處于朝而午察。剩餘時半天時間，尚能從容不迫地完成喪禮。所以說「日中而葬」，而時古迹。有「時心」之義。若定公之喪，則云：「日昊乃葬」。昊字从日从矢。甲骨文作旨。象太陽似流矢向西方飛馳（天文當以右而東，故造字只能與地球上人的視運動方向相應），昊是晡時（今之十五點）。可見定公之葬期，遇到時天氣，處於陰而不止的狀態。古制「葬不易期」。在陰而不止的情況下，時已近暮，迫不及待，只好簡化一切儀式，匆忙冒雨完成封窆任務。所以經文云「日昊乃葬」。昊似鳥形，古鸜字也。（今甲骨文作㫚）。（後有說明）所以宗難之意大于頃熊之葬也。對左氏治喪（見大書特書之了表揚。說：「葬定公，雨，不克襄事，禮也。」（注）云：「襄，成也。雨而成事，若沒沒于敢葬。」「襄事」有文章義。《詩·大東》云：「岐彼織女，終日七襄，雖則七襄，不成報章」。「襄」字从「衣」从「㗊」，㗊叉，皆紡織物藝術圖案形。被詩人昇華為紡織女工勞作應計時詞。故知「不克襄事」，即免除了一切複雜藝術性的場面，以適應臨時時空困境。儒者遂標禮德。此舉，遂受到左氏

六三

推求的理由就是在于能够突破困難堅持了「毒不易期」的規定，及時完成了「擔棄」任務。所以公羊氏「日其乃棄」的乃字，是一個富有研究價值文字。乃之為文，事實上卻蘊了繽畧式何以會使鳥名化為艱難之難字？這必須借助于《卜辭》的乃字——迺的造型示意求喻之。但要先談卥。

栖卥《說文》云：「鳥在巢上也」。日在西方而鳥卥，故因以為東西之西。棲，卥或从木妻。卤，籀文卥。」筆者按，卥字造（製）从乙从図。與巢字从巛、从臼、从木同例。不過卥象一鳥獨居一臼，巢象羣雛同處一臼。且臼在木上。此其異也。巛象羣雛。古文鼓為納字。所以示母鳥育子之象。故知巢卥二字同根。鳥倦飛歸巢，必在日落西方之時。方向與時間，皆無法表現於字上，故設卥以示意指事兼會意字也。所後卥字分化為二。乙化為「乃」。図化為西。表示如下以見一斑：

卥
乙《小篆》 卤《小篆》 迺《甲文》 乃。
卤《小篆》 卥《金文》 迺《甲文》 西。
迺

依文字孳乳遞嬗規律排之。商文必有卥字。也許就是迺字。《詩·緜·公劉》之：「芮、鞫、乃、迺互用。《說文》云：「乃者，曳詞之難也。迺，驚聲也。」其義与《公羊》同。

《思悟》：「□」字化身於□。已被今時學者所覺察。不過上部當于□《萬》形，而非「乙」。下部之「」，從今之作□。值得注意的，即「□」的上下左右，都今作青水倚，瀰漫綫空。今明是鳥棲巢中，當受暴風驟雨之象。棲字，初義本是鳥的棲息安居之處，至此又變風雨飄搖同叢，凌殆一籌莫展，化棲息安樂爲「風雨淒淒」之景矣。此「□」字「棲」化爲「乙」，義變之所繇來歟？乙者，鶼之首，实

《□》↓迺↓西

鶼之象也。特別是古稱乙乙字，秀摩離即首表鳴，饑寒待哺之態。這一造型擬態，同「定公之葬」參與治喪時《南面臨朝風雨》現場情景，是不謀而合的。無怪公羊氏說「日昃乙葬」矣。《災難之葬》

儺

□□□《說文》：「儺，疫也。」《禮月令》：「季春命國儺，九門磔攘，以畢春氣。仲秋，天子乃儺，以達秋氣。」《論語》云：「鄉人儺，朝服而立于阼階。」今之春節即爲遙隊，鄉子麁踏，即古「鄉人儺」之遺存。《周禮·夏官·方相氏》：「掌蒙熊皮，黃金四目，玄衣朱裳，執戈揚盾，帥百隸而時儺」《荀子非相語》四目爲金，二目爲蒐」《鬼臉面具》。儺，从人，从鸋。求于鳥媧之神。所以示

儺疫活動之態如鳥之善舞多姿且有鸞聲也。

八乙字為中心的孳乳

儺嬗系統示意

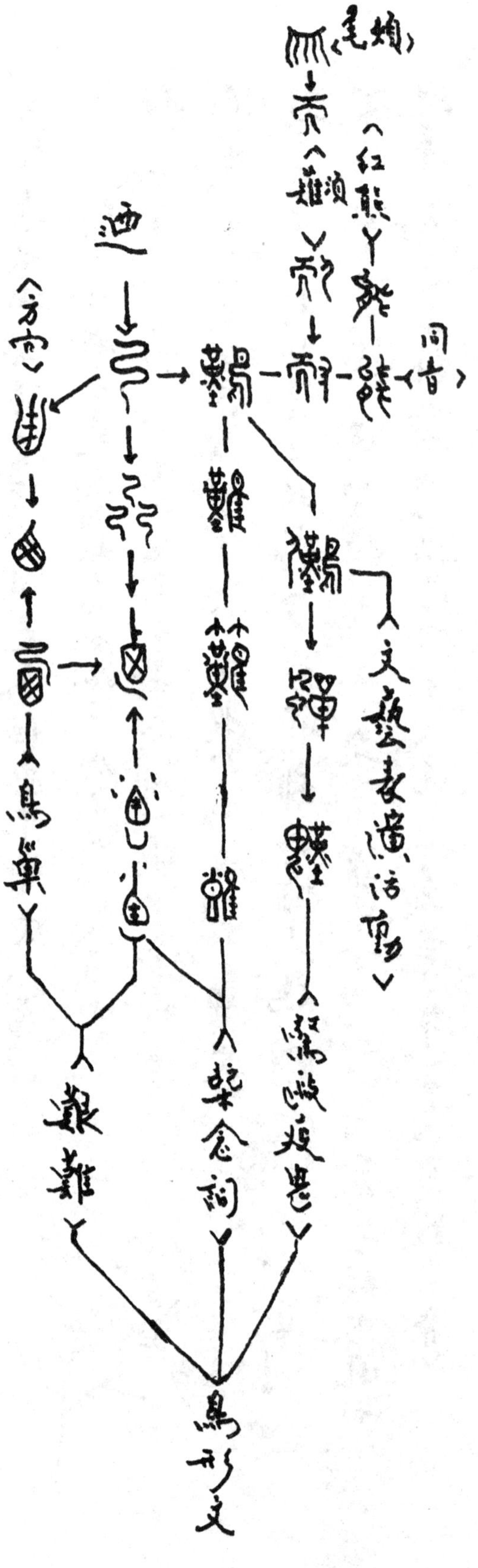

〈特別注意〉「乙」字應讀作難的「去聲」。〈案韻〉。即「災難」之難。

解、解卜 解籀 解金 解篆《說文》：「判也。从刀判牛角。」《左傳·宣四年》：「宰夫解黿。」《易·䷧卦中解卦》云：「解，難之散也」。《正義》：「解有兩音。一、古買反。此謂解難之初。二、諧賣反。謂既解之後。故《序卦》云：「解（懈）者緩也。險難解釋，物情舒緩，故為解（懈）也」。

《淺評》案：解字造型初意為「刀施牛角。」角與牛身脫離。分為二。故訓義曰「判也」。《甲骨文》判字上北。像水（水字）左右中分。象形義也。《說文》判字从八（分）从半。从刀。所以示用刀分牛，各得其半也。

解字之應用並不限於牛角。如：《禮月令》：「仲夏鹿角解，仲冬麋角解」。其應用範疇可以普及到整個生物界。如：《易·雷水解》卦的宇宙象徵，便是采用了一切動植物困制在嚴冬冰雪封固的堅硬地表之下，忽然得到了溫暖的春天，和風送來了甘雨，將枯燥的土地溶解潤。天空出現了雷響電光，把空中的氮氣變成了肥料，地下的草籽、樹根，生機萌動，潛伏地下的冬眠動物也在春雷之驚動，紛紛啟戶而出。但這已經是廣義的解了。

六五

[?]的社會意義。人類當上古時代曾在桀、紂暴君苛政陷入饑寒迫害的處境。後來湯、武革命家把群眾解放出了水深火熱之境。又如「解除禁令」、「解惑」、「解危」、「解圍」……等詞，這些都是漢字孳自然環境進入社會環境的產物。精神痛苦解除之後，必然要有輕鬆愉快之感。物質生活痛苦更甚之如此。因此[?]字就出現了正反兩面的雙重含義。後來為了明確分工，於是又把「解」字施[?]而補創[?]字，而皆轉為〈莊、誠〉輕鬆愉快場面，屬于否極泰來的必然反應。休息之休字造型从人从木。是其說明。

懈[?]、懈《說文》：「懈，怠也。」這就看出了[?]字的兩極性。是由生活實踐經驗而來的總結。也反映了人生安樂與憂患互相推動的相對關係。此與安[?]同源，[?][?]同文其例一也。

、[?]—[?]
解（積極）生
[?]（消極）死
于
憂患
安樂
（會意）

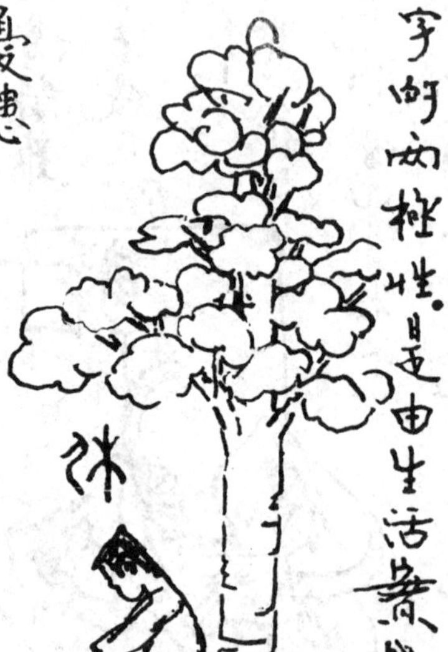

蟹蠏𩸄䲒

《說文》：「蠏有二敖、八足，非它鮮之穴無所庇。从虫、或从魚。」

筆者竊以為許君之解雖確，但無以測造字之旨。蓋蟹之為物，二敖八足，伸向十方，週遍計度，無所空遺，有散之義。故从虫从解。《介之異》謂：「蟹字从解者，以隨潮解甲也。殼上多有十二點，如鯉之卅六鱗。其腹中虛實亦應月。」亦是這把蟹的生理特徵，說得如此玄妙通神，令人嚮往。究竟如何？尚有待於進一步調查與落實。

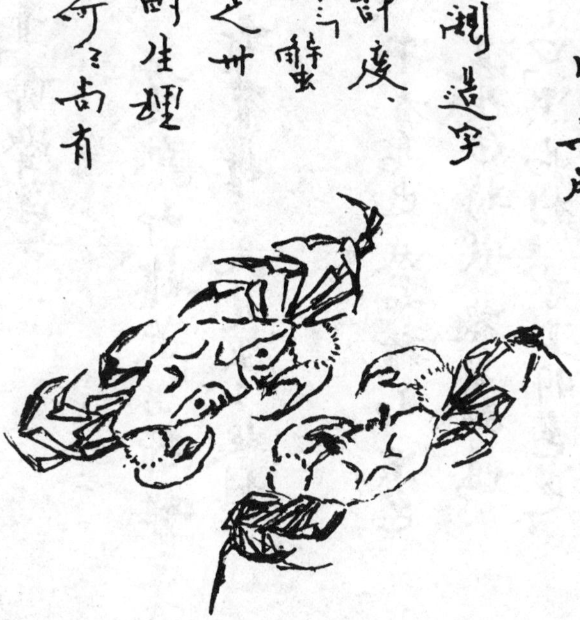

邂逅

邂逅《玉篇》：「不期而會曰邂逅」。考《詩·鄭風·野有蔓草》：「邂逅相遇，適我願兮。」此為顧氏之所本。復案《說文·辵部》邂篆下云：「邂逅也。」故知邂逅同義。謹案《野有蔓草》之詩，淫奔之詩也。時亂年荒，兵革不息，男女婚姻無時，相遇於田野自由戀愛之情，詩人有感而作，刺時之詩也。

六六

澥薢

按《说文·艸部》茩字训：「楚谓之芰。河西曰薢茩。」
芰薢之为物，生于泽沼之乡。水媒植物也。其生也迎风漂
荡，随波逐流，无固定根株之土壤。古人识其浪漫，故以澥
茩名。故知「澥逅」「薢茩」相遇，即两性之间，随时随地随意结
合。是其义矣！《甲骨文》遘字造型从冓从彳从廾。
取象于「鱼水合欢」之景。表现了人与生物的生态共性。
「澥逅」见《诗》「适我愿兮」。此所以《论语》对这类民歌有「郑声淫，
佞人乱」之讥欤？！

〈邂逅〉

鵹

離《说文》：「鵹黄也。」注：「林首之鸐。又之鸎。鷬。「鷬黄」即「離黄」与「鵹」、「離」
異部而双声。但二字不同，则其说未闻。」段氏在此对鵹、離二文提出了疑问，
而缺之答案。愚以补而去之如次：
案：雜字造型从黎从隹。黎者黑黍也。隹者鸟也。故知雜即黑色
之鸟。
《考证》：按此鸟存在于我国黄河流域。其生活特征，黎明即鸣。
河北方言呼之曰「黎雀」，取其早鸣也。山东名之曰「黑鸟杓」。言其羽色也。

其鳴聲如是而循長。能千變矇眠。為嗜睡之懶婦所厭惡。故謚其鳴音曰：「底衣擱衣，懶老婆起來擱衣」。意思是趕快起床，清除瞌睡點火造飯，不要耽誤了出工赴田的勞動時間。故農民把它呢為督促懶婦的信息。《唐詩》有「打起黃鶯兒，莫教枝上啼。啼時驚妾夢，不得到遼西」。即此鳥歟？！如此物乃黑黃，黃色之鳥也。

龜音歸  以上是甲骨文  以上皆古文

𪚦 篆《說文》云：「龜，外骨內肉者也。」《韻會》云：「甲蟲之長」。

《爾雅·釋魚》：「十龜」云：「一曰神龜，二曰靈龜，三曰攝龜，四曰寶龜，五曰文龜，六曰筮龜，七曰山龜，八曰澤龜，九曰水龜，十曰火龜」。

《廣雅》云：「龜貝，貨也。」《漢·食貨志》云：「天用莫如龍，地用莫如馬，人用莫如龜。」《易·損卦》云：「或益之十朋之龜」。《詩·小雅》云：「錫我百朋」。《傳》云：「五貝為朋」。《前漢·食貨志》云：「元龜距冉，值二千一百六十，為大貝」

十册。」（注）引蘇林曰：「兩日為册，册直二百一十六，元龜十册，故二千一百六十也。」

廖上論證，吾人有以見漢初經濟制度，貨幣兌換價值定率，仍保先秦社會原則為準的事實真相。但是這一紀載僅只闡明了「龜」的社會用途的一個側面。至于「龜」的在「周家識事日程中」的重要之用，則尚有待于《尚書·洪範》篇的探討与求證。介紹如下：

新時銅制龜幣

「汝則有大疑，謀及乃心，謀及卿士，謀及庶人，謀及卜筮：

汝則從，龜從，筮從，卿士從，庶人從，是之謂「大同」（全體一致通過）。

汝則從，龜從，筮從，卿士逆，庶民逆，「吉」（多一票通過，三比二反對）。

卿士從，龜從，筮從，汝則逆，庶民逆。「吉」

卿士從，龜從，筮從，汝則逆，庶民逆。「吉」（多一票通過，三比二反對）。

汝則從，龜從，筮從，卿士逆，庶民逆，「內之吉，外之凶」（上層通過，中、下層反對）。

〈則原決表〉

龜、筮共違于人，用靜吉，用之凶。」

是上列的「議事表決原則」觀察，可以一望而知。所謂「汝」，即王者。所謂「龜」、「筮」，是合乎代表一種神權的兩票表決權。所謂「卿士」是代表全體執政的一票表決權。所謂「庶民」，這纔是真正代表群眾意見的一票。依樂、王逸、經文原意，可列成下列表格以見之：

先秦時代國家議事表決紀錄示意

定案 表意 成員	大同	吉	吉	吉	內吉外凶	凶
汝	从	从	逆	逆	从	逆
龜	从	从	从	从	从	逆
筮	从	从	从	从	逆	逆
卿士	从	从	从	逆	逆	逆
庶民	从	逆	逆	从	逆	逆

此表充分表示出「五權對立與統一」的變化形態。

所謂「徒」，即撲滅災禍。所謂「逸」，即否定禍。以上列表格中「龜」、與「並」在表決結論時以「重成果」上，可以清楚地看到「龜」、「並」在議事過程中舉足輕重的地位。是根據明顯的。

龜，又是古天文的「星座」名。位於「東方蒼龍七宿」的「尾宿」之南。

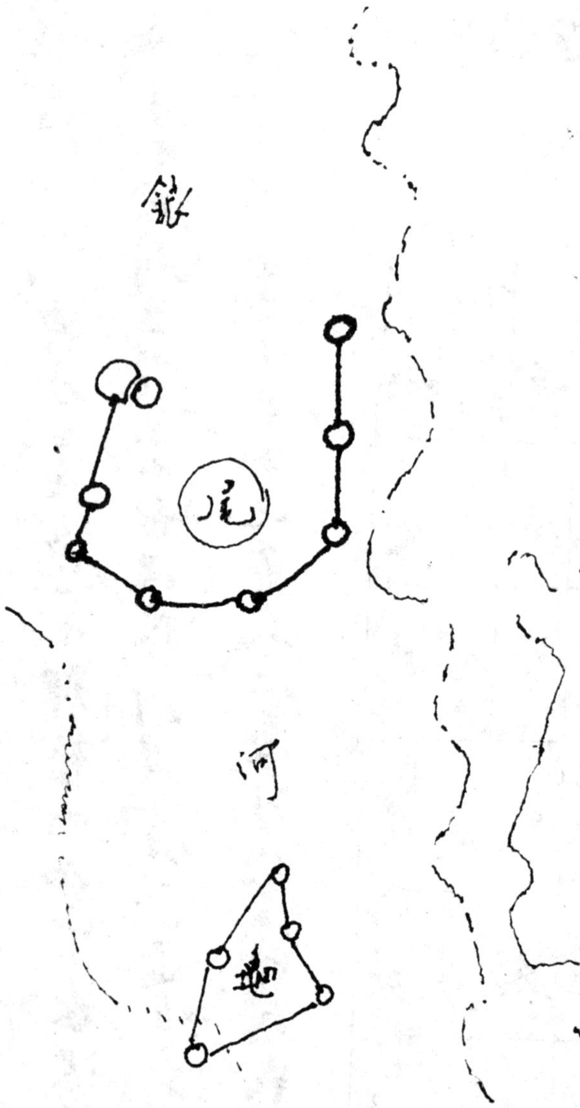

蠡 [illegible] 蠃 [illegible] 螺 古文 蠃 金 [illegible] 古文 蠃 合說文:「蝸,蠃木中也」。

段玉裁云:「或借為蠡,蠡字(見《史記》)又段云「木蠹蝕」字(見毛詩王風)」。

段氏又引《今子要手》「以蠡為螺」,可證蠡螺通假。左:「[illegible]」

[illegible]諸家之解,皆非「蠡」字,[illegible]而取重於[illegible],說將蠡

今俗人稱《蠡說》之書之次尤覺所曾失真,正之如左:

言古稱以為壽器之器,實以為圖飾之用,以說所以象其為器也。

所以螞牛而大,後為海螺,今俗以為律之螺旋釘者,取其象也。

遠方之人,惟以飲[illegible]。濱海之人與

於海則以蠡飲代之。

埋以下列圖文,試以見之

義。

文九

《蠡字形、音、義派生衍化軌迹一覽》

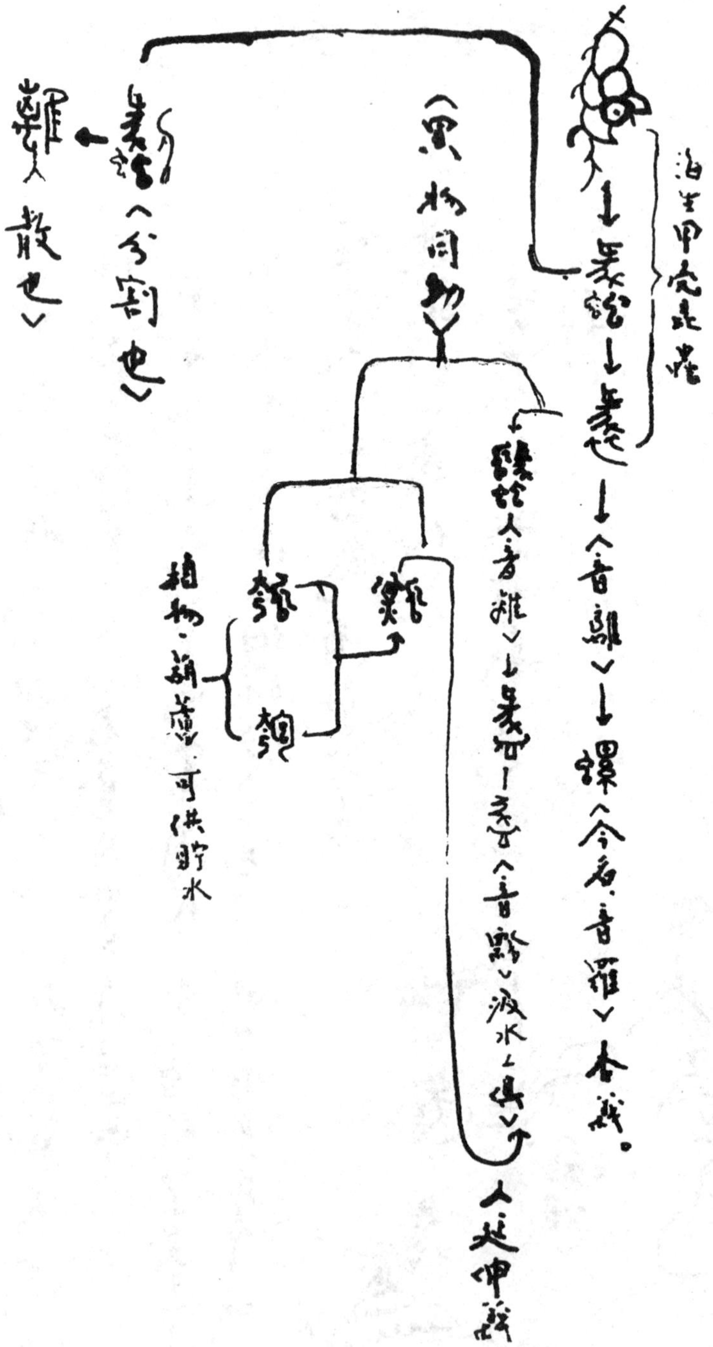

碩

[illegible]《說文》：「碩，大也。」從頁，石聲。

許氏之學，淵源極古。其書文字之學，實本根於語言。故許君之書多聲中兼義，寄意於形。

秦碩字造型，從頁從石。考《殷墟卜辭》「[illegible]」字[illegible]，从[illegible]、从人。儼然一跪地之人形。故許釋：「古文頁首如此。」故《說文》云：「頁，頭也。」（[illegible]）

但頁左從石而訓義為碩大，則仍然是有待於深究之問題。

筆者竊以為：「石」者，「柘」[illegible]之縮寫或也。《說文·木部》柘字下訓：「柘，百廿斤也。」此依然从石从木之

七。

造字者之意推之，可以石是重量單位。而「百廿斤」乃是食糧。《說文》「禾」字訓「嘉穀也」，堪資佐證。

復查「稱」篆下段玉裁氏引《漢律秝志》云：「五權之制：銖者，物繇忽微至於成著可殊異也。本起於黃鐘之重。一龠重十二銖，兩之，兩者，兩黃鐘之重也。二十四銖而成兩。斤者明也。十六兩而成斤。鈞者均也。卅斤而鈞。石者大也。權之大者也。四鈞為石。《禮·月令》之「仲春鈞衡石」是也」。

所謂「衡石」與「權」，實質上同物而異名。衡石是「上古天平」的「砝碼」。而「權」則是金屬鑄的秤錘。從物理角度言，都是衡器的配件。衡器本身，就是等量以求衡的力學杠杆。它的創造發明，是基於極要需要的需要而生的產物。古天文圖中「白虎參宿中的「衡石」」星座。

為我们提供了這真的原始『天平』的型製投影。

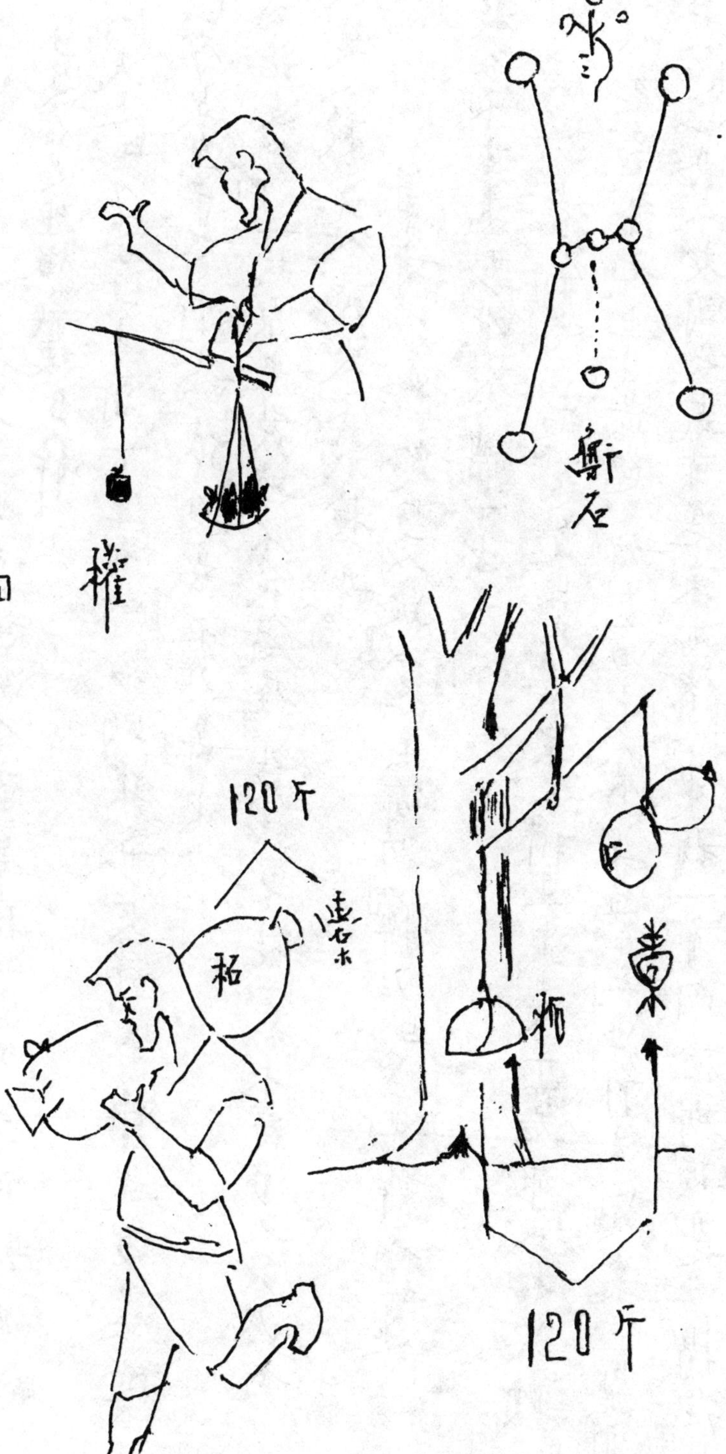

橐、橐《春秋傳注》：『有底曰囊，無曰橐。』筆者案：橐字是形，是橐上下兩端綑繩紮緊之口袋形也。橐中容所可以示容量指標

為百二十斤也。我們先對衡器之規定與容器的數據，遠推從生產勞動實踐知識而來，以達百二十斤的根本，重量最適合成年男子之體力負荷，當量亦有利於搬運移動也。

從筆者對以上衆多情況的羅列、遂論，不外乎目的在於證明「石」之為字，在時空文化意識的含義，等於百斤。否則對碩、鼫二字從石之理由，無從了解。

碩：「碩，頭大也。」從字音用百二十斤的石頭來形容頭大，雖近涉荒誕，此乃文學藝術誇張現象，不足苛求。

鼫：「鼫」《說文》：「五技鼠也。能飛不能過屋，能緣不能窮木，能游不能渡谷，能走不能先人，能穴不能掩身。」

筆者以為「鼫」字从鼠从石，亦係「轉注」字也。許氏但述五技而不言其形狀，余補而書之：

考鼫之文：「鼫鼠亦名石鼠，亦稱土鼠，穴土而居，形大如鼠，頭似兔，尾有毛，青黃色。好在田中食粟豆。滇西所為鼫鼠。」乃然則鼫鼠亦大頭之鼠可見矣。所謂「建類一首，同意相授」是曰轉注是之

矣。此所以鼫字从鼠从石之意歟?! 此時可从碩字从石之情證之。但
(八)七詩魏風必使用的文字不足之處也,而是確顯示了動物人格化與
"人性獸化"的雙重意義,可謂緘默之極的文字表現了,可以上此知
客見其稷黍之時出沒之

碩鼠,刺重斂也。國人刺其君重斂,
蠶食於民,不修其政,貪而畏人,若大鼠也。

碩鼠碩鼠,無食我黍!三歲貫汝,莫我肯顧。
逝將去汝,適彼樂土。樂土樂土,爰得我所。
碩鼠碩鼠,無食我麥!三歲貫汝,莫我肯德。逝將去汝,適
彼樂國。樂國樂國,爰得我直。
碩鼠碩鼠,無食我苗!三歲貫汝,莫我肯勞。逝將去
汝,適彼樂郊。樂郊樂郊,誰之永號。

(碩鼠之一)

(鼫鼠之二)

婚姻姓氏方國

文字起源圖典

十九

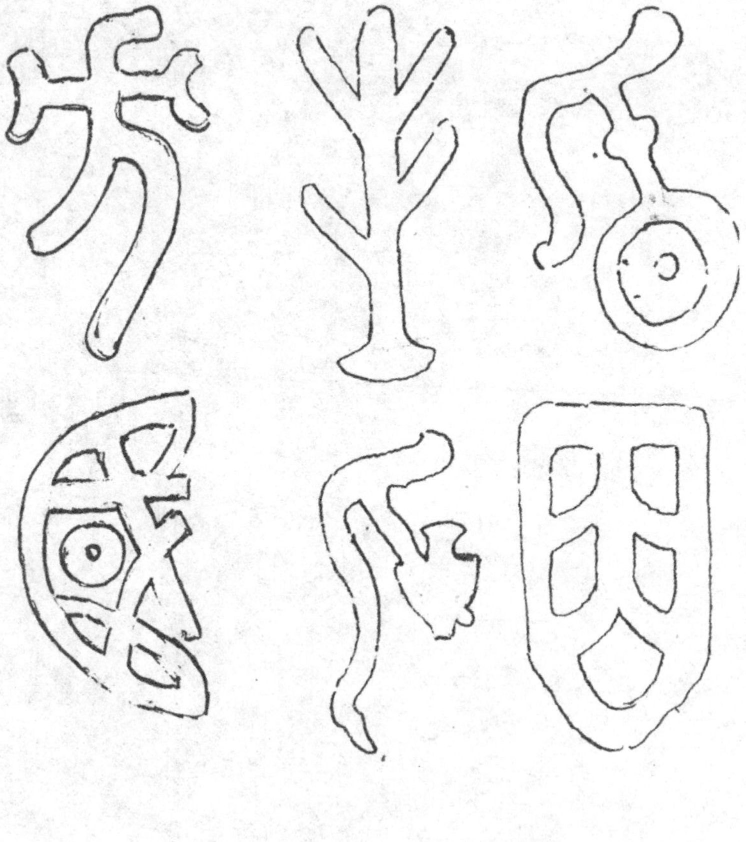

虒颩 三〇
任 三一
林霦夏 三二
昏桂炔 三二
嚴巃㣊 三二
畀巃鄿鄮 三三
耶突共沆鄰 三四 五
許鄧鄣 三六
鄶鄫鄖錢 三七
鄛鄒曹 三八
蠑蠑蟓 三九
鄤鄩 三九
雇 四〇

鄭韓 四一
荒税 四一
鄠鄗 四二
索 四二
祁杜姚 四三
無夭妖 四四
娱吠妖沃 四四
袄鋈 四五
孌 四五
鄰 四六
鄲魯 四六
謝寫爲瀉 四七
㴆鄿 四八
婟 四八

嫁鄯 四九
鼺 五〇
鄯巃鄿（鄯） 五一
郃郟邀 五三
鄬 五四
酆鄪 五五
虘鄽鄘 五五
郤鄨邑 五六
鄘 五六
鄺 五六
鄩鄞 五七
郎鄉鄕 五七
邛鄣鄰 五八

洮（卿） 五八
邦鄨 五八
郤 五九
龍 五九
曲 六〇
節莫 六〇
過戈 六一
陳田胡 六一
謝呂 六一
甫郙 六二
丁甘盧 六二
鋗 六三 六四
豪晟 六五 六六

鄗卿鄙 六七
桒蔡鄒 六九
泰大帝 七〇
殺殺 七〇
範陶陽 七一
鞄 七一

婚  婚《說文》：「禮，娶婦以昏時，故曰婚。」

考《儀禮·士昏禮》云：「士娶妻之禮，以昏為期。因而名焉。必以昏者，陽往而陰來。日入三商為昏。……」此許氏之所本也。古文獻皆段昏為婚。昏之為文，本當天象紀時字。以古代婚之舉行必在黃昏之時，故段為「婚嫱」字。昏字之形義變遷甚為複雜。《說詳〈文篇〉》，謹示其遞嬗軌迹如下：

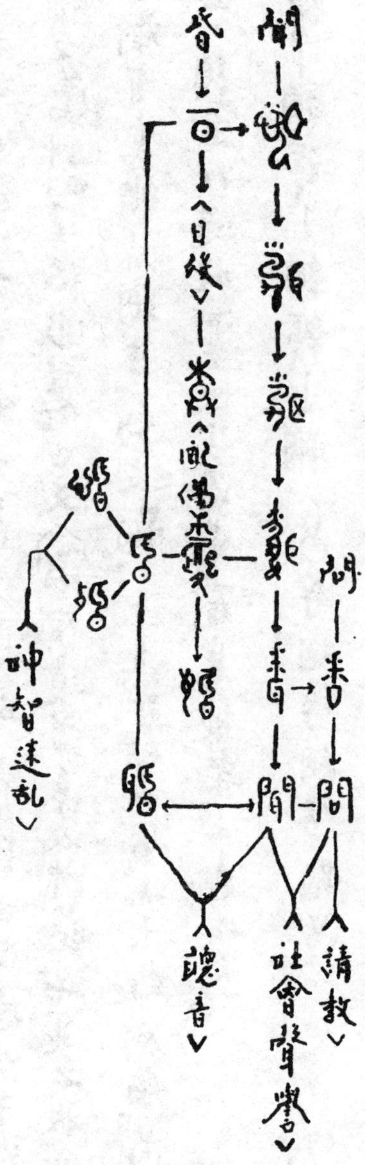

姻 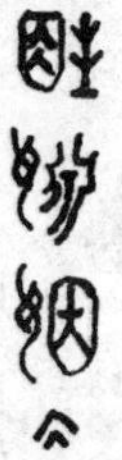 《說文·女部》：「姻，壻家也。」《爾雅·釋親》：「壻之父曰姻。」其訓與《說文》同。唯班孟堅《白虎通》云：「婦因人而成，故曰姻。」班氏據人事觀念而立論，其說雖較《說文》、《爾雅》之說為優，終無以明「姻」之所以為姻的真相。余述之如次：

一

〈發明〉：考姻之為文，古文作因生。字从生，从因。象形兼指事字也。生育生旅之意；因者茵蓐〈裀褥〉也。古篆席上因，〈卜辭〉宿上[glyph]或[glyph]。皆人卧席上之象。可為形證。《本草》云：「茵陳經冬不死，更因舊苗而生。故曰茵陳」。古人採枯草壘積之象。創出「茵蓐」一辭，茵蓐一辭的產生，來源於人類上古黃茅蘆草的生活形態。古文[glyph]字造形，象人卧草中而息之狀。其形證也。後世漸有棉絮絪、虎豹之鞇……其字皆从因。而未離原始「茵蓐」之遺跡。此人類進化過程，可以文字沿革而窺見梗概。示意如次：

茵蓐→絪縟→絪縟→鞇〈茵蓐、裀褥、絪縟、鞇〉

因生字說明了什麼？上古人類，生活簡樸簡陋。婦人分娩生子，無衣被衾裯可施。

媰 [glyph]

唯恃薦草茵蓐，以防寒禦濕。《甲骨文》[glyph]字从[glyph]从[glyph]。籀文[glyph]字从子从[glyph]。秦篆[glyph]字从子从[glyph]。其形證矣。《說文·女部》媰字訓：「婦人妊娠也」。媰字、[glyph]字造型示意與因生字同。則姻字曰姻之定義可不述而自明矣。

[glyph]〈因生〉

婦 [古文]〈卜〉[古文]〈金〉婦〈篆〉《說文》：「服也。从女、持帚。灑掃也。」按[古文]之為文，象形字也。漢班昭《女誡七篇》云：「吾年十有四，執箕帚於曹氏……」可知封建時代已經把家庭中的衛生工作以及瑣碎雜務等勞動都規定在婦女的職責範圍。故許君之訓曰：「服也」〈服務員〉是符合歷史背景的。

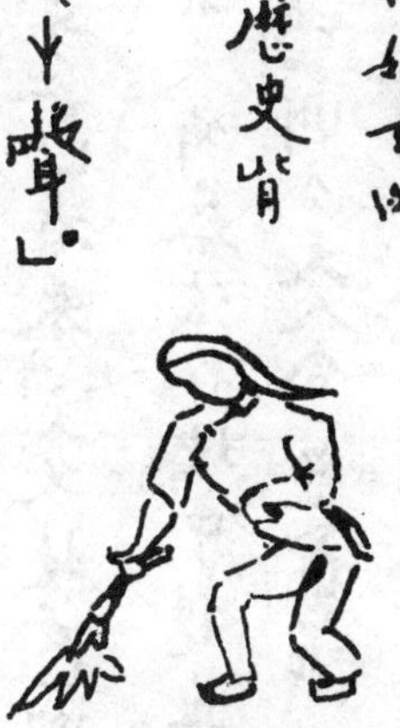

妻 [古文]〈卜〉[古文]〈籀〉妻〈篆〉《說文》：「婦與己齊者也。从女从又，屮聲。」

齌 [古文] 《說文》：「等也。妻聲」。

按妻之為文，从屮从又。屮古每字，少婦之象也。从又者，所以示家務操勞之意也。取聲於齊。此形聲字也。妻字讀音本具齊等之義。後起之齌字，於妻上增齊而已。齌而訓義曰「等」。亦猶[古文]〈古〉、[古文]〈籀〉[古文]衍化之迹同規。齌字造型命音充分顯示了男女平等的東方民族傳統道德。

毑 姐 [古文] 姐《說文》：「蜀人謂母曰姐。淮南謂之社。」許氏在《說文》中列舉的方言語例，目的在於闡明「毑」「社」二字的「同位義」。但《許氏說文》所用的却是「姐」二字，並不是「毑」字。姐字今已被用為女兄字，為俗義所難通。唯《康熙字典》女部毑字下引《集韻》云：「姐，古作毑。」是證姐、毑本屬異文而同字。自當訓「母」為本義。後世用為「姐妹」字，義之變也。非初義也。《博雅》云：「毑，婢也。」同書婢字訓：「母也」。此解堪補《說文》之不足。而有助於姐字之理解。

許氏將：姐、母、社三字列為「同位成份」時。則「社」字亦兼有「母」義，自不容疑。何則？社之為文，从土、从示（神）。土者地也，示者古神字也。而訓義為「母」。其義貫導源於上古《天人合一論》哲學思想體系而來。《禮祭法》云：「王為羣姓立大社。」大社，即土地之神。古人把大地視為萬物之母的原因，正是緣於看到一切生物都从地中生出這一印象而來。故《尚書泰誓篇》說：「惟天地萬物父母。」仲尼前在《易說卦》中云：「乾天也，故稱乎父。坤地也，故稱乎母。」看來，「天父、地母」的概念形成，由來久矣。《易》之為書，蓋自虙羲。仰觀象於天，俯察法於地，中觀萬物與人，以通神明之德，以類萬物之情，造書契以代結繩之政。則《天人合一》之意識，倍構的建立，物質、文明之初造，文書形義之奠基，皆與八卦同源、殆為不容推翻之事實。社字其一例也。按許書所載以社為母之語義，出於《淮南說山》，謹引述於下：

書《淮南說山訓》云：「東家母死，其子哭之不哀。西家子見之，歸謂其母曰：社何愛速死，吾必悲哭社。」（何愛，等於何憂）高誘注也說：「江淮以母為社。」清代學者全謝山云：『古之祭也，必有配。故社之配也以句龍，降而國社，鄉社，里社，則以其有功於斯土者配之。今之社無配，而別出為城隍，又別出為府主，皆國社之配也。又降而為一都一鄙，皆有境神。是即古之「鄉社」「里社」之配』（按我國廣大農村皆有「土地祠」民間信為土帝爺，土帝奶奶所居之所。此地之神也。大而言之，天上玉皇大帝，地上泰山奶奶，皆社祭有配之例）全氏之說堪（補）能適古今社會文化之變。但是總起來說，這一切一切，還不是人類婚姻匹配現象在意識領域的翻版嗎？

按以土神為母性的稱謂，不獨東方有，在西歐語言裏亦有之。如拉丁文之「Terra」是土地。引伸為專用名詞 Terra（陰性）。Tellus（陽性）。則為地神。亦即漢字的「社」。但此神有個別名，叫 Matea Maten，譯上偉大母親。由此可見，人類認為大地是生長一切物質的「乳母」，是不僅限於中土之區的。因而以土神為母親的稱號，也是具有人類普遍意識根源的。我們在閱讀古籍，瀏覽詩文中經常遇到「皇天后土」的盟辭誓言，事實上這也是以土神為萬物之母的同義語。

三

漢語中的「母」，亦即敏。《禮記·中庸》云：「地道敏樹」。《釋文》敏，或即謀。」即敏者聲之轉。即謀者，謀即「腜」字。《說文》云：「腜，婦孕始兆也。」《博雅》云：「腜，胎也。」通過腜、敏、母、社這一系列漢字的內在連繫，及拉丁文的某些詞義屬性，使人悟到東方古老哲學《天人合一論》的觀點，在東西兩半球人類意識領域中的普遍性。同時也顯示出漢字的琳琅意境。

媒 

《說文》：「謀也。謀合二姓以成婚媾也。」考《周禮·地官·媒氏》：「掌萬民之判（結婚證書）。凡男女自成名以上，皆書年月日名焉。令男三十而娶，女二十而嫁。中春之月，令會男女，於是時也，奔者不禁。若無故而不用令者，罰之。司男女之無夫家者而會之。凡嫁子娶妻，入幣純帛無過五兩。凡娶判妻入子者，皆書之。禁遷葬者與嫁殤者。凡男女之陰訟，聽之於勝國之社。其附於刑者，歸之于士。」看來，西周王朝設立的「媒氏」之官的職司範疇，是相當廣泛的。這種工作，雖婦女來擔任也可以。從文字造形知之。

腜 

《說文》：「婦孕始兆也。」《博雅》：「腜，胎也。」

筆者考：腜之為文，从某从肉。某者古梅字也。⊙象果實之形。木

象枝榦根莖。⊙內有・象果實之核。果實有核，猶人之育子也。故造字增尸以區別於植物。而訓義為婦孕懷胎。此漢字「植物人化」例。《大書》所謂「轉注字也。梅字《類篇》作呆，亦作槑。所以彰果實肥美之跡也。保字从呆。口內孢・而作⊙者，所以示果內有核，蕃殖繁種之意也。立意不同，造形亦異。此漢字義同形頗，形以義變之例，未足疑也。農人平縣邊以呆為「杲杲出日」之「杲」字音見其「魯魚亥豕」矣。未識其允當於義也。蓋杲从日而某从甘。甘風為牛而不相及。日者古之象，居口中。中者土之位。在臟為脾，在色為黃。在味為甘，在季為果實。故某〈梅〉字从曰。若某之為文乃从「日」而非从甘。故訓義為明。古文日作⊡⊡者太陽輪郭也。乙者金烏之形也。古名太陽曰「金烏」。古稱圖字其形訛也。太陽之黑斑時隱時現。廿世紀時科學水準尚無答案。吾輩對古文書宜遠背時代背景。

故知杲、呆二文本屬二字。未容因形害義也。

禖

禖

《唐韻》：「音枚。天子求子祭名。」《說文》同。《月令》：「仲春之月，以太牢祠于高禖。天子親往。后妃率九嬪御。乃禮天子所御，帶以弓韣。授以弓矢。于高禖之前。」陳澔曰：高禖，先媒之神。高、尊之之稱。變媒言禖，神之也。鄭康成云：「有娀簡狄吞玄鳥卵而生

四A

契。後王以為媒官，嘉祥而立祠。蓋以高辛氏為媒神也。」孔穎達《正義》力駁此說。云：「《毛詩·大雅·生民》傳云：姜嫄從帝祀郊禖，又簡狄從帝祈郊禖。是則先已有禖神矣。故知鄭說為穿鑿。」高禖被尊為上帝配饗的女神，故《世本》及《譙周古史考》說：「伏羲制以儷皮為嫁娶之禮」，故肯定先媒即伏羲。

筆者以為媒之為字从某从女。以常識而言最早聯婚的人亦必定是女性。後世之媒婆，即古制之遺存。《康熙字典·女部》媒字下注引《路史》云：「女媧佐太昊（伏羲）禱于神祈。為女婦正（婦聯姻）正姓氏，聯昏因。是曰神媒」。按：人類最早的婚姻制度創始人被後世尊為「神媒」，亦猶最早發明牧事的「老婦」被後世尊為「靈君」。其例相同。但是筆者從許學的角度觀之，禖之為字實導源于媒，而媒之為字實導源於腜。而腜之為字實導源于呆—呆。表示如下以見意。

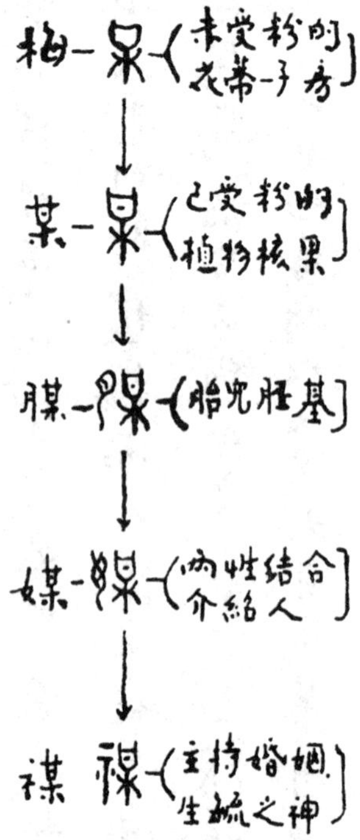

《作者感言》：「戴有色眼鏡的唯心主義者，是看不見古代文字合理內核的。也決定了他對傳統文化不會發生感情。

判

《說文·刀部》：「判，分也」。判，從半，从刀。《半部》云：「半，物中分也。」

半 从牛，从八（八，分之省，亦兆之省。）牛為大物，故可分也。」半、判皆从半从八。故知半、判二文同宗無疑矣。判字之初義，見于《周禮·地官·媒氏》云：「媒氏掌萬民之判。」傳云：「得偶為合，主合其判。判，半也。主合其半，成夫婦也。」

非 非

《殷墟》文字判近「非、非」，象木字一分為二之形。此以植物取象与《說文》半字造型有異，示意固同。異，「判」字初文也。

圖示如下以窺義：

先秦時代尚無帋筆之用。唯將竹木簡策為牘，刀斧削刻以代書。故知「媒氏」所掌之「判」，《結婚証書》皆為竹木之品。而無疑。《卜辞》「非、非」字形，其形證也。

其後商品交易契約，債務

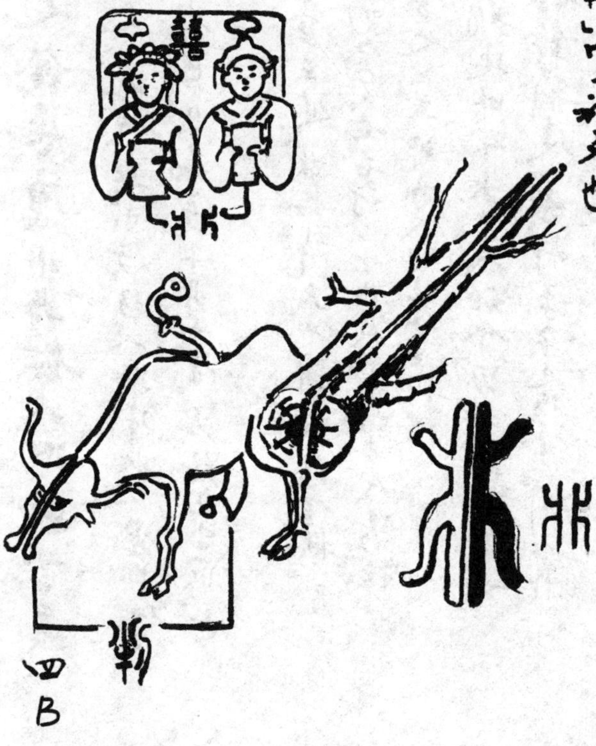

四B

質讞可疑定罪量刑之書……皆「卦」之發展應用与擴大可斷言矣。

包〔圖〕《說文》：「妊也。象人褱妊，巳在中，象子未成形也。元气起於子。子，人所生也。男左行三十。女右行二十。俱立於巳〈巳〉，為夫婦。褱妊於巳。巳為子，十月而生。男起巳至寅，女起巳至申。故男年始寅，女年始申也。」

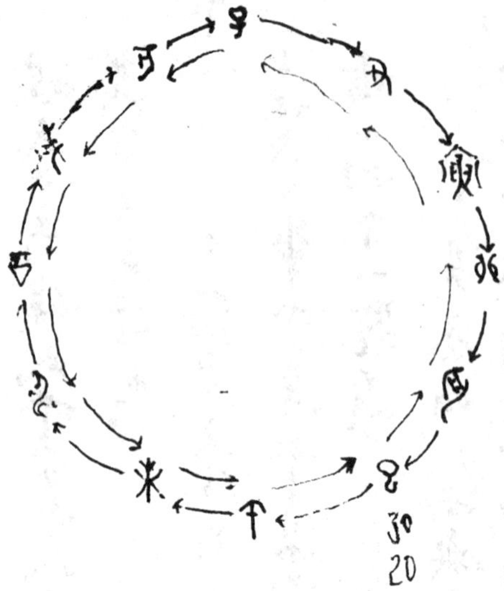

案：《甲骨文》子、巳二字互通，故知許氏之說確有依據。

至於男左行三十而及巳，女右行二十而及巳，此古代易經陰陽曆數學家之公式，非吾人所能盡知。

但是確明顯地昭示出古代社會「男子三十而娶，女子二十而嫁」的婚齡制度。演即孕字之變文，亦求於次以見意：

附包之同源字舉例

苞 苞《說文》：「艸也。可以包佛」。案苞之爲艸，古人饋贈禮物用爲包裹食品之需。故延伸爲「受贈」之代詞。如：《史記》：「湯王禱而於桑林，以六事自責曰：『……苞苴盛歟？』」是其例。苞从艸从包。於饈佳肴，藏諸苞艸。密閉封裹，所以防止污染，保持清潔也。故知苞亦包之轉注字也。後世用之爲花朵「含苞待放」之語，亦含蓄之義。

泡 泡《佛經》云：「一切有爲法，如夢幻泡影，如露亦如電」。案泡字从水从包。水膜含氣之象，故其體輕，其質清，可浮於天際，可凌空飛舞。及其泡膜既破，則氣散而形滅。今小兒嬉戲，以麥稭管蘸肥皂液，對空而歙，立見飛泡行空。此其象徵也。故知泡即包之孳乳字。圖示於下：

苞苴

含苞

泡沫

炮

炮 炮《說文》：「毛炙肉也。从火包聲」。考吾鄉民間，恆用毛炙童犬爲小兒治療疳積。其法，將泥封童犬，以柴火燒之，至熟量飽和，犬腹氣鬱高漲，爆炸之聲音如炮聲。故後世用爲「火炮」字，而初義遂晦。故知炮亦包之孳乳字。

匏（匏）《說文》：「匏，瓠也。从包，从夸聲。」《詩·邶風》：「匏有苦葉，濟有深涉。」嚴粲《詩緝》：「匏，[illegible]霜葉落，乾之，胥以渡水。」《國語》：「苦匏不材於人，供濟而已。」

案：匏之為物，即今之大葫蘆也。古人用之渡河之工具。取其中空體輕而易浮也。今水鄉漁民猶用此物，帶於幼兒腰背，以防溺。「濟等於游泳救生圈」。故匏亦包之同源字也。

飽（飽）[illegible] [illegible] [illegible]《說文》：「猒也。」《玉篇》：「滿也。」

案：飽字，从食，从包。包者，胃脘也。食者，粟也。《黃帝內經》：「胃為五穀之海」古文胃上[illegible]。△者，畫囊之形。月居△之下。腸之象。※古米字。米藏△內。此「飽食」之態。象形字也。故胃中空虛則餓。胃中實則飽。此其義矣。故飽亦包[illegible]同源字矣。

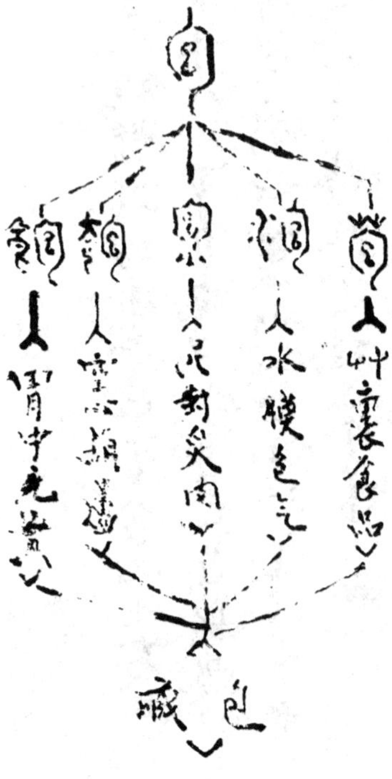

麗 《金》 《篆》《說文》：「旅行也。鹿之性見食急，則必旅《侶》行。」鹿是副戲沒有長牙利爪。性好和平互助，本質善良，有集體生活習慣。但缺乏戰鬥能力。遇到猛獸當前，只有依靠逃跑作為自衛手段。故古代詩人把它比為「關係友愛」的藝術形象。文字它看成是雌雄同居良好伴侶的生活模範。《玉篇》云：「麗，偶也。」許氏《說文》訓：「麗，旅《侶》行也」。《易兌卦》：「麗澤兌《喜悅》」。《周禮夏官校《職》》：「麗馬一圉」。注：「兩馬也」。這一些定義，都是以麗的自然個性為特徵的「解釋例」。《詩經》把

伉儷

《鹿鳴》一篇冠於《小雅》之首。《昏禮》以麗皮《鹿皮兩張》納徵《訂婚聘禮》。這一切一切，在在都標志着中華民族愛好和平的本色。

〈伉 儷〉

〈甲〉

麗字音義之探索：古篆麗、鹿二字同文而變聲。本無明顯區別，可以字形察之。因其集體而善行，故讀音為「旅」。旅者眾也。旅，行也。因其身有斑點，非常美觀，故又有美麗義。因其有牝牡同居同遊的生活習慣，故又有配偶義。延伸為「伉儷」義。

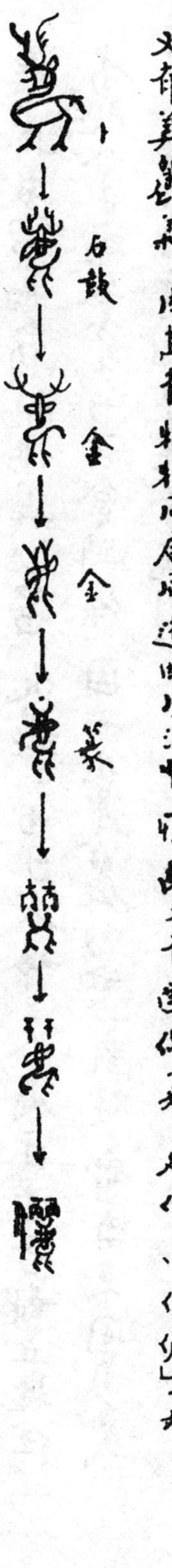

《結語》麗字，初義本為牝牡同居的動物屬性名辭。後來一變而為配偶義。再變而為人類配偶義。名曰「伉儷」。由于夫婦二人，處于平等對立地位、屬于配合止而又分工的社會關係，因而凡是麗的孳乳字，都有不同形式的分離義。請先以「麗」字為例。

麗

繇于麗字造型，取象于鹿。而鹿之皮毛斑點，秀美，故延伸為光色美麗義。光色的顯現，必賴陽光為前提。太陽發射之白光，屬于七色混合體。單純的白光，談不上美麗。必須通過三棱鏡的析光作用，方能展現出紅、橙、黃、綠、靛藍、紫的七色鮮艷光帶。故美麗的色彩，來源於白色之分離。此麗（離）義適之義例一。

儷

儷《廣韻》：「並也。」《春秋成十一年》：「卻犨奪施氏婦。婦曰：鳥獸不失儷，子將若何？」此儷字从人，从麗。儷者麗也。取鹿有配偶之義，此物性「人化」之義例。其例二。

躧

躧《說文》：「舞履也。」《漢史·隽不疑傳》注：「履不着跟曰躧。」〈蹋鞋〉（躧）

《孟子》：「舜之棄天下，猶棄敝躧也。」按履之為物，兩隻成雙，取鳥有雌雄，足有左右，人有配偶之形義。造字从足从麗，以示偶數之意。此其例之三。《廣韻》：「躧，步也。」《司馬法》云：「一舉足曰跬，兩舉曰步。」亦偶數之義矣。

驪 驪《後漢匙峒傳》：「驪駕轉輸，衛後不絕。」注：「驪，併駕也。」按西周戰車，四馬一乘，謂
肩齊驅，名曰「四馬駢驪」。後世文章寫上，有上下對偶文體，名曰駢驪對稱，皆取
義驪有對偶之意，此其例之四。

籭 籭《廣韻》：「音斯。竹器，可以取粗去細。」按籭之為器，漉沙選粮之
竹篩也。古名「萬石籭」。其器邪立于地上，後二足低倚。其字
从竹、从麗。竹其質也，麗其象也。以示兩足之意。亦麗之同源字。此其例之五。

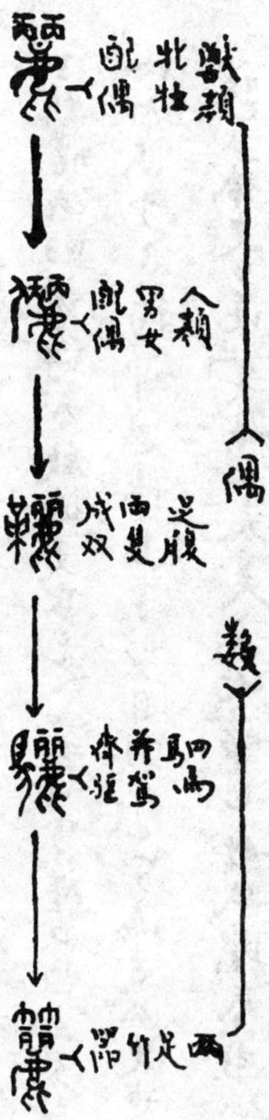

《易》以南方之卦曰「離」，南方
赤道之地，太陽麗照當空。
造易者取五彩野雉（離為
雉）為卦名。離為火光，故「麗」「離」
有光色義，亦有分離義。其例六。

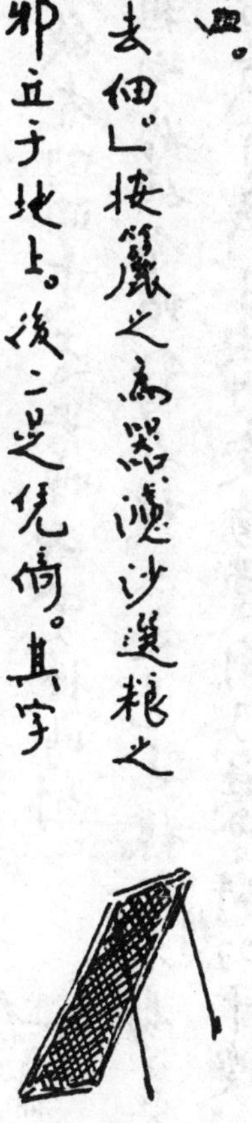

籭

慶 〈卜〉 〈金〉 〈金〉 〈篆〉《說文》：「行賀人也。从心夊，从
鹿省。吉禮以鹿為贄。」
筆者按：慶之為文，象形兼會意字也。慶，以鹿為形，以心示意。古者凡吉
禮，皆用之。《儀礼·士昏礼》：「納徵，玄纁束帛儷皮。」《傳》：「儷，兩也。兩皮為進贄。皮，鹿

六

皮。」復考《儀礼·聘礼文》：「庭實、皮，則攝之。毛在內，內攝之。」《傳》：「攝之者，右手并執前足，左手并執後足。毛在內，不敢文之謙見也。內攝之者，兩手相鄉（向）也。」《聘礼》把獻皮的姿式介紹得無微不至的同時，也為我們識別「□」字提供了說明資料。「□」是鹿皮的縮影，只是兩手奉持之象。亦有歡喜之義。反映出西周王朝禮儀的繁縟。《殷墟文字》之「□」字，僅只畫出了鹿皮形象，同時把「□」字置於兩內，內賦予了精神感情。其字形自較「□」字為古。《史世紀》說：「太昊始制嫁娶，以儷皮為禮。」《路史》說：「女媧佐太昊為女婦正姓氏，職昏因，以為神媒」，這也許就是人類進入文明社會的開始吧?! 小篆「婚」字从女从「□」省，讀「親贈」之合音。聲中亦有義矣。

妁 □

《說文》：「斟酌二姓者也。」斟酌二字，本來是宴飲活動，賓主酬獻，就要看到酒盃的容積，也要考慮飲者的酒量，還要懂得掌握時間……

造字者把斟酒的意識升華，移植到婚姻介紹人的名稱。亦足見這媒之不易了。人類自從進入政權社會，就產生了富貴、貧賤，自然的愛情遭到了社會問題的干擾，也給媒人帶來了麻煩。媒妁的任務，又那樣容易嗎?

嫁 嫁《說文》：「女適人也。」人類自從進入父系社會，即「女以男為家，男以女為室。」《詩》云：「之子于歸，宜其家人。」女子把男子的家視為歸宿之地。這是歷史進化的產物。女子既然成了男子家庭成員，為了長期和平共處，就必須適應個人生存的小環境，所以許氏說：「適人也。」不可以簡單的把「適」字看成是語法中的動詞。其中還隱藏着無限的精神和物質的痛苦呢。嫁者稼椄也。兩性結合，與椄稼同理，是其義矣。

娶 娶《卜》娶《篆》《說文》：「娶婦也。从取从女。取他家之女以為己婦也。」

姓 ↓《卜》姓《篆》《說文》：「姓，人所生也。」段引《白虎通》云：「姓者生也。人所稟天氣所以生也。」這個解釋，除了說明姓氏來自母系社會之外，還揭示了「天地為人之大父母」的高層意識。《詩·周南》：「麟之趾。振振公姓。」傳曰：「姓，生也。公姓，公生也。」《左傳·昭四年》：「問其姓。」釋文云：「女生曰姓。」《春秋·定四年》：「蔡大夫公孫生」《公羊》、《穀梁》皆作「公孫姓」。此古籍「生」、「姓」互通之證。尤其是甲骨文字，皆假「↓」為姓。可為有力佐證。古人造字之始，將人類蕃殖與植物蕃殖等量觀。故以↓代姓。這一觀點是符合自然科學實質的。但人是動物，絕不應完全用植物學觀點來研究姓字。因為「姓氏」的姓《↓》字造型，雖然取像于自然生物，但是繫于姓字具有某一特定人群的含義，這就迫使我們不能忽視它的「社會」性。

《舉例》《春秋隱公八年》：「無駭卒。羽父請謚與族。《族，後人之姓》。公問族于衆仲。衆仲對曰：「天子建德，因生以賜姓。胙之土，而命之氏。諸侯以字為氏。因以為族。官有世功，則有官族。邑亦如之」。這段文字槩括扼要的介紹了「姓氏」選定的原則。為我們研究《姓氏學》提供了依據。

什麼是「因生以賜姓」？是應該說明的。姓之為字，早期乍生。後則乍姓。小篆作姓。象形兼指事會意字也。字从女，从生。女者婦人之象，生者蕃殖之義也。上古人類知有母而不知有父。只知道同母所生者為同姓。非一母所生者為異姓。古籍紀載之上古八大姓：姜、姬、嬀、姒、嬴、姞、姚、妘。《姜、姬、嬀、姒、嬴、姞、姚、妘》字皆从女。可為鑒證。所謂「因生以賜姓」，也就說：「必須了解某人的原始祖先是誰之後，纔能確定它是某姓的後裔。現代語名之曰：「原始母系社會宗族體繫」。」

姓氏分化的原委：氏族社會的形成在于新石器時代是有歷史資料

可尋的《康熙字典·女部》媒字注引《路史》云：「女媧佐太昊禱于神祈，為女媒之始，因職為圖，是曰神媒。」這裏使用的姓字和後世的氏字顯然含義不同。在司馬遷撰寫的《古今人表》中就有數十個原始氏族領導人物的名字。她們同是被譽為「仁人」而出現于史冊的。如女媧氏、共工氏、容成氏、大庭氏、柏皇氏、中央氏、栗陸氏、驪連氏、赫胥氏、尊盧氏、渾沌氏、昊英氏、有巢氏、朱襄氏、葛天氏、陰康氏、亡懷氏、東扈氏、帝鴻氏、少典、烈山氏、歸藏氏、力牧、風后、鬼臾區、岐伯、冷淪氏、五鳥、五鳩……」母系社會的遺跡在中土內，延續至唐虞時代，尚未滅迹。《孟子》云：「帝館甥于二室」。這是大舜本人入贅女家的有力說明。商代甲骨文中仍然存在着毓為「后」的語義。后字的含義，在唐虞、夏商一直是國君的代號（毓古生毓的育字，似婦人生子之形）。直到西周后字的含義纔變為「皇后」。歷史的足迹，直至今日遺存于我國西南邊陲地區。

姓氏的分化，產生於家天下王朝。裂土分治，封侯建國，各以所封地望之名為氏。武王伐紂分封同姓，姬姓之國史稱五十有餘，但實際見於紀載者，遠不止此。如：

[illegible]〈周〉、[illegible]〈鄭〉、[illegible]〈王〉、[illegible]〈馮〉、[illegible]〈衛〉、[illegible]〈蔣〉、[illegible]〈沈〉、[illegible]〈韓〉、楊

〈楊〉鄯〈鄯〉邘〈于〉郘〈卲〉戕〈戕〉成〈成〉閔〈閔〉李〈李〉顏〈顏〉蔡〈蔡〉吳〈虞〉柯〈柯〉管〈管〉宣〈宣〉單〈單〉石〈石〉邢〈邢〉滑〈滑〉家〈家〉汲〈汲〉富〈富〉巴〈巴〉叔〈叔〉宮〈宮〉事〈事〉欒〈欒〉暴〈暴〉武〈武〉魯〈魯〉郜〈郜〉嘩〈嘩〉卬〈卬〉從〈從〉堵〈堵〉冉〈冉〉都〈都〉商〈商〉適〈適〉燕〈燕〉鄭〈鄭〉溫〈溫〉閻〈閻〉國〈國〉蘇〈蘇〉權〈權〉蒯〈蒯〉……

以上這些文字就是國名，也是地名。看來五光十色，琳瑯滿目，其實他們都姓姬。這些字只能被認為是「氏」，而不是「姓」。一姓可化多氏，肇于封侯建國的產物。《春秋隱公十一年》：「滕侯薛侯來朝爭長。……寡人若朝于薛，不敢與諸任齒。」〈正義〉曰：「謝、章、薛、舒、呂、祝、終、泉、畢、過，此十國皆任姓也。」先秦時代姓氏的由傳，雖經受到社會高度重視的原因與西周王朝「同姓不婚」的政策有關。秦漢而後，已姓、氏不分。

姓氏分化之形式，是多元的：有以祖先之名字為姓者，如：衛武公之子惠孫之孫，以祖字為氏，曰孫氏。魯惠公子施父其五代孫，以高祖字為氏，曰施氏。有的以先人之職稱為氏者，如：帝堯為堯司徒子孫，以官為氏。周宣王時有程伯休父為司馬，其後為司馬氏。又如司寇、司空……皆同此例。有出于避聖諱者，如楚莊王庶孫，以王父謚為氏，後有莊助、班固、莊光，為避漢明帝諱而改為嚴氏。又有避難而易氏者，後漢城陽炅横，被誅。有四子，一守墳墓，姓炅；一避難徐州，姓「香」；一居幽州，姓「桂」；一居華陽，姓炔。是其例。此外尚有多姓合為一氏者，周靈王太子晋，本為姬姓，後改為王氏，田齊本為陳姓，胡公滿之後，其祖為嬀姓。其後裔以避難而改為王氏。信陵君魏無忌子孫亦改為王氏。殷王子比干後人，亦曰王氏。凡王之居，共二十一望。此多姓化為一氏之例也。

夫姓氏之為物，本為血緣宗系之標志、聲音、象形之符號。世態滄桑，日月更疊，歷史之推移，事物之變遷，或生或滅，隆替有時，亦循自然，物質之有裂變、聚變，其例一也。千古以來，文史卷帙，汗牛充棟。姓氏之學，孰能窺其究竟？夫龍師火帝，鳥官人皇，吾聞其語，未見其人。母族社會，文化遺産，不可復得，唯有遺拾斷簡殘迹，以求其義。每覽鐘鼎、甲骨當象形，義鮮明，偶有會心，快然自足于懷。「莫」字其一例也。

字尚案見于商代銅器父卯其卣。其文从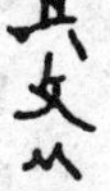从。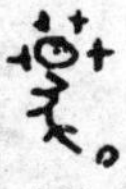者宗廟祭饗室之形，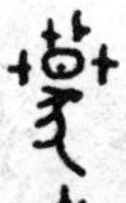者歟也。鑄器者皆憶于將祖先刻于銘文，以示其宗系之所繇出。此其意也。

按：貘之為文，獏之初文也。《爾雅·釋獸》云：「貘，白豹。」注云：「似熊，小頭，痺足。黑白駁。能舐食銅鐵及竹骨。骨節強直，中實少髓。皮辟濕。」許氏《說文》謂：「似熊而黃黑色，出蜀中」。《正字通》：「貘齒最堅，以鐵鎚之，鐵皆碎落，火不能燒。唯羚羊角能碎之。」《神異經》云：「南方有獸，毛黑如漆。食鐵飲水。名齧鐵。」《拾遺記》：「昆吾狡兔，雄黃，雌白，食丹石、銅鐵。昔吳王武庫兵器悉盡。掘地得二兔：一白，一黃，腹內皆鐵。取鐵為劍，切玉如泥。皆貘類也。」顧頌曰：「唐世畫貘為屏」。《白居易〈貘屏贊·序〉》云：「貘出南方山澤中，畫其形辟邪。」《高騎畫集》云：貘，又名白豹。生于蘇門答臘海島及麻六甲土腰林中。性喜居水。足三趾，藏于皺肉。身長三四尺，色灰。鼻似象而短。亦能伸縮。所食樹枝野草等物。古稱能舐食銅鐵竹骨者。」宋羅願《爾雅翼》：「貘今出建寧郡」。「似熊而小，能食蛇。以舌舐鐵，可頓進數十斤。溺能銷鐵為水。有誤食針鐵在腹者，服其溺則化。」

據上資料，足見貘的生存環境分佈之廣。其生理特點，各書紀述雖未盡同，皆大同而小異。此種動物在現代動物學中應列在何綱何目？還很難規定。關于它的毛色，各書或黃白，或云灰黑，或云斑駁。此由作者所見不同，或係生物毛色可因地而異，未足疑也。也許原始人類已經發覺到貘的不同尋常的生理特異功能而引為驚奇。因而對它產生了崇拜信仰。在這一觀念支配下，某一特定氏族，于是就把它提升到自己部落的「族徽」地位上來，這是完全符合邏輯的。因而世代沿襲，隨着物質文明和精神文明的進步，又把它作為氏族標幟，鑄造在帶有榮譽性的「名器」上，以表示本族的「自豪感」，這也是必然的。同時也是符合歷史背景的。也許會有這樣的問題，殷商王朝處于黃河流域的地望，貘是亞熱帶生物，貘的形象出現于殷商銅器，似有可疑。筆者認為問題要客觀對待。因為地理環境的氣象古今不同。生物的寄生環境隨時間而轉移。禹治洪水，將中原地區劃為「豫州」。《說文》云：「豫，象之大者」。今河南安陽小屯出土之殷墟甲骨中多混有象骨化石，可入藥材。中醫名之曰「五花龍骨」。可證「豫州」之地曾因產象而得名。然則中原地區上古有貘可知矣。《爾雅》成書于西周初期。在《釋獸》篇中有「貘，白豹」一條。其紀載必有備據。

䳮字從自然領域介入社會領域之歷史觀：考䳮之為字，从鳥，从茻。鳥者，獸之形也。茻者，暮色蒼茫之象也。䳮字造型揭示了它的「寄跡林中，性喜夜游的生活習慣。自从被人類用為氏族標志，遂形化為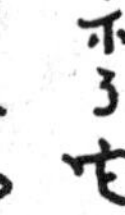，

而賦予了社會色彩。人類進入「家天下」之後，又形變為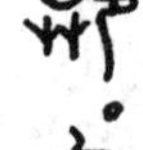。而昇華為政權國體的代號，在世襲傳家子孫蕃衍的情況下，字遂入了「靈室」而形化為。徽然為廟堂之神靈矣。流光逝波，字从連變，僅存「莫」字而成為

後人姓氏。例證如下：《百家姓考略》云：「莫，鉅鹿郡。系出高陽氏。封于鄚，子孫去邑，以為氏」。《通志氏族略》云：「莫即慕〈䳮〉之媾文。漢有富人莫氏。唐有比部員外郎莫藏用」。由此可証，《姓其卣》之器主人，即鄚國之族居官於殷室王朝者。其遠祖即「高陽氏」矣。附「䳮」字源遞嬗軌迹以見意：

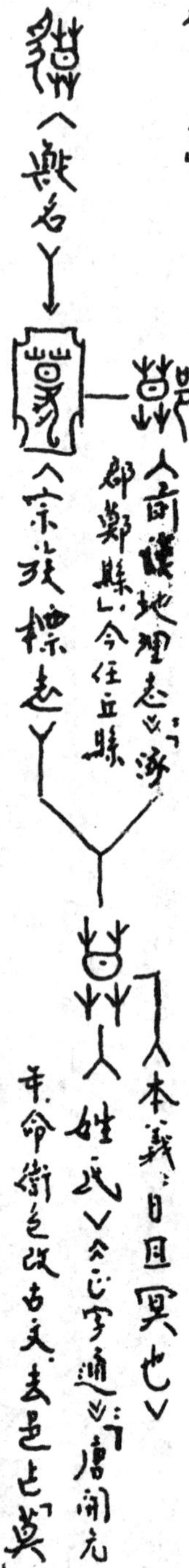

雇扈

此字見于《甲骨彙編·隹部》註云「貞其取雇伯」。（乙八八七三）有註云「地名」。

考《說文》隹部》雇字訓「農桑候鳥。扈民不淫者也。春雇鳻盾，夏雇竊〈淺·下同〉玄，秋雇竊藍，冬雇竊黃，棘雇竊丹，行雇唶唶，宵雇嘖嘖。」說文在這裏這一介紹了多種農桑益鳥的羽色、鳴音及光臨季節。而以「桑扈〈雇〉」為這个「益鳥集團」的總代表。

桑扈

「雇」字的義變，和前條的「雝」字義變的機約同樣是出于人類的崇拜心情的產物。緣于這一「益鳥集團」（崇拜）被農民視為「農桑保護之神」的觀念驅使，因而就成爲某一特定氏族部落的標志。東方史學界名之曰「族徽」。泰西史學界名之曰「圖騰」。不過把「族徽」的形象鑄在銅器上，却是東方特有的事。

案《春秋昭十七年》：「郯子來朝，公與之宴。昭子問焉，曰：『少皞氏以鳥名官，何故也？』郯子曰：『吾祖也，我知之。昔者黃帝氏以雲紀，故為雲師而雲名。炎帝氏以火紀，故為火師而火名。共工氏以水紀，故為水師而水名。太皞氏以龍紀，故為龍師而龍名。我高祖少皞摯之立也。鳳鳥適至，故紀于鳥。為鳥師。玄鳥氏司分者也。伯趙氏司至者也。青鳥氏司啓者也。丹鳥氏司閉者也。祝鳩氏司徒也。鴡鳩氏司馬也。鳲鳩氏司空也。爽鳩氏司寇也。鶻鳩氏司事也。五鳩，鳩民者也。〈勞力組合分工領導設計工作〉五雉為五工正〈業務分工〉」。

　　《正義》曰：『鳩，聚，《釋詁》文也。治民尚其集聚，患其流散，故以鳩〈糾〉為官名。故其，聚斂民也〈杜注襄乱民逆制性的解釋了官職稱的含義与業務的統一關系〉。「五雉」雉有五種：〔東方鶅雉〕西方曰鷷雉，南方曰翟雉，北方曰鵗雉，伊洛之南曰翬雉。「九扈」為九「農正」』。仲尼聞之，見于郯子而學之」。

　　案上述《左傳》經文，乃許氏《說文》之依據。當時郯子所提出的：「雲師」、「火師」、「水師」、「龍師」、「鳥師」……以現代語譯之，即：雲部隊、火部隊、水部隊、龍部隊、鳥部隊。〈古義訓師為衆〉。故舉一可槩其餘。特別在「鳥官」組織的職稱中，反映出了上古社會組織分工面貌。用歷史的眼光來衡量、實質，即後來《周禮》「六官分職」的樸素小藍圖。實質上，上為先秦社會歷代〈唐、虞、夏、商、周〉王朝的社會體制，無一不是來源于古天文、地輿、知識的綜合巨著——《易經》「五行、八卦」的時空分佈格局的體現。

以宇宙自然法則為楷的生產組織結構形態，是上古社會體制的唯一特點。也就是後來《周禮》六官（天官、地官、春官、夏官、秋官、冬官）分職的初步胚胎。這一中華民族傳統文化「法相」，完全可從《尚書洪範》、《禮．王制》、《月令》這些文獻中，得到系統而周詳的說明。

在《甲骨文彙編》及許氏說文中出現的有關少皞氏封疆的地名，所用的都是鳥形文字——鳸（雇）。而《左傳》中則是「扈」。扈字的造型從戶、從邑。這顯而易見屬于雇字除隹增邑的置換式。事實上已不再是鳥名。而是經過書者的加工改造而賦予了新的定義——地名專用字。後世扈字又分化為扈、鄠二字。遂以鄠為地名，以扈為姓氏。而雇字遂成為鳥名矣。

鳥名鳸（民族標志）→ 扈
扈 → 扈 → 姓氏
扈 → 鄠 → 地名
姓氏、地名 → 鄠

考《尚書．甘誓》：「啓與有扈戰于甘」。《傳》謂有扈國名。與夏同姓。為融定為姒姓。《左傳昭十七年》：「郯子來朝。以為扈姓出于少皞。少皞為黃帝之父見于《竹書紀年》、《帝王世紀》。則這國似應為姬姓。蓋世代久遠，難於考定矣。

姜 姜〈卜〉姜〈金〉姜〈古山海經〉姜〈篆〉《說文》：「神農居姜水，因以為姓。」《晉語》：「司空季子曰：昔少典娶于有蟜氏，生黃帝、炎帝。黃帝以姬水成，炎帝以姜水成。」《渭水篇》曰：「岐水又東經姜氏城南，為姜水。」引《帝王世紀》：「炎帝，神農氏，姜姓。母女登。遊華陽，感神而生。是其地」。按《廣韻》云：「神農居姜水。其後為齊、甫、呂、申、紀、許、向、芮」。考《山海經·北山經》云：「陸山，𨛬水出焉。東流注于海」。則所云姜水之地未知確在何處。

姬 姬〈卜〉姬〈篆〉《說文》：「黃帝居姬水，因以為姓。」按：古文字造型，皆形中有像。姬字从女，腮廣面肥之像。从𦣞者頭戴裝飾之像。姜字从羊，羊之為像，獸之最美者也。造字者以審美的觀點設計文字蓋可知矣。

姞 姞《說文》：「黃帝之後，伯鯈姓也。」《國語》：「晉胥臣曰：『黃帝之子得姓者十四人，姞其一也。』南燕密須，姞姓國也。說文謂：「姞，后稷妃家。」《史記古今人表》云：「姞人，棄妃，直以「姞人」為姓名。

媧 媧（卜）媧（籀）媧《說文》：「古神聖女，化萬物者也。始制笙簧。」《史記五帝紀》：「女媧煉五色石補天。」歷史學家好把上古的先進智慧人物，誇張成神人。殊不知女媧乃是最早創造天文曆法的人物，不能用科學眼光看問題，必定陷于鬼神的迷網。（說詳拙著《天象篇》）

⿰女星 [古文字形] 此字見於《卜辭》，《說文》不載。相傳少昊帝之母曰星娥（見康熙字典娥字注）。从[古文字形]字推之，則⿰女星字或即其字。則⿰女星娥其人雖乏詳載，但不敢謂絕無其人。

娀 娀（卜）娀（古文）娀《正韻》：「有娀女簡狄，帝嚳次妃，契之母也。」《大戴禮·帝繫篇》：「帝嚳卜其四妃之子，皆有天下。上妃有邰氏之女，姜嫄，生后稷。次妃有娀氏之女，簡狄，生契。次妃陳鋒氏之女，慶都，生帝堯。下妃娵訾氏之女，常儀，生摯。」此《正韻》之所本。有娀氏乃殷商始祖契之之母。《甲骨文》[古文字形]字亦其證也。

姣 姣《廣韻》：「婦人美貌。」《說文》：「美婦也。」按姣之為文，姣之轉注字也。有身材挺拔俊秀之義。今我國魯南方言呼少女曰「大姣」、「姣妮」。贊古文化語言也。

妃 《說文》：「匹也。」《六書總要》：「女與己身儔也。」筆者按：妃之為文，从女，从己。己者婦人之象，己者配之省文，配偶之義。《卜辭》配字上□，从二人對

配 飲之形，新婦新郎婚禮合巹之態。故愚曰：「妃，配也。从女，配聲。己者配之省。」

嫓 《說文》：「妃也。」按嫓之為字「匹配」之匹字正文也。今人用匹為「匹配」字，通段例也。通段例行，而本義遂晦。試援例說明于次：

按《康熙字典·比部》訓例，毘、毗買、[illegible]而同字。許氏《說文》毗字外入囟部而上𣬉。字从囟从比。訓義為「𣬉臍」。字从比从囟。囟者頭會腦蓋之形也。魏校曰：「囟，頂門也。子在母胎，諸竅尚閉，唯臍納氣，囟為之通氣。骨獨未合。既生則竅啟，口鼻納氣，尾閭泄氣矣。」故許氏訓𣬉字从囟，有通氣之義。復考比部下：「比，密也。」故知嫓字从女，从比，从囟。所以示兩性有密切之義，通氣之理。此會意字也。故知嫓字形意與妃字同例，皆有配偶之義。應釋為「匹配」之匹字初文。可以義理證之。

嬴 □□□□□〈金〉□〈篆〉《說文》：「帝少皞之姓也。」段注：「秦、徐、江、黃、郯、莒，皆嬴姓也。」關於嬴字叚借義已見嬴字下，故此从略。

姒 □□□〈金〉□ 姒字《說文》未載，徐鉉補而載之曰：「姒，讀若四。夏后氏之姓也。一曰長婦為姒。」考《史記·夏紀》云：「太史公云：禹為姒姓。其後用國為姓，有夏后氏、有扈氏、有男氏、斟尋氏、彤城氏、褒氏、費氏、杞氏、繒〈鄫〉氏、辛氏、冥氏、斟戈氏。」共十二氏，皆姒姓之國也。竊以為姒字訓為夏后之姓，本義也。訓為「長婦」者，是仲義也。此亦猶師古釋「姬」之例云：「姬為周姓。周姬貴于他國之女，故婦人美號皆稱姬。」以此例之，則姒為夏姓，其婦尊于他國之婦，故婦之長者稱姒。其旨同也。

姺 □金 □卜 姺〈金〉□□□《說文》：「殷諸侯為亂。疑姓也。」考姺姓之國，見于史冊者不一而足。字形亦異。《元和姓纂》：「夏后啟支子封于莘。」《孟子·萬章篇》：「伊尹耕於有莘之野。」《詩·大明》：「纘女維莘，長子維行，篤生武王。」字皆作莘。青銅器《叔向簋》銘文：「□姒□」，字作「□」。《左傳·昭元年》：「夏有觀、扈，商有姺、邳。」字作「姺」。《竹書紀年·外壬元年》：「邳人、姺人叛。」字作姺。《呂氏春秋·本味》作「有侁

《漢劉向說苑·尊賢》作「有莘氏」。《漢書·外戚傳》作「有㜪氏」。莘、㜪，皆異文而同字。

按「有莘」之族，先秦故國也（姒姓），地（陝西郃陽）。商、周二代王族，皆娶有莘之女以為配。商乙、周姬之后，皆有莘之女。商之良相伊尹亦出于有莘之埜。然則有莘之國固有「人㜪」地望者在矣。《集韵》：㜪或作「㜪」。㜪字見于甲骨。則㜪氏乃上古名族可知矣。

姚 〈金〉 〈篆〉《說文》：「虞舜居姚墟。因以為姓。」《帝王世紀》云：「舜母握登，生舜于姚墟。因姓姚氏。」《世本》：「舜姓姚氏。」

嬀 〈金〉 〈篆〉《說文》：「虞舜居嬀汭。因以為氏。」段注：「舜既姚姓，則嬀為舜後之氏可知。古姓氏之礼，姓統于上，氏别于下。姓者所以統繫百世，不别也。氏者所以别子孫之所出。」《書·堯典》：「釐降二女于嬀汭。」地在山西永濟縣南。

妘 《說文》：「祝融之後，姓也。」注：「祝融，顓頊之子，黎也。」《國語》：「其後八姓（氏）：己、董、彭、秃、妘、曹、斟、芈。妘姓：鄔、鄶、路、偪陽是也。」此許君在這裏對「姓」與「氏」的从屬關系上作進一步的闡述。

娥 ◻◻〈卜〉 ◻〈篆〉《說文》：「帝堯之女，舜妻娥皇字也。」

許氏此解之例，況已不待言。古今著名美女取娥為名者甚多。固不獨舜妻也。如后羿之妻名姮娥，少昊之母名皇娥，《列子·天問》云：「天女妗娥」，《博物志》有「歌娥韓娥」，故知娥之為字為古代女性所恆用。《揚子方言》云：「秦謂好曰娥。」堪補一語娥同。然亦不能明娥字造字之旨。竊以為娥之言，額也。人之美者，皆額廣而眉長。昆虫之美者曰蛾。以其額廣而眉長也。蟬之容貌額廣而眉長者也。號曰「螓蛾」。造字者取虫像人之藝巧，名之曰「螓娥」，皆以額廣眉長而擅美態。娥之為物，形似黃蝶而小。其眉均曲如畫。造字者以娥眉形容女姿之媚態可愛。又延伸為「蛾眉」之義。故知「娥」之為字与「蛾」同源。《文書》所謂「連娟一直、同義相授」是曰蝉注。

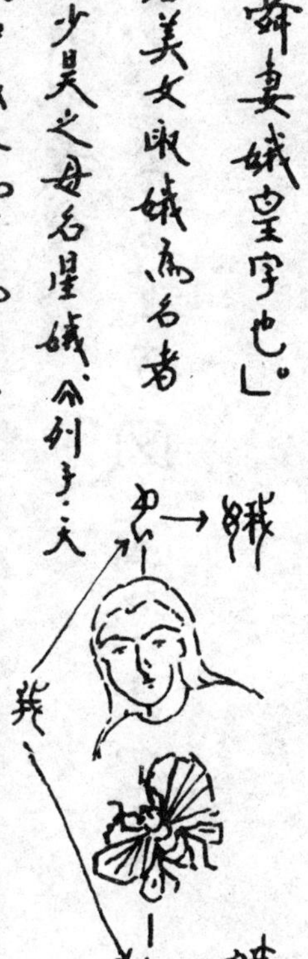

嫄 ◻

《說文》：「邰國之女。周棄母字字也。」按：邰國，炎帝之裔，姜姓所封。周棄外家之地也。《詩·大雅·生民》注引《大戴禮·帝繫》：「帝嚳卜其四妃之子，皆有天下，上妃有邰氏女曰姜嫄。而生后稷。后稷即西周王朝始祖。故知嫄字乃專用字。

十五

㚢

《金》㚢《篆》《說文・女部》訓：「㚢，人姓也。」《廣韻》《玉篇》：「姓也。」《尚書・洪範》

云：「無有作㚢」。段注：「呼到切。古音三部。讀如紐。」

筆者按：孫氏所引，古本《尚書》也。今本《洪範》皆作好，而不㚢矣。段氏訓㚢

古讀如「紐」〈紐〉。可知古音好、紐雙聲對調無疑矣。今東鄰朝鮮，仍有㚢姓。其

讀音為何？尚待考證。復按許書訓㚢為「人姓」，《玉篇》、《廣韻》皆同。故知古代必有此

此姓。但此姓于經史不見。難免令人苦于考證查尋。良用困惑者蓋有年矣。近

睹商代青銅器《婦好方鼎銘文》上㚢。《婦好》應即㚢之初文。今世考古界認為商

王配偶族氏之稱。足證許氏之學確有淵源。但現代考古界釋㚢字應讀為「好」。似与

形義未諧。

娸

《說文・女部》娸字訓：「人姓也。杜林說：娸，醜也。」段注：

「醜者可惡也。頁部曰：䫏，醜也。」按杜氏據娸字從㠪之義，以揭示娸姓氏族血緣之

人物的形像醜陋。對吾輩理解娸字之形義，啓發極大。

考娸之初文，从女，从其。其者母也。其字古箕字。⊠之為物，上狹而下廣。

造字者鑒于美人之面型多頷廣而下銳。醜人之面型多上銳而下豐。

造字者假其字以喻面型之醜惡，亦象形兼指事字矣。

考魌之為字形態多變。《卜辭》之[古文字]，《金文》之[古文字]、[古文字]，[古文字]《周禮》之魌，《荀子·非相》之倛。後世「冀」字之所繇生也。[古文字]、魌二文，《周禮》司馬之方相氏之「黃金四目」之象也。《荀子》楊倞注之「四目曰方相，二目曰冀」。魌、[古文字]二文象之。所以示醜惡之義而與「冀」同源。冀者禹貢九州之一，位於兩河之間。淇水出焉。淇水之地古冀州之境，當因娸姓家族地望而得名。亦猶炎帝生于姜水而以姜為姓，黃帝居于姬水而以姬為姓，舜居姚墟而以姚為姓，舜之後裔居于嬀汭而以嬀為姓。然則娸族居于淇水因以娸為姓，是能符合上古「定姓規律」。求諸文字，證諸地域，固有據而無謬者矣。假令筆者這一創見屬實，則《百家姓》中「邊扈燕冀」之「冀」，即娸之俗字可不待辯而立見矣。附娸字孳乳遞嬗軌迹一覽示意如次：

春秋晉大夫郤芮之子郤缺封于冀，其子以邑為氏，非娸姓之嫡系，乃假地望以為氏也。

倛

醜

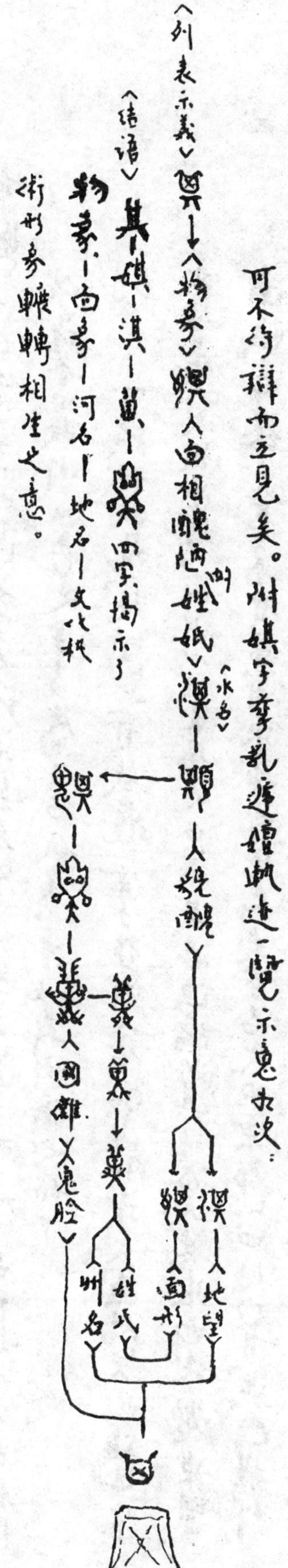

燕

嬿《說文》：「女字也」女字之訓，未知所自，顯非《說文》初義。蓋不知何人所杜撰。

依許書故例，从𡚬之字，多爲上古氏族。謹以義例識之如下：

壹、燕姓氏族「地望」之自然觀：位于亞洲大陸渤海北岸之「漁陽」，以渤海爲東半球最大天然漁場。取水以北爲陽之古義，故名漁陽。其地乃天然東西走廊，東望朝鮮，西達三晉。《禹貢》冀州東陲之境也。史家名之曰「東部」。西境內有「燕山」橫列西，綿亘東西。東接長白，西聯「昆侖」、陰山、賀蘭，介乎中間，貫「帕米尔」之分支。北隔帶亞寒帶之分界，玄鳥往來于南北，每當仲春，自南而北，止于燕山南麓。此燕國命名之所由來也。其地沃野千里，民物殷阜。嬿氏之族，發于斯。《左傳宣三年》：「鄭文公賤妾曰燕姞，夢天使與己蘭曰：『余爲伯鯈，余爾祖也。』」石癸曰：「吾聞姞吉人，后稷之元妃也。」注：「燕姞，南燕姓。」《晉語》：「黃帝之子得姓者十四人，姞其一也。」

貳、東部燕國之歷史觀：燕國有二：一曰北燕，西周召公所封，姬姓之國也。二曰南燕，肇自軒轅。姞姓之國，周室之外戚也。《傳隱八年》：「天子建德，因生以賜姓，胙之土而命之氏。」然則姞姓封于燕地而以爲嬿姓，彰彰明矣。日考《史記·仲尼弟子傳》：「燕伋，字思。」則春秋時代已有燕姓可知矣。彼時嬴秦尚未兼併六國，北燕尚存，以郾爲姓。

則《說文·女部》之「嬿」，亦非姞姓之國尤當求胡可知。南燕〈姞姓之國〉故地在今之河南汲縣。與北燕有別。青銅器銘文北燕字皆从郾，經史槩从燕。秦漢而後，經史文字已非初貌，只能從出銅器銘文中求諸之。如大樹濃蔭亂燎之窺見日光矣。

附燕字孳乳嬗遞軌跡以參証

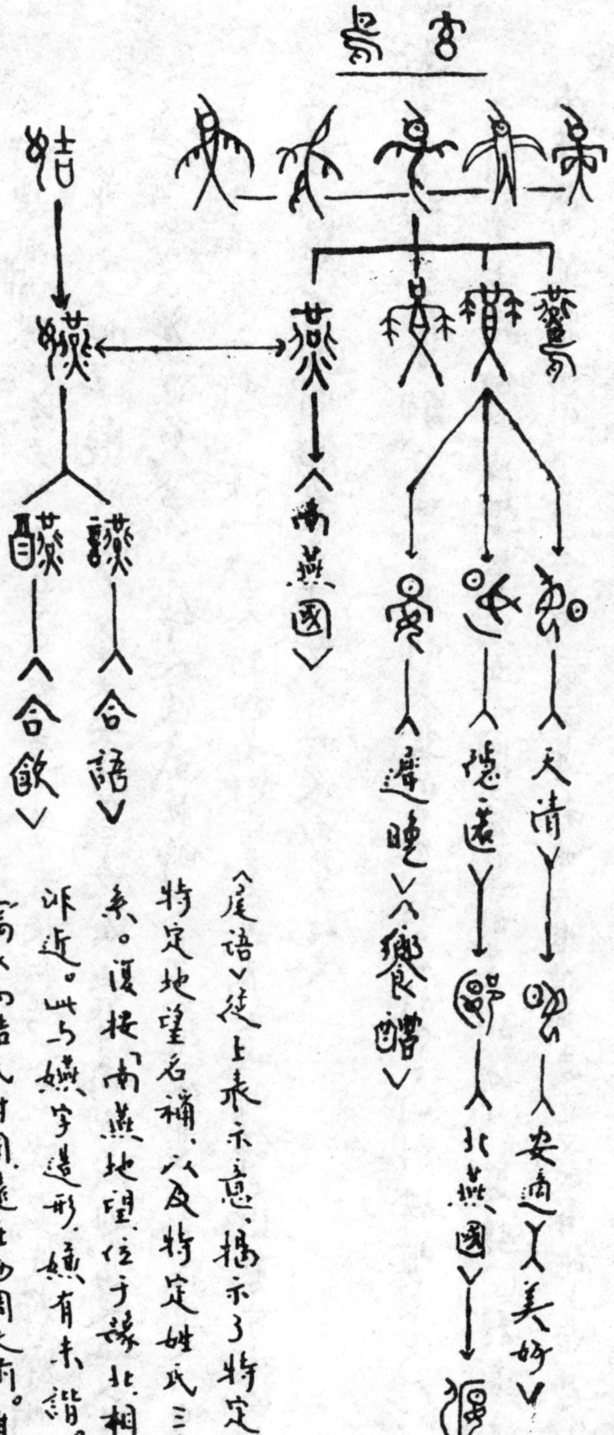

〈庭語〉從上表示意，揭示了特定生物、與特定地望名稱、以及特定姓氏三者的關係。復按「南燕地望，位于豫北，相距北燕非近。此與嬿字造形，嬿有未諧。筆者竊以為姞氏封國，遠在西周之前。其原始地望，亦在北燕，武王伐紂，封召公于北燕，遂遷南燕于河南，亦猶伯禽封魯，遷邾人于薛，姞同例也。

粲 粲《金》 粲《篆》《說文》：「三女為粲，粲，美也。」《周語》：「三女奔密康公。其母曰：獸三為群，人三為衆，女三為粲。夫粲，美之物也，衆以美物歸汝，而〈尔〉何德以堪之。」《詩·唐風·綢繆》：「今夕何夕？見此粲者。」筆者按：粲之言，燦也。光輝燦爛之義，所以示衆色交映，美艷悅目也。金文粲字从三女。女、美聲同而義通。女之為文，古篆上象粲粲粲粲粲粲皆婦人頭戴勝飾之象。《傳僖廿八年》：「聽輿人之誦曰：原田每每，舍其舊而新是謀。」此古人將田苗比秀美視為女性頭飾之擬態，可從古文女字進一步論之。然則，粲字即粲之初文，而莫疑矣。

婀 婀《卜》 阿《籀》 婀《篆》《廣韻》《集韻》《正韻》《韻會》並同訓：「媕，娿不決也。」《說文》同。筆者按：婀之與娿，音、義、文而同字。《集韻》云：「婀娜，弱態貌。」魏曹子建《洛神賦》：「華容婀娜，令我忘餐。」《玉臺新咏·為焦仲卿妻作》：「四角龍子幡，娿娜隨風轉。」《抱朴子·君道》：「甘露淋漉以霄墜，嘉穗娿娜而盈箱。」可知娿娜二字，時、物、義，當於描繪女子體態輕柔時形容辭。有隨風搖擺之像。古詩人善用花木禾稼之動態以喻美女之風姿。故知《說文》：「媕娿不決」之訓，「轉注義」也。吾鄉民間諺語，謂人占事無主張者，曰「東風西倒，西風東倒」。其「媕娿不決」之義歟？復考《莊子·知北遊》云：「婀荷甘與神農同學於老龍吉。」知古有婀姓氏族矣。《集韻》云：「娿，女姓。」始本乎此。

娉 娉

《說文》：「問也。」按娉字从女，从甹。丂部云：「甹，亟詞也。」段注：「其意為亟，其言為甹。」考甹之為文，从由，从丂。由者生物萌芽之象，丂者根基盤屈之形。故甹字造形與由字同例。造字者假甹字以喻語言表達思想，故訓

甹 甹

義曰「亟詞」，轉注之例也。甹字施女而訓義為「問」，見於《禮·士昏禮》：《士昏禮·納采問名》云：「賓執雁，請問名。」注云：「某既受命，將加諸卜，敢請女為誰氏？」此即娉字訓「問」之所繇來也。後世以耳代女，而占友

聘 聘

好聘問義，聘字之用益廣，聘行而娉廢矣。《說文》：「聘，訪也。」徐曰：「聘，訪，問之以耳也。」

〈亟詞〉甹
- 聘——友誼聘問
- 娉——婚禮娉問

嫀 嫀〈卜〉 嫀〈篆〉 考：嫀字見於《類篇》。《卜辭》之嫀。《說文》未載。

十八

嫀之為文，从女，从秦。女者，婦人之象。秦者，螓之省也。《詩·衛風·碩人》：「螓首蛾眉。」《注》：「螓，顙廣而方。」《宋·沈括·夢溪筆談》云：「螓，蟥螓之小而綠者，北人謂之螓。」《爾雅》云：「螓似蟬而小。點名蜻蜻蚻。顙方有文。」以此推證，知嫀之為字乃物象人化義。所以示婦人之貌美可觀也。古詩詞用為詞牌名稱，所謂《憶秦娥》，自應以《憶嫀娥》為正字。

⿰女直 ⿰女直

《說文》：「驕也。」段注：「驕，俗本作嬌。誤。古無嬌字。凡云嬌，即⿰女直也。」《文選·楚賦》：「或怨⿰女直而躊躇。」《正字通·⿰目且字》訓驕也。」筆者按：為之自由狂奔不受控制者曰驕，婦人之身漫放蕩無規者曰⿰女直。其義一也。

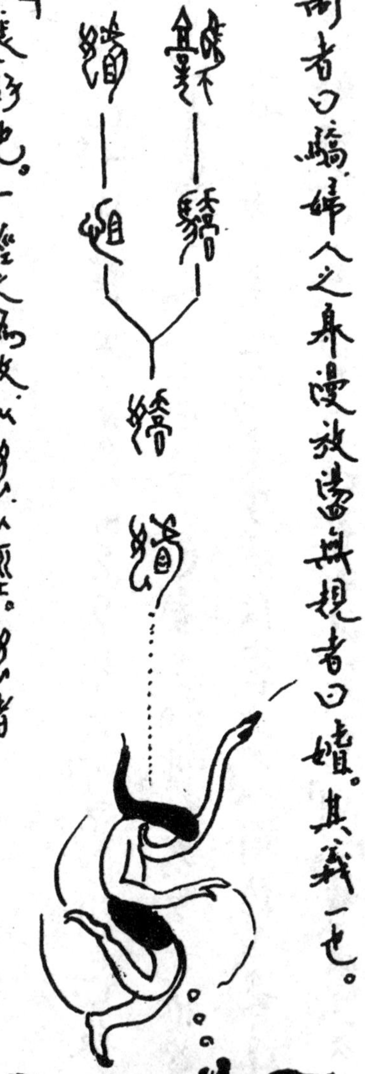

娙 娙

《說文》：「長好也。」娙之為文，从女，从巠。女者婦人之象。巠者木之本也。艸木之生態，具有自然直立性。故曰「植物」，植之言。

直也。巠字者以植物之莖形容婦女身材挺拔高聳直立之態。亦指事兼會義字也。北京方言謂人之體態俊秀而挺拔者曰「飄立幹」。即娙字之義矣。推而廣之：艸之直立不屈者曰「勁艸」，織布之線，直者曰「經」，背之直立者曰「脛」，道路之直而不曲者曰「徑」，項背連于脊椎之上，直立而不倚，故名曰「頸」，皆以巠為義，其意一也。

巠〈水波直流〉

- 經〈織布直線〉
- 脛〈筋肉條直〉
- 莖〈樹本直立〉——娙〈體態挺直〉 鋞〈酒器圜而直立〉
- 徑〈直行小道〉
- 頸〈直立項背〉

〈建類一首同義相授〉

〈娙〉

㜺

㜺《說文》：「白好也。」通俗文：服飾鮮盛謂之嫸㜺，聲賴」。

嫸曹之為義，眾多之意也。《周語》云：「且民曹好鮮不濟也。」其所眾意鮮不廢也。」注：曹，羣也。」《詩大雅》：「乃造其曹」。傳：「曹，羣也。」此曹字訓羣之例。復按：㜺之為字，讚之娋也。讚美之義也。故知許氏所引

十九

「嬇嬇」二字，即受到群衆讚美之意。但《說文》不訓「嬇」為讚美，而訓為「白好」，所以示婦人膚色光澤潔白博得群衆好評也。今世俗謂人物像貌俊秀者曰「標亮」，其意近之矣。

孌 孌 孌《說文》：「順也。」按孌訓曰「順」，語意難明。惟段氏引《詩·泉水》傳云：「孌，好貌。」並引《齊風·甫田》傳及《曹風·候人》傳云：「孌，少好貌。」可謂一語破的。但段氏不能對孌字造形之旨加以說明。

按孌之為文，从女，从䜌。与孌字从女、从䜌同義。《金文》䜌上䜌，變亦上䜌，可為形例。古文䜌䜌同義，皆取象於雙手理絲結不解之象。䜌䜌今魯南民間謂男女互相嬉戲曰「嬇眉抗」，貫歷史文化語言也。故知嬇、孌等䜌䜌文，貫即「䜌」字之初文也。

妟 婉 妟 婉《說文》：「妟，婉也。婉，順也。」《詩·鄭風·野有蔓草》：「有美一人，清揚婉兮。」《詩·齊風·猗嗟》：「猗嗟孌兮，清揚婉兮。」傳：「婉，好眉目也。」詩人假婉字描寫婦人娥眉彎曲，目光澤潤。非婉字造形示義之初旨也。

宛字从宀从夗，窮室蝸居，容身無地，委曲蜷伏之象也。造字者託名而上溯，延伸爲婦人柔順之態，美好謙遜之姿，乃再生義也。再生義行而初意遂晦，讀字之義變矣：如此。推而言之，心情委曲曰怨，掌後撓前曰腕，器之圓而小者曰盌，艸木叢聚之囿圃曰苑，無水之深井曰眢井。皆有蜷縮之象，委曲之態。

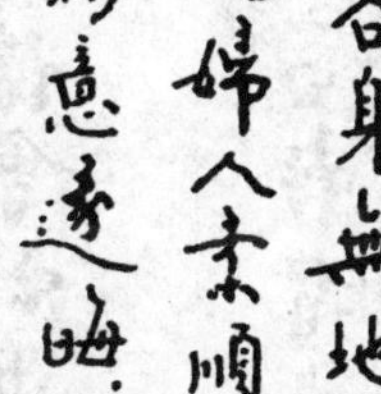

皆夗之孳乳義矣。

夗人蜷伏丫 怨人心情委曲丫 腕人掌後腕骨丫（屈折之處曰） 苑人囿林叢篋丫 婉人屈意逢迎丫

嫇 嫇 嫇〈上〉嫇《說文》：「嬰嫇也」。嬰字本義是：初生幼兒，見聞未廣。許氏以嬰釋嫇，其義極確。

筆者以爲嫇之爲文，从女从冥。冥是雙手張幕遮日之態，古本

冥 冥《說文》：「幽也」。冥字下：「幽也」。按幽者黑色之象。但「嫇」字所示之黑暗，非物質之黑暗，更非光綫微弱之黑暗，而是「意識智力的黑暗」。因爲人的腦力智慧的發展，

黝 黝和年齡的增長及生理的發育，社會生活經驗的積累分不開。古文黝字从幺从

二〇

黑，而與幽互通。正反映了漢字造形、定音、立義的「雙重性」，是奠基于自然科

窈 窈

學之上的。段玉裁氏改易傳統版本而訓曰：「窈也」。更覺慧眼獨到。查穴部

窈字訓：「突遠也」。按窈字从穴从幼。似幼兒深居洞穴之內。是昧無知之意。

此象形兼會意字，與幽字示義同例。

怎樣認識冥字？是非常重要的。古代喪葬儀式，必以布巾幪於亡人面上，以示

冥 冥

與天光隔絕之義。冥字造型、寓意，取象於斯。冥、幪同音，其聲例也。

冥字从日，何義也？日者太陽也。九天高懸，照臨下土，宇宙之最大光源也。人賴視覺效應之所利賴，二目之所倚托也。無太陽則天地變為黑暗，雖有二目，無所施用其力矣。正如古希臘學者亞里士多德辭云：「能使我們認識事物並顯明事物之間的許多差別，此于五官中，以得力于視覺者為多」。但是亞氏並未意識到太陽對萬物的「顯象功能」。因而決定了他不能突破「人寰」的意識境界局限性。但是在漢字的冥字造型、示意中，卻能令人體會到東方古老文化的「更高一層的」科學價值。

㝅 㝅 㝅

《說文·子部》㝅字訓：「亂也，一曰㝅瞀也。」《荀子·儒效篇》上「溝瞀」，《漢

書五行志》上「傋霿」、《楚辭》上「佝愗」。《廣韻·五十候》上「呴愗」。又上「㲉瞀」。《山海經注》上「穀瞀」，其字皆：上音寇，下音茂。自應以「㲉」為正字。其義皆謂愚蒙也。」

筆者按：㲉之為文从殸从子。殸，卵甲也。子，青鳥雛也。造字者以㲉訓「愚蒙」，揭示了處在蛋殼内的小雛是沒有什麼知識的。此与前條「鷇」字建型示義之旨同例。

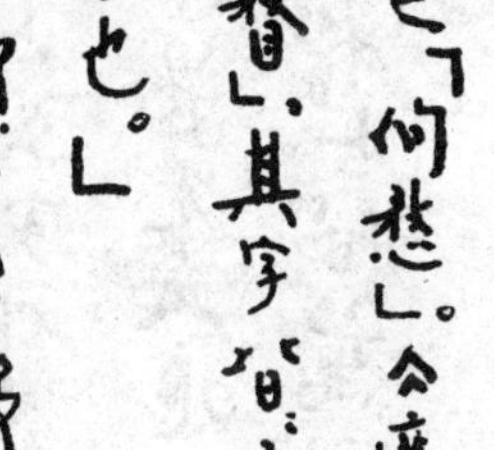

㲉

婭 婭

《說文》：「醜也。象人兩背之形。」賈侍中〈逵〉說：以為次弟也。」段注引《易·繫辭》：「言天下之至嘖〈賾〉而不可惡也。」〈荀爽作亞〉。《尚書大傳》：「王升舟入水，鐘鼓惡〈亞〉，觀臺惡〈亞〉，將舟惡〈亞〉。」鄭注：「惡讀為亞。亞，次也。」

〈淺釋〉：下邊一對背靠背的人形，同屬男性。他們二位的對象，是一母所生的姊妹。古漢語名之曰「賢姻婭」。吾鄉民間呼之為「對脊梁背」。古義也。《爾雅·釋親》：「兩婿相謂曰婭。」可上考論依據。此亞字初義也。

關于「次弟」含義之繇來，是奠基于姊妹出生年代先後的産物。因為姐

妹的丈夫的年齡差別，必然要同姐妹年齡的差別成為正比。因此，娅字就產
生了「等第次序」義。現代運動員第二選手稱「亞軍」，與儒門次聖孟軻稱
「亞聖」，皆有「二」的等第義。「二」的含義除了含有「配偶」義相之外，遂有其
賤義的一面。因為夫婦關係貴乎愛情專一，所謂「得一為貞」。這是古代「一元化」哲
學體系的「特點」。「二三其德」被儒家倫理道德觀念視為無恥可鄙的行為。
《易·序卦》云：「夫婦之道不可以不久也，故受之以恆。」此中國文字之辨証關係。如
治亂同文，陰去，廢一字，祥兼吉凶，亞兼美惡，皆其例也。《詩·小雅·節南山》云：「瑣瑣姻
亞……」疏云：「姻亞，其黨之小人」。今民間名之曰「兩喬」，又曰「聯衿」。後世增女而作
娅。又名「斟脊渠青」

嫣嫣《說文》：「長貌」。此義極確，惜語焉而不詳。按嫣之為文，从女，从焉。女者，婦人
蔫蔫之象。焉者蔫之省也。艸部「蔫」字訓：「菸也」。同部「菸」字訓：「婕也」。晉南方
言謂植物遇烈日當空，產生畏光反應而枝葉下垂曰「蔫巴」。人之事業失敗
垂首喪氣之態曰：「蔫絡斬稽」。皆蔫訓「長貌」之象。

〔婕 蔫〕

蓋物體之下垂仰展，其形必長，反之枝葉收縮，其形必短，此物理之常態也。《文選．宋玉登徒子好色賦》：「……嫣然一笑」，王逸注：「笑貌」。洛未能盡其義。蓋謂華處士妙齡少艾，陌生相遇，一見傾心。含羞帶愧，低頭而含情，此即嫣然而笑之義矣，亦物象人化之例。

姅

姅《說文》：「婦污也」。段注：「謂月事及免身、傷孕皆是也。」《廣韻》：「姅，傷孕也。」凡此諸訓，皆延伸義例。自應以許說為本義。《漢律》云：「婦人污不得侍祠。」注：「古者嬪婦以敘御於君，有月事者，以丹注面，其名曰姅。」

《淺釋》：古代社會，一夫多妻的婚姻制度，只能限於王者之家。庶民不與焉。所謂「一后、三夫人、九嬪、二十七世婦、八十一女御。」此一二十一位女性，是按照規定次序規定，接觸君王的。由「女史」之官負責安排「侍御日期」。設若某一女性時逢月事，則由「女史」以「彤管」塗紅點於其面，以示隔離。其名曰「姅」。姅之言判也，一分為二之義也。《甲骨文》判占非，象木从中分之形。《周禮地官媒氏》云：「掌萬民之判。」傳：「判，半也。得耦為合。……」故知姅字有分

二二

亂之義。

妄謹醒醟《說文》云：「亂也。」按亂之為義，治之對也。人之神智清明者，其語有倫次而分明。及其酒醉神昏，則是非顛倒，皂白莫辨矣。此造字从亡从壬从呂而訓義為亂之意乎？此意可以經籍掌故逸事中體會之：《春秋宣十五年》云：「魏武子有嬖妾，無子。武子有疾，命顆曰：『必嫁是。』疾病則曰：『必以為殉。』及死，顆嫁之。曰：『疾病則亂，吾從其治也。』」此「亂」字的科學意義，可用醫學知識說明之：《張機傷寒論》云：「陽病，便溏，神昏，譫語。妄言妄見」。意，綜上述但由高熱引起的腦神經意識錯亂症狀，在古漢語中統以「妄」字名之。金文醒即小篆之㠵，異罔文亦同義。但文字造形各有命義。「㠵」之為文从亡从女。

亡，妄逃（逃），實寓亡命之意，任妄之行也。醒、謹二文从亡从壬，从呂。詩人對月吟詩，傾吐肺腑之音也。宋蘇軾《水調歌頭》云：「明月何時有？把酒問青天。不知天上宮闕，今夕是何年？我欲乘風歸去，又恐瓊樓玉宇，高處不勝寒。轉朱閣，低綺戶，照無眠。不應有恨，何事偏向別時圓？月有陰晴圓缺，人有悲歡離合，此事古難全。但願人長久，千里共嬋娟。」可謂千古之「謹」言矣！

〈醒〉

媻婆 般旋 波旋《說文》：「媻，奢也。」《廣韻》：「媻，往來貌。又同婆。」《康熙字典·女部》婆字下引《說文》云：「婆，奢也。一曰，老母稱。」

筆者考今世所見《說文》，有般旋而無波旋。《康熙字典》所據，未知出自何種版本。然證諸張揖《廣雅》之訓及媻、婆同聲之音律，則媻之爲字即「婆娑」之婆字初文，是有迹可尋的。《詩·陳風·東門之枌》：「子仲之子，婆娑其下。……不績其麻，市也婆娑」。許氏《說文·女部》娑字訓：「娑，舞也。从女，沙聲。《詩》曰：市也媻娑」。《詩音義》曰：「婆，步波反。《說文》作媻，音同」。可知許氏之學，必有歷史淵源。而媻、婆異文而同字無疑矣。

怎樣理解媻訓爲奢？奢之爲義，張也。張者大也，條暢之態也。節度之婆也。奢之爲言悅也、樂也。樂也。樂則必歌。歌則思舞。《詩》所謂情動於中而發於言。言之不足，則嗟嘆之。嗟嘆之不足故歌詠之。詠歌之不足，不知手之舞之，足之蹈之。此媻字訓義爲奢之旨歟？許氏訓般旋爲「婆娑」之「婆」，固其宜矣，獨惜以上之解，無以見般旋字造形之旨，試申述之：

五三

般 [glyph] 般之本文，古盤字也。甲骨文作[glyph]。右手執刀刻木成器之象也。後世作槃。或作鎜。盤之為物，圓器也。盤動則旋轉，故曰「盤桓」。槃之為字从般，从皿。所以示窈窕嫋娜盤旋翱翔之態也。

《漢張衡舞賦》：「歷七槃而縱躡。」王粲注：「七槃陳于廣庭。」則「七槃」舞術之歷史悠久，可從文獻證之。《通典》云：「槃舞，漢曲。至晉加之以杯，謂之『世寧』舞也。」

從《通典》所記載及「七槃舞圖」中已經暗示出「般」字的取象，定聲，命義之緣來。圖一目而了然者焉！

婆娑 後世假婆為媻。婆娑行而媻廢。婆字訓義為「風」為翁。本所以示舞態，由于老年婦女兩足羸弱的速度遲緩，不得不借重於兩臂翅翔之力，而利於行。因而義變而為老婦之名。今民間謂善于奔馳之老婦曰「風婆子」，乃有古義。

般（人刻木之器）— 槃（圓形木器）
- 媻（人舞名）
- 婆（人老婦）

〈七槃舞圖〉〈錄自辭源〉

妍

妍《集韻》：「媚也，麗也，美好也。」《說文》：「妍，技也。」手部云：「技，巧也。」《廣韻》：「技，藝也。」

易農按：以上諸解，是極不利於初學入門的，請試以「說字論字」以明之。

考妍之為文，从女从幵。《幵部》云：「幵，平也。象二干對構，上平也。」「上平」一語，是具有高度說明力的。意思是：「只有兩根長短相等的木干，纔能保持被支持物體的相對穩定與平衡，而不致出現偏傾。」許氏這一以物理力學定義來解釋幵字，已經暗示出幵之為物，實際上即古代「高蹺舞」表演者所配備的兩條木腿。此象形字也。||象兩條木棒，二象繩索橫繫。今民間春節文娛活動仍然可見。此物由長度相等之木棒兩根製成，靠近上端1/3處，有固定方型木塊于兩側，上左右兩足支點。茲各以繩經兩道橫縛脛骨于木上。表演者持此物，可使身材增高二尺，以利觀瞻。雖舞態萬變，要在隨機應變，掌握重心平衡，故能履險如夷，而無傾危之患。故《說文》訓義為「技」。現代「雜技團」之名實由此義而來。《甲骨文》中的幵字入「妍」，即妍之古文形像也。堪足說明參證。妍訓為「技藝」乃本義也，訓為「媚麗」，再生義也。再生義行而本義廢矣。

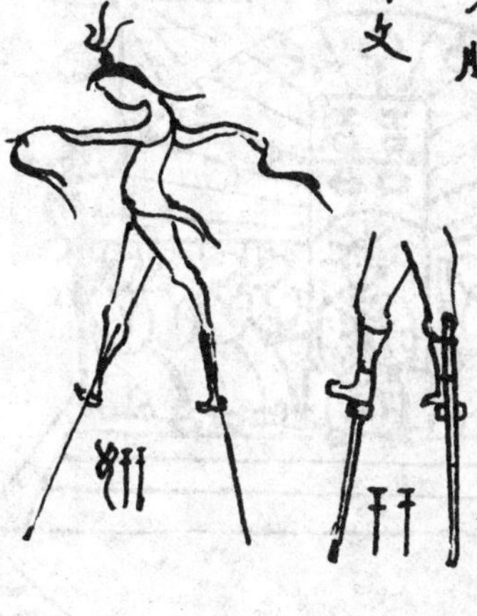

娑

𡛷。說文：「舞也。」娑字从女，从沙。所以示舞女之動態，旋轉飄渺，如流沙之隨風起伏，波

空地舞也。此猶「象人化」例。《六書》所謂轉注者是矣。

媵

𡣍𡣍。說文：「送也。」《左傳成八年》：「凡諸侯嫁女，同姓媵之。」《公羊傳》曰：「媵者何？諸侯娶一國，則二國往媵之。」

吾蒼按：媵之為文，从身，从㸒，从女。身為載運之器。示身而車馬亦義在其中矣。㸒字从火从火，雙手高擎火炬之象也。古者送客遠行，必備照明火炬，以防魑魅。故古文送字从㸒，字从彳从㸒，从丷。丷者客人也。彳亍者猶道疾行也。㸒者客行于前，僕人舉火相送于後也。故知古代貴族嫁女，同姓之國以女相送，亦有「陪送」之義。《辵部》：𨘢字訓：「遣也。」遣，縱也。遣、縱二字都是單向動辭。具有「一去不返」的含義。古者女以男子之家為家。家者嫁也。

故女子適人曰嫁。古倫理道德，「婦人之義，從一而終」。非有大故，不得遣逐歸宗。《詩邶風·燕燕》注《正義》引《左傳隱三年》曰：「衛莊公娶於齊東宮得臣之妹，曰莊姜。美而無子。又娶于陳，曰厲嬀。生孝伯，早死。其娣戴嬀生桓公，莊姜以為己子。四年，眷州吁殺桓公。故戴嬀大歸。莊姜送之。其詩曰：燕燕于飛，差池其羽，之子于歸，遠送于野」。這裏詩文所用的「歸」與「送」，都含有一去不返的定義。因而古代出嫁的女子都幾到終身不返故宗為幸運。視返遣故宗為可悲。故知媵字訓義為送不僅是象形字而且是一个會意字。

賸

賸《說文》：「物相增加也。一曰送也。」吾林襄按：以物送人曰賸。以女送人曰媵。皆有一去不返之義。故賸、媵二字形似聲同而義通。青銅器銘文謂嫁女陪贈的妝奩曰「賸」、「賸」、「賸」……堪為佐證。

[亻+灷]　人遣也

賸　人送人以物

媵　人送人以女

佞

佞《說文》：「巧讇高材也。」佞之為文，从仁，从女。女形仁聲。許氏說文多聲

卌五

中肅義。故不妨于發義求之。仁之爲言人也。仁者愛人。儒家以「愛人」爲立身處世之基。今佞字从仁，得分与義相背故？愚問于長者。長者曰：佞人之仁，「婦人之仁」也。非儒者之仁也。儒者之仁，理智之仁也。佞人之仁，嫂柔姑息之仁也。故愛有真偽，而德有凶有吉。真愛人者直人也。故真字从直从人。真人之言直言也。忠直之言必逆耳。故人多惡之。佞人之愛人則反是。我嗜酒，佞必曰：酒能活血而消毒。飲之令人壽。我好鬥，佞必曰：武能止暴禁亂，殺敵立功。凡我之偏好，佞必美語佳辭，曲盡其妙，以讚助之。以順吾之情，縱吾之慾。長吾之惡，速我之敗。此小人之特長，即佞人之仁矣。封建道德皆歸於「小人」「女子」，竝列齊觀，殊不知品質之優劣，決定於教養，固与性別無關焉。孔母顏氏，孟母仉氏，獨非女子耶？故文字之學斷不宜刻舟以求劍也。不能辨證識義，鮮不陷入庸愚之鄉矣。

褻 

〈卜〉韓⊙〈以福〉〈韓乜〉〈篆〉〈說文〉云：「嬻也。」女部嬻字訓：「褻嬻也。」許氏以「嬻」詳褻。以褻詳嬻。殊無以窺造字之旨

考〈甸〉褻之爲文，从執从衣。執字古文上𢆉。象〈中張雙手摟取之態。从〈衣〉者，所以示衣服褻褸褸 〈韓⊙〉

襟露肘，纳腹纏决，不敢蔽體之態也。褻字从褻，从⊙者，所以示光天化日赤身露體之景也。《增韻》云：「衣破壞之餘曰褻」。名萇按：褻之為言屑也。破碎之象也。《周禮·天官》：「王齋，當食玉屑。」《禮·內則》：「屑薑與桂，以洒諸上而鹽之。」《儀禮·既夕禮》：「醯醢屑」。故謂食物曰屑，衣服破碎曰褻，其義一也。故知《褻》亦形聲字矣。今山東沂蒙山區方言謂衣物破碎不堪使用者曰「褻啦」，實古代文化語言也。人之衣服襤褸不能蔽形，必赤身露體，醜態百出，故曰褻瀆不恭。此是引申義，非初義也。是引申義行而初義晦矣。

妬

《說文》：「婦妬夫也。从女石聲。」按：妬之為言獨也。爭寵奪愛之意也。女者爭奪愛情之當事人也。石者蠹之省。蠹之為物，屬于蟪蛄族昆蟲，《俗名天牛》。此虫寄生於樹木幹莖之內。這字者以物象人化的藝巧，把這一特定女性人物的情敵，刻劃成為「鑽心虫」，把被奪走丈夫的女性看成是受害的木頭，以形容失寵者的內心痛苦。這一文字藝巧，是極端深刻而精確無比的。

所謂「比類合宜，以見指撝」

是曰「會意」是矣。

姘 姘《說文》：「除也。《漢律》：「齊民與妻婢姦曰姘。」《廣韻》：「引《蒼頡篇》：男女私合曰姘。音普耕切。」今民間有「合〈姘〉」「姘頭」之語即此字。

娃 娃《說文》：「圜深目貌也。或曰吳楚之間曰好娃。」

吾裳按：「圜深目」三字揭示了一个「物體組織結構比例視覺效應問題」。鑒于物體局部特徵的顯象效應和客觀整體的顯象效應互為反比，這一由人眼視野錯覺引起的顯象效應的變化規律，完全可從古文中𡤻娃二字得到答案。謹簡介如下。

臞 𡤻《說文·肉部》：「臞，少肉也。」《釋言》：「臞，瘠也。」《周禮注》云：「瘠，臞也。」經籍以瘠臞二文互訓，故義咸同。令人有「知其當然而不知其所以」之感。其實並沒有什麼秘密，因為文字本身就是教育。

𡤻之為文，从頁从瞿。頁者面額也。瞿古文作䀠，想瞿驚駭之象也。大凡動物大敵當前，必二目瞪圓，亦即眼球直徑增長，以求視野擴大，蓋出於防敵之需要使然也。若夫風和日麗，飲食無憂，必面帶慵咲，而口開目合矣。此娃之所以許氏訓為「圜深目」之由來歟！？娃之為文，从女从圭。女者少女之象。圭者〈佳〉之省也。所以示面額豐盈，二目深陷之態也。造字者利用「微觀局部的生理形態特徵，以顯示寬頰豐頤面頰的豐腴。這和瞿字凸出兩隻大眼，以顯示面頰瘦削是顯明對比的。是名之曰：「對應示義」。圖示于下：

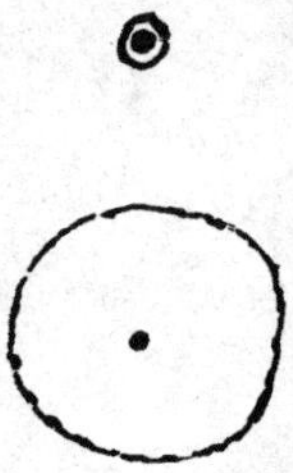

「面龐愈大，眼睛愈小」丫娃。

「眼睛愈大，面龐愈小」丫瞿。

上邊列舉的兩个黑點，實際上是相等的，但是由于所處的環境廣、狹不同，於是就顯得大小不同。

巹 小篆 白文 《說文》：「破瓠為巹也」。《禮記》：「合巹而酳」。按破瓠為巹的婚禮是上古文化的遺跡。《禮記》所紀載的「破瓠為巹」，後世易之以銅鑄之酒器。甲骨文作𠂤。小篆作觶，或作觚。可見上古之酒器，固無定制。或用牛角，或用海螺《巹》觶、觚等，實其物證也。西周時代尚有崇古尚儉的精神，從《禮記》中可以見之。今民間婚禮尚有「喝交杯酒」，乃古制也。甲文如下：

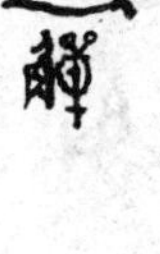

觶

巹

配 《玉篇》：「配，匹也，媲也，對也，當也，合也。」按配之為文，从酉，从己。似二人對飲之形，故知此字與嬔、妃二字同源。後世作配已失配偶之形。許君訓為「酒色」，其義不可從。自應以顧氏之說為可信。尤

二七

酳 酳

胤 胤

其是「合巹而酳」的酳字可以上溯《卜辭》酳字的良好義證。《禮記·合巹儀許》云：「婚用合巹酳，受以連理盞。」則「酳」之為器，即酳字二人之間的酉形酒瓶，其物無疑矣。酳之為字，从酉，从幺。胤之繁文也。《廣韻》云：「胤，繼也。嗣也。」《說文·肉部》云：「胤，子孫相承續也。」古文胤上胤。从幺，从八，雙承兒之態。象形字也。幺从8从肉。《說文·8部》曰：「8，小也。」象子初生之形。」繇此可知所謂「合巹而酳」，即婚配生子之意。已為庸置雛，表示如左以見義：

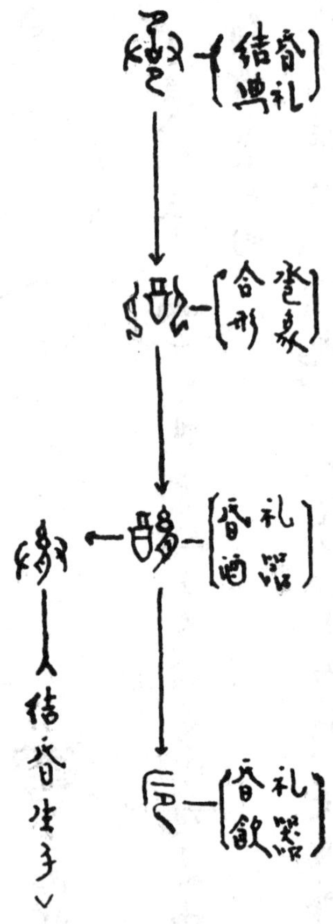

〈說文〉胤字訓「子孫相承續也」。求此可見漢字造形、命音、立義之內在聯系，使人感到有條不紊，有左右逢源，殊途同歸者焉。

妦 妦《詩·鄭風》：「子之丰兮。」注：「面貌豐滿也。」按毛詩此篇是一位女性失戀之後追慕男性自我懺悔的詩。詩中采用的「妹」字，乃是形容她所追念的男性的顏貌。故漢字的含義，萬不可因形害義。正如現代漢語對「她」字應用，不受性別限制同趣。凡是值得令人傾慕的對象，不分性別，是飛是禽，植物或無機物，都能適用女傍。

妊

[illegible]（卜）[illegible]（金）[illegible]（籀）妊（篆）《說文》：「身懷孕也。」關于妊字，筆者已於本着《天象篇》中論及。在此从略。

娠

[illegible] [illegible] 娠（篆）《說文》：「女妊身動也。」名堂按：娠字从女从辰。女者母之象。辰者震之始。震于《易象》為雷，于時為春，在位為東，在色為青，五行屬木，在變化為生。《禮記月令》：「仲春之月日夜分。雷乃發聲，蟄虫咸動。」《甲骨》「振」从辰，震字皆从辰。辰者古「蜃」字也。上古農業火畊刀種，以蜃殼為畊耘工具。故農字从林从辰。古人掌握了一系列的自然規律，將胎兒的孕毓成長，和宏觀宇宙現象，融會而貫通之。此娠字訓為「身動」之所由來也。

祁者 [glyph] [glyph] 祀　古帝堯伊祁氏（《禮記·郊特牲》曰「伊耆氏」）。春秋晉大夫祁奚食邑於祁。漢置祁縣，屬太原。周宣王時有杜伯。帝堯之後封于唐，周滅之，處其後于唐、杜之間。居杜者為杜氏，亦稱唐杜氏。地望在今西安市東南。春秋初為秦寧公所滅（見宋羅泌《路史·國名紀》）。《商周青銅器銘文選》有《杜伯盨》：「杜伯乍叔[glyph]𡢁盨」。郭沫若氏釋為「伊耆」之耆字，備有依據。[glyph]从[glyph]从[glyph]。[glyph]古祗字（《魏三體石經》「祗」作「[glyph]」。《公羊·宣六年》「祁彌明」，《左傳》曰辭文曰「祇」（《史記·韓長孺傳》「提取辱耳」，注「提亦曰祇」）。故知古者提、祇、祁、耆互通）。然則[glyph]字从[glyph]者即祇之初文，亦祁、耆之段也。从[glyph]者，母也。上古以母氏為姓。故於文「女生為姓」。上古八大姓姜、姬、嬀、姒、嬴、姞、姚、妘，字皆从女，義例堪證。故知[glyph]即祁之初文，祁其國名矣。後世存祁而[glyph]廢。

男 [glyph] 卜 [glyph]（《說文》：「丈夫也。从田从力。言用力于田也。」此指事字也。

女 [glyph]（《說文》：「婦人也。」此象形字也。

[glyph] [glyph] [glyph]（《前漢書》卷一〇〇《敘傳》：「班（斑）氏之先，與楚同姓，令尹子文之後也。子文初生，棄於瞢（雲夢）中，而虎乳之。楚人謂乳曰[glyph]（穀），謂虎曰「於檡」（《左傳》曰「於菟」），意為小老虎），故名

劉敦於釋〈蒐〉字乎文楚虎班。其子以爲號。秦之滅楚之。遷晉代之間〈今內蒙〉，因
氏焉。始皇之末，班壹避墜〈地〉於樓煩。致馬牛羊數千羣。值漢初定，與民無禁。
當孝惠高后時，以財雄邊。出入弋獵，旌旗鼓吹。年百餘歲，以壽終。故北方多以
𦘔爲字者。」師古注曰：「爲也〈爾音之類也。今流俗書本多改此傳本之懿，非也。」

吾叢枝：趙氏謂俗書將「懿」作音爲非，其說極是。惜語焉而不詳。未
能盡𦘔字之義。愚補而疏之曰：𦘔之爲文，从𦘔，从吉。𦘔古壺字，壺之物，貯酒
之器。吉者吉禮也。故知𦘔字有爵觴獻壽之義。後世假爲祝嘏辭。爲人之名字
所樂用。蓋緣於班壹〈壹〉有牛羊千羣，壽齡百歲，衣食住行，貴比王侯之尊。今
〈康熙字典．士部〉壹下云：「𦘔古文壹」字从𦘔，从百。〈百壽畫譜〉載爲壽字，蓋
取「百歲期頤」壽考不謹之義。故知𦘔之爲字，始班壹之論非字矣。

朱

邾 〈金〉 邾〈統譜〉：「顓頊之後封朱。邾曹姓
之國。〈禮檀弓〉〈公羊傳〉皆作「朱婁」。其地望相當于今之鄒縣。「鄒」即朱婁之
合聲也。考商周出土青銅器銘文邾皆作昆蟲蜘蛛形。則邾之遠祖即
蛛圖騰部落可從文字得之。按楚宣王滅邾，遷之江夏。故江夏有邾城。

二九

曹𣏟（金）𣍘（篆）古本《百家姓》：「曹，譙郡。顓頊五世孫，陸終之第五子，安，大禹賜為曹姓。邾國、黎、郳（小邾）皆其後也。」又云：「文王子曹叔振鐸封於曹，其後以國為氏。」

《思悟》：考《金文》曹字作𣏟，小篆作𣍘，《卜辭》作𣍘、𣍘。皆植物花草之象。《古本百家姓》云：「曹，譙郡（今沛縣）。」據地理環境觀之，則可知大禹封陸終之裔于曹，其原始地望之條境，以魯西菏澤（古曹州）之地也。菏澤與江蘇沛縣（古譙郡）毗連接壤，東西相望，故知古曹國領域封畫，可包括沛境在內而無疑。菏澤譽稱牡丹之鄉，可見𣏟、𣍘二字造型推知曹國盛產牡丹之歷史也久矣！當地實使然歟!? 武王克商，封弟振鐸于𣍘，而遷𣍘君之裔于邾。至春秋末期楚宣王滅邾，而遷邾君于江夏（今湖北黃岡）。此亦猶伯禽封于魯而遷奄人于薄姑（今山東博興）是後同例。此歷史嬗轉相襲千古不易之道，可見姓氏變遷得之。故曹有二宗：有顓頊之裔，有周姬之裔，俗所謂「同姓不宗」者是也。

大禹封顓頊之裔於𣍘——武王克商封振鐸於𣍘，而徙𣍘氏於邾，其後裔

𣍘
以為邾國，滅後子孫去邑而以朱為氏——曹、朱
振鐸封于曹，國滅後子孫以曹為姓——曹

故朱為顓頊之裔，而曹則一姓二宗矣！

虙　虍部《說文》：「虙，虎貌。」《廣韻》：「古虙與伏通。」《正韻》：「虙（伏）羲氏，以能制虙（伏）羲姓也。又與宓通。」《淵于虙字造型》可詳參拙著《動物》中。今所言者，為氏族甫度出發》。考《顏氏家訓》云：孔子弟子虙子賤為單父宰，即「虙羲」之後，俗字亦為「宓」。今兗州永昌郡，舊單父地是也。東門有「子賤碑」，漢世所立。乃云濟南伏生，即子賤之後，乃知「虙」與「伏」古來通字，後誤以為「宓」。

《發明》筆者按：「虙羲氏」是為東方開世界德文化創造者的氏族稱號未探討，是有其廣淵宏觀視野的。如果非紙墨未說明，雖然「汗牛充棟」也很難解決問題的，百萬萬分之零點一的，就吾人之力所能及只好假「風」字為突破口。上激觀之管窺如左：

風　等上古太昊虙羲、女媧同以「風」為姓。《百家姓》風字不見。《許氏說文虎部》有虙字而不及風姓之義。竊以為「虙」之為字，乃「氏」也，非姓也。何以知之？以風姓之國非一。故如「風」可統「虙」，而「虙」不可以統「風」，此東方世界氏族組織體系之通例。言姓氏之學者，類能知之。固不足爭辯也。太昊《皞》虙羲氏以風為姓，無專題資料可據。今只能從典籍、經文章句暨《古本百家姓》散在注釋中蒐求之。

考《春秋傳》二十一年云：「……子魚曰：任、宿、須句、顓臾，風姓也。實司太皞與有濟

三〇

之祀。」注云：「四國，伏羲之後，故主其祀。任，今任城縣也。」《今濟寧》。宿，《經注澗如據古本《百家姓注補》宿，東平郡，系出風姓。須與在壽山南，武陽縣東北。須昫，在東平。須昌縣西北。四國封近于濟，故世祀之。」按：黃帝時有「風后」復，按，古本《百家姓》云：「復居太原郡，系出風姓。」同書又云：「宓，出昌平郡，系出太昊氏。伏羲古亦宓羲，故知宓亦風姓之國。《萬題志》小說中亦有風會。可見「風」姓氏族，至趙宋時代而尚存于世。看來虙羲氏以風為姓，于文獻中到處可見，殊非無據。

怎樣認識虙羲以「風」為姓？這是個難解之謎，也是個非常易解的問題。古天文氣象學把一歲週期中空氣流動的方向分為八類，並且按照它們的個性賦與了它們八個稱號：「東北曰融風，東方曰明庶風，東南曰清明風，南方曰景風，西南曰涼風，西方曰閶闔風，西北曰不周風，北方曰廣莫（漠）風。」顯而易見，這八類不同的風，都帶時間、空間和氣象特點。《從略》那麼，虙羲氏所姓的「風」究竟是哪類風？這個問題，不能不予以肯定。如果筆者尚未想錯的話，那就無疑是「東風」。這是有古史資料可供諮詢的：《鳳洲綱鑑》云：「虙羲氏之王天下也，以木德繼天而王。……」「木德」二字明确地標志出「東風解凍，化毓萬物」的溫和政教風貌。依「五行」、「八卦」公式，東方為震，在時為春，在地為木，在天為風。」太昊虙犧氏以風為姓，正揭示出東夷氏族地「望」空间位置与天文季節時序的统一。尤其是「太昊氏以龍紀官」，用泰西史學術語來講，這個「龍圖騰族徽圖案顯然是取像于《古天文》「東方蒼龍七宿的龍象擬態而興起。從這一条列象徵的啓示，我们有充分理由認定虙犧的「風姓」，屬于春天的東風。取義于「春風化毓，惠及萬方」，後世史家稱為「百王之祖」，肯定了他的東方世界物質、精神兩大文明創始者的偉大功績。制婚娶，興牧畜，觀天象，劃八卦，造書契，代結繩之政，為萬世立隆之基。取姓於「風」，不亦宜乎？

任

任 古本《百家姓》云：「任，東安郡（湖南永州）。系出有熊氏。黃帝子禺陽封于有任。以國為氏。文王妃太任，任國之女。」復考《春秋僖二十一年》：「……予魚曰：任、宿、須句、顓臾四國，風姓也。」註：「任，任城（山東濟寧）。」據此以觀，可知任姓之宗起源有二：一為有熊（姬姓）之任。一為風姓之任。與任姓之族亦同姓而異宗矣。

《漫譚姓氏》先秦時代關于姓氏源流考證最為詳明。在任林中似乎是已經成為非常重要的一門社會科學。特別是西周王朝，對此極為重視。原因是武王克商之後，西周政權定鼎之始，就采取了一種「繼絕存亡」的政策。

所謂大封先王之後，是有例可舉的。如武王封帝堯之後于祝，封黃、帝之後于薊，封帝舜之裔于陳，封夏之裔于杞，封殷之裔于宋……事實上已經形成了一個以姬姓為首而包括歷代王朝後裔在內的共存共榮集體統治政權體制，是相當牢固的。這樣就必然會在統治階層中有「王者同姓之君與異姓之君兩種類型」的出現。他們之間，在政治場合活動中，所享有的政治權益是有規定性區分的。儒家名之曰「禮」。以《春秋隱十一年》經文為例：「滕侯、薛侯來朝爭長。薛侯曰：我先封。滕侯曰：我周之卜正也，薛庶姓也，我不可以後之。公使羽父請于薛侯曰：周諺有之曰：山有木，工則度之；賓有禮，主則擇之。周之宗盟，異姓為後。寡人若朝于薛，不敢與諸任齒。」（《公》正義引《世本姓氏姓篇》云：「謝、章、薛、舒、呂、祝、終、泉、畢、過，凡此十國，皆任姓也。」

由此可見，在西周貴族集團中，全春秋戰國不僅是仍然遺存有一些異姓殘餘，而且是還有一些非正統的殘落王朝的後裔也起來同周室子孫在一些政治場合中爭首席，論資格。尤其是「於周為客」的宋襄公也想同姬姓之國的齊、晉大國爭雄稱霸。妄圖「復辟」殷室王權。甚至微不足道的「許男」之爵，也想憑藉着一萬年以前的祖先炎帝的餘澤來同周室王族——鄭武公相抗衡。（見隱十一年）。他們究不理解周室王朝之所以允許異姓封爵建國，並且難迎他們陪伴天子參與清廟祭典的目的，也是為了團結一切可以團結的力量來輔助姬姓宗主統治兆民，絕不能意味着是容許他們割據獨立，搞分裂。因而秦滅六國之後，鑒于這種「食雖遺患」的「民族離留」形式對一元化領導的危害性，於是徹底廢除了「封建」制度，而變為「一姓專政」「唯我獨尊」的王朝。劃天下為三十六郡，由天子命官管理。「漢承秦制」，高祖定天下與朝野約定：「非劉氏而王者，天下共誅之」。從此之後，轉考諸姓氏而討取政治定權之市場已滅，而姓氏族譜日益混亂，而無人重視矣。但姓氏所變遷原因極多，這非完全出于封爵建國。有的為了求生避難，避滅族之禍；有為了干犯「聖諱」；有的是功高得寵，賜與帝同姓以取榮；形形色色，不一而足。謹舉數例以見證：

林 林：林姓，林望西河郡。系出子姓（殷商後裔）。王子比干子堅，避難居長林山，因姓林氏。曾有林放（孔門大賢）、《水滸傳》有豹子頭林冲。清有林則徐。

竇 竇：扶風郡。系出姒姓。夏帝相后有仍氏，遭寒浞之難（事見尚書五子之歌及史記）。《風俗通》云：「夏后氏帝相遭有窮氏之難，后緡方娠，逃出自竇而生少康，其後氏焉」。按竇字從穴從賣，穴者孔洞也。竇

竇

三二

者清之塘。洿棫之排水通也。今名曰「塗蒲」。此以遭險之境而為姓者也。

炅炅〈音桂〉《廣韻》：「後漢太尉陳球碑，城陽炅橫，漢末被誅。有四子：一守墳墓，姓炅；一避難徐州，姓香；一居幽州，姓桂；一居華陽，姓炔。此四字皆古惠切。此亦遭難而變其姓字之例。

〈嚴〉莊莊莊 大九卿本系出芊姓。楚莊王之裔，以謚為氏。後有莊周。莊蹻亦有莊實。至後漢有嚴青翟、嚴助、嚴遵、嚴光，皆作時姓莊。為避明帝諱，紀後史官改其姓為嚴。

徐徐徐徐 東海郡，系出嬴姓。伯益子若木，生調，封于徐。歷夏、商、周為諸侯。后子孫去邑而止徐，以為氏。至唐有李勣，曹州人，本姓徐，名世勣，字懋功。曾參加瓦岡寨軍，後降唐，賜姓李。因避太宗李世民諱，單名李勣。以上事例揭示了姓氏因時代不同而產生之可變性。蓋姓之為物，本起源于母系社會，家天下王朝興起，子弟分封，各以地為氏。三代之際乃以姓統氏。宗族體系，必以「姓」為歸宿。其後諸侯兼并，納小相繼滅亡。子孫多去邑而用其餘半字以為氏，說明了他們再也不是貴族，已經降為庶民了。故從姓氏學中往往可以發現歷史的軌迹。這也是不容否定的事實。

按古徐侯王之國，建都東海徐州。黃河下游之位也。黃河之水，來自西北高崗，至此北南折，至龍門急流直下，經潼關而東流，入于中原地勢變為平坦（今徐州）而流速漸緩。故「徐」字又延伸為「徐徐」（緩慢動態）辭。

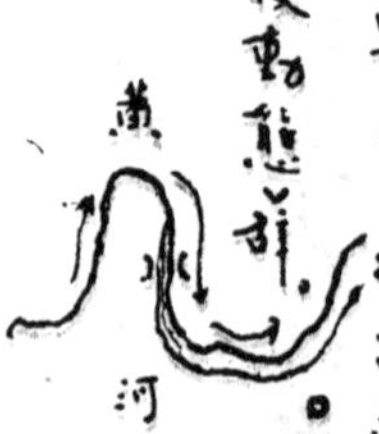

◦徐〈邑〉

羿羿弙《說文》羽部羿下云：「羽之羿風。」段注云：羿，當為幵。幵，平也。一曰「射師」。弓部弙字云：「帝嚳射官，夏少康滅之。」

《補遺》按：羿、弙二文，字皆從幵（音堅），同有上平之義。蓋射術之命中準，首重姿式之端平。姿式平而後箭行直。箭之有羽，所以保射矢之憑風前進，維持箭筒之平衡也。故羿字從羽從幵，所以示矢鋒直線向進而不動搖也。后羿，古之著名射師也。能識弓矢之性能，因以弙為名字，此以技為氏之例。

窮〔窮〕《說文》：「夏后氏諸侯夷羿國也。」弓部曰：「弙，帝嚳射官」，羽部曰：「羿，羽之羿風，亦古諸侯也。」羿、弙古通。弙字云：「帝嚳射官，夏少康滅之。」則夏之夷羿即帝嚳射官之裔也明矣。

考《春秋·襄四年》云：「魏絳曰：夏訓有之曰：有窮后羿。公曰：后羿何如？對曰：昔夏之方衰也，后弙自鉏遷于窮石（在今山東德州境），因夏民以代夏政。恃其射也，不修民事而淫于原獸。棄武羅、伯因、熊髡、尨圉，而用寒浞。寒浞，伯明氏之讒子弟也（寒國，北海平壽縣東有韓亭），伯明后寒棄之，夷羿收之，信而使之，以為己相。浞行媚于內，而施賂于外，愚弄其民，而虞羿于田，樹之詐慝，以取其國家。外內咸服。弙猶不悛，將歸自田，家眾殺而烹之，以食其子。其子不忍食諸，死于窮門。靡（夏遺臣）奔有鬲氏（國名，今平原鬲縣，音革），浞因

三三

斟灌，生澆及豷。恃其讒慝詐偽而不德于民。使澆用師，滅斟灌氏及斟尋氏（二國夏同姓諸侯，仲康之子后相所依。樂安壽光縣東南有灌亭，北海平壽縣東南有斟亭）。處澆于過，處豷于戈。（東萊掖縣北有過鄉，戈在宋鄭之間。）靡自有鬲氏收二國之燼，以滅浞而立少康。少康滅澆于過，后杼滅豷于戈，有窮由是遂亡」。

鄾 金文鄾子蒷鼎。此字《說文》不載。字從邑，從自畀。邑者國也。畀者地之名也。嘗讀《孟子》：「象至不仁，封之有鼻。有鼻之人奚罪焉。」以形聲求之，似宜以鄾為正字。

〈曾侯乙鐘鄾字〉

考《漢書》六三五〈武五子傳·昌邑哀王髆傳〉：「舜封象于有鼻，死不為置後。」注：「有鼻在湖南零陵。今鼻亭是也。」字或作庳。故址在湖南道州。曾立象祠，唐元和中刺史薛伯高毀去。（見柳宗元〈道州毀鼻亭神記〉。）（錄自《辭源》有庳條下。）其則《漢書》作「鼻」，《辭源》作「庳」，皆通假字也。自應以鄾（鄾）為正文而無疑。知「鄾」字以象（人名）而為國名矣。

𨛫 夨 桃 𨛫 奄 《說文》：「周公所誅𨛫國。」《玉篇》作「奄」。奄𨛫二字周時並行，今則奄行而𨛫廢。《春秋昭元年》：「周有徐奄。」注云：「二國皆嬴姓。」昭九年云：「蒲姑、商奄，吾東土也。」（蒲姑古亦作薄姑，今山東博興，伯禽封于魯，遷奄民于蒲姑即此。）〈定九年〉：「因商奄之民，命以伯禽而封于少皞之墟」是也。《大部》曰：「奄，覆也。」（按此下皆言奄字造字之指）《爾雅》：「奄，蓋也。」故商奄亦稱「商蓋」。《

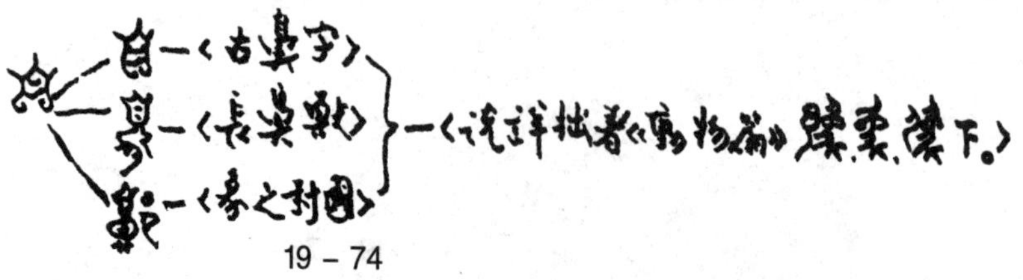

墨子曰：「周公旦非關叔，辭三公，東處商蓋。」辛公甲曰：不如服衆小以劫大，乃攻九夷，而「商蓋」服矣。商蓋即「商奄」也。奄在淮北。《書多方》云：「奄在淮夷，曲阜是也。今山東兗州曲阜城東二里有奄城，故奄國也。」

劉子奄字形音義之初探：按奄之本文從大從申。大者，天之象也。申者古電字，電之變文也。《則陽篇》云：「天地者，形之大；陰陽者，氣之大。」故知奄字從大，所以示天能蓋地也。從申者，陰陽相盪之聲，所以示電聲可以奄蓋衆音也。故訓義爲蓋。此指事兼會意字也。《墨子》段蓋爲奄，取上古盛食于器，蓋以白茅之意。《詩》：「野有死麕，白茅包之。」《蔡雝獨斷》：「天子大社，以所封方色土，苴以白茅。」皆其義例。故知金文奄上奄上申，下大，變構式也。《伯奄鼎》之𣡗，林、艸古通。《卜辭》之蒦之𣡗或之𣡗或之𣡗，甲骨蓋之𥁕、𥁕、𥁕、𥁕，金文之𥁕，皆盛食于皿，奄以白茅之象。皆奄蓋通之例證。

耶 郇 《說文》：「右扶風鄠縣。」有耶鄉 考《百家姓》云：「祖，范陽郡，系出任姓，奚仲之後，別姓祖氏。祖乙、祖伊，見《商書·說命·西伯戡黎》，祖伊咎周。晉有祖逖。」考《詩·大雅·皇矣》云：「密人不恭，敢距大邦，侵阮徂共。」（徂、祖，下同。）「共」，注：「阮也，徂也，共也。三國紀周，而文王伐之。」

三四

按《詩》之「俎」、《百家姓》之「祖」，皆通段字。自宜以「⿰且阝」為正文而無疑。蓋從邑之字，皆古代國名。國滅之後，子孫去邑而存其半以為氏。此古文字沿革之常規。示意如下：

⿰且阝（國名）→ 且（古文祖）→ 祖（今文）→ 祖宗 / 姓氏

宓　宓

《百家姓》：「平昌郡，系出太昊伏羲氏。」「伏羲」氏古之「宓羲」（宓、伏古同音）。《孔門弟子》宓子賤，秦有伏生，皆太昊之裔。《詩大疋·皇矣》：「密人不恭，敢距大邦。」註：「國有密須氏。」疏引王肅曰：「密，姞姓之國。」復考《百家姓》：須氏，渤海郡，系出密須氏。燕、尌、唐國」。《左傳定四年》：「分唐叔以大路、密須之鼓」。卽其國名。更考《春秋宣三年》云：「鄭文公賤妾曰燕姞，夢天使與己蘭，曰：余為伯儵，余而祖也。石癸曰：吾聞姞、吉人，后稷之元妃也。」註：「燕姞，南燕姓。」《晉語》云：「黃帝之子得姓者十四人，姞其一也。」據此，可知宓出于太昊，而宓須姞姓則出于黃帝。則「密須」與「宓」各有宗系。未審混淆也。王肅釋《皇矣》之「密人」為姞姓之國。殊不悉姞姓家族，后稷元妃之所姓。姬周之外祖後裔。以歷史經驗律之，外戚篡權之例見于呂氏危劉，其危機生于宮闈之內。者也，但姬昌之革殷雖非呂雉，而文王更非惠帝之幼闇。與姞氏之族始終一齊，保持着相親附外戚關系。直至武王克商召公封燕之後，南燕姞氏仍然以北燕、尌唐之君而臣服于周。此載在史冊，有證可稽者，無須置辯也。故知王肅之攷證未必的當。而《皇矣》所謂「密人不恭」。

大鬽 卜編 當系太昊宓犧之裔可知矣。吾人對經籍文獻的考證，斷不宜盲目崇拜文史權威。而是要實事求是，以合理為最高原則。庶克免撲朔迷離之患。

已故唐蘭先生，于《殷墟文字記》中有云：「《卜辭》「大鬽」字，即「宓犧」之宓字初文。與《說文》「鬽」字乃異文而同字。謂鬽字從彡《鬼毛》與甲骨文大鬽字造型從大《人形》，從大《腦毛》同意。皆所以示「宓犧」《腦毛叢密》氏家族血緣傳統生理特徵之形態。其說異常生動而明確。唐蘭又把腦毛叢生的大鬽《宓》字，與古文𢓊《發》字上了嚴格的區別劃分。堪稱慧眼獨到，明察秋毫之見。惜乎天不假年，遽棄未及問世，亦文壇之無限損失，惜哉。

阮

阮 阮《詩·皇矣》：「侵阮徂共」。《說文》：「代郡五阮關也」。按許氏之訓，非《皇矣》之阮也。考阮之為字，從𠂤從元。商代諸侯國名。《世本》云：「阮，偃姓」。地望在今甘肅涇川縣境。阮籍，阮咸皆其後裔。

共 龔《詩·皇矣》：「密人不恭，侵阮徂共」。《百家姓》：「武陵郡，系出共工氏，黃帝時，司水土。子句龍繼其職。其後以龔為氏。今甘肅涇川北，即古之共國也。

鄀 鄀 《廣韻》《集韻》《韻會》同訓：「國名」。按鄀字《說文》不見。

《考論》：按《春秋傳二十五年》：「秦晉伐鄀。楚鬬克、屈禦寇以申、息之師戍商密。秦人過析，《楚邑。今河南析縣見名勝注》隈入而係輿人，以圍商密。昏而傅焉。《杞城》宵。坎血加書，偽與子儀、子邊盟者。《二子屯兵于析，為商密援》。商密人懼，曰：秦取析矣。戍人反矣。乃降秦師。囚申公子儀、息公子邊以歸。楚令尹子玉追秦師，弗及。」《注》云：「鄀本在商密，秦、楚之間小國。其後遷于南郡鄀縣。」據在後遷鄀，稱舊鄀以為本耳。其實此時仍在商密。後始遷于鄀縣。國季後縣而滅。故後縣與得「鄀」名。

筆者按：今傳世出土青銅器有：《商雒鼎》、《雒公諴鼎》、《蓋雒公諴簠》。據《考古圖》載，謂皆得于上雒。《今陝西商縣》其銘文字皆作鄀。青銅器更有《上鄀府簠》、《鄀公平侯鼎》。其銘文字皆作鄀。此鼎于一九七二年湖北省襄陽縣《余崗山灣出土。《商周青銅器銘文選》注釋：「上鄀府，器主名。鄀，國名。引《春秋傳二十五年》：「秋，秦、晉伐鄀。《僖》」杜預注：「鄀本在商密。秦、楚界上小國。其後遷于南郡鄀縣。」商密在河南省淅川縣西南。《按淅川古名析，水經即秦人過「析」之析縣，其地也。析水乃丹江支流。故杜注曰：南郡鄀縣則在今湖北省宜城縣東南九十里。根據《彝銘》：「鄀分上、下。上鄀之鄀從邑而作鄀，下鄀之鄀從竹而作鄀。下鄀之鄀《公諴鼎》

出土于上雒，即陝西商縣。地與古商密接壤，故知商密為下鄀。而今上鄀府簠出土于襄陽縣，地近宜城東南，故知即古上鄀。上鄀與下鄀，應是同一國族的延存分支。鄀國本在下鄀，後遷都至上鄀。

筆者考《史記·楚世家》云：「昭王十二年，吳復伐楚，取番（鄱陽）。楚恐，去郢，北徙都鄀」。復考《史記·吳太伯世家》：「闔廬十一年，吳王使太子夫差伐楚，取番。楚恐而去郢徙鄀」。史考《春秋·定六年》：「四月己丑，吳太子終纍（夫差）敗楚舟師……楚國大惕。于是乎遷郢于鄀」。按此即楚滅上鄀之期而無疑矣。但下鄀自商密南遷宜城之期，雖史無紀載，以編年紀事之時序推之，其必在僖二十五年——定六年，前三十一年之中而無疑矣。現代出版之《辭源》：邑部「鄀」字下云：「一、春秋列國名。《左傳·僖二十五年》：「秋，秦晉伐鄀」。注：「鄀在商密，秦楚界上小國，其後遷于南郡鄀縣」。二、《史記·吳太伯世家》：「吳王使太子夫差伐楚，取番，楚恐而去郢徙鄀」。《集解》引服虔曰：「鄀，楚邑。在今湖北宜城縣」。

據以上資料紀述，皆不謀而合，可稱信而有據。

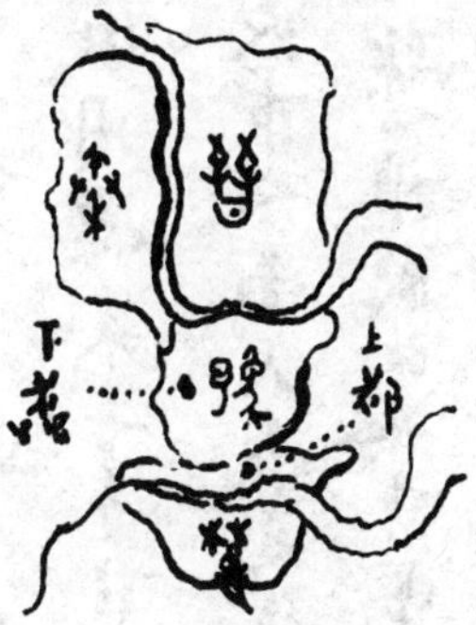

許 鄦 鄦 鄦 鄦《說文》：「𨙅，炎帝太嶽之胤，甫侯所封。」段注：「炎帝神農之裔，子爲太嶽，封于呂。……」按《左傳隱十一年》：「夏，鄭伯伐許。……鄭伯曰：王室而既卑矣。周之子孫，日失其序。夫許太嶽之胤也。天而既厭周德矣，吾其能與許爭乎？」此《說文》之所本。《廣韻》云：「出高陽汝南。本自姜姓，炎帝之裔。太嶽之後，其後因封爲氏。」《地理志》云：「潁川郡，許縣，故許國。漢名許縣，魏武改爲許昌。」（今河南許昌）。

鄧 𨚔 𨚔 鄧《說文》：「曼姓之國。今屬南陽。」《百家姓》：「商武丁（高宗）封叔曼季於鄧，後以國爲氏。」《春秋莊四年》：「楚武王伐隨，將齊，入告夫人鄧曼曰：『余心蕩。』」故知鄧曼即鄧國之女。其實，鄧應該屬于子姓。

郼 郼《呂氏春秋·慎大》：「湯立爲天子，夏民大悅，親郼如夏。」注：郼讀如衣，今兗州人謂殷氏皆曰衣。」《周書》：「文王夢天帝，服玄纕，立于令狐之津。曰：『昌，賜汝望（姜尚）。』望釣於河，得玉璜，刻曰：『克郼者姬昌。』」《呂覽·慎勢篇》：「湯其無郼，武王無岐賢也。」繇此可證，「郼」之爲字，乃商代始祖偰的初封地名無疑。非盤庚遷殷之殷也。

鄶 《說文》：「祝融之後，妘姓所封。潧（溱）洧之間。鄭滅之。」鄭注譜曰：「檜者古高辛氏火正祝融之墟。鄶國在豫州外方之北，熒播之南，居溱洧之間。祝融氏名黎。後為鄭桓公之子武公所滅。」《世本》云：「祝融之弟吳回生陸終，陸終第四子求言，是為妘。鄶人，即鄶之祖也。在今河南密縣。

鄫 《說文》：「姒姓國，在東海。」《百家姓》：「少康子曲烈，封于鄫。」《春秋襄四年》：「晉侯享公，公請屬鄫。五年，晉人以鄫故來討。曰：『何故亡鄫？』」《左傳·襄十九年》：「宋公使邾文公用鄫子于次睢之社。」《前志》云：「東海郡繒，故國，禹後。」《後志》云：「琅邪國繒，故屬東海。今山東兗州府繹（嶧）縣東八十里有故鄫城。」

筆者按《嶧縣志》云：「夏后氏帝杼，伐三壽，封其子曲烈于鄫。滅于莒。其後人仕于魯。去邑而以曾為氏。」孔門大賢曾皙、曾參其後裔也。誰不知道，大禹治理洪水，劃分九州，為萬民立下了不朽功勳。因而受到了兆民擁戴，領導了四百餘年的政權。然而歷史是無情的。自從「湯放桀于南巢」之後，夏后氏就已經脫離了上層社會，經歷了商周兩朝一千四百年之久。他们仍然以「滅國之餘」的政治殘渣而苟延于戰國末期。最終還是不能逃避由腥的方式把他们送回羣眾中去。（按鄫滅于莒見魯襄公六年）

鄅

鄅《說文》："妘姓之國。"《春秋昭十八年》："鄅人藉稻。邾人入鄅。"《今·正·義》曰："鄅為妘姓。《世本》文。韋昭曰："陸終第四子求言為妘姓。"杜曰："鄅，今琅邪開陽縣。即《春秋·襄三年》之'啟陽'，今沂州府北十五里，有故開陽城。

錢

錢《百家姓》："彭城郡，系出錢氏。錢鏗，彭祖之名。支子支竹而為錢氏"。復考《百家姓》彭字下注云："顓頊裔孫陸終氏第三子錢鏗，封於彭（徐州）是為彭祖。歷唐、虞、夏、商，子孫世為諸侯……"

《考證》：筆者考《百家姓考略注解》與《史記·楚世家》所載同。故知錢、彭二氏同出一源。"錢"之為字，本為貨幣之名。《說文·金部》："銚也"。銚者上古農器也。（說詳拙著《經濟篇》在此從略）為什麼"錢幣"會變成家族的姓氏？這是有歷史背景的。

考《唐·林寶·元和姓纂·五仙》云："顓頊曾孫陸終生彭祖，裔孫孚，為周"錢府"上士。（相當于現代國立銀行總裁）以官為氏。"秦有御史"大府"錢產。按"大府"與"錢府"同是國家金融機構名稱。從社會"經濟學"與古文字形義互證之，可知錢氏之族以"錢"為姓，與"司馬"、"司徒"、"司空"之以"職為姓"同例而無疑。有來錢氏家族是由累世居官職司金融貨幣管理專業而得"姓"。有其歷史淵源的。

郳（金）郳（篆）《說文》：「郳，齊地。」按《春秋莊五年》秋：「郳犂來朝。」注：「郳，附庸國也。東海昌慮縣東北有郳城。犂來名也。後為小邾。」復按《百家姓考略》云：「郳，千乘郡。周有黎郳，附庸小國。後稱小邾。子孫去邑為兒氏。漢有兒寬，後加人為倪。」《校水滸傳》有搭毛紅倪篆。近代有安徽倪嗣沖、倪道烺。復考宋鄭樵《通志》云：「郳，國，曹姓國。邾挾七世孫夷父顏有功於周，次子友父別封附庸，為小邾國。以居郳，故又稱郳國。」可知郳姓地望之建立，遠在西周之前，縣來久矣。惜無資料可據，難以考證耳！今只能就小邾世系之淵源略陳其梗槩。《百家姓考略》云：「朱，沛郡。顓頊之後。武王封曹挾于邾。《鄒》鄒縣，鄒邑

鄒鄒 亦名邾婁。邾婁之合音為鄒。」後世遂以鄒為地名，又以為氏。《周有鄒衍，漢有鄒陽。》《史考》《百

曹（金）曹（卜）家姓考略曹下》注云：「曹，譙郡。顓頊五世孫陸終第五子安，大禹賜為曹姓。邾國、黎、郳皆其後也。」《史考》《許曹譜》云：「周武王封弟叔振鐸於曹。今濟陰定陶是也。」《姓氏急就篇》云：「周武王封曹叔振鐸，後以國為氏。」又按《春秋襄六年》云：「十一月，齊侯滅萊，遷萊於郳。」以上各方資料，紀載中可以反映出曹、邾、郳三姓之國與歷史變化概況，述之如下：

竊以為大禹封陸終之子於曹，地居譙郡，此曹氏封國之始基也。曹字入卜

辭之𣗥，或之棘，金文之𣡿。皆花草叢集之象。此形義也。尤其是金文𣡿字，楚文从桑。顯示了原始母系氏族的遺跡以及特定地與環境的生物形態特徵。假如筆者尚未想錯的話，則古曹國地望也許就是所稱「牡丹之鄉」的山東西南部之菏澤縣境古名「曹州」其地歟!? 其地西与沛縣接壤，古名譙郡，竊与文獻紀載，皆若合符契。

怎樣弄清曹、邾、小邾、郳、萊与當時的名门巨族——姬、姜二姓的歷史背景的淵系，是非常之要的。請論其時空交替順序：

大禹封陸終之子於曹，則曹國之建立之遠在商周二代之前，自不容疑。至武王克商之後而封弟叔振鐸於曹，此姬姓侵曹，據為己有而遷曹姓之族於邾（鄒），亦与周公封伯禽于魯而遷奄人於蒲姑（今博興）其例相同。此曹、邾同源之所由来，故!? 曹姓遷邾之後，子孫蕃衍，復取郳國而代之，號稱「小邾」。此亦猶姬姓取曹之地據為己有之例，先後如出一轍。可嘆郳姓之國，附庸之級，至此已無處可遷，雖欲不亡，其可得乎? 其後魯襄公六年齊人滅萊而遷萊君於郳，則此時郳既不存於國籍之林，不過僅存地名。此時被強齊指定遷郳之「萊君」，所接管之「郳」，事實上已經是有名無實的「郳」，而是「小邾」矣。厥後戰國末期，東海盡為楚有，遂遷邾於江夏

故鄣國之名蓋即「鄣邑」二字之合音字也。

《湖北黃崗》故許氏《說文》訓「鄣」為「紀邑」，此亡國之鄣，非初期東海之鄣矣。

有來，遂成小國，遷徙流亡者，皆五霸七雄之力也。自然也包括王業的新陳交替。

瀾于「鄣」國地望之考證，位於今山東滕縣東南，棗莊市西北之西鄣，即古鄣國之境也。西鄣之西有羊莊鎮，即《漢地理志》之「昌慮」國。位于羊莊之北有「莊里」，其地有名郡古城遺蹟。筆者幼年遊歷其地尚能見之，至今記憶猶新，而今無矣。一九八二年，余從事野外考古，曾于西鄣西南發現高地一片，遍地瓦礫，當場拾得陶鬲一器，此即鄣國遺址。於考證文字之學，著錄於此，以誌不忘。

𤅊

𤅊 《說文》：「泉水也。从泉，緐聲。」段注：「泉水者，泉出之水也。」《淮南書》云：「莫緊於流灕，而鑒於澄水。」許注云：「楚人謂水暴溢為灕。」灕即𤅊字。」

筆者按：𤅊之為文，从泉从緐，緐、繁形損而義通。《書·仲虺之誥》：「寔繁有徒」，《傳》：「繁，多也。」《禮·鄉飲酒義》：「拜至辭讓之節繁」，《注》：「繁猶盛也」。《孝經序》：「安得不剪其繁蕪」，《注》：「繁，雜也」。故知「𤅊」有泉水繁盛眾多之象。緐之初注字也。

𤅊 文書所謂「建瓴一直，同息相接」者是矣。又考《集韻》𤅊字訓「泉名，在魏郡」。按𤅊之為泉與𤅊同義，皆有泉水盛多之象。青銅器《[illegible]》銘文：「[illegible]孫子景𤅊道」

三九

呂數」。亦「子孫繁衍多福」之意。示意如下：蔡—瀿—蘩—蘩人意繁多意

繁水 繁陽 《穆天子傳》：「是有繁水樓」郭注：「今西有渠搜國，疑即渠字。」

按渠字是聲假字。𣅀、濮、渠，字皆从水。故繁陽為渠之異體。

鄎 鄎 《說文》：「姬姓國也。在淮北。今河南光州息縣。淮水在縣南，故息城在縣北三十里。」按《春秋隱十一年》：「鄭息有違言，息侯伐鄭，鄭大敗而還。君子是以知息之將亡也。不度德，不量力，不親親，不徵辭，不察有罪。犯五不韙，而以伐人，其喪師也，不亦宜乎？」《疏》：「息與鄭同姬姓也。」《莊十四年》楚文王滅息。（公元前六八〇年）其初則不知誰之子。何時封也。」

郯 郯 《說文》：「東海縣，帝少之後所封」。注：東海郡郯，二《志》同。今山東沂州府郯城縣。縣西南百里有故郯城。」《齊志》曰：「郯故國，少昊後，盈姓。按盈即嬴字。

復按《春秋昭十七年》：「秋，郯子來朝，公與之宴。昭子問焉。曰：少昊氏以鳥紀官，何故也？」注：「少昊金天氏，黃帝之子，己姓之祖也。」疏引《正義》曰：「《帝系》云：黃帝生玄囂也。」《史紀》云：「黃帝正妃生二子，其後皆有天下。其一曰玄囂，是為青陽，降居江水。是不為帝也。此傳言其以鳥名官，則是為帝明矣。故《世本》

及《春秋緯》皆言：「青陽即是少昊，黃帝之子，代黃帝而有天下，號曰少昊金天氏。少昊氏身號，金天氏代號也。」《晉語》：「青陽與黃帝同德，故為姬姓。黃帝之子十四人，為十二姓。其十二有姬有己。青陽既為姬姓，則己姓非青陽之後也。而《世本》云：「己姓出自少昊」，非青陽也。世遠書亡，不可妄考耳。」《筆者按：晉書將青陽與少昊分為二人，蓋未詳古代姓氏與國號分立之故。如黃帝有熊國之君，又稱軒轅。帝堯伊祁氏又號陶唐氏，諸此例不勝枚舉。故知《晉書》之說近泥。況《晉書》出於《國語》，其書始於春秋。而《世本》紀事始於黃帝，其成書時代必在《晉書》之前。而《晉書》亦未能舉出少昊與青陽確為二人之有力反證，其說難從。自宜從《世本》之紀述為優。

筆者更考《竹書紀年》：「帝摯，少昊氏。」《箋按》：《帝王世紀》曰：「少昊名摯，字青陽，宗師太昊之道，故曰少昊。母曰女節，見星如虹，下流華渚，既而夢接，意感，生少昊。」《箋》按《易緯河圖》曰：「女節生帝朱宣。」宋均曰：「朱宣，少昊字也。是女節乃少昊母。而《五帝外紀》曰：「少昊金天氏，名摯，己姓，黃帝之子玄囂也。母曰嫘祖，感大星如虹，下流華渚之祥而生帝。是皆外紀之誤也。」

據以上系統資料觀之，可歸納為如下：

一、主少昊為嬴姓者，見于許（慎）《說文》。（據此說難考）

二、主少昊金天氏為黃帝之子青陽，為己姓之祖者，見于《左傳》所敘世本》、《易傳》。

三、主少昊為玄囂者，見于《晉書》、《五帝外紀》。

四、主少昊即帝摯者，見于《竹書紀年》、《帝王世紀》。

庭語：少昊既屬黃帝之子，自宜定為姬姓而無疑。今山東曲阜之東仍有「少昊陵」在焉，其物證也。此周公封伯禽於魯，少昊氏之墟。其地居東海之境，與郯國相距非遠。故知郯國乃少昊之裔而無疑矣。古集之紀載各有異同，則難于分辨矣。

庭[illegible]相《說文》：「[illegible]侯國，己氏不姓者也。」據《春秋昭十七年秋》：「郯子來朝。公與之宴，昭子問焉。少昊氏以鳥名官〈鳥圖騰〉何故也？郯子曰：「吾祖也，我知之。昔者黃帝以雲紀官，故為「雲師」〈雲圖騰〉而雲名。炎帝氏以火紀，故為「火師」〈火圖騰〉而火名。共工氏以水紀官，故為水師〈水圖騰〉而水名。太皞氏以龍紀官，故為龍師〈龍圖騰〉而龍名。我高祖少皞摯之立也，鳳鳥適至，故紀于鳥，為鳥師而鳥名，鳳鳥氏「歷正」也。玄鳥氏「司分」者也。伯趙氏「司至」者也。青鳥氏「司啓」者也。丹鳥氏「司閉」者也。〈以上各類職稱都是具有特定季節性的值勤官員。各有不同的業務範疇〉祝鳩氏「司徒」也。〈主教育〉鴡鳩氏「司馬」也。〈主軍事〉鳲鳩氏「司空」也。〈主工程〉爽鳩氏「司徒」也〈主司法〉鶻鳩氏「司事」也。〈主行政〉「五鳩」鳩民者也。〈組合勞力〉「五雉」為五工正〈賈逵云：西方曰鷷雉，攻木之工也。東方曰鶅雉，搏埴之工也。北方鵗雉，攻皮之工也。南方翬雉，攻金之工也〉利器用，正度量，夷民者也。九扈〈雇〉為九農正。」傳：「扈有九種，春扈鳻鶞，夏扈竊玄，秋扈竊藍，冬扈竊黃，棘扈竊丹，行扈唶唶，宵扈嘖嘖，桑扈竊脂，老扈鷃鷃。」

〈漫語〉：這個選擇自然界各種不同形色的一個「益鳥群」，作為自己氏族內部細緻分工的職稱，就是上古「少昊金天氏」的氏族部落特徵。這不僅顯示了當時我們祖先對天文曆法、動物屬性本能，已經具有特定觀察，而且對軍事、行政、司法、教育……已經有了明確的社會分工。特別是其中的「五雉」和「九扈」中，更凸顯、突出了科技與農業在生產建設中的重要作用。這是值得我們體會而深思的。

鄭 〈說文〉：「周厲王子友所封。」按：鄭本西周畿內之國。宣王封季弟友〈

桓公）於此。在今陝西華縣境。幽王之世，申侯引犬戎入京，幽王被殺，桓公死難。其子武公與秦襄率兵勤王，與晉文侯定平王於東都洛陽。取虢、鄶、鄔、蔽、補、丹、依、𩁹、歷、華十邑之地。右雒左濟，前華後河，食溱洧之上。今新鄭是也。及戰國滅于韓。

韓

韓《詩大雅·韓奕》：「韓，姬姓之封國也。」（地在陝西韓城）後為晉所滅。封桓叔子萬于韓原，曰韓武子。世為韓氏。至戰國與趙魏三分晉國之地，列于諸侯。卒亡于秦。

錢

錢《百家姓考略》：「彭城郡，系出錢氏，彭祖姓錢名鏗，支子去竹而為錢氏。」按唐林寶《元和姓纂》：「顓頊曾孫陸終生彭祖，裔孫孚，為周錢府（等於今銀行）上士，以官為姓。」

黃

黃鄭《百家姓考略》：「江夏郡，顓帝曾孫陸終之後，封于黃，子孫以國為氏。楚有春申君黃歇，漢有丞相黃霸，孝子黃香。」《左傳·桓八年》：「楚子合諸侯於沈鹿，黃、隨不會。」注：「黃國，今弋陽縣。後滅于楚。」《通志·氏族略》：「黃，嬴姓十四氏之一。」

祝

祝《百家姓考略》：「祝，太原郡」：「系出有熊氏。周武王封黃帝之後于祝。」

鄭有晛碑，衛有晛魮。」按《春秋·哀二十三年》：「晛宣叔娶於鑄。」杜預注：「鑄國，濟北蛇丘縣所治。」考《呂氏春秋·慎大覽》：「武王勝殷，入殷，未下車，封黃帝之後于鑄。」現代出土青銅器有《鑄公簠》、《鑄子叔黑臣簠》、《鑄叔簠》。鑄公之女曰「孟妊」，說明了鑄是妊姓。其字應與嬌、姚、姬、姜諸字从女同例。後世乃作「任」。任姓為黃帝之裔，禺陽封於任。黃帝之子得姓者十四人，任其一也。古文晛、鑄二字互通。《淮南子·俶真訓》：「今夫冶工之鑄器」，注：「鑄，讀若晛。」此古音鑄晛同音之例。《禮記·樂記》：「武王克殷，反商，未及下車而封黃帝之後于薊，封帝堯之後于祝。」此鑄、祝互通之又一例。但其後世所出當以《慎大覽》所說為是。《逸周書》：「祝氏己姓，黃帝之後。武王封黃帝之裔于祝。」說「晛」為己姓，是不對的。其為黃帝之後，則與《慎大覽》相一致。後滅于齊。

尋

尋[illegible][illegible][illegible]等《尋中子盤》為青銅器之一。考《左傳·襄四年》：「韓浞使澆滅斟灌及斟鄩氏。」注：「樂安壽光東南有灌亭。北海平壽縣有斟亭。今萊州濰縣即斟鄩。」

鄗

鄗鎬[illegible][illegible][illegible]《穀梁傳·桓十五年》：「公會齊侯于鄗。」注：「鄗，左氏

上文。《公卜年上匜》。《甲骨文》有[glyph]、[glyph]二文，其字應在西周之前。故不宜視為武王所都之地。而「[glyph]」既是齊魯二君相會之地，必不會視齊魯是遠方。只有「鎬」字可以武王之都，彰彰明矣。但許氏《說文》則列「鎬」為「溫器」。然則武王所都之地，固無需用此字矣。甚亦哉，考古之難也。

江

江 [glyph] 《百家姓考略》：「濟陽郡，系出嬴姓。國於江漢之間。」青銅器有《江小母生鼎》。考《春秋》僖二年：「秋盟于貫，服江黃也。」註：「江黃，楚之與國也」。

索

索 [glyph]卜 [glyph]金 [glyph]金 [glyph] 按《百家姓考略》：「武威郡，系出子姓，殷之公族也。」復按《春秋定四年》云：「殷氏六族，條氏、徐氏、蕭氏、索氏、長勺氏、尾勺氏」。筆者按：索氏之族地望，《考略》紀載世居于魯。又云武威郡。武威地處甘肅。顯非一地。但《左傳》云：「殷氏六族，帥其宗氏……即命于周。使之職事于魯……」其紀載亦同于《考略》。故如武威或索氏始封之地，而魯為殷亡之後，又遷于西周所命之第二故居矣。

索字造型古文上[glyph]。象皮革、植物纖維紡織繩索器之形象。而[glyph]字造型從[glyph]從糸。與[glyph]字同例。[glyph]、[glyph]同是屋室之象。糸與林皆為纖維物體。《說文》[glyph]部云：「麻，从林，从广。林，人所治也。在屋下。」故如

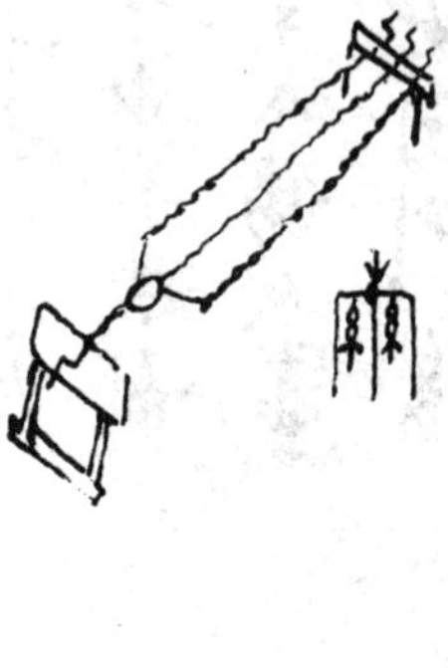

上古紡績、繩索工藝，皆在室內作業，堪從文字形象推知之。索字《說文》作索，訓云：「艸有莖葉，可作繩索。從朩、糸。」按，朩者，分枲莖皮也。糸者繩索之形。《詩·豳風》云：「晝爾于茅，宵爾索綯。」《箋》云：「爾，汝也。汝當晝日往取茅歸，夜作絞索，以待時用。」此古代人民以農暇之業餘時間從事副業勞動，選擇室內環境夜晚活動之證。世則索字用為姓氏，亦以「枝為姓」之例矣。

祁

祁　祁　《百家姓考略》云：「祁，太原郡。帝堯伊祁之後。晉有祁彌明、祁奚。」許氏《說文》亦云：「祁，太原縣。」段注引《南志》曰：「賈辛為祁大夫，見《左傳·昭十八年》。前此已有祁奚、祁午、祁勝、祁盈，以邑為氏。今山西太原府祁縣東南七里，有祁亭。漢縣治也。」

杜

復考《百家姓考略》杜字下云：「杜，京兆郡。封於唐，周滅之，處其族于唐、杜之間，居杜者姓杜氏。周有杜伯。」俗名曰唐杜，又曰啺杜。」如杜伯乃太原祁氏家族之分支，遭周室滅國而遷徙於京兆（西安）者，可知杜氏即上古帝堯之後裔而無疑。

叢諸祁、杜二氏家史同源，可以論之。蓋祁、杜二氏之原始地望同居太原。太原乃古有冀州之境，帝堯之所都也。《詩·唐風序》云：「周成王之母弟叔虞所封也。其地帝堯夏禹所都之墟（遺址）也。漢曰太原郡，在古冀州太行恒山之西，太原之野云：」

復考司馬遷《史記·晉世家》云：「唐叔虞者，武王子而成王弟。初，武王與叔虞母會時，夢天謂武王曰：余命汝生子，名虞。……武王崩，成王立，唐《伊祁》有亂，周公誅滅唐。成王與叔虞戲，削桐葉為珪，以與叔虞曰：以此封若。史佚因請擇日立叔虞。成王曰：「吾與之戲耳。」史佚曰：「天子無戲言，言則史書之，禮成之。」遂封叔虞于唐……」

唐即帝堯之墟，亦即太原祁杜二氏家族之地望。故知杜伯其人乃伊祁氏之後。

《商周青銅器銘文選》中有《杜伯尊鬲》，其銘文云：

『杜白乍叔𡢁尊鬲，其萬年子孫永寶用』

𡢁即祁之初文。祁、祇同聲，古篆祇作𡢁（鄀侯以簋）、𡢁（石經）、𡢁（中山王壺）、𡢁（秦侯鎛）、𡢁（蔡侯盤）、𡢁（石鼓文）、𡢁（中山王鼎）

《杜白鬲》從𡢁，增女而作𡢁。亦猶上古「人大姓」之「姜、姬、媯、嬴、姒、姞、姚、𡢁」字皆從女同例。此上古母系氏族社會文化之遺迹。故郭沫若氏釋「叔𡢁」即杜伯之少女，其鬲即此女之媵器，良有依據。𡢁字現代文字學界隸變作「𡢁」。

（按杜氏之國於春秋時滅於秦寧公。）

吳 吳卜 金 篆 《史記.周紀》:「……古公有長子曰泰伯,次曰虞仲。太姜生少子季歷。季歷娶太任,皆賢婦人。生昌,有聖瑞。古公曰:吾世當有興者,其在昌乎?泰伯虞仲知古公欲立季歷以傳昌,乃二人亡如荊蠻」。復按《吳泰伯世家》云:「泰伯之奔荊蠻,自稱句吳」注引宋衷曰:「句吳,泰伯始所居。地名。」按《說文.夨部》吳下云:「吳,大言也。姓也。郡也。」段引《詩.周頌.絲衣》:「旨酒思柔,不吳不敖」。《傳》云:「吳,譁也」。《說文.言部.譁字》訓:「譁,讙也」。知吳字本義有狂歌讙舞意。試尋繹如次:

夫吳之為文,從口,從大。象形、指事字也。口者歌聲也。大者兩股開張,左抑右揚,婀娜翩躚之態也。《唐白居易憶江南》詞云:「吳娃歌舞醉芙蓉」。此吳地美女風流善舞能歌之證。《文選.枚乘七發》:「若使先施、徵舒、陽文、段干、吳娃、閭娵、傅予之徒……遊服而御」。又《唐李白詩》:「吳娃與越豔,窈窕誇鉛紅」。由此觀之,則「三吳」之鄉,以粉白黛綠清歌妙舞而得名,可從文字形義得之矣。試舉吳之同源字,以覘其義:

夭 大卜 夭 篆 夭 夭 金 《說文》:「屈也」。徐曰:「夭矯其頭頸也」。《易說卦》:「坎為矯輮」。疏云:「使曲者直為矯。使直者曲為輮」。人人為之,藝乃加工,非自然功能形成,與「正直」為相對義。

四四

大凡人類體姿式之改變，必從頭部傾向之轉移開始。故歌舞者之姿態之所以富有千變萬化之機者，蓋託於頭部傾向之轉移。故字從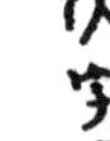。金文、二文，其形證也。故知即之初文。古篆舞作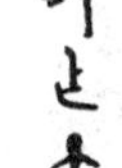之等形，其有力說明矣。

殀

殀《玉篇》云：「殁也。短折曰殀。」《傅毅·舞賦》云：「超逾鳥集，縱弛殟娛。」大凡物體的折斷，必緣屈度之超前，或伸展逾量。故殀字具屈折、夭亡二義。夭者，屈頭之象。此會意字也。短壽物之小者也。故少年死亡曰殀折。

娛

娛《說文》云：「樂也」。樂，卜辭上。字從丝從木。丝者絲之象，木者桐也。此琴瑟之象。歌舞者必有音樂伴奏。從從口，所以示男女同舞。故張衡《西京賦》有「窮懽極娛」之語。西方歐人謂之「狂懽節」。

吠

吠《玉篇》云：「婬聲」，吠從口，從夭。夭者屈頭之態，口者靡靡之音。桑間濮上之亡國之音也。故曰「鄭衛之聲」，訓爲婬聲。此指事字也。

妖

妖《正韻》云：「豔也，媚也。」一曰邪也，孽也。」這一系列的訓義，警醒地反映出人類性誘惑力爲工具的政治進攻的可怕性。故名曰「妖」。宗教哲學術語呼之爲「魔鬼」。

沃

沃《詩·檜風》云：「夭之沃沃」，傳云「沃沃，壯佼也。」〈健康美〉」《詩·衛風》云：「桑之未落，其葉

沃若」。注：「沃沃，茂盛也。」按沃之為文從艸從水從夭。艸有植物之象，水有滋潤光澤之態，夭有物體柔屈之姿也。沃字初意，原為詩經生物蕃盛的形容詞。其後延伸為土壤蕃養成份含量充足之名。故曰「沃野」、「衍沃」（沖積平原）、「肥沃」等詞。

祆

祆：《許慎說文》引《左傳宣十五年文》：「天反時為災，地反物為祆（本亦作妖）」天之為文本來含有美麗的形象，造字者揭示而止祆。成了「物自然之吉凶反常態的代詞。這有力地說明了我國的傳統文化對事物的認識是一分為二的。因為物質現象與「量」、質是相反相成的，偉大的仲尼常說：「好而知其惡，惡而知其美者，天下鮮矣」，可歎今人都缺乏這種智慧了。

鋈

鋈：《說文》：「白金也」。《詩秦風》：「陰靷鋈續」。鄭玄：「以白金飾續靷之環」。蓋塗上鋈是裝飾鐵環的銀粉塗料。等於現代的鍍金。目的在于增加鐵器的美觀。故鋈字從沃從金亦有光澤哉。

尾語：夭、夭、妖、妖、[illegible]、妖、沃、祆、鋈。

以上諸字，皆從夭的孳乳字，同具美麗之象，所謂連類一首同意相授，是曰「轉注」是也。

𪗉 《說文》：「齊部：𪗉，等也。」《集韻》、《正韻》同音「妻」，義同。

按：𪗉之爲文，從齊，從妻。訓義曰等。故知𪗉字有男女婚配夫婦平等義。考《說文·齊部》云：「禾麥吐穗上平也。」女部妻字云：「與己齊者也。」可爲義證。齊之同源孳乳字如儕、齌、齋、齍……皆具齊等之意。試考徵據引以明之：

隮 𨻻 隮 躋 登 《玉篇》：「登也。」《書·顧命》：「由賓階隮。」古代宗廟建築形式，西南皆比，階分東西。舉行典禮，主人東階而躋，賓由西階而躋，所以示平等以肩而進之意。故階字從比從阜。古宗廟祭享之禮，則王自東階而躋，后從西階而躋。《詩·蝃蝀》：「朝隮于西。」故「隮」之與「躋」同一動詞也，而有陽東陰西之異。惟善讀《周易》者可明《周禮》訓詁之深義。故「𨻻」字從阜，從齊，從妻，非偶然矣。雖位分東西而平等之意存焉。王者日之象也，后者月之象也。日升于東，月升于西。故「𨻻」訓曰「登」。登字從癶從豆，豆者祭祀之器，癶者左右二足之象。齊跂而上之態也。故𨻻字含男女平等之義，天之道也。

齍 《說文》：「黍稷器，所以祭祀者。」按黍稷之爲物，祭神之品也。在野曰黍稷、在器曰「盛」，古之義也。宗廟祭祀大典，必由王后二人共同主持。故「齍」字從「𠦝」從亝。從字與「䶒」同例，亦有男女平等之義。

儕

儕《集韻》《韻會》同訓：「音柴，等輩也。」《禮·樂記》：「先王之喜怒，皆得其儕焉。」注：「儕，猶輩類。」《春秋·僖二十三年》：「晉鄭同儕。」又《成二年》：「文王猶用衆況吾儕乎？」按：儕之為文，從人從亝。齊者相等之義。故人之年齡相等者曰「儕」。此猶身份相等者亦曰儕。故儕字亦有平等之義。

齌

齌《說文》：「緶也。」《玉篇》：「裳下緝也。」按：古制父母之喪三年，「斬衰」之服也。「齌衰」者，一年之服也。其衣襟下緣整齊（俗名鎖邊），與斬衰之衣緣參差破散為異。故齌字從衣從亝，亦有等齊之義。

四六

鄫  卜辭  金  金 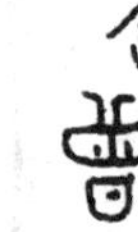 篆 《說文》：「鄫，姒姓國。在東海。」《春秋僖四年》：「鄫子來朝。」注：「鄫國在琅邪。鄫縣。」《左傳僖十九年》：「夏，宋公使邾文公用鄫子于次睢之社」知此際鄫尚未滅絕。至《春秋襄六年》始云：「莒人滅鄫。」知鄫國滅于此時矣。後人去邑而存曾以為姓。孔門弟子曾參，即鄫國之後裔。

按姒之為字，夏后氏之姓也。上古八大姓。曰姜、姬、嬀、姒、嬴、姞、姚、妘。看來，姒姓之族，繇來久矣。史書《嶧縣志》云：「夏后氏帝杼伐三壽。封子曲烈于鄫。是為鄫國創建之始。《百家姓考略》云：「少康少子成烈（即曲烈）封于鄫。」其地即今棗莊市嶧城區。

魯  卜  金  篆 《詩·魯頌譜》：「魯者，少昊摯之墟也。」《前漢地理志》云：「周興，以少昊之墟曲阜，封周公子伯禽為魯侯。以為周公主。《廣韻》云：「伯禽之後，以國為姓，出于扶風。」可見魯國之名，淵源已久。而非始自伯禽矣。《釋名》云：「魯，魯鈍也。國多山水，民性樸魯也。」揭示了風土民俗與自然環境的密切關係。

 之為文，从  从⊙。⊙在東方，所以示魯國地輿方位也。東海濱于魯境，魚鹽之鄉也。故字从魚从日。上古有「旅步氏」。居無定所，沿海而行，漁獵為生。後定居于魯。故古文「魯」、「旅」互通。

《氏族名》 《國名》

謝 □ 金 □ 卜 □ 卜 □ 卜 □ 卜 □ 籀 □ 篆 □ 金

《說文·言部》：「謝，辭去也。」《曲禮》：「大夫七十而致事，若不得謝，則必賜之几杖。」此謝字本義也。」按：此說甚是。蓋謝之為言，卸也。《卩部》云：「卸，舍車解馬也。」《增韻》云：「脫衣解甲曰卸，猶人出戲亦曰謝。」卸、謝音同而義通。故知謝字有感激義。故《韻會》文云：「拜賜曰謝。」謝字又有抗拒義。故《史記·儒林傳》：「謝絕賓客。」《正韻》云：「謝，絕也。」皆其義例。《淮南子·兵略訓》：「若春秋有代謝」，此謂義與卸字同有解除、失去意。此謝字之初義者。

然于謝字形義之初探：謝之為文，从言、从射。此後世諸變字，殊無以觀文字之真相。考謝字初文，《卜辭》、《金文》咸上□。此為一部寫生速寫。以雙手撢席去塵之態，象形兼指事字也。後起之寫、瀉等字之所从出。本書《人文》中已有述及。茲再不憚煩瑣，反覆以詳其義。《韻會》云：「拜賜曰謝。」此宜以□為正字。《儒林傳》「謝絕賓客」，應以□為正字。其字从□。有抗拒之象。故古籍恆假為「矢斯張」之□以示意。若《淮南·兵略訓》：「若春秋有代謝」則有去除意。自當視□為正字。至若□

四七

字則从𡕒从邑，乃方國之名也。《詩大雅》：「于邑于謝。」毛傳：「周之南國也。」朱傳：「在今鄧州南陽縣。」《廣韻》：「謝氏，出陳留會稽二郡。周宣王舅申伯封于謝，以邑為氏。」此𨛜字即其正文矣。

寫 [古文]卜 [古文]金 [古文]籀 寫篆 瀉隸 《廣韻》：「瀉，除也。」《增韻》：「傾也。」《詩邶風泉水》：「駕言出遊，以寫我憂。」傳：「寫，除也。」《玉篇》：「寫，傾也。」按古文有寫而無瀉。後世增瀉以代寫，而寫遂成書寫之寫書字。此古今之變也。《釋名》云：「揚豫以東，以吐為瀉。」宜以[古文]為正字。皆[古文]之同根字。表示如下：

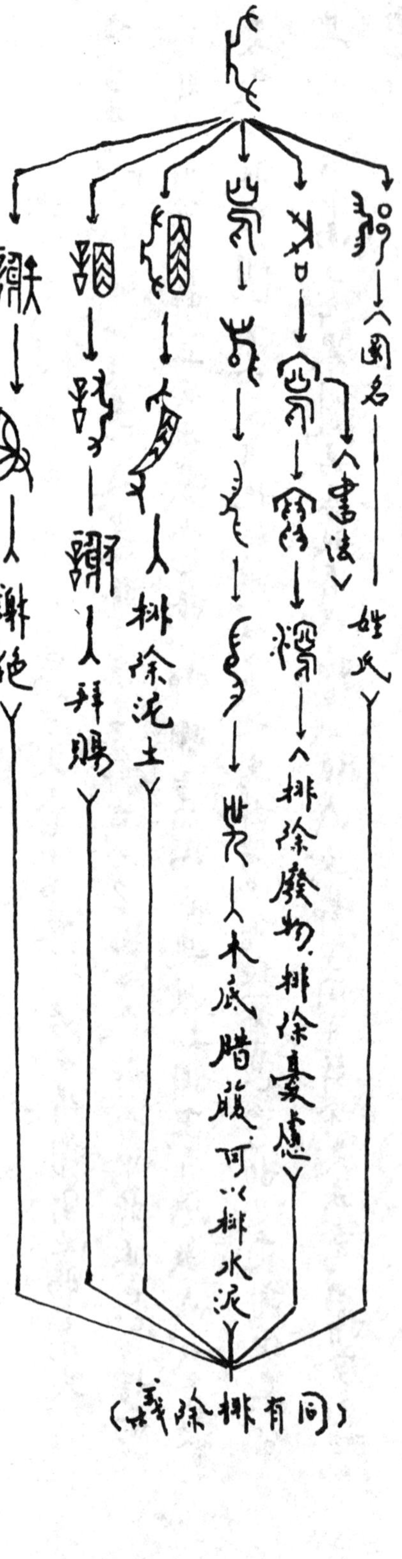

（同有排除義）

⿰氵姜□⿰姜阝

上⿰氵姜字見于《甲骨彙編》，乃「姜水」二字之合文也。為殷商以前上古地名。下⿰姜阝字見于《中華字典》。注云：「⿰姜阝，水也。」並引《山海北經》曰：「陸山，姜水出焉。而東流注于海。」復考《說文·女部》姜下云：「神農居姜水，因以為姓。」段注引《晉語》：「司空季子曰：昔少典娶于有蟜氏，生黃帝、炎帝。黃帝以姬水成，炎帝以姜水成。成而異德，故黃帝為姬，炎帝為姜。」韋注云：「渭水篇注曰：『岐水又東逕姜氏城南，為姜水。』引《帝王世紀》：『炎帝神農，姜姓，母女登，遊華陽，生炎帝，長于姜水。是其地。』」

筆者考《竹書紀年》云：「炎帝神農氏育于姜水，故以姜為姓……」愚謂《甲骨編合文》中有□字，从□，从□，从川。以形義推之，自宜釋為「姜水」二字。而《山海北經》之⿰姜阝字，从姜，从邑。揭示了姜之為地，即上古姜氏家族之聚居之地望也。上古母系社會人類知有母不知有父。故人類姓氏文字多从女。而氏族地望又多帶有山川河流風物特徵。故帝舜釐降二女于嬀水。故嬀字上□。字从□或□，从□。从□者，示人類只知有母不知有父也。或从□者，所以示上古人類定居，必擇有水之地也。此事可從田野考古原始遺址遍多證實之。嬀字从[glyph]者，所以示其地多象也。嬀字从又从象，乃右手牽持象鼻之態。看來古籍所謂「舜耕歷山，象耕鳥耘」之說，絶非空話，而是有文字造形可致明。本此而論，則[glyph]水之地多羊，[glyph]姓氏族部落，以游牧為生，亦可从[glyph]字求證之，亦昭然若揭矣！[glyph]字造型从[glyph][glyph]从[glyph]，似牽羊渡河之態。然則姓氏之与山川風物之關係已躍然紙上矣。文字本身即歷史考古化石，余觀此而益信。

嫞

嫞[glyph] 此字經籍罕見，見于《金石字典》字从女从[glyph]。女者，婦人之象，庸者用也。《書·堯典》：「疇咨若時登庸」。《傳》：「將登用之」。堪為義例。女性年長衰備無夫，家貧無以自養，寄食富人之家，傭工以謀生，女役之流也。故知嫞「傭」同義。在男曰傭，在女曰嫞，此其義矣。

《討論》此字造形上[glyph]、[glyph]、[glyph]由以箕而帚以安巾，儼然女僕之事。未宜因形似而疑為姓氏之[glyph]《祁是杜伯高》字。慎勿因形害義也。何以證之？愚曰：女僕之事，賤役也。克勤克儉，必恭必敬，辛波勞苦無片刻之暇。所謂「傭傭碌碌」者，應以「嫞嫞碌碌」為本字。謹求證如左：

嫞娽等異化形簡《說文·女部》娽字下：「隨從也」。今人謂奔波勞碌曰「庸庸碌碌」。《集韻》：「占碌」。訓云：「華碌磏石，地不平也」。《集韻》用嶙峋不平的道路以喻命運不幸的人物，雖設喻與娽字不一，其所以示人生維艱之義，則固無二致。《史記·平原君列傳》云：「毛遂持槃血與楚王明盟，而右手招十九人曰：公等相與歃此血於堂下。公等錄錄，因人成事者也」。又考《史記·蕭相國世家》太史公曰：「蕭相國何於秦為刀筆吏。錄錄未有奇節……」以上二例，皆文字通段例也。自應以「嫞嫞娽娽」為正字。但筆者之論「嫞」字，乃據古漢語文義而立論，則可。若以上古民族世系着眼，則尚有另一放古毗野之器觀內容的存在。謹考證於次。不惜「二三其說」之識，以供高明之抉擇焉：

案《金石字典》幬嫞二字下注云：「劉公當」、博古。「幬寶」博古、與「幬堂」，則而易見當于資析書目。而「劉公當」之劉公，則當于器主人之姓氏。可以段定。按照姓氏考古詳證之。《百家姓考略》云：「彭城郡劉氏。系出陶唐氏。堯後有劉累，至周為唐杜氏。杜隰仕晉為士師。又以職為士氏。士氏之後，復姓劉氏。《韻會》云：「凡二十五望。望出自陶唐氏劉累之後」。據此考證，則杜、劉二氏，同慶帝堯陶唐世系而無疑。帝堯爲伊祁氏。郭沫若謂《杜伯鬲銘文》中[illegible]字考定，釋爲伊祁氏之「祁」字。此假借字也。古祁、耆、祇聲同。《金文》「祇」上[illegible]《石鼓》[illegible]召伯簋 [illegible]石經 [illegible]中山王壺 [illegible]秦侯鐘 [illegible]蔡侯盤 [illegible][illegible]劉公簠 以上諸文皆从[illegible]。故知劉公亦伊、祁氏之裔矣。謹備二義，唯海內賢達教而正之。小子不敏，有厚望焉。

[illegible]—[illegible]—[illegible]—（偪 / 姞）？

[illegible]—[illegible]—[illegible]—《秦漢篆書》

郼 [illegible]《集韻》：「於希切，音依。」《廣韻》：「殷國名」。《呂覽·慎大》云：「湯爲天子，夏民親郼如夏。」高律〈誘〉曰：「郼，讀如衣。兖州人謂殷氏皆曰衣。」《周志》云：「文王夢天帝，服玄纕，立于令狐之津，曰：『賜汝望。』望釣于河，得玉璜，刻曰：『克郼者姬昌。日衣青光』。」

《考證》：基上二例，是證郼之爲字，即商代「王畿」之地。亦殷商國號之名也。經典皆作「殷」。不如殷字于《甲骨文》作殷。《从右手持鉞刺腹之象》有深刻意，受義為後世「慇」字初文也。而郼字造型从邑，韋聲。邑者國也。故知郼即有商國都之名而無疑。蓋五經遭秦火絕迹。漢室龍興，魯恭王壞孔壁而得古經，皆蝌蚪之文，虙生譯之于前，漢儒衷定于後，降及唐宋，幾度輾轉更易，而五經原貌已失。此所以文字考古之難也。《甲骨文》以「衣」字為地名，与「郼」同聲。注云：「在今河南沁陽縣境內」。古人用字以音為主，同音段借，固定之形。而「沁陽」位置，自非安陽小屯，可斷言矣。而「郼」字所代表之地望究在何處？則尚有待于爭議。蓋有商氏族，發祥于黃河流域中游。黃汎泛濫成災，亘古不絕，因而商族在歷史上徙無定居之地。自契至湯凡十有四代而八遷。自湯至盤庚凡五遷。湯自南亳遷西亳，仲丁遷敖，河亶甲居相，祖乙居耿，盤庚渡河居西亳。鄭玄曰：「治于亳之殷地，商家自此徙而改號殷亳」。皇甫謐曰：「今偃師是也」。是證郼之為地，即偃師之地矣。蓋文王之世，已有「郼」之地名，今安陽小屯，即古之「相州」，乃河亶甲定都之地。故《甲骨文》以「衣」為「郼」之音段字。河亶甲在盤庚之前，則盤庚之前，已有郼《殷》地之名，可知矣。

偃師之地，因武王伐紂，曾于其處築城休師而得名。位於殷都朝歌之西。故知「殷亳」之地，位于今河南安陽市西北。今甲骨出土之境即古之殷地也。故知「亳」為「殷」之正字，殷乃假借字也。

𤳳𤳳〈𤳳、虺、䖣〉𤳳字見于《史記·殷本紀》，《說文》不見。

考《史記·殷紀》云：「仲𤳳作誥」，孔安國曰：「仲虺湯左相，奚仲之後」。若農謹案：《尚書·仲虺之誥》，字皆作虺。故《正字通》云：「𤳳與虺同」。殊不知《尚書》之虺，通假字也。《史記》之𤳳，乃正文也。《正字通》云：「𤳳，古雷字」。《詩》：「虺虺其雷」，傳云：「雷將發未震之聲」。故又同虺。故知𤳳之為字，乃「象聲詞」無疑也。𤳳字从大、从四田，四田為雷，所以示聲之加也。大者人之形也。仲虺之名也，則仲其人發聲一呼，四處響應，其聲威可見矣。此指事兼會意字也。此字見於《九經考異》，《石經》之「仲傀」，《荀子》引之「仲蘬」，皆同音假借之例，非正字也。《今本尚書》之「虺」，虺者蛇名。其于義更遠乎其遠也矣。讀書者如鳳毛，識字者如麟角，信然。

鄯

鄯𨚔《說文》：「鄯，善，西胡國也。」段云：「許書言西胡，皆謂西域也。言西胡，以別于匈奴為北胡也。《漢書·西域傳》云：『鄯善國本名樓蘭，王治扜泥城，去陽關千六百里，去長安六千一百里。元鳳四年，傳介子誅其王，更名其國為鄯善。』是則此外、初、𢽾、鄯字也。《漢·鄯善國》城在今哈密衛東南……」。筆者考：鄯善位置，相當于今新疆若羌縣境。

窮

𥨪《說文》：「夏后時諸侯夷羿國也。」段引《邑部》曰：「𨙬，帝嚳䠶官，夏少康滅之。」則夏之夷羿，即帝嚳䠶官之後裔明矣。《左傳·襄四年》云：「魏絳云：夏訓有之曰：『昔有夏之方衰也，后羿自鉏遷于窮石，因夏民以代夏政。寒浞殺羿，靡滅浞，立少康。』有窮由是遂亡。」今《左傳》作窮，許所據作𥨪。今古字也。左氏之「窮石」，杜不言其地所在，蓋非《山海經》、《離騷》、《淮南子》所云弱水所出之窮石也。《地理志》、《說文》皆云：「弱水出張掖，山丹。」則《山海經》、《離騷》、《淮南子》所云窮石當在山丹。漢山丹，今為甘州府山丹縣。距夏都安邑甚遠。然許氏于鄯善之下即出𥨪字，固謂西北邊地。」

筆者案：𥨪之為字與窮形、以音同而義通。《穴部》云：「窮，極也。」窮

五一

字从门，从弓。固有穴居窑窌之义。《诗·大雅·绵》："古公亶父，陶复陶穴，未有家室"。是其意也。今陕北黄土高原之地其民仍以土窑为室。其自然环境地貌，方位，与许氏说文叙的方图排列位序自西而东的顺次是完全符合的。这就使我们找到了《说文》之所以把"邠"字列在"豳"字之后的理由。

𨞙 𨞙 蓟 《说文》："周封黄帝之后于𨞙。从邑，契声。上谷有𨞙县"。段注引《乐记》曰："武王克殷，反商，未及下车而封黄帝之后于蓟"。按，𨞙、蓟同地，故知𨞙与蓟乃异文而同字，𨞙古字也。蓟今字也。𨞙从邑从契。邑者国也。契，取其声符也。从蓟字本义，植物之名也。有大小两种。小者可食，吾乡名曰小蓟茅，大者名大蓟茅。开红花，现代植物学列为"红花科"，《中医药物学》用为破瘀血剂。叶边多芒刺。结实，形备圆，为"牛虻"中间宿主。味咸而苦。具药理功能，具溶血之用。岁凶，饥民食之，名西黄。所谓"民有菜色"者也。此物盛产于北京西山。其地古名"蓟丘"。故地在今北京市德胜门外。

蓟

《水經注·十三·灅水》：「昔周武王封堯後於薊，今城內西北隅有「薊丘」。因以丘名邑也。」筆者案：古代方國地名，以當地盛產之特定植物而得名者，例不勝舉。固不獨「薊」為然焉！如荊、蘭、秦、楚、蔣、茅、葛、蘇、薛……皆其例證。可舉一反三者也。

關於薊國政權宗系問題之初探

唐陸德明曰：「薊，今之涿郡薊縣，即燕首都也。漢孔安國、司馬遷、鄭玄皆云召公與周同姓。按黃帝姬姓，君奭蓋文王之後也。或黃帝之後封薊者滅絕，而更封燕召乎？疑不能明也。而晉皇甫謐以召公為文王庶子，記傳無所出。」《左傳》富辰言文王之昭亦無燕。清段玉裁於《說文·邑部》鄚字下加案語曰：「鄚，古文；薊，今文。薊行而鄚廢矣。《地理志》云：廣陽國薊，燕召公所封。」然則班《固》意謂封黃帝之後，即召公乎？而《周本紀》以堯後封於薊，召公奭封於燕之言。張守節疑薊為燕所併，未知其審。」

筆者讀書至此，不禁喟然而嘆曰：明哉，張氏之見乎！惜乎其未敢尋得薊國為燕所併之線索。因而未能使他的見解獲致落實，則時空合案：是其遺憾。愚補而出之於次：

查《百家姓考略》云：「薊氏地望出於內黃郡。系出有熊氏。周封黃帝之後於薊。以國為氏。」內黃之自然地理環境位置，相當於今河南省北部，其地固古幽燕之南境，此北燕。《樂記》云：「武王克殷反商，未下而封黃帝之後於薊，」其時尚在成王定鼎之前。復考《史記·召公世家》曰：「召公與周同姓。」《索隱》云：「召南畿內采地。奭始食於召，故曰召公。」武王滅殷，封召公於北燕。其爵，斯時尚未就國，仍在從軍伴王。《書·泰誓》曰：「予有亂（治）臣十人，同心同德。」《論語》：「十人：周公旦、召公奭、太公望……」可為證記。武王崩。周公、召公共輔成王。分陝而治。召公為保，周公為師（見《君奭》）。成王崩，召公、畢公率諸侯相康王（見《顧命》）。然則召公去朝就國之日，尤在康王之世。已彰彰明甚。而北燕建都於薊與薊國之南遷於內黃，爵祭基於斯年，是有明顯歷史背景可據的。否則無以解釋薊國與燕都之重疊交替迹象，而使千古之歷史疑案得到澄清。爰述之如右。

薊

薊、鄭之孔，《樂記》云：「武王封黃帝之後于薊」。案：《戰國策·樂毅論》云：「薊丘之植，……」薊丘之地，在今北京德勝門外。《爾雅·釋草》云：「朮，山薊。」（紅花科植物，見《本草綱目》）。薊，鄭貫文而同字。此為地望」因當地特產之生物而得名之例證。

郃 郃 斄《說文》云：「炎帝之後，姜姓所封。周棄外家國。从邑，合聲。右扶風斄縣是也。」《詩·大雅·生民》云：「有郃家室。」毛傳曰：「郃，姜嫄之國也。」至武王克商，興滅國，繼絕世，乃封神農之後於焦。《地理志》云：「周人之郃，漢人之斄。」《郡國志》無斄縣。郿下曰：「有郃亭。」杜預謂之斄鄉。徐廣謂之斄鄉。今陝西乾州武功縣西南二十二里故斄城是。

𨙸 𨙸 岐《說文》云：「周文王所封，在右扶風美陽中水鄉。从邑，支聲。岐或从山，因岐山以名之也。」《地理志》曰：「禹貢岐山，周太王所居。」《魯頌》箋曰：「太王自豳徙居岐山之陽。」此云文王所封，要其終而言也。《皇矣》詩云：「度其鮮邍，居岐之陽。」箋云：「乃始謀居善邍廣平之地，亦在岐山之南也。文王自岐遷豐。非文王始遷岐也。」下云：「豐，文王所都。」則此當云「太王」矣。戴先生曰：「美陽今為陝西鳳翔府「岐山」、「扶風」二縣。《漢志》「美陽。岐山在西北」。今岐山縣東七十里岐山是。」薛綜注《西京賦》引《說文》云：「岐山在長安美陽縣界。山有兩岐，因以名焉。」

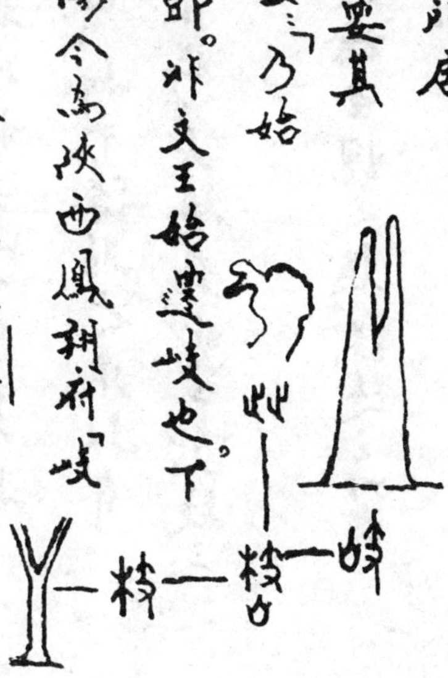

案：岐之為言，分岐也。一分為二之象也。故从山，从支。指事字也。

五三

邠 邠 豳《说文》："美阳亭，即豳也。民俗以夜市。有豳山。从豩、从山。邠，周太王国。

在右扶风美阳。从邑，分声。"清段玉裁谓此二篆说解可疑。其说如下：

豳者，公刘之国。《史记》云："庆节所国。"非太王国。疑一；

《汉·地理志》、《毛诗义》、《郡国志》皆云："豳在右扶风栒邑。"不在美阳。疑二；

《地理志》、《郡国志》皆云："栒邑有豳乡。"徐广曰："新平漆县之东北有豳亭。"汉右扶风之漆、栒邑，皆是豳域。不得美阳有豳亭。疑三；

从山豩声。非有阙也。而云从豩、阙。疑四。

笔者以为，段氏之论堪称详尽。然亦不无瑕瑜互现之点。试述之如次：

胡蕴曰：豳之为文，从山，从豩。形声字也。山者，西北高寒之境。豩者，豳之始。籀文从豩火，小篆从豩。乱之象也。亦声也。《说文·豕部》："豩，二豕也。豳从此。阙。"惜乎语焉而不详。遂致豩字成为千古之谜。而豳字之义，更晦涩难知。故陈管窥于海内同好，尚祈有以教而正之。

考豩之为字，《殷墟》作豩。《同文备考》曰："豕乱群也。"《唐韵》、《集韵》注"呼关切，音歡"。吾乡民间语言，谓牝豕牡豕交配，

豳 〈图1〉

名曰「𤛯羔」也。𤛯、豢同聲而意通。故知豩字有畜息義。然則豩之為文，雙聲轉義字也。豳字造型，為群豕彌漫山谷之態。原野牧畜生活之寫影也。故豳字从豩从山。造字者采為特定自然環境之地名。有由來矣！表示於次以見義：

豩↓豩
音頑——豕亂群也（《牲畜衆多義》）
音賓——牝牡交配也（《生物蕃息意》）
→豳（見畜）、

豳字造型，从二豕居游乎山谿之澗。示意為豳之為地，古代游牧之境也。

豕之為物，本屬野生動物，轉化而來。可以與牛羊同樣采取野外牧畜方式以事豢養。周之祖先定居西北高原，時當上古，此種牧畜方式所采用，是有可信性的。豳字其形諧也。許君之所以訓「豳為太王之國」者，據豳國之歷史下限（《傳說》）而立說也。考《史記·周本紀》云：「不窋當太康之時，失稷官而奔於戎狄之間。不窋卒，鞠陶立。鞠陶卒，公劉立。務耕種，行地宜。自漆、沮渡，取材用。行者有資，居者有畜積。百姓懷之。多徙而侏邊焉。周道之興，自此始。故詩人歌樂思其德（詳大疋《公劉篇》）。公劉卒，慶節立。國於豳。」徐廣曰：「新平漆縣東北有豳亭。」《正義》引《括地志》云：「豳州新平縣，即漢漆縣。《詩》豳國，公劉所邑之地也。」厥後歷皇僕、差弗、毀隃、公非、高圉、亞圉、祖類（《諸盩》），凡八世，而未離豳州。迄及古公亶父，始去豳而遷於岐山之陽。故知《說文》之訓「豳」為太王（古公）之國者，據豳之終點而立言也。雖《孟子》亦有「太王居邠」之論，終不能抹煞豳國之悠久歷史自慶節始也。因豳字之改為「邠」，肇自李唐開元，因字形近「幽」，本明皇之命改之。今古籍多為「邠」，皆唐以後之印刷版本也。唯《周禮·籥師》經文尚存、豳詩。今陝西彬縣，是其故址。

鄗

蒿卜　蒿卜　鎬　鄗　《說文》：金部鎬字下：「溫器也。從金，高聲。又地名。武王所都。」

筆者案：鎬之為字，本義應為器名。經籍用為地名，假借例也。後世以鄗為武王之都，亦非正字。蓋先秦時代，地之名「鄗」者，絕非一處。如《左傳·哀四年》：「齊國夏伐晉，取邢、欒、任、鄗。」注：「鄗，晉地。後漢光武即位於此，改名高邑。」可見「鄗」之為文，非特定地區之專用字矣。唯甲骨文字蒿字，似當鄗、鄗正字。因蒿蒿二字造型同具植物之象。但殷墟文字時在武王之前。不過是為自然地區名稱而已。《說文·艸部》：「蒿，菣也。」蓋蒿上亦是植物名。

豐

豐 《說文》：「周文王所都。在京兆杜陵西南。」《詩·大雅》曰：「既伐于崇，作邑于豐。」杜預曰：「豐在鄠縣。」《漢志》曰：「在京兆杜陵西南。」《左傳·昭四年》曰：「康有酆宮之朝。」注：「酆在始平鄠縣東，有靈臺，康王於是朝諸侯也。」

思唐：愚案豐、鎬之地，處於陝西境內，地居渭河流域，田肥美，民殷富，東有殽函之固，西有巴蜀漢中之利。沃野千里，豐、鎬居於核心，古名關中之地，西周發祥於前，嬴秦霸業於後，史所謂天府之國也。漢、唐帝業，莫不由此而興。推原其故，蓋緣黃土高塬之區，地處百川上游，得天獨厚，得地獨穀，有非人力之所能為者。豐、鎬二字的造型示像，已直觀揭露了一个科學事實真相。即：促使西周王業崛起的因素，是奠基於豐饒而廣闊的農業經濟實力之上的產物。是毋庸置疑的。

郿

郿 《說文》：「右扶風縣。从邑，眉聲。」《詩·大雅·崧高》：「申伯信邁，王餞于郿。」箋云：「申在鎬京東南，自鎬適申，塗不經郿。時宣王蓋省視岐周，申伯從王至岐，自岐餞之。」按今鳳翔府郿縣縣東北十五里，渭水之北，有故郿城。」

東漢，初平中，董卓築塢于郿，高厚七丈，高與長安城等，積穀為卅弁讎」地在鄜縣北。（見《後漢書·董卓傳》）。

扈𨛬 考《說文·隹部》「雇」字下曰：「雇，九雇，農桑候鳥，扈民不淫者也。𪇶，雇或从雩。」案《左傳·昭十七年》：「郯子來朝。公與之宴。昭子問焉，曰：『少皞氏以鳥名官，何謂也？』郯子曰：『吾祖也，我知之。……九扈為九農正。』」考《竹書紀年》云：「少昊名摯，字青陽，姬姓。」復考《說文·邑部》「𨛬」字下云：「夏同姓所封，戰于甘者（見《尚書》）。」則有扈當屬姒姓明矣。《百家姓考畧》亦云：「夏有扈國，以國為氏。」然則「扈」之與「𨛬」同姓之國歟？抑異姓之國歟？典籍紀述不一，甚難考證矣。《辭源》注：「夏扈國，殷為崇國。文王伐崇即此。秦為鄠邑，漢初置縣，屬右扶風。」云。

鄭 《說文》：「京兆縣，周厲王子友所封。从邑，奠聲。宗周之滅，鄭徙潧洧之上，今新鄭是也。」《國志》曰：「桓公友之子。武公，與平王東遷，取虢、鄶、鄔、蔽、補、丹、依、疇、歷、華十邑之地，右雒左濟，前華後河，食溱洧焉，修其故名曰鄭。至漢為河南郡新鄭。今開封府，新鄭西有故鄭城。

郁 《說文》：「右扶風鄠，盩厔鄉名。」《廣韻》：「商帝乙封子期于太原郁鄉，因以為氏。」漢有上谷太守郁躓。東漢有郁蘭（見《元和姓纂》）

郃

郃《說文》云：「左馮翊郃陽縣。」《詩·大雅·大明》云：「天作之合，在郃（洽）之陽。」

按：郃陽乃古莘國之地也。戰國屬魏，秦爲郃陽縣。以在洽水之陽而得名。

合 ─ 洽 ─ 水名
　 ─ 郃 ─ 地名
（山之南曰陽，水以北爲陽。故知郃縣應居洽水北岸。）

䙎

䙎《說文》云：「京兆杜陵鄉。」案：杜陵位於陝西西安市東南，古爲杜伯國，帝堯陶唐氏之後也。（見宋·羅泌《路史》）漢回至櫟陽，以將軍樊噲灌廢丘最，賜邑於此。（見《史·漢·樊噲傳》）《索隱》引《三秦紀》曰：「長安正南，山名秦嶺，（終南）谷名子午。一名樊川，一名「御宿」。」（《文選·樂遊原》）杜牧稱樊（以瀟）。知樊川乃樊鄉之境也。

樊（以籬笆也）
─ 樊 ─（升木）─ 高材、
─ 姓氏
─ 樊邑 ─ 國名 ─ 名材、

（樊）

鄜

鄜《說文》云：「左馮翊縣，从邑，麃聲。」（音敷）案：《封禪書》云：「秦文公作鄜畤。」今陝西鄜州洛川縣東南七十里有鄜城廢縣。考：麃之爲獸，與麞屬也。古文麃、麃雙聲，異文而同字。《字彙》云：「麃，鹿屬。」此寒帶產動物也，我國東北、西北、內蒙皆產之。故知鄜畤之境，亦以其地多麃而得名矣。

（麃）

五六

⿰屠阝

⿰屠阝 △說文：「左馮翊郃陽亭。」△詩大雅韓奕：「出宿于屠。」毛曰：「屠，地名。」宋濤初李氏謂地在同州郃谷。

筆者案：⿰屠阝之為字从邑，从⿰屠阝，邑者國也。⿰屠阝，从尸，从⿰屠阝。尸，無之體也。⿰屠阝，古文猪字。卜从猪耳豎，从背脊，彡从剛鬣，彳从偶蹄。此象形、會意字矣。古文以為屠宰字。則猪中亦有戮矣。△說文尸部屠下曰：「刳也。从尸，者聲。」△廣韻曰：「殺也，裂也。」△史記信陵君列傳曰：「朱亥曰：臣乃市井之人，鼓刀以屠。」凡此種種，在在都揭示了人類以肉食為生活資料的象徵。尤以北地沙漠游牧民族為最。

△拾遺記曰：「軒轅去蚩尤，遷其民善者於⿰屠阝之地，惡者於有北之鄉。其先以地命族。後分為⿰屠阝氏、屠氏，又申屠氏複姓。」此又將定地理環境因所居氏族生活習慣而得名之說明例證。示意如次：

邑——國也
- [illegible]——包束艸——牧畜飼料——⿰[illegible]阝 此加氏族特徵之地名與姓氏。
- ⿰屠阝——宰割——衣履食肉——⿰屠阝 此加氏族特徵之地名與姓氏。

〈尾語〉一部洋洋大觀的數千年歷史文化，完全表現於古代文字造型、命、音、示、義當中。故研究「漢學」者，必須掌握「文字」、「音韻」、「訓詁」三門基礎知識而後可以臻於「登堂入室」之境矣！

郁 戫 彧 或《說文》：「右扶風郁夷也。」（見《地理志》）顏引《詩》：「周道郁夷」

師古曰：「毛詩『周道倭遲』，韓（嬰）詩作郁夷。」按：古段借為戫字。如《論語》：「郁

郁乎文哉」是也。其始借彧為戫，後又借郁為彧。今陝西鳳翔府隴州西五十

里有故郁夷城。後漢建武二年：「鄧禹遣兵擊赤眉於郁夷」即此處也。

筆者案：「郁夷」在今陝西寶雞市東。又《史記·五帝紀》：「公命羲仲

居郁夷，曰暘谷。」皆段郁為嵎，同音段借例也。（《書·堯典》作嵎夷）。

邽 郌《說文》：「隴西上邽也。」《秦紀》：「武公伐邽、冀戎，始縣之。」此上邽也。漢置上邽縣。

屬隴西郡。又置下邽縣，屬京兆尹。上邽在今甘肅天水市西南，下邽在今陝西渭

南縣境。《廣韻》：「戲：首，又章也。」西北民族，喜着彩色衣服，至今猶然，此即其地歟！

郃 𨛮《說文》：「弘農縣庾（渡）地。」段云：「庾當是渡字之誤也。」《水經注·河水》以爾

曰：「門水又北徑弘農縣故城東。城即故函谷關。門水側城北，流而入於河。河水於此

有郃津。」以河北有泊南入於河。故有「泊津」之名也。《三國志·魏·杜畿傳》：「……於是

追拜畿為河東太守，衛固等使兵數千人絕陝津。畿至，不得渡，遂詭道從郃津渡。」

《水經注》之「泊津」，隋末義寧元年置關，唐貞觀元年廢關置津（參《嘉慶一統志》）

五七

鄏

𨞚《說文》云：「郟鄏，河南縣，直城門官陌也。」《春秋傳》宣三年云：「成王定鼎於郟鄏。」《逸周書》云：「周公乃大邑，成周于中土，南繫於雒（洛）水，北因於郟山，以為天下之大湊（輳、輻湊）。」《地理志》云：「河南郡，河南，故郟鄏地。周武王遷九鼎，周公致太平，營以為都，是為王城。」

案：「水以北為陽，山以南為陽，故洛陽之名，昔、周位於洛水之北岸而得名。周之王城居焉。周公東營洛邑，為諸侯朝覲天子之地，以其地居天下之中，求適遠距離平均也。漢以「火德王」，光武定鼎之後，改「洛」為「雒」，避五行之相尅也。許書出于東漢，故字作雒而不作洛。《卜辭》已作洛，則此以識異同。今經典多作「雒」，皆漢時版本輾轉相承襲，非初文也。

𨛫

𨛫《說文》云：「周邑也。从邑，祭聲。」注：側介切。《禮記》云：「葉公之顧命」。以《周書》云：「祭公解」之「葉乃祭之誤」。案：《左傳》僖二十四年云：「凡蔣、邢、茅、胙、祭，周公之胤也。」案：《春秋經》、《左傳》、《國語》、《史記》、《逸周書》、《竹書紀年》，凡云「祭伯」、「祭公謀父」，字皆作「祭」。唯《穆天子傳》云：「𨛫父」。注云：「𨛫父，𨛫公謀父。」知祭者叚（借）字。韋注《國語》云：「𨛫，畿內之國，周公之後也。為王卿士，謀父字也。」是則𨛫本西都畿內邑名。至東周時，《傳》隱元年云：「祭伯來」。莊廿三年：「祭叔朱賜，商乃其西都虘庸。

邙　《說文》：「河南洛陽北，芒山上邑。」《左傳·昭廿二年》：「王田北山」，杜注曰：「北山，洛北芒也。」《文選》應休璉《與從弟君苗君胄書》曰：「登芒濟河。」李注引《說文》：「芒，洛北大阜也。」《郡國志》雒陽下引《皇覽》曰：「縣北芒山道西呂不韋冢。」《水經注·穀水篇》曰：「廣漢門北對芒阜。」是則山本是芒，山上之邑是邙，後人但云「北邙」，遂知「芒」山矣。

鄩　（金）（柳）（家）《說文》：「周邑也。」《左傳·昭廿二年》：「郊、鄩潰。」杜曰：「河南鞏縣西南有地名鄩中。」《水經注·洛水篇》曰：「鄩水出鄩城西北，東入洛水。」京相璠曰：「鄩城，蓋周大夫鄩肸之邑也。」按鄩肸、鄩羅皆子朝之黨（見左傳）。今河南鞏縣西南五十八里有故鄩城。

郗　《說文》：「周邑也。在河內。从邑，希聲。」注引《左傳·隱十一年》：「王與鄭人蘇忿生之田：溫、原、絺、樊、隰郕、欑茅、向、盟、州、陘、隤、懷。」杜曰：「絺在野王縣西南。」段注云：「按：郗者，本字；絺者，古文假借字也。……」筆者案《百家姓考略》云：「少昊之後封于郗，晉有郗詵、郗鑒。」現代商務印書館出版之《辭源》注文：「郗國在河內。今河內沁陽縣境」。

邶　《說文》：「故商邑。自河內朝歌以北是也。」案邶之為字，斯篆是邶，猶北邶〈卜辭〉之北，字从北，从邑。邑者，國也。北者，方向也。其字遺型，取象于二人向背。蓋背字初文也。因我國疆境，位于赤道之北，居室宮殿皆面南向陽，而背部向北。故北、邶二字聲同而義通。〈卜辭〉北字从人，从匕。所以亦邶境之內，有洹水流經其地也。〈說文〉詳邶字下。邶从邑，从北。所以亦位於商都之北也。

北 ← 二人向背形〉〈延伸為方向義。丫 邶、鄁〈亦位于商都之北義〉。

背 ← 人从肉，从北。亦〈違反曲義〉。〈背畔分離義〉。

邢 郉〈說文〉：「周武王子所封。在河內野王。从邑，邢聲。」段注引〈尚書大傳〉曰：「文王受命一年，斷虞芮之訟。二年伐邢。此商時之邢也。武王子所封。」徐灝曰：「在野王縣西北十三里，今河南懷慶有邢亭。邢者汙也。知邢國乃澤沼之地也。

𨛫 𨛫〈說文〉：「殷諸侯國。在上黨東北。从邑，𥝢聲。𥝢，古利字。〈商書〉：『西伯戡𨛫』」段注：「今文尚書作耆。或作阢，或作飢。皆假借字也。」應劭曰：「黎侯國名。今黎亭是。今山西潞安府西南三十五里有黎亭。屬漢壺關縣。」

邵 《說文》:「晉邑也。从邑,召聲。」案:今山西絳州垣曲縣東有邵城,後魏之邵郡、後周之邵州,皆此也。可見邵地之命名自有獨特歷史淵源。較云:「後儒或謂垣曲邵城為周召分陝之所。其說不經。」復考《百家姓考略》云:「召康公封於燕。其次子世為畿內諸侯,王卿士,號曰召公。因以為氏。後世子孫增邑以為邵氏。」復考《青銅器銘文》有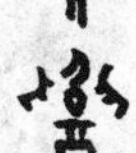而無邵。則「邵」之為地,吾易言哉!

案:《百家姓考略》云:「博陵邵氏,系出姬姓。召康公封於燕。其次子世為畿內諸侯,作王卿士,號曰召公。後世子孫增邑為邵氏。」

龍 

考《左傳・昭廿九年》曰:「秋,龍見于絳郊。魏獻子問于蔡墨。對曰:『古者畜龍,故國有豢龍氏、御龍氏。昔有飂叔安《黃帝之後》,有裔子曰董父,實甚好龍,能求其耆欲以飲食之。龍多歸之。乃擾畜龍,以服事帝舜。帝賜之姓曰董,氏曰豢龍,《識補》封諸鬷川。《地名》故帝舜氏世有畜龍。及有夏孔甲《少康之後九世孫》,帝賜之乘龍——「河」、「漢」各二。各有雌雄。孔甲不能飼,而未獲豢龍氏。有陶唐氏既衰,其後有劉累,學擾龍于豢龍氏,以事孔甲,能飲食之。夏后嘉之,賜氏曰

五九

「御龍」以更豕韋之後。龍一雌死，潛醢以食夏后。夏后饗之，既而使求之，懼而遷于魯縣（魯陽，楚邑）。范氏其後也」……共工氏有子曰句龍，為后土。（在太皞後，神農前）故死而見祀也。

（詩論）案共工之子名曰句龍。句，古文句字也。句之為物，彎曲之器也。《甲骨文》諸「龍」字造形示像，皆似彎曲之鉤。此據名可以推物之例也。考《禮·祭法》云：「共工氏之霸九州也，其子曰后土（句龍），能平九州。……」上古偉人，每習慣于取動物為人名。如：夏禹之禹字，古篆作禹；《尚書·舜典》：「朱虎、熊羆」，古篆作[篆字]、[篆字]；蚩尤之蚩字古篆作[篆字]，小篆作[篆字]。諸如此類，皆其顯例。則共工之子句龍，當緣善于游泳而得水虫為名，自是不足為奇的。其與治水之大禹以水虫為名同義可知。《說文·禸部》：「禹」下訓：「蟲也。夏王以為名」。段玉裁不識古人取名之意，遂謂「學者昧其本義」。所謂「泥古不化」者歟?!

龍之為名，是否真有其物？也是一個值得考求的課題。愚于歲次乙丑，赴濟參觀「文物展覽」，曾在博物館（省博）親睹恐龍化石一具。（出土于山東臨朐縣）形似爬虫，長達數丈。置于大廳之內。同時見有「劍龍」

「豢子龍」已幅畫像懸之列四壁。然則龍之為物，絕不因某些淺識之士所相為否定而喪失其客觀存在，已毋庸置辯。廿世紀八十年代，英國冰島湖中發現之「尼尼」，已被現代科學權威認定為原始恐龍之後裔。然則太皞遠裔龍氏以龍紀官，《姓觿》：此龍旗之取像，必有其目標可見。證之以《春秋》：「晉地龍見于絳郊」的紀載，則可知古人對龍的發現是有迹桐可尋的。《古本百家姓考略》云：「黃帝孫飂叔安子董父好豢龍，為豢龍氏，其後以官為氏。」可記與《左傳》同。筆者案：《史記》：楚項羽將有龍且者，古嶧縣南境，至今仍有龍氏家族存在。棗莊市工商聯「龍玉道」即飂叔安之後裔矣。

曲

曲字本義原屬器物名稱。但已為姓氏之用，則《百家姓》之所不載，僅見於宋《鄭樵通志》案《通志·氏族三》云：「曲姓，以邑為氏」。則曲為方國之名可知矣。考古代方國地望，以曲為名者極多。如晉之曲沃，魯之曲阜，鄭有曲洧……然則曲氏之淵源，已殊難稽考焉。唯《兩漢書》有云：「漢高封酈商於曲周侯。」酈河北齋、平陰」參齋、平之地理環境乃今鉅鹿之境。屬邯鄲地區。縣西有鉅橋。又河相傳即武王伐紂發粟振民處。看來「曲周」之歷史上悠久矣。今山東省青島市衛有曲氏家族，殆曲周之後裔歟？又《史記·曹相國世家》：「軍于曲遇。」又《陳丞相世家》：「東以陳平為曲逆侯。」皆曲為地名之證，特此地望已難考証矣。

過 SナS仕卜過等

《左傳·隱十一年》：「滕侯、薛侯來朝。薛侯曰：『我先封。』滕侯曰：『我周之卜正也，我不可以後之。』」公使羽父請于薛侯曰：「周諺有之曰：『山有木，工則度之；賓有禮，主則擇之。』周之《宗盟》，異姓為後。寡人若朝于薛，不敢與諸任齒。……」註：引《世本》云：「謝、章、薛、舒、呂、祝、終、泉、畢、過，此十國，皆任姓也。」

今棗莊市薛城區即古薛國地理也。其處有「奚村」，乃商湯薛輝東正奚仲之封國乃薛國始祖，故知奚氏亦任姓之族矣。故《百家姓考略》云：「黃帝子禺陽封於「任」（今任城—今濟寧市）之誰都，裔孫仲食采於奚（今薛城奚村），奚奚故曰奚仲。其後以奚為氏。孔子弟子奚容箴，漢有奚箴。其以薛為氏者有薛安以唐之薛仁貴。

復考《左傳·襄四年》：「魏絳謂晉侯曰：『夏訓有之曰有「窮」后羿。』公曰：『后羿何如？』對曰：『昔夏之方衰也。后羿自「祖」（即？）遷於「窮」。因夏民以代夏政（見《尚書·五子之歌》）。

夏氏立其弟仲康。仲康亦微弱。仲康卒，子相立。后羿遂代相，號曰「有窮」。時其射也，不修民事，而淫于原獸。棄武羅、伯因、熊髡、龍圉（四子皆羿之賢臣），而用寒浞。寒浞，伯明氏之讒弟子也。浞行媚于內，施賂於外，愚弄其民，而虞羿於畋。樹之詐慝，以取國。羿猶不悛，將歸自畋，家衆殺而亨之，以食其子，其子不忍食，死于窮門。浞因羿室，生澆及豷。恃其讒慝詐偽，而不德于民。使澆用師，滅斟灌氏及斟尋氏。處澆於「過」，處豷于「戈」。有窮自是遂亡。」（《左傳》）又，「過」國名，在東萊掖縣。「戈」在宋鄭之間。靡（夏臣）自有「鬲」，以二國之燼，以滅浞而立少康。而夏遂中興。

戈　戈（今古本百家姓從略）「臨海郡」。古「寒國」。伯明子寒浞，篡夏，封其子豷（音戲）于戈。寒伯明氏讒子弟也。寒浞殺后羿而代夏，後有博士寒朗。

陳　陳陳　武王伐紂，封舜之後媯滿（史稱胡公滿）於陳（今河南省淮陽縣）。胡公滿

胡　胡　支子以父之名為氏，而為胡姓。陳公子完以國有難而出奔于齊，桓公使為「工正」。以女妻之。卜其妻曰：「鳳凰于飛，和鳴鏘鏘，有媯之後，將育于姜，五世其昌，

田　田　並于正卿。八世之後，莫之與京」。果至田和代齊有國，而為田氏之祖。至秦亡之歲，高祖劉邦起興，東海田橫皆不屈，漢軍部自殺。史稱「五百壯士」，即其後也。

文一

謝

𧦝（《詩·大雅·崧高》："亹亹申伯，王纘之事，于邑于謝，南國是式。"《傳》云："謝，周之南國也。"）（《朱傳》："在今鄧州南陽縣。"《廣韻》："周宣王之舅申伯，封于謝，以邑為氏。"　筆者案：謝之為文多，殘字也，造形上涉一含意各殊（見前四之頁）（《金文》𧦝字从言从身（聲符）从口（？）（殘符？）自盲認為謝周之謝邑正文。

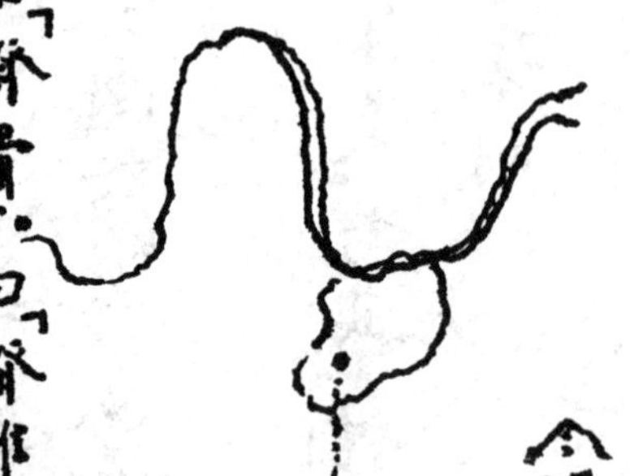
〈謝〉
今河南南陽市

呂 8（脊字，初文）（《說文》："脊骨也。象形。昔太岳為禹心呂之臣，故封呂侯。"）蓋所謂"心呂之臣"，即"忠楨"意。現代漢語即"中心骨幹"的意。故段注云："8象顆顆相承，中象其系聯也。"徐中舒（《辭書》）曰："脊之椎之下廿一椎，通曰"脊骨"，曰"脊椎"，曰"膂骨"。以上之部曰："脊骨"，自第八部以下乃曰"膂骨"。段玉裁曰："呂之為言膂矣（8形，脊膂），以心呂之意名其地而居之，而氏之。"看來，8之為字無非形聲，真的施會意字矣！

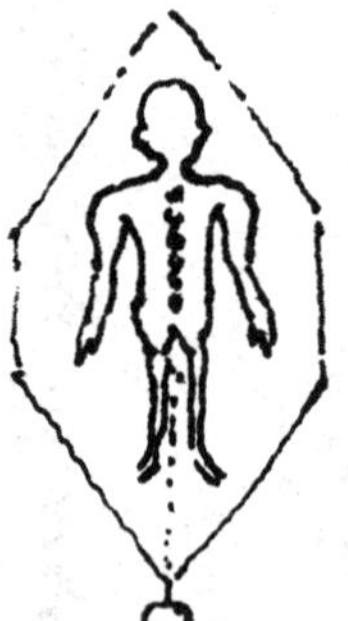
〈8〉

毛公詩王風揚之水云：「揚之水，不流束薪，彼其之子，不與我戍申。……不與我戍甫。……不與我戍鄦（許）。」（注）云：「申，姜姓之國。『甫』、『許』，並諸姜也。」孔穎達正義曰：「尚書有呂刑篇，禮記引之，皆作甫刑。漢孔安國云：『呂侯後為甫侯。』周語云：『呂侯祚四嶽為「侯伯」，「諸侯之長」。賜姓姜氏。』」

甫者，呂侯，炎帝神農之裔。神農故于鄭，於其姓姜，古乃以古人文姓之首，遂在古。古帝之裔，以古侍賜姓焉。古字文云：「畫作古，則不如無害。」古讀以知為信。讓彼（又下有三直一之由），由[illegible]，（參文云古[illegible]）[illegible]以古[illegible]（諧）以（四）之由。（治）以（亂）安國「呂侯後為甫侯」之說，甫太嶽之後裔，至南周有任城澤藪園林之官者數，何其不能之可疑耶？始存此以書可也。

許，鄦之聲轉，（說文）邑部云：「鄦，炎帝太嶽之胤，甫侯所封，在潁川，从邑，無聲。」「許」字，古音許讀若虎。（說文）言部云：「許，聽也。」故知不經傳也以許之鄦，皆假借例也。

六二

丁口卜个姜《百家姓考略》：「丁，濟陽郡。齊太公子丁公之後，以謚為氏。」

崔崔《百家姓考略》：「崔氏，博陵郡。（今河北蠡縣）系出姜姓。齊丁公子崔，因以為氏。」《左傳·襄廿七年》：「成請老于崔」注文：「濟南東朝陽縣西北有崔城」。

盧甫盧姜《百家姓考略》：「范陽盧氏，系出姜姓。齊文公子子高之孫，食采于盧，因以邑為氏。（地居山東長清縣西南）」

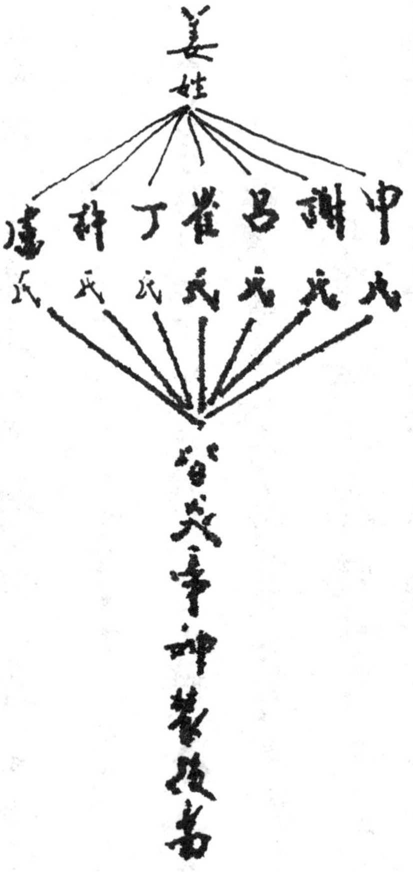

姜姓姓氏族信傳如此，是母系社會所姓氏族字皆从女。

姜 姬 姚 嬴 姞 妘 姒

父系社會之氏族文字，則不是有完字結構，此適例也。

鄀 鄀〈古〉 鄀〈字〉〈說文·邑部〉云：「鄀，汝南上蔡亭。」段玉裁云：「汝南郡上蔡，二志同〈今河南汝寧府〉。上蔡縣西南十里，故蔡城是也。有亭名鄀。」

筆者案：上列「鄀」字見于青銅器〈蔡侯尊〉、〈蔡侯劍〉、〈蔡侯盤〉

蔡侯尊四器銘文。今以器主人名字而出現于銘文之內者，錄之如次以示例：

蔡侯鄀

〈例一〉 之飤壺

〈釋文〉 蔡侯鄀之飤壺

〈例二〉 蔡侯鄀 之澮尊

〈釋文〉 蔡侯鄀之澮尊

〈說明〉：「二器皆屬食器，乃祭祀或貴族人物吃飯時容器。

〈銘文釋字〉：「蔡，即古蔡字〈見甲骨文彙編〉。蔡侯即蔡侯，即蔡叔度之裔，封國于蔡地。故知「蔡」是地望名，「侯」是爵稱。」

六三

釦即古文「鉶」。經籍多作「食」。有飲食義。應讀若「鉶」。𡿨爾亦滿之初文。

段借為𠙴。《說文》云：「東楚名缶曰𠙴〈甾〉」，故知釦蓋以「食具」名。鐳由之

乃器主人名字可無疑。

應該追根認識䥽之字。這是本文所欲闡發的重點課題。簡述如下：

考《詩・大雅・崧高》：「崧高維嶽，峻極于天。維嶽降神，生甫及申。為周之翰。」復考《廣韻》云：「大嶽為禹心呂之臣。故呂侯〈呂同膂，見《說文》〉。復考《後漢・郡國志》云：「新蔡有大呂亭〈乃即《說文》段注所云之鄦亭〉。復考《書・呂刑・序》云：「呂侯見命，為天子司寇。」傳云：「呂刑，或稱甫刑。」

復考《孝經・天子章・甫刑》注云：「甫刑即呂刑」。

由此觀之，甫、呂二字，實異名而同族。乃炎帝神農之裔。其原始家系曾以「姜」〈姜〉姓為𡦕。蔡〈㮚〉侯為西周蔡叔度之後，避為姬姓之國。其建國時代之狀，要在呂、甫二姓之後，斷然無疑。蓋以新歷史發展軌迹本身

就意味着興衰隆替改朝換代。因而就不能在同有樣地理特定環境位置、于不同時代被不同民族所佔領。載于全人類間仍然保留着「地經千年換百主」的歷史文化諺語。「或」字被古文字為「國」字來使用。也反映了「土地」以來就沒有一成不變的主人。張三去了李四來，李四死後還有王二來。在了解這一自然規律之餘也就使筆者領悟到了古代所[古字]之所以自我永名之意。

[古字]字造型从[古字]《古文治》从四由。《古甫字是殷墟甲骨文》綜合遺字大旨為曰：「蔡侯所治四境之內，皆昔時鄱侯之地也。」在[古字]字明結構中清晰的表現出一部三代興衰軌迹。而今而後確信「古文字」本身即考證歷史之「活化石」矣！

蔡、殺、[古字]、[古字]、[古字]篇　此字在《甲骨》《金文》中、造型相類、似貓科動物之形、《殷墟》定為殺字。《康熙字典》列入文部「殺」字下，主殺与殳卜部之間。

六四

惟《金文·蔡侯盤》、《蔡侯尊》銘文中則用為「蔡」字，此其間中有異同之故，必有歷史源淵，試述之於次：

蓋以為「殺」字取形，長身已口殘散出害之結敝也。對虎豺之傷也。虎、豺、豺、貍字皆從「豸」，其形證也。《說文》：「豸，獸長脊，行豸豸然，欲有所司殺也。」猶與祭殺，故「蔡」之「殺」字，取結敝之形，良有以也。

「蔡」為武王之弟叔度所封國，以「蔡」為名，音以其地理自然環境多有結敝之患而得名乎？是春秋時代稱「蔡國」，字从「丰」，从「愛」，堪為佐證。

「蔡」字在《經典》中，皆定為「蔡」，然籍用為「殺傷」、「殺害」，不一而足。如《左傳·昭元年》：「周公殺管叔而蔡蔡叔」，釋文云：「上蔡字，《說文》作『𥻦』」，依現代漢語語法規律，應為「動賓結構」，上「蔡」字為動詞，下「蔡」字為名詞。又《左傳·定四年》：「管蔡啟商，惎間王室，王于是乎殺管叔而而「蔡蔡叔」。不過按照許氏之說，第一个「蔡」字應讀為「𣬅」，自有其法學含義。可以字形尋繹之。析之於次：

「𣬅」字从殺，从米。舂米而屑之，指事字也。所謂「𣬅蔡叔」，即解除其武裝，褫奪其權，降為庶人，絕不是到處死刑。至于管叔乃是主謀執亂的首惡元凶，罪在不赦之例，故名之曰「殺」。至于「蔡叔」乃屬協從。其處分自有輕重之別。研究古文字全在于洞察事理，診斷字意。因不斷「𣬅」字為此意！

蔡、祭、𣬅是野草，古人采為清廟祭神之品。《左傳·隱公三年》：「……澗溪沼沚之毛，蘋蘩蘊藻之菜，可薦於鬼神，可羞於王宮」。𦾔、𦾔等字皆是野生植物，象於「臼」中雙手捧獻祭神之態。《莊子·齊物論》：「麋鹿食薦」，古人用之祭品。卜辭𣬅字為之。

六五

但以上列舉之字型，誌不能探出祭字的原始形態。只有从又从示的

祭（小篆）

這些篆隸人之的字形上，纔能說明（是對）《說文》

祭字从肉从又，从示的原始初貌。這是多麼遙遠的說明啊？人類原始社會氏族部落時代，用戰俘致死祭神，以表示為死者復仇，是真不是奇啊。從至春秋末期仍然保留着這古社會遺迹。於公左傳襄十九年記：「宋襄公使邾文公用鄫子于次睢之社」。即以戰字之忠示紀錄。祭字晉祭上乃是祭字的稿寫式。因而也是祭字同戰利。所謂「文殊而意肉」。祭字用為「戕殺」，重刑，古籍例不勝舉。

《禮月令》：「孟春之月，魚上冰，獺祭魚，豺乃祭獸。戮禽為《禽》」古代社會法制，必于此時處決在押戰犯。（見《》）

①

〈鳥祭乃鷹〉

〈獺祭魚〉

②

「春秋之月，屬乃祭禹，用始行戲」。古劇於仲秋之月清除驅疫，所以迎送「金天肅殺之氣也」。東方文化總之是統，雖不了「五行」樂會，「八卦」於內。合則不無先史了「鼓門傳」。本文目的，在於闡明「舞」與巫州歷史淵源及其錯綜複雜的內在連繫。本於前界「尤」字，請專攻此者堅實。

戲

③

〈尾語〉

「祭」與「禜」二字同出于「蔡」。祭與祭皆同義辭。所謂「獺祭魚」，「豺祭獸」，「鷹祭鳥」，應理解為「獺殺魚」，「豺殺獸」，「鷹殺鳥」。大槩古文一字多用，所作多有。如：「鄉」「卿」同文，「祈」「奏」一字，「遂」「送」互通，見其例也。至于「祭」字造型，从(右手持)肉以殺肉，其右手所持的肉，本不限于禽獸之肉。明乎此，纔能貫通古文字的奧賾。表示於下以見意：

蔡（人數刊化國名化姓氏）

祭（人植物化祭品）

祭品化為文辭

同化為殺傷與義辭

六八

卅、殺字形變、義之軌迹。

〈殷形〉 𣏟卜 → 朮金 → 朮稻 → 殺 〈殺戮〉

→ 𣪠米〈解散義〉

朮〈國名〉〈姓氏〉—漢、初〈隸定作〔𣪠〕〉〈經籍同之〉

→ 蔡〈祭神野生植物〉去攵而簡化為祭

→ 殺〈殺戮、係敬神活動〉義變為「殺害」之代辭。

同此、𣏟〈殺〉、朮〈蔡〉、殺、遂成為同義辭。此漢字史上「同義」例。

豺乃祭獸

郇 筍 荀（同郇文說）䣅 荀

《百家姓考略》：「系出姬姓，河內郡，文王子郇伯之後，支邑，如州，以為氏。」《說文·邑部》：「郇，在晉地。」《詩曹風·下泉》：「四國有王，郇伯勞之。」《注》云：「郇侯，文王之後，嘗為州伯，治諸侯有功。」《廣韻》：「郇，地名。」《注》云：「解縣西北有郇城。」《元和姓纂》：「郇侯，文王第十七子。」

筆者案：郇、筍之䣅。從旬，從邑。古文凡國名、地名、姓氏，均在左從阜，在右從邑。此古通例也。後世䣅字去邑增艸而足筍。用為姓氏。《辭源》引：「荀」為艸名，未詳其狀。蓋以其地多荀而得名歟？如薊國多薊，荊楚之地多荊，堪為例證。

戰國有荀況，三國有荀彧，均古郇侯之裔。《集韻》：「郇，止䣅。」漢有郇越，唐有䣅[illegible]模。《宛委餘[illegible]篇》云：「郇越

之七

之即音「筍」，即模之即音「表」。

筆者考，古文蒙（《墨子》、《荀子》、《韓子》、《呂氏》、《鬼谷》）諸字注通、

《說》作《心字通》。

筥、莒、楇（《中子化盤》）、簹（《鄦侯簋》）、筥（《沂水劉家店出土文物》）、篖

《三體石經》、篢（《汗簡》）

筆者案：上列諸筥字，皆从竹，或从木。唯汗簡从艸為例外。故知筥字乃漢世始訛變从艸。《石經》篢字其形誤矣。今世《五經》知均漢代沿襲而來之版本，故《經傳》皆是筥而不是莒。有緣來矣。

筥字古文亦是「籚」。《詩·邶風·新臺》：「燕婉之求，籧篨不鮮。」《說文·竹部·籧字》訓：「粗竹席也」。段注：「籧篨捲而豎之，不可俯。詩人以言其醜惡」。筆者以為，段玉裁之解釋已接近了「籧篨」的實際還遠。故

其仍未能道出「蘧篨」之真相。良由不知「蘧」即「筥」之異文而同字。愚竊以為「蘧篨」之為物，實即竹編之容器也。《左傳·隱三年》：「筐筥錡釜之器……可薦於鬼神……」《說文·竹部》「筥」字訓：「箱（筲）也。」

許氏訓「筥」為竹箱，雖較段氏為優，終無以見「蘧篨」（筥）之形矣。只好於《詩·召南·采蘋》中求之。其詩曰：「于以盛之？維筐及筥。」《毛傳》云：「方曰筐，圓曰筥。」此解可稱一語破的。

說明：此器乃直立之圓筒。由竹篾

（筥）

編成。上下開口。故「筥」字从竹、从吕，所以示上下兩端相通，上不封頂，下不保底。吾魯南蒼山縣，盛產「蒜苗」，每年夏初麥收之餘，皆用此器裝盛，運銷京滬各地。其裝盛方法，先將蒜苔滿裝器內，然後再用另外之竹編圓蓋二枚，將上下封閉，縫以細麻索，以求堅固。此余所親眼目睹，故敢筆之於書。

一六八

莒字何以成爲國名？殆緣於其地盛產莒艸而得名，莒是少昊之裔，乃嬴〈嬴〉姓氏族，古莒、篖、籯異文而同字。示意如次：

籯、籯〈漢書云「籯箱也」〉。〈三字經〉：「人遺子金滿籯」，籯字从嬴从竹。以字尋義，則「籯」「莒」二詞，皆古嬴姓之所創造，且是有進務可尋蹤。特書於此，以待後賢之証實焉！

〈菜、𥛁、祭、禁、䔉、䕛、䕛〉考略

按《左傳·昭元年》云：「周公誅管叔而蔡蔡叔。」《傳》云：「上蔡，放也。」《注》云：「上蔡字，音素葛反，《說文》作𥛁。正義曰：『𥛁从殺下米，散也。』」顯而易見，上蔡字屬于動詞，下蔡字屬于名詞。究竟同一蔡字何以產生兩種不同含義，是有其歷史文化背景的。這也是本文需要解決的課題。分別簡述于次：

（一）考《說文·艸部》「蔡」：「蔡」下云：「艸也。」案許君但言蔡為野艸，固無大誤，惟不及蔡字遺形之旨，智者千慮之一失也。夫蔡之為字，从祭从艸。祭者宗廟神之大典，必有飲食供品，故許君釋為右手持肉之形，固其宜矣。但事實上祭品並不局限于魚食，而且包括植物，何以知之？考《禮·學記》云：「大學始教，皮弁祭菜。」可知菜字就是真正野生之天然植物，《从菜字从采木从艸可証》而蔡字已經是經過加工烹

六九

煮納入祭器之物，帶有明顯的宗教烙印，示字其標誌也。《甲骨文》𥜽字，从木（植物）从𠬝（古肉字）从示（古神字）會意，祭字初文，斷然無疑。《詩·召南·采蘩》："于以采蘩，于沼于沚，于以用之，公侯之事。"《采蘋》云："于以采蘋，于彼行潦，于以盛之，維筐及筥，于以湘之，維錡及釜，于以奠之，宗室牖下。"《甲骨文》𥜽字與經文記載若合符契。同樣《左傳·隱三年》："周鄭交質"文章也有關于祭的紀述。君子曰："苟有明信，澗溪沼沚之毛（艸），蘋蘩薀藻之菜，筐筥錡釜之器，潢汙行潦之水，可薦于鬼神，可羞于王宮。"在這裏還有必要再附帶提一下「薦」字的含義。薦字本義為「獸食之艸（草）」是在于祭物。《甲骨文》觧、𦍩二文是其形證。薦亦是薦獻辭，詞義為「進」（《見韻會》）。《甲骨文》𤔲字，《金文》𦍩字是其形證。《周禮·籩人注》云："未飲未食曰薦，既飲既食曰羞。"

〈𥜽〉

〈𦍩〉

從以上資料中，可以看到𦊓、綝二字造形的一致性。但是這些不等于對于為國名的𣏂字的造形有所理解。

（𣏂）

𣏂之為一個具有標誌特定自然地與環境色彩的國名完全堪以文字造形得到說明。

晉人左思魏都賦之可上有力參考。其文云：「蔡莽螫剌，昆蟲毒噬」。從這八個字中，可以令人感覺到這是一片非常險惡毒蛇猛獸雜居之鄉。這字有使用了簡單的筆畫出了一個長身獸足的獸形，——𣏂。這是多嚇可怕啊！這個猛獸自是依靠肉食活命的。故人甲骨文編將𣏂〈即𣏂〉分別納入艸、豸兩部。其在艸部者則釋之「蔡」，其在豸部者則釋為「𧳜」。此種造字藝術，亦是于肆、𧳜二文。肆字造形如：

𧲥 𧲥 𧲥 𧲥 𧲥……皆象長身修尾野獸，而訓義為「殺」。此其例一。

𧳜 復次，說文虎部之虦字訓：「虎所攫畫明文也。」案：虦字造型

七〇

从爪（虎爪），从又（手）（傷痕深度），茲此堪知當時東莞、西莞二國領域皆是虎豹之鄉。故知𡗝、隸、莞二字造型規律如出一轍。

《尾語》先秦典籍經秦火浩劫，燬滅無遺。漢興，隸定五經文字面目全非。居今之世，只有依據出土文物，辨識異同。如《左傳昭元年》：「周公殺管叔而蔡蔡叔」之上蔡字。蔡字即𡗝字在隸定工作中之失真。不賴今世出土之《蔡國銅器銘文》𡗝字結合《說文》同義字例參攷對照，雖有經籍擬在西南，吾莫如之何也已矣！簡示如下以見意：

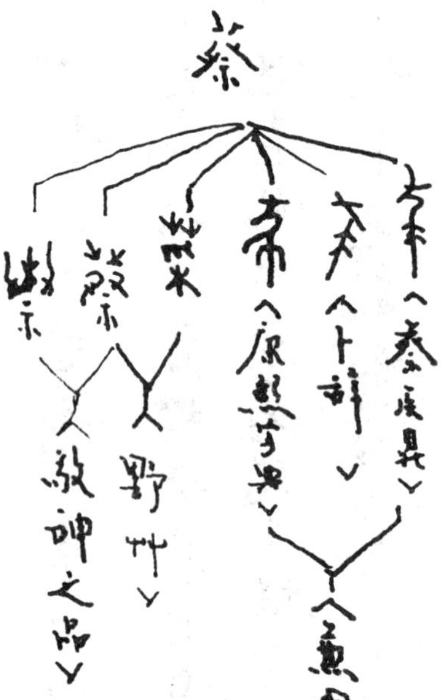

《說文》中的𥻬字从殺下加米。有眷米為肩之義，各从殺上是一種解除一切職務，褫奪公權，開除永不錄用之行政處分，非刑事處分也。因為管叔是首惡，蔡叔是脅从。

鮑

鞄陶陶鞄《說文》革部鞄下云：「柔革工也。从革包聲。讀若朴。《古音某略準更聲新調》、《周禮冬官考工記》柔皮之官鮑氏》，鮑即鞄也。清段玉裁云：「攻皮之工五：函、鮑、韗、韋、裘。先鄭《衆》云：鮑讀如鮑魚之鮑。古書上鞄。《蒼頡篇》有鮑瓷（古文字）。《周禮》之鮑，即蒼頡之鞄。

名蒙案：《容庚〈金文編〉》有陶字，楊篤注曰：「陶與鞄同，鮑叔即鞄叔。《商周青銅器銘文選》《齊鮑氏鐘》之陶氏鐘。因如許氏時代尚未能覩陶、陶之文。蓋彼時先秦銅器尚未大量出土，因此二鄭《玄、衆》、許、段之輩，只能就《蒼頡篇》內容上為論證依據。未宜苛求前賢也。

後考《百家姓考略》云：「鮑氏地望上黨郡。系出姒姓。夏禹王之後。有敬叔仕于齊。食邑于鮑。後有鮑叔牙。

名蒙案：鮑氏之先，必是治革之官。其後裔即以先人職司為氏，是比較合乎邏輯的。如司寇、司馬、司徒、司空，皆例証也。然則鮑

七一

19 – 149

魚之為物乃〈卜辭鼉〉之異名是可以推想的。《說文》鼉篆下云：「水蟲」。陸璣曰：「鼉似蜥蜴長丈餘。其甲如鎧皮，可冒鼓。」《詩·大雅·靈臺》：「鼉鼓逢逢」。然則「鮀魚」即「鱓魚」矣。鱓魚之皮，可以冒鼓，故鮀人取為「識誦」，其後世子孫，取為姓氏。可見矣。故知鮀氏食邑于鮀，非以地為氏，乃以姓名邑也。愚見若此，未知海內博學之士以為然否？若能詳為考定，尚有待于史多聞後起之秀。有厚望焉！

〈鱓魚〉

〈鮀〉

索引

文字起源圖典

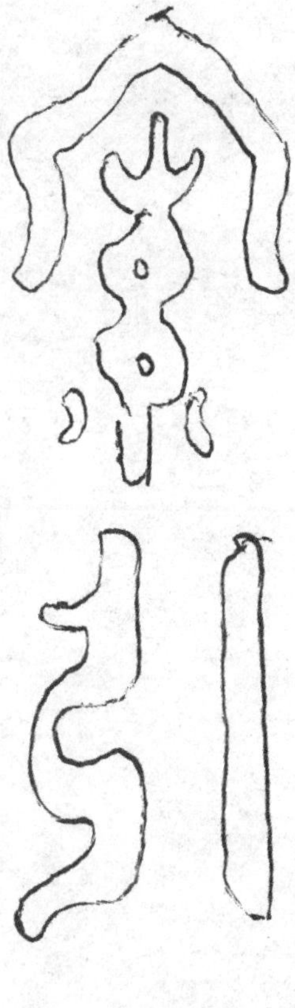

〇五劃

〇十二劃

〇十九劃

後記

文化傳承是大學的使命，創新和守護是傳承文化的兩種殊途同歸的路徑。對於傳統文化的守護，高校應該有自己的姿態，這姿態絶不是嘩衆取寵，而是不事張揚的默默堅守與潤物無聲的引導浸潤。棗莊學院資助出版《文字起源圖典》的初衷也正是源於對傳承傳統文化的自覺。

吉佐棠老先生晚年苦心孤詣致力於古文字研究，傾其畢生學養與學力，爬羅剔抉，燭幽探微，遂成《先秦文字初探》一書（出版時易名《文字起源圖典》），凡二十册，上百萬言，其用功之堅，論證之密，價值之高，在當下學術語境下，令人敬重。因種種原因，該書却未能在吉老先生有生之年付梓面世，後束之高閣多年。其後人念念不忘，輾轉多家出版社未果，最後，書稿到了棗莊學院黨委書記胡小林教授手中，胡書記慧眼識珠，認定其有獨特潛在價值，决定資助出版；校長曹勝强教授也認同其價值，并同意從古城大學生藝術實踐基地專項資金中予以資助；分管科研的副校長明清河教授親自過問出版事宜。齊魯書社不計成本，高標準、高質量出版此書，彰顯其名社風範；編審賀偉先生目光如炬，洞見該書價值，促成其出版，其敬業精神和文化擔當，令我們感動。還有不少熱愛傳統文化的人士，對該書的出版亦有不同貢獻，在此不一一贅述。總之，各位的共識，最終玉成此事，讓遺珠之作出版流傳，發揮其學術價值，真乃吉家之幸！此書之幸！學術界之幸！

學校資助出版這樣一部冷僻的著作，其顯性影響不會有多大，但我們學校對不慕名利、潛心治學的精神一貫有自己的鮮明態度，充分給予尊重。該書的學術價值和吉老先生的治學精神是吉老留給我們的雙重遺産，尤其是他的治學態度和治學精神在今天來説是一種稀缺資源，讓這種稀缺資源發揚光大，滋養我校的教風和學風，在濃濃的學術氛圍中，讓年輕的後學們在與先輩的對話中，如近聞謦欬，面獲親炙，這種精神影響力是我們一以貫之所追求的。

習總書記對如何傳承傳統文化有過這樣的論述：讓收藏在博物館裏的文物，陳列在廣闊大地上的遺産，書寫在古籍裏的文字都活起來。也許，吉老先生及其後人、棗莊學院、齊魯書社我們三方齊心協力共同所做的這項工作正契合了這種要求。

觀乎人文以化成天下。但願古籍裏優美的文字在我們心裏都『活』起來，來浸潤我們的文化素養，讓我們的書寫與言談多一些書卷氣息，爲續寫古老而雋永的文脉貢獻綿薄之力。

張思奎

二〇一六年一月二十八日

花海 秋水 摄

- 深学笃行　求实求效
- 陈勇在全市“两学一做”学习教育工作座
- 全市道德模范宣讲“六进”活动启动
- 刘欣：刀凿声声夺天工

党员们在交流手抄党章心得。

学党章党规，学系列讲话，做合格党员”学习教

德州减河牡丹芍药：

仙子雍容 华美大雅

□ 图/文 秋水

她们从1500多年前南北朝的田野走来，端妍雍容、富丽华美；她们从唐朝诗人刘禹锡深沉的注视下走来，花开时节动京城；她们从北宋诗人杜安世激情的笔下走来，三月牡丹呈艳态，壮观人间春世界；她们从明代沈石田、近代吴昌硕大师的画卷中走来……

她们自牡丹之乡菏泽来，仙子下凡，飘落在了德州减河岸。

阳光下，国色天香、艳冠群芳。她们以绽放满满幸福的笑脸，诠释着对这片土地的爱，映衬着这个城市的幸福！